中国社会科学院社会学研究所主办

家庭与性别评论（第 7 辑）

家庭与性别评论

Family and Gender Review (Vol.7)

（第7辑）

中国社会科学院社会学研究所主办

主编 / 马春华

社会科学文献出版社

SOCIAL SCIENCES ACADEMIC PRESS (CHINA)

中国早期社会学中家庭问题
研究的几个进路

（代序）

赵立玮

  家庭问题是中国早期社会学的一个重要研究领域。晚清以来，中国社会遭遇所谓"千年未有之变局"，作为中国传统社会结构重要基础和构成要素的家庭与家族，自然首当其冲；而各种西方"新"观念的传入，进一步动摇了人心和社会秩序的基础。康有为、梁启超、谭嗣同等已有对传统婚姻家庭制度的批判和改良主张。新文化运动更是对中国传统家庭中的宗法、礼教和婚姻制度展开激烈抨击。关于婚姻、家庭问题的讨论也是当时报纸杂志上的常见主题。在"西学东渐"的大潮中传入中国的社会学，很快就凭借其独特的学科意识、研究和分析方法对家庭和婚姻问题展开了多方面的研究，在民国时期诸多关于家庭和婚姻的话语中占据重要地位。近年来，已有相当多的研究者关注和投身于 20 世纪上半叶民国时期的研究传统，对那个时代的家庭和婚姻问题研究的论著也日益增多。这篇小文的目的仅在于简单勾勒中国早期社会学中关于家庭问题研究的几个重要进路，以为更加全面和深入的研究做一个初步准备。

  民国早期社会学关于家庭、婚姻问题的研究多以译介西方相关论著和思想观念为主，侧重以西方观念来批评中国传统的家庭、婚姻制度，其中，在 19 世纪具有主导性的"社会进化"观念尤其受到相关研究者的重视。例如，早在 1917 年就有严恩椿编著的《家庭进化论》问世，以西方家庭为参照，分析中国传统家庭之优劣；蔡和森则编译了美国人类学家摩尔根的名著《古代社会》（*Ancient Society*），以《社会进化史》之名于 1924 年刊行。而后来在文坛负有盛名的易家钺（君左）关于婚姻家庭的著述，可以说是这个时期的代表。易氏据美、日研究者的相关论著，于1920 年编译出版《家庭问题》一书，1920 年、1921 年又陆续推出《西洋氏族制度研究》《西洋家庭制度研究》，1922 年与罗敦伟——两人于 1920年创办《家庭研究》月刊——合著《中国家庭问题》。他提出社会组织进化五阶段说，抨击大家庭制度，反对父权家长制，主张结婚离婚自由，乃至倡导"灵肉一致的恋爱""同心一体的爱"。

不过，关于中国婚姻家庭问题的真正具有社会学学科色彩的研究，在20 世纪 20 年代中后期才开始出现和渐增。下面拟从几个脉络略述其研究进路。

一　社会调查运动与家庭问题研究

中国早期社会学家中留美生居大多数，所以当时的中国社会学深受美国社会学，尤其是处于主导地位的芝加哥社会学派的影响。20 世纪初在中国兴起的社会调查运动，肇始于当时中国一些教会学校中的外籍教师的倡导和推动，而后来在欧美接受社会学和相关学科教育的留学生们相继回国，成为社会调查研究的主力军。中国社会调查运动的早期核心人物陶孟和认为：

> 在中国，采用科学的方法，研究社会状况，只不过是近十年的事。此前我国的士大夫，向来抱着半部《论语》治天下的态度，对于现实的社会状况，毫不注意，只以模仿古人为能事。等到西洋的炮火警醒了这迷梦，又完全拜倒在西洋文明之下。每每不顾国情，盲目的整个把西洋的各种主义和制度，介绍到中国来。以为只要学的惟妙惟肖，便是社会的福利。哪知道主义和制度，介绍的越多，中国的社会，反倒越发紊乱越发黑暗了。于是一部分有识之士，看出这种只模仿他人而不认识自己的流弊，便起而提倡社会调查运动。主张用科学的精密的方法，研究我们自己的现实社会。我们必须先认识自己的社会，然后才可以根据这认识，规定改进社会的计划（陶孟和，1933/2005）。

陶孟和的《北平生活费之分析》（1930）就是其倡导的有关社会调查运动的一部代表性著作。此书是他对北平 48 户工人家庭和 12 户小学教员家庭所做的家庭记账调查的产物。陶氏此次调查首次在中国使用了"家庭记账法"（此法为法国社会统计学家勒普莱所创），对中国普通居民的日常生活支出展开调查，大量记录了当时北平中下阶层的生活状况，通过对家庭收入总额与支出总额的比较，反映出中国近代家庭经济及其与社会结构之间关系的真实状况。

社会调查运动的另一位核心人物李景汉也对当时中国的家庭状况进行了广泛的调查研究，如《北京人力车夫现状的调查》（1925）、《北京无产阶级的生活》（1926）、《北平郊外之乡村家庭》（1929）等，而稍晚些的《定县社会概况调查》（1933/2005）则被公认为"我国县区社会调查最详细的报告"。该调查报告共17章，从历史、地理、人口、地方团体、教育、农村生活、风俗习惯、信仰、农业和工商业诸方面对一个县域进行了全方位的描述和分析，其中"人口"部分涉及家庭、亲属、婚姻、宗族等方面，被学界称为"中国农村生活的百科全书"。

如果说美国芝加哥社会学派对所处的芝加哥这个现代大都市展开了全面、细致的调查研究，那么中国的"社会调查"派则运用学到的调查分析方法对当时中国的农村和城市进行了广泛和深入的探究。考虑到当时的社会学家对中国社会结构的判断——如孙本文的"家族本位"，可以想象这些调查中相当部分都涉及中国的家庭和婚姻问题，这对更加准确、客观地把握和理解此类问题奠定了比较牢固的基础。

二　燕京学派与家庭问题研究的人类学进路

比"社会调查"派稍晚发展起来的"燕京学派"，构成了中国早期社会学的另一种重要而独特的研究力量。燕京学派人才荟萃，在家庭婚姻领域做出了独特的贡献，呈现另一种研究进路，下面略举几例以做说明。

在民国时期关于家庭、家族的研究文献中，林耀华的《金翼——中国家族制度的社会学研究》（1944/1989）是一部极为独特的作品。该书描述的是福建乡村家族兴衰的故事。此书"英文版导言"作者雷蒙德·弗斯认为，"《金翼》是一部以小说形式写成的社会学研究著作"（林耀华，1944/1989：4）。或者说，"书中所描绘的是像小说一样顺次展开的故事，所有的故事都围绕家族和宗族制度展开，但所有的故事却不单是家族和宗族制度的注解，它宛如一张纵横密织的网络，无论那一条线索都会牵动整体"（渠敬东，2009：415）。作者在书中运用了"生命传记法"——"这种方法虽然注重个人的生身处境和生命历程的研究，却可以从家和宗法制度的文荒鞯上关联到个人与共同体内外其他众人的关系，从而使活生生的社会生活及其变迁过程得以表现"（渠敬东，2009：416）。

费孝通的《生育制度》（1947/1998）是另一部从功能主义视角论述家庭制度之作。作者把男女结成夫妇生子并共同将孩子抚育成人的"一套活动"称为"生育制度"（费孝通，1998：99）。书中虽然论述了婚姻、家庭、夫妇配合、亲子关系、代际传承、亲属制度等，但在作者看来，这种种制度安排，均是出于对新生孩子进行抚育的需要，最终目的乃是实现代际的传承、种族的绵续、社会结构的稳定。作者在后来的一篇回顾性文章中指出：

> 我明确地否定家庭、婚姻、亲属等生育制度是人们用来满足生物基础性上的需要的社会手段。相反，社会通过这些制度来限制人们满足生物需要的方式。这些制度是起着社会新陈代谢的作用，甚至可以说，为了解决生物界中人的生命有生有死的特点和社会实体自身具有长期绵延、积累和发展的必要所发生的矛盾，而发生社会制度的（费孝通，1998：338）。

许烺光的《祖荫下》（1948/2001）是另一种颇具特色的论著。本书是作者根据其在云南大理的田野调查资料而完成的。该书对其田野调查地——喜洲镇——进行了详尽的人类学描述，并从父子同一关系、性别亲疏、大家庭的理想、教育以及祖先的愿望等方面对所谓"喜洲文化"进行了总结。作者以父子关系为轴心塑造祖先崇拜文化人格，意在揭示中国人的文化特征和心理结构。正如本书书名所示，在中国人的人格形成过程中，祖先崇拜在家族中发挥重大的作用，祖先像大树一样荫庇着子孙后代，后世的子子孙孙则悉心供奉着他们的祖先，并通过延续祖荫的努力而赋予短暂的肉体生命以永恒的意义。许烺光的这种研究一方面开创了所谓"心理人类学"研究，另一方面体现了"文化－人格学派"的基本研究取向：文化影响着一代又一代人的基本个性结构和地位个性结构。

从以上三例可以看出，研究者虽然都出自"燕京学派"，共享某些基本观念或视角，如功能主义，但侧重点和论述风格各异，体现了燕京学派内部研究的丰富性和复杂性。除此之外，费孝通的《江村经济》（1939）和《乡土中国》（1949）、林耀华的《义序的宗族研究》（1935）、杨懋春的《一个中国山庄：山东台头》（1945）等著作和研究，使燕京学派在家庭、家族等问题的研究上更加丰富多彩。

三　社会史与家庭问题研究

社会史是民国时期学术研究的一个重要的和硕果累累的领域，其中也包含关于家庭婚姻问题的丰富研究成果。以民国时期中国社会史研究的重要代表人物陶希圣为例，其在《亲属法大纲》（1928）、《婚姻与家族》（1934/2015）等著作中，对中国传统社会的宗法制度、家族与婚姻问题就有过深入探析。陶氏在这些方面，乃至其更为广泛的中国社会史研究，是基于他对中国社会性质之复杂性的判断，譬如"宗法/封建制度已不存在，宗法/封建势力还存在"（《中国社会之史的分析》），"封建制度崩坏以后资本主义发达以前士大夫身份及农民的劳力关系为社会主要构造的社会"（《中国封建社会史》）。他对"宗法一本主义"之下的家制和婚姻的起源、发展以及破坏等问题的历史考察，就是在上述脉络中展开的；他对中国现代亲属法改革等问题的讨论，也是以上述判断为基础的。而在瞿同祖的《中国法律与中国社会》（1947/2003）中，家庭和婚姻被视为中国社会结构的基本构成要素。在这项"中国法律社会史研究"领域的经典研究中，作者对法律所反映的家族制度进行了较为全面的论述，认为"中国古代法律的主要特征表现在家族主义和阶级概念上。二者是儒家意识形态的核心和中国社会的基础，也是中国法律所着力维护的制度和社会秩序"（瞿同祖，2003：1）。在《中国封建社会》（1937/2005）和《汉代社会结构》（1972/2007）等著作中，瞿同祖对中国古代的家族、家庭、婚姻、妇女等问题也有非常深入的论述。除陶希圣、瞿同祖这些社会史家在社会史研究框架下或通过某种维度（如法律）来探讨和分析宗族、家族、家庭、婚姻等问题外，当时还出现了一些相关的专门史研究，譬如陈东原的《中国妇女生活史》（1928/2015）对中国从古至今的"妇女生活史"进行了系统考察，虽然作者是在新文化运动影响的背景下以所谓"压迫－解放"模式——后来的研究者对此不无批评——来研究中国女性生活的诸方面（贞洁、婚姻、女教、姬妾、妇妒、妇女装饰、宫人、缠足等），但其作为中国"第一部系统的妇女史著作"依然具有重要的开创性意义。

四 潘光旦的家族 - 家庭问题研究

在民国时期的学人群英谱里，潘光旦可谓是出类拔萃的一位。在家族、家庭问题方面，他的研究也颇具特色。他1928年出版的《中国之家庭问题》，可谓是中国早期家庭社会学研究的一部代表性作品。这项研究运用调查问卷的方法，对祖宗父母、婚姻、子女等问题给予深入的统计分析，并结合中国传统家庭制度和现代社会变迁问题，提出了"折中家庭制"的独特构想。作者认为："家庭向为我国社会组织之中心，社会之治安系焉"（潘光旦，1928/2000：78）；"家庭之效用既在维持种族之长久治安与演进，则其利害所关，不仅及于一时代之社群生活，亦且及于后世子孙之社群生活，一种社会组织之责任，恐无有大于此者"（潘光旦，1928/2000：132）。面对中国传统大家庭制度遭遇的西方小家庭制的冲击，作者认为"折中家庭制"可综合二者之优而去其劣：一方面，它"有大家庭之根干，而无其枝叶也"；另一方面，"家庭本为连续之物，小家庭制横裁而断之，种族绵延不绝之至意，即不免受重大打击。折中制虽亦不无裁割，但为直面而不为横断的，故家庭之绵续性，不受打击。犹之伐竹，小家庭之制断其节，折中制则仅顺其纤维之理而剖之也"（潘光旦，1928/2000：134）。

> 总之，折中之家庭制有二大利：自社会效用方面言之，则为训练同情心与责任心最自然最妥善之组织。自生物效用方面言之，则种族精神上与血统上之绵延胥于是赖。自其横断空间者观之，个人为一极端，社会为一极端，而居间调剂者为家庭。自其纵贯时间观之，上为种族血统之源，下为种族血统之流，而承上启下者为家庭。家庭大小适中，则其调剂与衔接之功用愈著。（潘光旦，1928/2000：136～137）

另外，作者对家谱学的研究在民国学术中也可谓独树一帜：他将家谱研究置于科学（优生学）和史学的双重视野下，把它作为个人与种族绵延的遗传与优生的研究对象。《中国伶人血缘之研究》（1934/2000）和《明清两代嘉兴的望族》（1947/2000）就是这方面研究的代表性著作。更为难得的是，不论是早期的家庭问题研究还是后来的家谱研究，作者分析的背后总有一个结构性的脉络或框架，他后来将其总结为"两纲六目"：

> 一个健全的社会，一种革新社会的尝试，在理论上应当承认个群两体的不分轩轾的存在。这就是两纲的说法了。个体，或每一个人的性格，并不单纯，它至少有三个方面，一是同于别人的通性，二是异于别人的个性，三是非男即女的性别。群体，或社会生活，也至少有三个方面，一是秩序的维持，二是文化的进展，三是种族的绵延。这就是六目了，一纲各三目……秩序基于通性之同，进步基于个性之异，而绵延则系于两性的分工合作（潘光旦，1947/1998：314）。

如果将这种研究构想和他在思想史方面的综合——"新人文思想"（潘光旦，1947/1998：316~323）——结合起来看，我们会发现潘光旦在 20 世纪 40 年代晚期正在试图构建一种综合性的理论体系，借助这个理论框架，我们对他在家族、家庭、婚姻以及其他社会问题上的研究将会有一个更好的理解和把握。

五　孙本文对中国家庭问题的分析

孙本文是中国早期社会学者中另一个具有综合研究取向的社会学家。他在 20 世纪 40 年代初期出版的《现代中国社会问题》（四册）中，第一册讨论的即"家庭问题"。孙本文的相关研究具有两个显著特征：首先，他是将家族、家庭、婚姻等问题置于"社会问题"的范畴下来讨论的；其次，他对上述问题的研究是基于其对中国传统社会结构以及家族、家庭在这个结构中的位置的判断。孙氏认为，中国传统社会中的家族、家庭问题本不成为一个突出问题，而在近现代社会的变迁背景中却变成了显著问题："近代中国社会所生的种种变迁直接起于西洋文化的输入，间接系受近代西洋社会变迁的影响。有了近代西洋社会的种种变迁，才产生现代西洋社会的特性文化；有了中西文化不断的接触，才产生中国社会种种的变迁与问题"（孙本文，1942：29）；"大概在海通前，中国社会乃为秩序安定的社会；自海通以后，中国社会乃渐呈变动的社会。故海外交通为晚近中国社会变迁的枢纽"（孙本文，1942：29）。中国社会本来具有的自身特性，如家族本位、农村本位和伦理本位，在这种接触和冲击下也不可避免地出现了一系列变化。

> 要之，自西洋思想文物制度风尚输入吾国以来，固有社会基础，渐呈动摇之象。小家庭与自由婚姻制度，根本改变吾国家族本位的组织。通商都市中公司银行工厂等等的制度，根本改变吾国农村本位自足自给的组织。他如科学思想，法制制度，根本影响我国人伦本位的思想行为，使由德治而趋于法制，由官治而趋于自治，由人事而趋于重自然。这都是我国社会根本的变革。所以自西洋文化输入中国以来，社会各方面无不发生变迁。在此种普遍的社会变迁中，新旧文化，常致失却调和适应，于是各种社会问题，相继发生了（孙本文，1942：32）。

基于上述分析和判断，孙本文对由家庭、家族和宗族构成的中国"家族体系"或家族制度展开了深入分析，譬如他对中国家族制度的"宗法时代"和"现代"的特征的总结和归纳，以及基于这些特征对这个体系的优缺点的分析，对中国家族制度变迁的原因和趋势的分析，对家庭、婚姻等具体问题的论述，等等。再加上这种研究参考援引了与其同时代的大量相关研究，所以也可以把孙本文的这种研究视为中国早期社会学关于家庭和婚姻问题的一种阶段性总结。

总体而言，20世纪上半叶的中国早期社会学对中国社会的结构、历史过程以及面临的问题等展开了全面而深入的研究，其中就包括本文论及的家族、家庭、婚姻等问题；而且，我们也看到，中国早期社会学的研究取向是极其丰富多样的，社会学的经验调查、人类学的田野调查、历史研究、理论取向等，都得到充分的展开。这不仅极大地促进了社会学学科的发展，也有助于我们深入了解和认识中国社会的性质、结构、历史以及问题。

参考文献

陈东原，1928/2015，《中国妇女生活史》，商务印书馆。

费孝通，1998，《乡土中国·生育制度》，北京大学出版社。

李景汉，1933/2005，《定县社会概况调查》，上海世纪出版集团。

林耀华，1944/1989，《金翼——中国家族制度的社会学研究》，北京三联书店。

潘光旦，1928/2000，《中国之家庭问题》，载《潘光旦文集》（第 1 卷），北京大学出版社。

潘光旦，1934/2000，《中国伶人血缘之研究》，载《潘光旦文集》（第 2 卷），北京大学出版社。

潘光旦，1947/2000，《明清两代嘉兴的望族》，载《潘光旦文集》（第 3 卷），北京大学出版社。

潘光旦，1947/1998，《派与汇》，载《乡土中国·生育制度》，北京大学出版社。

渠敬东，2009，《林耀华和他的〈金翼〉》，载《中国社会学经典导读》（上册），社会科学文献出版社。

瞿同祖，1947/2003，《中国法律与中国社会》，中华书局。

孙本文，1942，《现代中国社会问题》（第一册：家庭问题），商务印书馆。

陶孟和，1933/2005，"陶序"，载李景汉编著《定县社会概况调查》，上海世纪出版集团。

陶希圣，1929/2015，《中国社会之史的分析》（外一种：婚姻与家族），商务印书馆。

许烺光，1948/2001，《祖荫下——中国乡村的亲属、人格与社会流动》，（台北）南天书局。

（责任编辑：佟英磊）

目　录

第一编　对于未来家庭的构想

《大同书》己部：去家界为天民 ……………………………… 康有为 / 3

第二编　从社会问题的角度研究家庭

中国家族制度的变迁及其问题：婚姻问题和儿童问题 ……… 孙本文 / 25

中国之家庭问题：关于祖宗父母者 ……………………… 潘光旦 / 66

以社会学的方式回应社会思潮：以潘光旦《中国之家庭问题》

　　为中心 ……………………………………………… 吕文浩 / 85

第三编　从家庭生计的角度研究家庭

北平生活费之分析：工人家庭收入与支出 …………… 陶孟和 / 109

北平郊外之乡村家庭：家庭收入 ……………………… 李景汉 / 134

第四编　从社会人类学的角度研究家庭

金翼：把种子埋入土里 ………………………………… 林耀华 / 149

生育制度：社会结构中的基本三角 …………………… 费孝通 / 155

祖荫下：家族的繁衍 …………………………………… 许烺光 / 164

社会自我主义与个体主义

　　——一位西方的汉学人类学家阅读费孝通教授"中西对比"观的

　　惊讶与问题 ……………………… 王斯福（Stephan Feuchtwang）/ 181

第五编　从社会史的角度研究家庭

中国法律与中国社会：家族范围和父权 ……………………… 瞿同祖 / 203

婚姻与家庭：宗法制度下的婚姻与家族 ……………………… 陶希圣 / 224

第六编　从法学的角度研究家庭

论新亲属法草案采取个人制之当否 ……………………… 郁　嶷 / 241

再论夫妻财产制

　　——由史的研究批评新亲属法 ……………………… 吴学义 / 247

民国亲属法草案 ……………………………………………… / 263

亲属法草案之说明 …………………………………………… / 271

民法亲属编先决各点审查意见书 …………………………… / 282

亲属法与新社会

　　——陶希圣的亲属法研究及其社会史基础 ……………… 白中林 / 290

后　记 ………………………………………………………… / 315

第一编
对于未来家庭的构想

家庭与性别评论（第7辑）
第 3～21 页
© SSAP，2016

《大同书》己部：去家界为天民[*]

康有为

第一部　总论

　　原父母与子女之爱理。夫天地之内，自太古以至于今，未有能离乎父子之道者也。夫父母与子之爱，天性也，人之本也，非人所强为也。仅观乎鸟之养其雏也，衔枝而先为之巢，啄虫而亲为之哺，雌雄殷勤，拔来报往；其有羽毛，则教之飞，雌则巢内，雄则巢外；其有人至，则嗷然偕逃；若取其子钬，则旁徨焉，鸣号焉，蹢躅焉，其声哀厉而弥长。至于猫、犬、羊、豕，则抱子而乳之，连群威从其母也；其有强者口衔而手缚其母或子，则跳跃呼号，奋厉啮啄而翼救之。乃至无知之腊鱼，则亦有母子之亲焉。是鱼也，生于北美加拿大之海滨，腹大如鲤，生子百数十，群从其母出而游泳焉，既则复入母腹而宿焉。昔吾从者尝猎得狨之母子，群狨列树而长号；及将烹其子也，其母号哭甚哀，啮从者之手而俱死焉，吾欲放之而不及也。且夫鸟兽之爱其子也，未闻其子之有以报之也。彼未尝望其子之报也，又未尝计及其子之报也，又非有师学以教其慈爱也，又非有清议律法以迫令爱之也。然而殷勤育子，绸缪切至，其有患难则舍身救之、鸣号哀之者，发于天性之必然，至诚之迫切，真非有所为而为也。此天性也，仁之本也，爱其生也，爱其类也，万物所以能繁衍挚长其类而不灭绝者，赖此性也。若物类无此爱质则人物之生不育而万类灭绝久矣；故

---

　　[*]　中华书局，1956，第 168～193 页。

生之道，爱类之理，乃一切人物之祖也。夫以鸟兽之爱其子、慕其母犹如此，而况于人乎！

原父子所以立。夫人者，知识尤灵而天性尤厚者也。当生民之始，未立夫妇也；其生子也则惟母自育之，盖父之传精难识而母之孕体易明。既自分体而生之，其必因类而爱之，故腹育顾腹备极劬劳，其爱子也根于天性也，非有教训、清议、法律以迫之也，非望报而施之也。然人道之生难，其养而至于成尤难，须养数年而后能成，其难过于万物远甚矣。且人道之始，求养甚难，保护甚难，母既以一人之力抱抚其子，既须自养，又须养子，实无余力以兼管之；且大兽强人之相逼掠，危患多矣，则不得不藉男子之力。于是男子佐女以营养之，护卫之，女则坐哺，男则力作。其子得食既足，护卫有恃，身体益健，比之一母之抱养兼事者，其强弱、寿夭、智慧相去远矣。行之既效，人皆知男女合力，养子易成，展转相师，遂成风俗。至于后古立制，尚有同居继父之丧服至三年，乃至今制及诸方蛮俗，抚育人资备有慈爱者多矣。由此推之，父之于子，不必问其为亲生与否，凡其所爱之妇所生，则亦推所爱以爱之，推所养以养之，此实太古初民以来之公识公俗也，然实父子之道所以立者也。

太古初民有母无父。夫兽之知有母而不知有父也，以其牝牡相乱，逑匹无定。昔鲁文姜通于齐襄公而生鲁庄公，鲁桓公曰："同非吾子，齐侯之子也。"盖夫妇未定，不能确知为吾子，则无所用其爱也。初民之始，男女野合，逑匹无定，或以情好，或以势迫，旋合旋离，不日不月；既离复合，既合复离，风水相遭，无有常者；当此时而怀妊也，无有能知其为谁氏子者也，与犬狸之牝牡交乱无以异也。太古草昧，人之生也，惟母育之，虽人亦知有母而不知有父者也。当时固不知有姓氏，若其有也，世世相传，其必以母之氏为氏也。若周室之先，后稷知有姜嫄而不知其父，则以足迹之姬为姓；商家之始，契知有娀而不知有父，则以燕之子为姓；自稷契以上，有母无父之世胄不知历几千年所也。后世虽渐定夫妇，然或当女子稍少之地，一妻而拥多夫，或数人共娶一女，或数兄弟共娶一女，犹以母为主页，是仍有母无父之世胄也。

定夫妇而后家族制生。男女杂合既久，则有情好尤笃者俩不愿离，又有武力尤大者以强勇独据之；交久则弥深，据独则弥专，于是夫妇之道立矣。夫男女者，人之大欲也；当草昧武力之世，以男女无定之人，因争女而相杀者，不知日凡几。后圣有作，患人之争，因人之情，制礼以崇之，凡两家判合者以俪皮①通其仪，为酒食召其亲友而号告之，高张其事以定其名分，为使人勿乱之也，于是夫妇之义成矣。

夫妇既定，则所生之子，则深信其为吾子也，则慈爱之、保养之弥笃矣。及诸子并生，虽有男女先后，皆为一父之子也，号为兄弟；同育于一室，同居于百年，同食、同嬉、同歌、同悲，父母同爱之而诸子同依之，父子、夫妇、兄弟立而家道成矣。

兄弟复结夫妇而生子则为孙，子孙各有夫妇再生则为曾玄，群从各有夫妇而生子则为族属，于是族制成矣，然其本皆自一父母为之。然夫妇不定则父子不亲，故有夫妇而后有父子，夫妇立而后父子亲。故族属万亿，皆自父子来，实皆自夫妇来也。

论人禽爱力之别即强弱之别。夫妇、父子、兄弟既处于天之自然，非出于人为之好事，虽禽兽且然。但人之知识多，能推广期爱力而固结之，禽兽之知识少，不能推广其爱力而固结，甚且久而将固有之亲爱而并忘之，人禽之所异在此也。故人能由父子、兄弟而推立宗族，禽兽久且并母子而不识之，人因爱家族而推爱及国种，故愈强愈大，禽兽并父母兄弟而不识，故愈独愈弱，人禽之强弱在此也。其推爱力愈广，其固结愈远。由此推之，故合群愈大，孳种愈繁者，其知识最大者也；其推爱力不甚广，固结不甚远，则合群不甚大，孳种不甚繁者，其知识不大者也。

论万国有人伦而族制莫如中国之盛，故人类最繁。凡大地各国，无论文明野蛮，皆有夫妇、父子、兄弟之论，然或仅知祖、父、子、孙、伯、叔父、再从兄弟，即欧美文明，亦率知至曾祖以下而止。印度宗教至古，知高祖矣，然无祠庙以合族尊祖，人既无祠庙，其坟墓也于子祭祀，子孙止，子迁他所则祭亦止，故问高祖以上之族属则亦不知矣，问高祖以上历代之名字亦不知矣。举地球万国之蒸饺，其能敬宗合族，上数者至知百数十代之世传，旁通者至能合亿万千之族中，其崇祭千数百年之祠墓而以尊祖合群，其聚处一姓有万数千人以敬宗收族。故一族姓之中有谱以纪之，如国史；有族长、房长、宗子以统之，如君长官吏；合族各房有公产祖尝，则公举人管理之；有养士兴学之典，有恤孤寡贫老病丧之举；其远游异国或异地，必相收恤。若新宁陈、李、余、黄，则在美国且有会馆焉，其自治自收之法如小国然。盖大地

---

① 俪皮，成对的鹿皮，古代用作订婚的礼物。

族制之来至远，而至文、至备、至久且大，莫如吾中国矣。故中国人数四五万万，倍于欧洲，冠于万国，得大地人数三分之一，皆由夫妇、父子族制来也。此皆孔子之为据乱制者也；善于繁衍其种族，固结其种类，无以过之，此孔子之大功也。故欧美人之所游为家，中国人久游异国，莫不思归于其乡，诚以其祠墓宗族之法有足系人思者，不如各国人之所至无亲，故随地卜居，无合群之道，无相收之理也。盖就天合夫妇、父子、兄弟之道而推至其极，必若中国之法而后为伦类合群之至也。

论因族制而生分疏之害。虽然，有所偏亲者即有所不亲，有所偏爱者即有所不爱。中国人以族姓之固结，故同姓则亲之，异姓则疏之；同姓则相收，异姓则不恤。于是两姓相斗，两姓相仇，习于一统之旧，则不知有国而惟知有姓，乃至群徙数万里之外若美国者，而分姓不相恤而相殴杀者比比也。盖于一国之中分万姓则如万国，即有富且仁者捐祖尝、义田、义庄以恤贫兴学，亦祗荫其宗族而他族不得被泽焉，于国人更无与也。其他或分乡、分县、分省以为亲，同乡、同县、同省则亲之，异乡、异县、异省则疏之。故自宗族而外，捐舍之举为一县者寡矣，为一省者尤寡矣，至于捐巨金以为一国之学院、医院、贫病院、孤老院者无闻焉；故其流弊，以一国而分为千万亿国，反由大合而为微分焉。故四万万人手足不能相助，至以大地第一大国而至于寡弱，此既大地万国之所无，推其原因，亦由族姓土著积分之流弊也。

论中西有无族制之得失。夫中国祠墓之重，尊祖追远之义至美矣，其不祭祠墓者，是为忘本，至不孝矣，而大地各文明国咸无之。印度则焚其先骸而无墓焉，欧人之于墓，于子礼，于孙止，子他徙则亦止，若祠庙则万国所无也。中国敬宗收族之事至美，族人之所赖矣，然亦万国之所无也；而欧美之所以文明称，以强大称，且过于中国也。欧美之捐千百万金钱，以为学院、医院、恤贫、养老院以泽被一国者，不可数也。就收族之道，则西不如中，就博遍之广，则中不如西。是二道者果孰愈乎？夫行仁者，小不如大，狭不如广；以是决之，则中国长于自殖其种，自亲其亲，然于行仁狭矣，不如欧美之广大矣。仁道既因族制而狭，至于家制则亦然。

论有家为人类相保之良法。夫家者，合夫妇、父子而名者也。大地之上，虽无国无身而未有无家者也。不独其为天合不可解也。人道之身体赖以生育抚养，赖以长成，患难赖以保护，贫乏赖以存救，疾病赖以扶持，死丧赖以葬送，魂魄赖以安妥，故自养生送死，舍夫妇、父子无依也。

朋友有至好者，饮食安乐，相从而嬉，以为可寄托矣；至于有死亡、患难、贫苦而相弃矣，甚至或下石焉。若夫妇、父子之亲，则虽遇死亡、患难、贫苦而得相收焉。盖天性既亲，结合既固，相依既深，故休戚共之；富贵则封荫焉，贫贱则同其糟糠藜藿，刑戮则前古有及于三族者，产业则传之于子孙；故虽欲相弃，虽欲不相收，乌得而不相收也！

论无母之苦。不见夫弃婴乎！无父母顾复则转死于沟壑矣；即有哀而收养者，不过以为奴婢耳；其在文明之国，有育婴堂以收养之，犹可以成人；然稍长即自谋其生，无所怙持，贱辱甚矣。不见夫孤子乎！依近于亲，艰食鲜食，衣服单寒，执业劳苦而不得一饱，欲学业而不得遂，病无所依；其近亲之忠厚尚收恤之，苟遇凉薄之人，坐视不恤，则且有转沟壑而为奴婢者比比也，以吾所见，孤女则褴褛零丁，饥寒困苦，鬻为婢妾，终身贱苦，孤子窥学堂而目荧荧，倚门巷而涕零零者无数；虽有仁人，哀兹无告，然实无术以遍周之也。

论父母育子之劬劳。有父母之子女，衣食温饱，起居安闲，学业得遂，疾病得依，煦咻爱抚，食息得时，以乐以嬉。其富者勿论矣，即极贫之人，劳作茹苦以养其子，操作而襁褓，负戴而含哺，典鬻以医药，辛勤而教学，故其子得以成人，得以知学。且夫人之生也，尤难在婴幼之时，肢体不能以运动，手足不能以行持，饥寒不识，便溺不知，衣食不能以自致，疾病不知所以调医，惟呱呱而哀啼，从何而得成岐嶷①。此惟父母之爱，抚养、顾复、提携、育鞠，出于天而不知，啼笑则乐，疾病则悲，穷夜摩抱，卧起劳疲，哺乳引戏，察寒审饥，故得致长大而成人道，备聪明而强体肢。尝观育子之劬劳，盖叹成人之艰难，故父母之恩与昊天而罔极，而立孝报德实为人道之本基也。至矣、极矣、孝之义矣！

论有父子之道人类乃强盛。夫以育婴之劬劳如此，成人之艰难如彼，而人之能长大与否不可知也。殇者固多矣，及其长大，其贤而能报与否不可知矣，不肖而辱累其亲固多焉。以据乱世言之，成人少而殇子多，孝子少而不肖多。即几于成人，又获贤孝，而远游宦学，或牵车服贾，其得事

---

① 岐嶷，峻茂之状，这里用以形容幼年聪慧。

亲之日少矣；或父母忽没，亦不得收其报焉，夫人之情也计报而后施，算之理也必偿而后予。然果如是，则地球十余万万之人类立绝矣。盖母之于子亲腹焉，父之与子传精焉，以其传我类我，故有天然之爱而甘辛勤以育之，未尝计及其报也，虽望其报而皆不必其偿而后予也。子又不多，故人各爱之私之而乃育之，故大地之有此十数万万人，皆由父母有此爱类之私性，辛勤之极功也，不然则人道真绝也。故夫妇父子之道，人类所以传种之至倒也。父子之爱，人类所由繁孳之极理也，父子之私，人体所以长成之妙义也。不爱不私则人类绝，极爱极私则人类昌，故普大地而有人物，皆由父子之道，至矣，极矣，父子之道蔑以加矣。

论孝为报德宜重。故父母之劳，恩莫大焉，身由其生也，体由其育也，勤劳顾复，子乃熟也；无父母则无由生，无为育则不能成熟；少丧父母，则饥寒困苦，终身贱辱；普天之下，计恩论德，岂有比哉！夫礼与律皆尚往来，借人钱者必当偿之，受人一饭者必当报之；借钱不偿，则法有刑，受饭不报，则俗有议。汉高祖入关之约法曰，"杀人者死，伤人及盗抵罪"，言其报也；谚云，"杀人填命，欠债还钱"，言其报也；佛法无量劫世所负皆当报之，盖普人世之义，皆以为报也；报者公理之至矣，无以易之者也。受恩之重大莫过于父母，故酬报之重大当责之于人矣。诗曰，"欲报之德，昊天罔极"，孔子之重孝，以为报而已矣；若不孝者，其律可依欠债不还，科而罪之。

论欧美人子之薄报。然欧美号称文明者也。其父母之养子教子，劬劳辛勤，无以异于中国也。子自六七岁出就外傅，尚嬉游于膝下；至于十岁之后，则就学于远方万数千里之高等大学，从此长于学堂；至于冠岁，皆与父母远矣，父母间两三岁或四五岁至学一省视之；既出学，则自谋业，自娶妻，与父母不相见焉。其娶妇必别居室，无有与父母同居者。其就业移居千万里外者无论矣，即同处城乡，亦多相去数里，隔日月而一见，有庆会疾病然后诣问。其父母至子妇之室视之，致茶请安，要不过与良朋同耳。至于父老母寡，亦绝无同居迎养之事，无问寝视膳之仪，无疾痛疴痒之义。其子而富贵也，则日赴燕会游戏，仅偕其妇，无有如中国之奉养侍游者。凡群官宴会，人士雅集，无论茶食、酒宴、琴歌、戏舞之会，其子居官而父母在邻者，其朋游知识日夕延客，皆延其子妇，亦绝无延其老寡母者。吾亲与一英官邻，彼其有父母也，亲见之如此，而无人议其不孝者。是父母有生育之劳而子无酬报之事，幸而得子之富贵，而宴游欢乐皆不与焉；哀老戚戚，坐视子妇之富贵，欢游宴乐而一切见摈，茕茕①寡欢。况鳏寡孤居，无人慰藉，疾病独处，无人抚摩，所见惟灯火，所对惟仆隶，与死为邻，无生人趣；有施无报，亦何赖有子哉！其女生长，不营生业，学成而返，未嫁之时尚依父母；故欧美人之庐，有有及笄之女，而绝少当冠之男。其女既嫁，间或有寡母依以同居，依以为养者，若子则一娶妇后，永无事父母之日矣。一英妇有男无女，尝问我曰，"中国爱女乎，抑爱男乎？吾意则欲得女而不欲得男。盖男既长则游，既娶则绝，无同居侍奉之道，无迎养欢娱之日，尚不若女"云云，盖以欧美之俗论之，男诚不若女之亲也。美总统麦坚尼，东定古巴，西定吕宋，可谓伟人矣，其死之遗嘱也，以其遗财二十余万磅尽与其妻，仅以千磅赠其母，此在中土绝无之事，而在欧美之伟人亦如此，盖其俗然矣。且观麦坚尼，一切大会皆与其妻同之，不闻其母与焉。然则生子而作传统，人生之幸事也，然亦何益。若其贫也，亦仅与妻同居而养其妻，其父母虽贫，不之养也。寄食三日则作色，七日则止，否则逐矣。不行则索食费，但推荐假以去之。母之来依尚可去女仆，而令母充女仆；若父则并不能充男仆，故不养也。间或赠以金钱，已为罕有行之者也。尝见一英人，父老贫甚，而子妇不养者；又有其父母极贫无聊，依于子妇，父充柴工，母供扫除，子妇自奉华奢，食于上室，而令老父杂仆隶食于下室者。其有令父母登堂馂余，则为孝子矣。故子之富贵，不得从乐，父母贫苦，不得迎养，有施无报。然则十年抚养，十年就学，生育极备劬劳，身后与以遗产，殷勤厚施，何为也哉！及其死也，不过送以花圈，其同地也，时省其墓而止矣，然亦于子视，于孙止，至于曾孙则未闻有视墓者矣。欧美人营业逐利，无远不届，既少子孙常住，有多岁月即迁，无宗族之同居，无祠庙之追远，盖视墓亦不数十年而置之，仅悬遗像以寄相思，亦不过与良朋等耳。此后无春秋之祭，无忌日之思，无孙、曾、云、来之贻，以视中国世传数十，祠墓常修，祭祀常洁，思慕常感者，其去极远矣，其报太薄矣。一欧人闻吾言中国父子之道而极慕叹羡之；一美妇与吾论人伦，谓但须得富，不必子女，有子女无益，反增累耳。吾所识英星架坡两巡抚皆不娶妻；而近年法国妇女皆不愿产子，下胎无算，否则弃之于婴堂者不可胜数。故数十年来法国丁口日少，昔者在四千万外，与德战争时民数过德，方今德人几增半而法

① 茕茕，孤独无依。

人不加，今反不及四千万焉。法美妇人尝语吾已有一子，不再须矣，皆以多子为不可。其薄父子之效可见矣。盖妇女生子，至艰至苦，稍有所误，身命殉之，而收益甚薄，人岂肯舍身命之重而殉收益之薄哉！即父之养子，所费不赀，而有施无报，亦岂情愿哉。故欧美人之死也，多以遗产舍之公。日本昔崇儒重孝，近亦变矣；吾见有名士，母死数日，即去乡至城而为友奔走者，则报亦仅矣。

论欧美薄父母由于重夫妇。夫今欧美之治近于升平矣，然父子之道，何其有施而无报哉，何以知有夫妇而不知有父子如此哉，何以夫妇同乐，而致老父寡母茕茕寡欢，饥寒无养如此哉？推其立义，盖本于自由自立而来。人人既有自主之权，于是人子皆得纵其情好之欲，少则孺慕，长则好色，故父母可离而夫妇不可别也。故制夫妇终身同居之义，其有久离居而不归者，许其离异矣。且婚姻既听自由，男女皆出相悦，人人既有自主之权，妇女必不可乐舅姑之压制而人子亦不得不强从，于是父子遂不同居矣。又二女难合，异姓难亲，妇姑勃溪，家多离索，不如伫霜露而相思，隔日月而相见，反能永好，不致伤恩也，故国制亦复听之。然因是之故，乃至父母贫病而不见侍养，人子富贵而不预欢游。父子既不同居，祖孙更同陌路；吾与欧美人游，寡见有抚其孙者，况曾玄乎！乃至老父寡母，茕独寡观，穷困无养而亦听之，律以欠借不还之道，义既不完，理亦不公，盖徇夫妇之欲而忘父母之恩，违谬甚矣。

论孝报欧美不如中国，耶教不如孔教。夫人之为道，凡有所施，必计其报之厚薄而后行其恩，凡有所营谋，必计其利之多寡而后出其本，虽父子之爱出于天性，然计人之殷勤育子，盖亦未始不出于望报者焉。睹乎垂老之无依，而有子孙之养者则保暖得安，无子孙之养者则困穷无告也；睹夫疾病之无聊，而有子孙侍奉者则医药抚摩，无子孙侍奉者则孤苦无聊也；睹夫有子孙富贵者则迎养尊荣，人同敬畏，无子者则俯无所望也，身后无寄也；睹夫子孙众多，则绕膝满阶，人不敢凌，而无子者则茕独无依，为人所欺也；睹夫子孙传嗣，则祠墓威丽，祭祀久远，而无子者则葬瘗无人，祭祀永绝也。故孔子立孝以重报，其亲老不养，亲病不事，生不尊事，死不祭祀者，则以为不孝，人共摈之。故老父有所依，寡母有所望，贫穷有所养，疾病有所事，富贵得其尊荣，孙曾得其推奉，丧葬赖以送埋，魂魄赖其祭祀，故人咸愿劬劳辛勤，敏于育子；故中国人口甲于大地，惟立孝之故也。今欧美人之养子，亦赖其国律有养子之责，故不得已而养之；假无国律，必皆如法之妇人，无有愿出力以养子者矣。盖养子者三年顾复，十年抚育，十年就学，所费不赀，无其报而为非常之施，无其利而出非常之本，非人情也。故欧美富人之死，多以其千百万之藏施于公家之学堂医药，盖以子亦不亲，既已费无利之大本，岂再甘以一生之资本尽与之哉！凡律者，皆不得已强人之情而为之者也；中国无此律，而爱子尤挚，育子尤多，而一生所得功业尽遗其子，盖报与不报之异也。或谓人为天生，非父母所得而私也，人为国民，非父母所得而有也。耶教尊天而轻父母，斯巴达重国而合国民，故其报父母亦甚轻也。然报施者天理也，子而为天养育，为国养育，不须父母之抚养，则不报可也；既已藉父母而后能育能成，已受父母莫大无穷之恩矣，而无锱铢之报，非道也。故人子而经父母之顾复、抚育、教学者，宜立孝以报其德，吾取中国也，吾从孔子也。

论中国人孝为空义，罕有力行者。虽然，中国之言孝，亦以名焉耳，安见其能报哉！人之有是四肢五官也，有是体即有是体之欲，此中西人之所同也；有目则好美色，有耳则好淫声，有口则好美食，有身则好美服，体则好逸，神则好游，弱则好弄，长则好淫。魄有嗜好，魂为所牵，憧憧往来，朋从尔思，稍有金银，日为欲耗，其有不纵耳目体魄之欲而能顾父母之养者寡矣。吾但见纵欲累父母者矣，寡见养父母者也，一身之累，所供养如是之众且多也。故少之时为身累甚矣，安能养父母！及其壮有室也，少艾可爱，则供其欢心，子女日多，则营其衣食，其或妻妾繁多，子女林立者，则养之益艰矣，以一人而养无穷之大众，安得赢余以奉穷老之双亲！且中国人营业之艰，亦良苦矣。耕农所入，则常有水旱之忧，其举家饥寒，欲养而无以为养多矣。工资所入，北方率二三金，南省之工则间有四五金者，至才工上品，则十金八金为至极矣。士人就馆，月多三四金者，其举人秀才，多至十数金亦已至矣。若通籍而仕宦京朝，或候补而听差各省，俸薪所入，月仅十数，其有优差，多不过数十金，而舆马、仆从、服食、应酬、租赁所费不赀，自非膴仕优差，大商素封，其能竭其劳力可资孝养者，盖亦无几矣。夫以所入如是之极戋戋①薄微也，以如欧美之例，仅养夫妇，然尤不足，即如僧人仅养一身，犹为未丰。然而奉一身之耳、目、口、体嗜欲如此其多，养一家之妻、妾、子、女人口如此其

———————
① 戋戋，浅小的意思。

夥，盖欲养而不得为养者比比矣。夫古人之分田制禄及欧美之操工执事，皆量人口之多寡，度支之分量，使其足而后用之，故古人得以仰事俯畜，从容有余，而欧美人足以糊口养家，逍遥自足，然后报恩为乐，强体怡神，所以有生人之趣也。今中国之农、工、商贾既不开利源之路，而执事作工复极得手业之难，虽极力营得之，而工资微薄，致无以厚一人之生，况能责其仰事俯畜哉？故丰年而儿号寒，有业而妻啼饥，寡母倚门而黄馘，老翁曝日而无衣，孝子捧糜啜粥为嬉。以吾所闻，以阳朔之富乡，而五十余家得食饭者只二十余家而已，人道如此，焉得不悲！若其无工可作，无田可耕，闲民游手好赌，而复佚游无度，醉乐而荒，都邑相望，市衢相属，饿殍载道，不可记录，若是者甚多甚多，岂复能望其孝养哉！以吾乡所见，养父者千不得一，养母而丰泽安乐者百不得一，分其数金之人，令老母安坐而食，饱暖无营者十不得一，其能以一金半金养母，而母复操作助之者，二不得一。而不孝子之穷奢纵欲，不养其亲，或仅私其子而不养其亲，或困穷无聊不能养亲，或疾病无依致累其亲，或蠢愚无用侍养于亲，或妻子林立侍养于亲，或妄作非为陷于刑狱，致害其亲，或纵欲负债，鬻田卖屋，致累其亲，若是者举目盈耳，几于十居其七八也。极贫之人或尚少，中人之家累累皆是矣。试游于都会，入于闾井，听乡谣，比户可忧焉。老妇隆冬无被，乃典衣而疗子孙之疾，老翁白首无裤，乃力作而偿子孙之负；其有子孙众多，壮夫环立，而游手无食，仰于一老，乃至年七八十奔走远方，或为人隶，仰人鼻息，归而哺食其所生息者，盖比比也。呜呼？几见有竭力能报其父母哉！

论慈孝之难易由于意见。吾尝见人之爱育子女，殷殷摩抚，勤勤教养，不假圣贤之教，不待诗书之训，不须风俗之化，不用旁人之劝，不识一字，不行一步，乃至悍妇戾人，生番猺蛮，无不能爱养其子者，至于仰事父母，则经无量圣贤之教育，有无量典籍之言，经许多乡党父兄之责，有无限天堂地狱之劝，而孝子不数见，逆子尚无数，是何故哉？然则人之情，于慈为顺德，于孝为逆德故耶？观人之体，俯首甚易，仰首甚难，岂亦所谓俯畜易而仰事难耶？然则孝乃逆德，非顺德也。尝原天理之至，父母乃施恩于我者，我非父母不得而生，子女乃我所施恩者，非有恩于我者；人情易于报恩而难于先施，宜人皆易孝而难于慈，何以人难于事父母而易于抚儿女乎？此不可解者也。尝推其由，人之于子女，既为所生，则分己身而来，既以爱己身者爱之，此爱之始也。人之情，好玩能动少知之物，故猫犬之驯者人多豢之。至有与同卧起者，况于人乎。人当婴孩童幼，笑啼游戏皆有天然之生趣，比于猫犬又为同形，故尤为可爱。近美国有一赁而会，凡自数月以上至数岁之婴儿，可论日计二三金而赁之，夫无儿可弄，犹月出数金赁而弄之，况于所生之子乎？此皆以之自娱，绝无望报之心者，况于所生之子乎？此皆以之自娱，绝无望报之心者，况于既为同类分身之亲，又有将来酬报之望，宜其乐于抚育也。欧美之报少，故人望子亦不切，中国之报多，故望子尤切，此其等差也。若父母，义虽宜报，人亦未始不知也，然以其尊长于己，事当仰体，而形体既分，游学自异，则意见迥多不同。夫天下之至大者莫如意见矣，强东意见而从西意见，既已相反，既难相从，不从则极逆，从之则极苦。虽以生身之恩，然其极反终有不可从者，于是不和生矣，其与儿女之可以教训约束，可以惟意，再不听则怒詈鞭笞之必令从己迥异，一也。又养父母之身尚易也，而父母有诸子女，则必兼爱之，兼爱则必取有余而济不足，则是兼养数人矣；子力薄不能养志者，或难免有吝心，其与养而儿之一儿即一儿更无他及者异矣，二也。又养母者尚多焉，以母一身而寡欲；父则或有后妻诸妾，更或他欲，则难供给之矣。欧美人则子须养妻，乃并父母而皆不供养。女则尚有养母者，以同形相抚，则可同室而居，子则并母而不能养，此欧美人所以望女过于子也。然母之养于女儿依于婿也，则备极柔和，助其执事，父则有盛气而不能同居；然则其养母也，亦以柔和易制与小儿同耳。即如子之童幼则爱之，至于长大，或有媳妇则父母爱子之心已不如幼少；即孝且才者，已不免疑问横生，甚至家庭决裂矣，其不孝不才不肖更不具论。人之苦痛莫若生逆子，以绝之则不忍，容之则不可。以唐太宗手定天下，才兼文武，可谓绝特不世之英矣；而以魏王承乾故，乃至自投于床，以刀自刺，何尝必于爱哉！合比而观，孝难慈易，皆因意见之故耳。不能同意见者则不能同处，能同意见者则易处耳。盖处者，处其意见也，非处其身体也。夫妇似以身体同处矣，而中国则限于风俗，欧美则限于法律，不得已为之耳。今法国夫妇之离异者岁月日多，岂非意同则合，意异则离耶？

　　论家人强合之苦。其在富贵者，或备膳洁潇，板舆迎养，袍笏戏彩，兰玉盈阶，是近于孝养矣，然如是者亿万不得一人。且亦外观之美者耳，其妇姑同居之不相悦，因细故而积嫌交恶者，殆无有能免者也。夫人性不同，金刚，水柔，弦急，韦缓，甘辛异嗜，白黑殊好，既不同性，则虽钟郝同居，多不相得，贤者千不得一，而不肖者十居其九，故子妇未必孝，翁姑未必慈。或子妇之不能承欢视色而拂戾悍逆者有之，或因其姑之责备过甚而严酷毒厉者有之，或因女姊叔妹积久生嫌，而母偏听其女，或因甥侄待之未周而老人笃爱其童孙，因此而恶其子妇有之，或因父母有所偏爱祖助，而兄弟娣姒以生嫌妒者有之，或因子妇财物有所私蓄不献，兄弟娣姒隐据自取而生嫌恶者有之，或嫡庶交争，父母所偏爱生嫌恶者有之，或女贫子富，母欲养济其女子而子妇妒吝者有之，或兄弟一荣一悴，或孤寡可怜，或多财多男而相倾争而怒其父母者有之，或有内外孤孙，而子妇不知体慈意怜爱以触其怨怒者有之，凡此皆因缘同居，隙于薄物，米盐琐碎，鸡虫得失，或一言失体，或一事失检，而彼此猜疑，不能情恕，不能理遣，小则色于面，大则发于声，始则诟谇①，继则阋墙，甚则操杖，极则下毒。或兄弟相讼，或嫡庶相绝，或嫂叔相詈，或叔侄相怨，或娣姒相倾，甚至妇姑不相闻者比比也，以此丧命自尽者不可数也。昔张公艺九世同居，千古号为美谈，然其道不过百忍；夫至于忍则已含无量怨怒于中矣，不过不发耳。然蓄药者久必炸，积水者久必泻，未有能遇之者也，至于药炸水发则不堪问矣。张公艺之美化犹如是，况其不及张家之化者哉！故凡中国之人上自簪缨诗礼世家，下至里巷蚩氓之众庶，视其门外，太和蒸蒸，叩其门内，怨气盈溢，盖凡有家焉无能免者。虽以万石之家规，柳氏之世范，其孝友之名愈著，则其闺阃之怨愈甚。盖国有太平之时而家无太平之日，其口舌甚于兵戈，其怨毒过于水火，名为兄弟娣姒而过于敌国，名为妇姑叔嫂而怨于路人。贤者则以为骨肉，极力隐忍，弥缝不言，故人不知之，目为德门；愚不肖者则激发而为家祸，延及累世矣。凡此皆源于薄物而酿为深怨者，盖无家无之。若夫兄弟、姊妹、娣姒之中，有性情贪戾、才智谲诈者，造谤兴谗，巧构疑似，致父母相离，兄弟相杀，吾见盖多矣。又有悍夫制姑而绝粒，恶姑凌妇而丧命，或继子不肖据产而弃其继母，后母阴毒私子而陷毒其前子女者，不可胜数。太约童媳弱妇死于悍姑，孤子幼女死于继母，及甥妇依诸父诸舅而凌虐鬻卖者至多矣。都中国四万万之人，万里之地，家人之事，惨状遍地，怨气冲天。虽以数口之家灶下之婢述其曲折，皆成国史，写其细致，可盈四库，史迁之笔不能达其冤愤，道子之画不能绘其形相，累圣哲经子语录格言而不能救，备天堂

---

① 诟谇，责骂。

地狱变相惨乐而不能化。盖以尧而有丹朱之不肖，舜而有父、母、弟之顽嚚，文王、周公而有管叔、蔡叔，汉惠帝、太子贤而有吕、武之忍酷，既以天合，无可决绝。他若冯敬通之有悍妻，周伯仁之有傲弟，聚群不同姓之女与群不同姓之人而必以同居限之，则又室小如斗，房禁如因；必以同爨限之，则贫富既殊，嗜味皆异，顾此失彼，顺甲忤乙。必使四万万人皆孔、颜为父子，闵、曾为兄弟，任、姒为妇姑，钟、郝为娣姒，或庶可乎！若有一不然，则其怨毒决裂，有不可思议者矣。夫天下安得有孔、颜为父子，闵、曾为兄弟，任、姒为妇姑，钟、郝为娣姒者乎！则是家人无一之能和，亲者无一而不相怨也。其富贵愈甚者，其不友孝愈甚，其礼法愈严者，其困苦愈深，其子孙妇女愈多者，其嫌怨愈多，其聚居同爨愈盛者，其怨毒愈盛。以吾居乡里之日殆三十年，所闻无非妇姑诟谇之声，嫂叔怨詈之语，兄弟斗阋之状；先圣格言，徒虚语耳，求为救度，更无术焉。印度男女之别尤严，父子之亲甚至，一家多室，莫不同居，其居法甚严，其含苦弥甚，宜以为五浊恶世也。婆罗门九十六道及于佛氏，无可如何，乃为出家之法，离绝六亲以求除烦恼。夫佛岂不知绝父母之恩，弃亲戚之好为过忍哉！然烦恼怨毒若此，徒斫丧其魂灵而又不能和其家室，是以决然舍弃也，其忍之无可忍而出于此途者，诚以家累至甚而恶世难化也，不然，岂好为出家哉，且何苦倡为出家哉！

论立家之益即因立家而有害。夫圣人之立父子、夫妇、兄弟之道，乃因人理之相收，出于不得已也；亦知其相合之难，乃为是丁宁反复之训言以劝诱之，又设为刑赏祸福以随之，而终无一术可善其后也。非惟怨毒烦恼，无术以善其后而弥缝之，且其立家第一要因在于相收，而因一家相收之故殃遍天下，并其一家亦不得相安焉，其祖父、兄弟、子孙、妇姑、娣姒、嫂叔亦不得贤焉。以其不贤，故谬种流传，展转结婚，而生人皆不得美质，风化皆不得美俗，世界遂无由至于太平，人类无由至于性善，其原因皆由于一家之相收也。

盖一家相收，则父私其子，祖私其孙而已。既私之，则养子孙而不养人之子孙，且但养一己之子孙而不养群从之子孙；既私之，但教其子孙而不教人之子孙，且但教一己之子孙而不教群从之子孙。于是富贵之子孙得所教养者。身体强健，耳目聪明，神气王长，学识通达矣；贫贱之子孙无所教养者，身体尪弱，耳目聋盲，神气颓败，学识罔愚；甚者或疾病无医，乞丐寒饿，不识文字，不辨菽麦矣。即有捐学堂以教贫子，设医院以救病人，然人人皆当私其子孙，安得多有余财以博施济众乎！若此，则其医院、学堂必不美，即尽美善，其及于众也仅矣。故能捐义田、义庄以惠其族，尚未能及其乡，既能及其乡，不能及其邑，既能及其邑，不能及其州郡，既能及其州郡，不能及其国；即能及其乡族郡邑，不过救死亡耳，何能平等哉！夫以富贵、贫贱之万有不齐，故其强弱、智愚、仁暴、勇怯亦万有不齐；然且富贵少而贫贱多，则有教养者少而无教养者多，强智、仁勇者少而愚弱、暴怯者多。然且大富贵贤哲能备足教养之格者亿万不得一，而极贫贱、愚闇、疾病、寒饿者十九也，则举国人之被教养之全格者盖极寡，而强智、仁勇之人亦极寡，而愚弱、暴怯者皆是也。且娶妻必于异性，虽有富贵贤哲之家，能得所娶之必贤乎？其人而贤矣，其传种于父母者，得毋多有异质乎？此凡欧美有家之人所不能免也。若中国富贵之家多娶媵妾，媵犹可也，妾或出于卑贱，其父母之来因则多乞丐寒贱、疾病无医、不识文字、不辨菽麦者矣。夫以富贵贤哲之家而传此极不美之种，则即有强智、仁勇之世种亦将与愚弱、暴怯之种剂分两而化生，而不美之种复大播焉。故有父智而子愚，兄才而弟劣；若其贪、诈谲、诡戾之性分播于人人，故父子、兄弟、妇姑、姊妹、娣姒、叔嫂之间，人人异性，贤愚不齐，而恶者较多，几为什九。播种既然，则种桃而得桃李，种荆棘而得荆棘，乃固然也；及长大后，乃欲施教以易之，岂可得哉，况多无教者哉！以此人性安得善，风俗安得美，而家人安得和，是以天下人人受其弊，无由至于太平，而专就一家言之，先受其害，无由至于和睦矣。

论有家则有私以害性害种。且一家相收，既亲爱之极至，则必思所以富其家而传其后；夫家人之多寡至无定，欲富之心亦至无极矣。多人之用无尽而所入之资有限，既欲富而不得，则诡谋交至，欺诈并生，甚且不顾廉耻而盗窃，不顾行谊而贿赂矣；又甚且杀人夺货，作奸犯科，悧不畏死，以为常业矣。夫贪诡、欺诈、盗窃、作奸、杀夺、恶之大者也，而其原因皆有欲富其家为之。既种贪诡、欺诈、盗窃、作奸、杀夺之恨，种种相传，世世交缠，杂沓变化，不可思议，故贪诡、欺诈、盗窃、作奸、杀夺之性愈布愈大，愈结愈深，人性愈恶，人道愈坏，相熏相习，无有穷已。且人既有家，即无不欲富，既至亲相爱，责任所在，亦必思所以收养之。夫以一夫之力养一夫，其事易，以一夫之力养众人，其事难；又或境遇阻之，才智不如，精力不济，而妻若子女诸孙之饥饿待哺、疾病待医、隆寒待衣者环集也。子女林立，嫁取逼人，连环迭代，追踵相因，娶媳生孙，膝下成群，人口日众，室屋当增，家人嗷嗷，待于一人。同此俸入，昔羡今贫，何以应之？仰屋而鞫，鬻田卖宅，负债累累，烦恼盈前，忧能伤人。况复天灾无时，死亡相因，多哀多思，怀我六亲，丧葬祭祀，耗费无端，力作既穷，夙遝迫人。既馁其气，实伤其魂，困穷交迫，虽有志士，诈谋亦生，或毁廉而丧节，或负诟而忍心，于是苟贱无耻之事，贪污欺诞之行，亦不得已而强为之矣。既一为之后，不得已复再三试之，习之既熟，与性俱移，则为河间妇矣。吾见乡人家富巨万，有子十人，子妇亦十，子女孙二十余人，曾孙数人，然皆纨绔，仰食一老；少为教学长为嫁娶，月添孙子，日闻医病，年置屋舍，岁哀死丧；田宅尽鬻，垂老？憭，稍营奸邪，卒无少济，七十穷死，几无稿葬。自乡引间所见，如是者不可胜数，皆人羡其多男多寿而彼实为穷忧极苦者也。大率子女愈多者，家累愈重，忧病愈甚，郁苦愈深，改行营邪愈不得已；子女稍少者，家累稍轻，忧病稍少，郁苦稍浅，改行营邪亦可已则已，然都中国之人，四十以后不忧家累，不改行义者，盖亦寡义；虽有志节之士，激昂于少年，无不易节于晚暮者。孔子曰，"及其老也，戒之在得"，岂其所好哉？盖有家之故，不得已也。夫以忧郁烦苦之伤魂，则神明斫丧，贪奸欺诈之丧行，则风俗败坏，神明沮则术业不精，风俗败则人心日恶，将欲求太平性善之效，岂不远哉！若业种相缠，世世无已，俗恶业缠，陷溺日甚，从无始来浸渍已深，乃欲于其长大少施以教之，欲去无始甚深之性，恶俗浊世之风，是犹杯水而救燎原之火也，必无济矣。且以有家之故，有子安得不养之，有妻安得不收之，不养不仁，不收不义。然以一人而养众人，即竭力以供奉，必不能给者矣。虽有富者，多子则教学不精，饮食不美，医药不周；若贫者则并不能教学，糟糠不足，肌肤不掩，疾病不治，十而八九也，以故体皆羸瘠，面为菜色，身多残疾，耳目不聪明，血气不和平，目不知文字，手不知技艺；虽充人数，有类马牛，驱之奔走，寡有虑谋；甚且鬻为奴婢，鞭笞榜殴，终身苦役，得食无忧。以此传种，愚痴弱柔，若汰种而改良，几无可留，推其原因，皆由以一人养众人之供养不周也。

　　大约都中国之人，托生士家，父母知方，长不饥寒，饮食得宜，衣裳适当，神明畅朗，身体健强，龆龀诵数，童幼入学，得闻圣贤之训，得知古今之事，得闻人道之宜，得操事业之技，此亦据乱世之人格哉，殆万人无一也，则以家之贫富贵贱不同故也。然则想望太平性善之世，岂不远哉！盖天下为公者乃能成其私，私者未有能成其私者也。

欧美今大发独人自立之说，然求至太平世之人格，实未能也，何也？以其有家也。有家则人各私其子；吾子则养之，他人之子则不养也，吾子则教之，他人之子则不教也。虽孤贫者有育婴慈幼之院以收之，虽人必入学，孤贫者公家教之，然所教养皆最粗者，又不数年而停就工矣。诸专门学之学费甚重，且非至大都会之大学就学亦不能成高才，贫家多望慕而不得，入小中学而就工矣。疾病虽有医院治之，然粗秽甚矣。伦敦、苏格兰、阿尔兰尚多乞丐徒跣者，意、班、葡贫人尤甚，则其不能尽教成材，尽养无憾，亦可见矣。妇女但依夫为食，日读小说，游戏清谈为事，则其不具人格、徒供玩具可见矣。老贫而寡独者，子女不养之，况无子女乎？欧人少年纵欲，四十已衰，作工则筋力不逮，无人用之，嫁娶则面目老丑，无人许之，穷困凄凉，无人过问，形影相吊，疾病无倚，衣食无托，送死无人，则魂气衰微矣。

既已有家，则不能不为妻子之计；既无公养，则不能不为送老之计。且欧美之风，尤为贱贫而尚富，不幸而贫，则故人犹觌面不识，绝无车笠之谊；若其富也，则国主前席，握手为欢。夫欲富既为人之情，况风俗迫人之去贫而思富如此，则人之所以求富者无所不至矣。既无所不至，则凡诈欺、诞伪、争夺、攻击、盗杀亦无所不为矣。英人之业磁商者请吾听戏，既至戏场，则反须吾请之；以美国政体之美，而以风俗尚富之故，乃至多为纳贿杀人之事，其每"博洛"中之屋，众无赖居之，以日行剽劫棍骗为生，其他诈欺相杀之事不可胜数；意国尤甚，欧美多相若也。以此相传，人种之未善可知矣。夫富贵无常，人人可致，婚姻之结，展转相交。夫以贫下恶贱之种，加以诈欺、狡诡、诞伪、争夺、攻击、盗杀之性，恶种相传，递代无已，欲求大同之公，性善之德，其去亦绝远矣。

论有家之害大碍于太平。今将有家之害列左：

风俗不齐，教化不一，家自为俗，则传种多恶而人性不能善。

养生不一，疾病者多，则传种多弱而人体不健。

生人洋人不能皆得良地，则气质褊狭而不得同进于广大高明。

自生至长不能由学校二十年齐同之教学，则人格不齐，人格不具。

人之终身非月月有良医诊视一次，则身体怀疾。

人人自生至长不皆驱之于学校，则为无化半教之民。盖人者杂质，须加熔铸冶砺，自始生而熔铸冶砺则易，长后而熔铸冶砺则难。故无家而全归学校以育人，太平之世也；有学有家以育人者，升平之世也；全由其家以育人者，据乱之世也。

入学而不舍家全入，则有杂化而不齐同。盖人自为教，家自为学，则杂隘已甚，未有能广大高明纯全者也。

因有家之故，必私其妻子而不能天下为公。

因有家之故，养累既多，心术必私，见识必狭，奸诈、盗伪、贪污之事必生。

有私狭、奸诈、盗伪、贪污之性相扇相传，人种必恶而性无由善。

人各私其家，则不能多的公费以多养一生，以求人之健康，而疾病者多，人种不善。

人各私其家，则无从以私产归公产，无从公养全世界之人，而多贫穷困苦之人。

人各私其家，则不能多抽公费而办公益，以举行育婴、慈幼、养老、恤贫诸事。

人各私其家，则不能多得公费而治道路、桥梁、山川、宫室以求人生居处之乐。

故家者，据乱世人道相扶必需之具，而太平世最阻碍相隔之大害也。

中华书局 1956 年版出版者按："己部"原稿本至此终结，不分章，以下"己部"据中华本补。中华本于此标题为"第一章　总论"，今将此一标题移于"己部"前。

论欲至太平大同必在去家。夫欲人性皆善，人格皆齐，人体得养，人格皆具，人体皆健，人质皆和平广大，风俗道化皆美，所谓太平也；然欲致其道，舍去家无由。故家者，据乱世、升平世之要，而太平世最妨害之物业。以有家而欲至太平，是泛绝流断港而欲至于通津也。不宁唯是，欲至太平而有家，是犹负土而潬川，添薪以救火也，愈行而愈阻矣。故欲至太平独立性善之美，惟有去国而已，去家而已。

论出家为背恩灭类不可。婆罗门欲至太平独立性善之美，驱人出家，以离世缘而图清净。然当据乱世之始，人之有身，本之父母生育教养而来，又人之传后，必待男女交合而得。夫贷人财物，犹当偿之，况恩莫大于生育教养乎！受罔极之恩而未尝有分毫之报，忽乃逃而去之，以自谋清净，此与负万亿重债而分毫不偿，乃挟人财，逃之他方以夸豪富，其所以为享用富乐，则计城得矣，试问可乎，国法能容之乎？吾于佛义之微妙广大，诚服而异之，而于其背父母而逃，不偿夙负而自图受用，则终以为未可也。且夫大地文明，实赖人类自张之，若人类稍少，则聪明同缩，复为野蛮，况于禁男女之交易绝人类之种！若如其道，则举大地十五万万人类之繁，不过五十年而人类尽绝；百年后则大地内繁盛之都会，壮美之宫室，交通之铁路电线，精奇之器用，皆废圮败坏，荒芜榛莽，而全地惟有灌木丛林，鸟兽昆虫，纵横旁午而已，是不独不可行之事，亦必无之理矣。夫以文明之世界，何必让之与鸟兽草木哉！虽有无递嬗，成坏相乘，他日大地亦必至此境，而今日文明之世胄，何事速速驱之入此破坏空虚之境哉！是预忧婴儿长成之烦恼而先坑之，预忧胎生出世之烦恼而先落之也。以此为仁，是或一道也，非天下大众公共所许也。

论去家有天下为公之良法。夫既欲去家而至太平，而又不忍绝父母夫妻以存人道，然则何道以至之？康有为曰：赴之有道，致之有渐，曲折以将之，次第以成之，可令人无出家之忍而有去家之乐也。

康有为曰：人非人能为，人皆天所生也，故人人皆直隶于天。而公立政府者，人人所共设也；公立政府当公养人而公教之，公恤之。

公养之如何？一曰本院，凡妇女怀妊之后皆入焉，以端生人之本；胎教之院，吾欲名之曰人本院也，不必其夫赡养。

二曰公立育婴院，凡妇女生育之后，婴儿即拨入育婴院以育之，不必其母抚育。

三曰公立怀幼院，凡婴儿三岁之后，移入此院以鞠之，不必其父母怀抱。

公教之如何？四曰公立蒙学院，凡儿童六岁之后，入此院以教之。

五曰公立小学院，凡儿童十岁至十四岁，入此院以教之。

六曰公立中学院，凡人十五岁至十七岁，入此院以教之。

七曰公立大学院，凡人十八岁至二十岁，入此院以教之。

公恤之如何？八曰公立医疾院，凡人之有疾者入焉。

九曰公立养老院，凡人六十以后不能自养者入焉。

十曰公立恤贫院，凡人之贫而无依者入焉。

十一曰公立养病院，凡人之废疾者入焉。

十二曰公立化人院，凡人之死者入焉。

夫人道不外生育、教养、老病、苦死，其事皆归于公，盖自养生送死皆政府治之，而于一人之父母子女无预焉。父母之与子女，无鞠养顾复之劬，无教养靡费之事。且子女之与父母隔绝不多见，其迁徙远方也并且展转不相识，是不待出家而自然出家，未尝施恩受恩，自不为背恩，其行之甚顺，其得之甚安。

或曰：父母于子天性也，舍去非天理也。然今法、美、澳洲私生子多矣，日本岁亦八十万，孔融所谓"父母于子，为情欲来耳"；男女自由后，则私生子必多。即合天下计之，亦贫贱不能教养子者多，富贵能教养子者少，从多数决之，盖必愿明归公养者多，故必天下为公而后可至于太平大同也。

（责任编辑：肖锐）

第二编
从社会问题的角度研究家庭

家庭与性别评论（第 7 辑）
第 25～65 页
© SSAP，2016

中国家族制度的变迁及其问题：
婚姻问题和儿童问题*

孙本文

一 婚姻问题

婚姻问题为整个家族问题中的一重要方面。婚姻的美满与安定与否，关系于家庭生活的幸福者至巨。西洋家庭问题的严重，其最大原因，实起于婚姻缔结与离散的太过自由。我国婚姻问题之所以引人注意者，亦由于西洋自由风气传播的影响。兹就我国婚姻的缔结与解散二问题，分别讨论之。

（一）婚姻缔结问题

婚姻为男女间正式的结果。据《释名》云："婚者，昏时成礼也；姻，女因媒也。"《白虎通》云："婚者谓昏时行礼故曰婚，姻者妇女因夫故曰姻。"《礼记·郊特性》云："夫婚礼，万事之始也。""夫妇之义，由此始也。"是知婚姻为男女间经过正式礼节而成的夫妇关系。所以婚姻的缔结，须经过正式礼节，毫无疑义。后世为防止男女间非正式的结合起见，除推行礼制外，并订法律以保障之。所以在法律学家看来，"婚姻乃具备法定要件之一男一女，以终生的共同生活为目的之结合关系"①。婚姻即由法律规

---

* 选自《孙本文文集》第 6 卷，社会科学文献出版社，2012，第 100～121 页、143～164 页。

① 参看胡长清《中国婚姻法论》，第 2 页。

定缔结的必要条件，乃使之更加正式，不是可以任意结合与离散，这是很明显的了。婚姻的缔结，可就主权、手续、年龄各方面讨论。

（甲）结婚的主权问题。婚姻的主权，依我国旧俗，是绝对属于父母或其他尊长；婚姻的本人，无须参预，亦不能参预。《诗经》云："娶妻如之何，必告父母。"又云："娶妻如之何，匪媒不得。"① 是知我国"父母之命，媒妁之言"的婚姻，肇源于周代。何以古代婚姻重视"父母之命与媒妁之言"？盖古代视婚姻为二姓宗族之事，并非男女双方个人之事。故依礼，成"妇"的仪节，尤重于成"妻"的仪节。凡女未庙而死者，仍归葬于女氏之党，即表示尚未成"妇"。②《礼记·婚仪》云："昏礼者，将合二姓之好，上以事宗庙，而下以继后世也。故君子重之。"可见婚礼不仅为男女个人正式结合，而实为以宗族"承先启后"的必要阶段。换言之，男子结婚，不是为个人嫁"夫"，而是嫁与"夫"姓的宗族为"妇"。从这种立场看，婚姻当然不是男女二人之事，而成为宗族之事。惟其如此，婚姻的缔结，不能不重父母之命。至于媒妁之言，所以重男女之别，而远廉耻。故《曲礼》云："男女非有行媒，不相知名；非受币，不交不亲"，"以厚其别也"。又《坊记》云："故男女无媒不交，无币不相见，恐男女之无别也。"男女的婚姻结合，固须得父母之命。但在未得父母之命以前，必有使男女二姓互相知名者，这就是媒妁的责任。《诗集传》云："媒，通二姓之言者也。"③通二姓之言，使男女得父母之命而结合成婚，这就是媒妁的力量。有媒妁以交通二姓，使成婚姻，自远胜于"钻穴隙相窥，逾墙相从"，或"自献其身"。④ 古时既然重视男女之别，重视婚礼；自然重视媒妁之言。在这种婚姻制度之下，男女的结合，成为绵延宗族的工具，初不问及男女双方婚姻生活的幸福与否。故凡为子女者，对于自己婚姻的对方，既不相识，又无权可以干预；惟有一听命运的支配而已。这是婚姻主权，完全操诸家长的流弊。

---

① 《齐风·南山》之篇。
② 见《礼记·曾子问》。
③ 见《诗经集传·豳风·伐柯》之篇，"匪媒不得"注。
④ 《孟子·滕文公下》云："丈夫生而愿为之有室，女子生而愿为之有家。父母之心，人皆有之。不待父母之命，媒妁之言，钻穴隙相窥，逾墙相从。则父母国人皆贱之。"又《礼记坊》云："故男女无媒不交，无币不相见，恐男女之无别也。""以此坊民，民犹有自献其身。"

惟在欧美各国，婚姻的主权，大率属于结婚男女的本人。不过年龄太幼者不许结婚，稍长者亦须得家长的许可；惟在某项年龄以后，始可完全自由。在美国凡法律规定范围以内，青年男女，可以自由结婚。法律上对于年龄限制，有相当规定。各州大都规定男子 18 岁以前，女子 16 岁以前，不能结婚。男子自 18 岁以上可以结婚，惟在 21 岁一起，须得到父母或其他尊长的许可。女子自 16 岁以上可以结婚，惟在 18 岁以前，须得到父母或其他尊长的许可。至于男子 21 岁女子 18 岁以上，完全可以自由，不必再有父母或尊长的许可。但结婚年龄亦有低至于男子 14 岁女子 12 岁者（比如北加罗凌纳州）。不必父母许可的男女年龄，亦低至 16 岁者（如浮蒙）。① 要之，无论法律上如何规定，就社会习惯说，青年男女的婚姻，无须"父母之命，媒妁之言"；所谓"得父母的许可"者，事实上只是法律规定的形式而已。固然，在内地农村中，父母对于子女婚姻，仍有很大势力；不得父母允许者，常不能自由结合。但毕竟占极少数的成分。② 我国自海通以后，此种西洋风气，传入各地；于是婚姻自由之说，渐入人心。凡旧时结婚条件，已不复能约束青年。其中感受尤深者，为知识分子。据潘光旦十数年前的调查，赞成婚姻由本人作主，征求父母同意者，占 80.6%。当时已经如此。十数年来，社会风气的转移尤速，其赞成本人作主或取得父母同意者当必有增无减，毫无疑义。但是矫枉过正者，取法欧美极端放任之例，视婚姻为完全属于个人之事，徒逞感情，轻视束缚。其甚者则有背叛父母，脱离家庭，以期达到婚姻自由的目的，然而易合者易离；自由结合者往往继以自由离散。于是昏昏扰扰，使不少有为青年，消磨岁月于此种无意义的自由纷扰中，以毁弃其个人光明的前途。此诚我国近时青年的一大问题。此种趋势，如不加以纠正，则国家民族的前途，殊堪隐忧。

我们必须知道，旧制婚姻，固不尽善，而极端自由的婚姻，亦不完美。一国有一国的历史与国情，一时代有一时代的环境与需要。强使现代中国青年实行旧制婚姻，固有所不可；强国人以完全效法欧美，亦事所不必。近年以来，国内知识青年流行一种偏重自由的折衷式婚姻，即婚姻由

① 参看 *World Almanac*, 1937, p. 216。
② Popenoe："A Study of 738 Eloptments," *American Sociological Review*, Vol. 3, No. 1, Feb. 1938, pp. 47 – 58, 此文中引述因父母未允而致逃婚者。

男女双方自行决定，再取得家长同意，即可缔结。至于家长同意一层，大都已成为对家长的"礼貌"，借以表示尊重家长的意见而已。事实上，如男女双方，感情成熟，家长即不同意，亦有难以阻止之势。处此情境，凡开通的家长，即不同意，亦惟有表示同意。稍稍固执者，如坚不同意，以致与子女激裂。家庭中即难免不幸的事情发生了。于此，我国现行民法，仿效欧美成规，以年龄为取得家长同意的限制。即婚约必须由男女当事人自行缔结；惟当事人如尚未成年，订婚时须得法定代理人的同意。这样的办法，自可救济子女业已成年而父母不予同意的婚姻，仍不失为一种折衷的意义。总之，这种婚姻缔结的新制，一方防父母兄长的专擅而贻误青年终身的幸福；一方又防青年一时感情的误用而致走入歧途。实在是矫正旧制缺点的一种较善的办法。

但婚姻制度若仅靠法律以维持，似只限于形式方面，至于家庭的精神方面，还在青年对于家庭的意义与功用的正确认识。家庭是社会保育儿童的机关，婚姻更是个人对于社会的义务。从前，社会对于个人婚姻问题，完全不许其参加意见，原有过甚之处；但亦不能谓为完全无理由。现代社会尊重个人意见，使其对于自己婚姻，有选择决定的余地，不过分强人所难，可谓深具苦衷。个人决不能因此误认为婚姻完全属于个人的情感问题，反忘其严重的意义。婚姻的离合，若视同儿戏，即使在个人方面视为无足轻重，而在国家民族方面看来，乃为一种莫大的损失。我们应该视婚姻的缔结为终身的束缚，故应极端慎重于结合之初。而视婚姻的解散为万不得已之事，非至山穷水尽无可挽回之时，勿使婚姻呈破裂之象。这不仅为家庭的安全幸福计，实为国家民族的安全幸福计。

（乙）结婚的手续问题。上面仅论婚姻的决定权，现在进而研究婚姻如何成立。就婚姻的起源言之，在草昧初开之时，婚姻恒成于掠夺，谓之掠夺婚（marriage by capture）。至今澳洲美洲的土人，仍有行此俗者。[①] 我国古代如商纣伐有苏氏，以妲己归，论者谓有掠夺之嫌。[②]《易经》"匪寇婚媾"句，以寇与婚媾同称，亦有掠夺之意。《说文》谓："礼、娶归妇以昏时，故曰婚。"娶婚必以昏时行礼，疑掠夺以昏时为

---

① 参看 Murdock：*Our Primitive Contemporaries*，pp. 38，64，156 – 7，274 – 5。
② 见陈顾远《中国婚姻制度之发生并其进展》，《东方杂志》第三十四卷七号。

便，可乘女家不备。后世因而未改，故必以昏时行礼。此婚姻之名所由生。[①] 要之，掠夺婚，为成婚的最简单形式。其次，有所谓代价婚，计分为交换婚（marriage by exchange）、服役婚（marriage by service）与购买婚（marriage by purchase）三者。今交换婚尚见于澳洲和梅伦尼西亚，服役婚尚见于南美土人，购买婚尚见于北美与非洲土人。[②] 我国古代，虽尚无确实史迹可以证明，但间接亦可推断。近人谓："西周之初，迄于春秋，姬姜两姓世为婚姻。" 即为交换婚姻的痕迹。又 "秦策谓太公望齐逐夫，则或由姜姓一部族之服役婚俗演变成赘婚一事，亦未可知"。[③] 至于 "伏羲制嫁娶以俪皮为礼"，或即为购买婚的滥觞。及至婚礼既行，而后始有聘娶婚。《礼记》内则谓："聘则为妻"。男子因聘而娶，而后婚姻成夫妇定。我国古时，婚礼极为郑重。《礼记·昏义》谓："敬慎重正而后亲之，礼之大体，而所以成男女之别，而立夫妇之义也。男女有别，而后夫妇有义；夫妇有义而后父子有亲；父子有亲而后君臣有正，故曰，昏礼者礼之本也。" 婚礼的程序，有纳采、问名、纳吉、纳征、请期、亲迎六瑞，谓之六礼。[④] 乃周代制度。自汉迄于南北朝，帝王立后，皇太子立妃，皆无亲迎节目，士庶人婚礼并问名于纳采，并请期于纳征，是六礼仅存其四。朱子家礼并且纳吉于纳征，则仅存其三。明洪武时期令士庶一遵朱子家礼。至前清又加入成妇成婿之礼，细别为九。要之，我国婚礼程序，大致不出乎《礼记·昏义》及《朱子家训》所示的范围。[⑤] 晚近以来，婚礼程序，更趋简单化，通常只分为订婚与结婚二事。订婚为婚姻的预备，结婚为婚姻的完成。[⑥] 以六礼言，则纳采问名纳吉纳征乃为订婚，请期亲迎乃为结婚。自欧化传入以后，自由婚渐见流行。婚姻的成立，不因媒妁，不因娶聘，而由友谊结识。凡年龄相当的异性朋友，如双方情意相投，志同道合者，得自

---

① 参看陈东原《中国妇女生活史》及吕诚之《中国婚姻制度史》。
② Lowie：*An Introduction to Cultural Anthropology*，pp. 239 – 241.
③ 见陈顾远《中国婚姻制度之发生并其进展》，《东方杂志》第三十四卷七号。
④ 据《礼记集说》陈澔注："方氏曰纳采者纳雁以为采择之礼也。问名者问女生之母名氏也。纳吉者得吉卜而纳之也。纳征者纳币以为婚姻之征也。请期者请婚姻之期日也。" 又亲迎者婿父醮子而命之迎。
⑤ 参看陈顾远前文。
⑥ 订婚，《民法》称为婚约，应由男女当事人自行订定。男未满 17 岁女未满 15 岁者不得订定婚约（第 972 – 973 条）。

由结为夫妇。所以婚姻手续更趋简易。六礼之名不复存在；结婚礼节，已无亲迎。仪式虽未必完全欧化，而已采取西洋婚礼格式，毫无疑义。昔时称为文明结婚，近已成为流行方式。政府尚未颁布全国统一的婚姻礼节；而社会流传，已大致趋同，然亦有少数青年，厌弃繁文；不行仪式，号曰"同居"。一经登报，婚姻自成。如此结婚，手续固易，但未免太欠郑重。古时对于婚礼，"敬慎重正"，未始毫无理由。总之，结婚礼节，不应太趋繁琐，但亦不应一举而尽废之。轻易结合，殊非慎始慎终之道。所以著者希望政府应从速颁布简单而郑重的婚礼，使全国推行。凡男女结合而不正式举行婚礼者，是违背民法的规定，依法婚姻不能成立，民法上此种规定，确系表明婚姻缔结应该郑重谨慎的意思。①这种以社会礼法约束男女的结合，实是维持社会秩序、增进社会幸福必不可少的过程。

关于自由婚姻由友谊结合一层，在目前的我国，值得加以研讨。在欧美国家，大多男女社交公开，且男女教育大致平等，故男女青年结识的机会甚多。每一青年常有异性朋友数人，选择配偶，自较为容易。故自由婚姻行之自无困难。至于我国，在知识阶级中，自由婚姻，已成为一致的趋向。但社会状况，似尚不能完全适应需要。第一，关于社交一层，即在知识阶级中，亦尚未能完全公开，其他一般社会更无论已。此由数千年来"男女授受不亲"的礼数，人人甚深。一旦揭破藩篱，亦难纯任自然，行之若素。以现时情势推断，在近一二十年之内，此风尚难完全欧化。惟其如此，所以男女青年社交的机会甚少。第二，关于男女教育一层，原则上固已完全平等，但实际上则女子入学者，远不如男子之多。据近年中小学及专科以上学校统计，男女学生的分配如下：

表 1　全国各级学校学生性别比较表（民国二十一年及二十五年）

学校别	性别	学生数	百分比	年度
小学	男生	14816078	87	二十五年度
	女生	3548878	13	

---

① 按《民法》规定：结婚应有公开之仪式及二人以上之证人（第 982 条）。如不具备此种方式者其结婚无效（第 988 条）。

续表

学校别	性别	学生数	百分比	年度
中等学校	男生	442309	81	二十一年度
	女生	102903	19	
专科以上学校	男生	37549	88	二十一年度
	女生	5161	12	

据此，则小学中女生和男生之比，约1与9；中等学校中约1与4；专科以上学校约1与9。学校中男女生数目如此不平均，即使在高中以上实行社交公开，亦不足以解决青年婚姻问题；而况从教育的立场说，中等学校中绝不宜提倡男女社交乎。如此则自由婚姻制在目前的我国，尚不能推行顺利，毫无疑义。惟在一般知识青年的心目中，则非自由婚姻，不能满足其欲望。若父母代劳为子女聘娶，在现时社会已成为"徒劳无功"之事；倘勉强行之，徒滋纠纷而已。在此种社会状况之下，青年人对于婚姻问题的烦闷，可以推想而知。

著者以为中国迟早必完全推行自由婚姻制无疑。惟在目前过渡时代，为补救社会状况的缺陷起见，宜推行一种制度以调剂之。此制度为何？即所谓友谊介绍制是也。男女青年已达相当年龄时，可由父兄、师长，或学友等介绍异性青年为朋友，作纯粹友谊上的交际。经过相当时期友谊上的交际，如果双方感觉情意相投，志同道合，即可进而议及终身大事。如果不然，双方各自另觅配偶，而仍不失为朋友。我们必须知道，近代自由婚姻有一基本原则，即婚姻的成立，完全基于双方感情。若有一方感情不洽，决不可出于勉强。盖婚姻当计及终身。在自由婚姻制之下，从未闻以勉强求婚而能"白头偕老"者。所以每个青年，必须抱一开明态度；深切明了自由婚姻的基本原则。如果一方感情不洽，即宜坦白放弃求婚思想另觅友谊的介绍。著者以为此种友谊介绍制，甚合现时的需要。社会上似应加以提倡，以解决现时青年对于婚姻的烦闷问题。有青年教育之责者，尤不可以忽视。

尚有一言须补充者，此种友谊介绍制，仅是友谊介绍，而非婚姻介绍。不过此种友谊往还中，可以进议婚姻，予青年以自由选择的余地，与介绍婚姻者迥不相同。故友谊介绍制为目前中国推行自由婚姻制的辅助制度，而非婚姻制度的本身。将来社会状况进步时，此制当不废而自废。

（丙）结婚的年龄问题。男女青年结婚，究以何年龄最为适宜？这也是婚姻问题中一个重要问题。就理论说，结婚最适当年龄，应视生理发育与社会需要双方情形而定。就事实讲，应从个人经济能力，家族态度，社会习俗等因素而定。从生理发育方面观察，结婚年龄，不宜太早，亦不宜太迟。但最适当年龄亦殊难一致，须视个别发育情形而定。大致女子发育较男子为早，这是生理的事实。我国古代有"男子十六通精，女子十四而化"之说，与事实，或相差不远。现行民法规定：男未满18岁女未满16岁者不得结婚，是根据生理发育的事实，略参酌社会情况而定。但此，仅指最低合法成婚年龄而言。实际上或尚有迟早不同。① 古时大率"男子三十而娶，女子二十而嫁"②。这是当时礼制规定的结婚年龄，不过表示一种标准而已。《家语》云："哀公曰：男子十六通精，女子十四而化，则可以生民矣。而礼必三十而有室，女必二十而有夫也，岂不晚哉？孔子曰：夫礼言其极，不是过也。男子二十而冠，有为人父之端；女子十五许嫁，有适人之道。于此往，则自昏矣。"③ 是所谓三十二十不过指示一种标准，实际还可以稍有出入。据近人调查我国农村结婚年龄状况，男子最大多数在30岁以下，女子最大多数在20岁以下。可见近代人，比之古时，已属早婚。兹摘录各地农村结婚年龄分配表如下：

表2　中国农村人民结婚年龄分配表（民国十八年，二十一年，二十四年）

婚年	男子百分比	女子百分比	婚年	男子百分比	女子百分比
12	—	0.35	17	4.27	16.15
13	0.47	1.74	18	8.70	13.54
14	1.27	6.07	19	16.93	16.67
15	1.11	7.12	20	11.08	8.85
16	2.22	9.37	21	11.70	6.42

---

① 按《民法》规定：未成年人（即未满20岁者）结婚应得法定代理人之同意（第981条）。若结婚违反法定年龄，得请求撤销之（第988条）。

② 《礼记》、《公羊》、《谷梁》、《书传》、《周官》皆谓男三十而娶，女二十而嫁。《墨子》、《韩非》则谓丈夫二十，妇人十五。《大戴》又谓太古五十而室，三十而嫁中古三十而娶，二十而嫁。似稍有不同。

③ 《家语·本命解》。

婚年	男子百分比	女子百分比	婚年	男子百分比	女子百分比
22	6.33	4.34	32	0.95	0.35
23	6.49	3.12	33	0.95	—
24	6.17	2.43	34	0.63	—
25	5.22	0.87	35	0.79	—
26	2.69	0.69	36	0.16	—
27	3.48	0.87	37	0.16	—
28	1.90	0.52	38	0.79	—
29	3.16	0.35	39	0.32	—
30	0.47	0.17	总计	100.00	100.00①
31	1.58	—			

观此表可知，男子结婚年龄，最大多数是在 18 岁至 22 岁之间，占总数的 54.74%。女子结婚年龄，最大多数是在 16 岁至 19 岁之间，占总数的 55.73%。男子最早者仅 13 岁。但在 13 岁至 17 岁者只占 9.34%，23 岁至 39 岁占 35.91%。女子最早仅 12 岁。在 12 岁至 15 岁

---

① 本表系合山西清源县、北平黑山扈等村、北平挂甲屯村、江宁县土山镇乡村等四处调查，改编而成。参看言心哲《农村家庭调查》第 20 表。按上述四处平均状况，虽不足以完全代表全国，但就近时所得他处调查结果来看，与此亦相差不远。例如广东澄海的樟林乡人口中大多数结婚年龄男子 16～27，女子 16～21。（见陈梁国《樟林乡村的人口状况》，《社会研究》，中山大学社会学系）河北甄家营大多数结婚年龄男子 15～20，女子 14～19。（见胡鉴民《中国之结婚年龄与民族生存》，《政经学报》第五期，民国二十九年五月一日引述）定县女子为 15～19，而男子则多数为 10～14，可谓极低。（见李景汉《华北农村人口的结构与问题》，《社会学卷》第八卷）此外关于大学生调查，中央大学学生家庭，大多数结婚年龄，男子 19～21，女子 16～19。（见楼兆馗《婚姻调查》，《国立中央大学半月刊》一卷十四期，社会学专号，民国十九年）四川大学学生，男子为 18～24，女子为 17～22。（见蓝家纯《四川农家人口形态》，《政经月刊》，四川大学）至于各地早婚情形，以北方农村为较盛。如定县男子结婚年龄有低至 7 岁者，10 岁以下占 1.3%，10～14 岁者占 40%。女子则稍高，最低年龄为 12 岁，不足 14 岁者占 8%。甄家营女子婚年最低 12 岁，15 岁以下占 22%；男子低至 11 岁，15 岁以下者占 25%。又川南苗民中结婚年龄大抵在 20 岁上下。据 80 家调查，男子最低虽为 15 岁，而 25 岁以上者已无人不婚；女子最低年龄为 14 岁，但除 1 人外，全体在 19 岁以下结婚；此 1 人为 24 岁。（见杨汉先《川南八十家苗民人口调查》，《民族学论文集》，民国二十九年。此 80 家共有人口 514 人，内已婚男 142 人，女 134 人，居住于川南高珙筠各县交界处）。

者占 15.28%。在 20 岁至 32 岁者占 28.98%。再简单说，普通情形，男子结婚在 19 岁与 21 岁之间，占 39.71%；女子结婚在 17 岁至 19 岁之间，占 46.36%。这大概可以代表近时普通社会结婚年龄的一般趋向，固不仅代表农村已也。惟有在知识青年，似有延迟婚姻的倾向。据潘光旦氏调查，结婚年龄，大多数青年赞成女子 20 岁以上，男子 25 岁以上。其详如下。①

表3　青年对于结婚年龄意见分析表（民国十五年）

答案人意见	人数	百分比	答案人意见	人数	百分比
赞成者	274	86.5	反对者	43	13.5

大概一半知识青年，多抱向上的志愿。所以在大学未毕业前，除家庭特殊情形者外，大率不愿结婚。以现行教育制度而言，自 6 岁入学至 22 岁大学毕业。是在 22 岁以后，始可考虑婚姻问题。若欲谋个人经济的独立，又非做事二三年不可。如此，非至二十四五岁，个人学业已有相当成就，经济能力已可独立，则大多数慎重有为的青年，不愿意贸然结婚，以妨碍个人学业与事功。② 但结婚年龄过于延迟，亦不相宜。一则妨碍生理的正常发育，二则影响于社会的性道德。故就一般情形言，除依法定成婚年龄为最低标准外，还应参酌个人志向与经济能力，以及家庭情况而定。大体说来，女子以 23 岁左右，男子以 25 岁左右最为相宜。

（二）婚姻的解散问题

上面我们已经约略把婚姻的缔结问题，就主权、手续、年龄三方面讨论过了。现在进而讨论婚姻的解散问题。

婚姻的解散，通常称为离婚。离婚应为婚姻的变态，而非常态。夫妇的结合，原应是永久的。"白头偕老"，乃是婚姻的常规。每对夫妇，当其缔结之初，决没有想到将来竟至离婚。所以离婚是婚姻生活的破

---

① 潘光旦：《中国之家庭问题》，第 67 页。惟据实际婚姻调查，则学生中间亦有早婚者。如中央大学学生婚姻调查，男子婚年最早为 15 岁，女子 16 岁。四川大学学生，男子 14 岁女子 16 岁。（来源同上注）

② 亦有不少青年因拘于社会习俗或家庭关系而提早结婚者。在此情形之下，往往由大家庭资助生活费用，似亦不足以阻碍其向上之志愿。

裂，是夫妇间的一种不幸的遭遇。即使离婚极盛的国家，离婚已成为司空见惯的事，但毕竟还是一种变态现象。因此，已婚的夫妇，不幸而至于离婚，使家庭生活，突然发生破裂；这当然是家庭中的一种严重问题。欧美离婚问题的严重，我们已在上章第二节中叙述过了。至于我国离婚问题，事实上并不严重。不过既然是家庭问题的一重要方面，亦应加以适当的讨论。

（甲）古代的离婚。在未讨论现代离婚问题之前，且一述古代离婚的情形。我国古代离婚谓之"出"，亦谓之"去"。所谓"七出"者，即古时以七事离婚的意思。《仪礼·丧服》"出妻之子为母"疏云："七出者，无子一也，淫泆二也，不事舅姑三也，口舌四也，盗窃五也，妒忌六也，恶疾七也，天子诸侯之妻无子不出，唯有六出耳。"《家语·本命》解同。《大戴礼·本命篇》谓之"七去"，其顺序与《仪礼》略异。原文云："妇有七去，不顺父母去，无子去，淫去，妒去，有恶疾去，多言去，窃盗去。"而《公羊解诂》更加以解释。其言曰："无子弃，绝世也。淫泆弃，乱类也。不事舅姑弃，悖德也。口舌弃，离亲也。盗窃弃，反义也。嫉妒弃，乱家也。恶疾弃，不可奉宗庙也。"① 观此可知，我国古代婚姻，重"治家传统"；离婚亦然。"七出"之中，关于治家传统者有六，而关于夫者仅一。无子与恶疾出者，为传统之故。不事舅姑、口舌、盗窃、妒忌出者，为治家之故。仅有淫泆出者关涉于夫妇的感情；但亦不仅关涉于夫妇，盖淫泆亦为治家传统所不容。可见古代离婚的原因，全为治家传统而非为夫妇间感情意见或品行。所以即使夫妇间感情如何不协，只要父母所悦，不能离婚；反之，即使夫妇间感情如何融洽，只要父母不悦，即应离婚。《内则》云："子甚宜其妻，父母不悦，出。子不宜其妻，父母曰：是善事我，子行夫妇之礼焉，没身不衰。"这是我国古代家族主义的婚姻制度必然的结果。② 东汉末，"焦仲卿妻刘氏，为仲卿母所遣，自誓不嫁，其家逼之，乃投水而死；仲卿闻之，亦自缢于庭树，时人伤之"，乃作《孔雀东南飞》一长诗以记其事。③ 这是离婚不重夫妇感情的一个好例。

（乙）近代离婚的起源。古代七出之制，至后代亦无大改革。唐律有

---

① 见《公羊解诂·庄公二十七年》。
② 古时男子可以出妻，女子似有时亦可以出夫。《秦策》谓："太公望齐之逐夫"，《说苑》谓："太公望故老妇之出夫。"但此类事，似系绝无仅有。
③ 见《孔雀东南飞》序。

七出、三不去、义绝的条文；明代因仍旧贯，清代亦无大增损。① 及清末以来，西洋婚姻自由之风，传入中国，于是在一部分知识阶级中颇有受其影响者，因而对于婚姻的态度，突生变化。辛亥革命以后，教育日见发达；个人主义与自由平等的思想，亦日盛一日。因此，妇女解放与婚姻自由等口号，甚嚣尘上。五四运动后，妇女问题婚姻问题等，已成为一般知识分子讨论的对象。当时如《新青年》、《家庭研究》、《时事新报》的《学灯》以及《妇女杂志》等刊物，尤宣传自由思想。于是由思想的探讨，进而影响于实际的婚姻生活，乃发生初期离婚运动。在此离婚运动的初期，实际上影响最大者，为青年学生。而最受牺牲者为此类青年学生所娶的旧式女子。因为彼时青年学生之已婚者，大率系旧式婚姻的结合；纯粹系自由结合者，必居绝对少数。但既受西洋风气的鼓荡，青年们自然感觉对于自己的旧式婚姻不满。于是这种旧式婚姻的离婚问题，遂层见叠出。但这种现象，约经过十年的时期。到了国民政府奠都南京以后，已渐渐的少见。这因为凡可以离婚的人，多已离婚。虽不满意而未离婚者渐渐亦不复注意。至此，社会风气，已渐开通，凡年事较幼的青年，婚姻的缔结，渐趋于自由。故凡从前旧式婚姻的离婚事件，已不如往年之盛。近年知识分子的离婚事件，更日渐减少，已不复引人注意。至于都市中一般社会的离婚，似已成为风气；虽未见十分严重，亦殊足引起社会的注意。②

　　（丙）近代离婚的状况。我国尚无全国离婚统计，上海市自民国十七年以来对于离婚案件，有较详的统计。兹将该市历年离婚案件数列表如下：③

---

① 按《大戴礼·本命篇》云："妇有三不去：有所取无所归，不去；与更三年丧，不去；前贫贱后富贵，不去。"是唐律所本。

② 吴至信著《最近十六年之北平离婚案》一文，分析北平离婚案件的原因，起于过渡时代夫妇生活的变迁。彼以为过渡时代夫妻生活的特征有五：（一）夫妻未尝不欲脱离封建式亲属势力的羁绊，而事实又多不能如愿，（二）男权之优越仍存，女子之自觉渐启，又一矛盾冲突之焦点，（三）妻已渐不甘丈夫之生活自私，（四）经济机会之男女不平等与不相容，（五）女性之自尊与受人轻视之冲突。吴氏又谓：此外尚有八点为减弱夫妻联系之重要力量：（一）贞操节义观念已弱，而非时代所尊重，（二）再嫁已为社会所许，而夫重婚又为法律所禁，（三）男女社交之发展，（四）女子经济独立机会增加，（五）性问题之讨论，亦为女子所不讳，（六）孝顺之观念日弱，（七）社会与法庭，同情于北平之解放，（八）都市女子渐有自觉。该见《社会研究》一卷一期（中山大学社会研究所，二十四年十月）。

③ 见二十二年《上海市统计》及二十三年《上海市社会月刊》。

表4　上海历年离婚案件统计表（民国十七年至二十三年）

十七年（八月至十二月）	370 件	二十一年	415 件
十八年	645 件	二十二年	—
十九年	853 件	二十三年（一月至八月）	249 件
二十年	639 件		

上海可以作为大城市的代表，上海如此，其他城市，亦可推想。至于各省中有离婚统计的，应推山西省。山西自民国十年至十四年有极详的统计。其五年中离婚案件数，列表如下。①

表5　山西省历年离婚案件统计表（民国十年至十四年）

十年	2129 件	十三年	1073 件
十一年	1367 件	十四年	995 件
十二年	959 件		

就以上两种数字观察，可知上海离婚案件以十九年为最多，计有853件。其次为十八及二十两年，均在630件以上。若以此数年统计推论，上海每年约有离婚案六百数十件。以全市人口350万计，约每一万人口中有离婚案一件或两件。至于山西省，以民国十年为最多，计有2129件，次为十一年计有1367件。最少为十二年亦有959件。平均计算，每年约有1500余件。以该省人口1100余万计，约每一万人口中有离婚案一件至两件。此与上海市统计的比例，若合符节。这因为山西的统计，亦只限于城市。故上列两种统计，相差不远。可见此种统计，似不能代表乡村，即不能代表全国。但亦约略可以推见我国离婚的状况了。

（丁）离婚的原因。据现行民法的规定，除夫妻愿离婚者外，凡夫妻的一方，欲向法院请求离婚，须合于下列十项情形之一。②

一、重婚者。

二、与人通奸者。

三、夫妻之一方，受他方不堪同居之虐待者。

---

① 山西省第七次《社会统计》（民国十八年一月出版）。

② 《民法》第一〇五二条。

四、妻对于夫之直系尊亲属为虐待，或受夫之直系亲属之虐待，致不堪为共同生活者。

五、夫妻之一方，以恶意遗弃他方，在继续状态中者。

六、夫妻之一方，意图杀害他方者。

七、有不治之恶疾者。

八、有重大不治之精神病者。

九、生死不明已逾三年者。

十、被处三年以上之徒刑，或因犯不名誉之罪被处徒刑者。

凡此各项理由，均属于客观具体的事实。但实际上婚姻的破裂，尚有重要主观的原因，如所谓感情恶劣，意见不合等。而婚姻生活，原属情意相投的结合。若果感情破裂，即使无客观具体的事实，亦难有圆满的家庭生活。故法院判决离婚案件，亦常斟酌实际情形。我国近时离婚统计，大致根据法院记录，间亦有参入报章记载者。据各项统计所列重要离婚原因，不外意见不合、遗弃、外遇、虐待、不道德行为、疾病、经济压迫、卷逃、重婚、旧式婚姻等项。兹先述上海市民国十八年至二十一年离婚原因的百分比如下。①

表6　上海市离婚原因分析表（民国十八年至二十一年）

年份原因	十八年	十九年	二十年	二十一年	总计
意见不合	77.67	73.39	86.39	86.52	78.68
对方遗弃	2.64	1.87	1.25	3.13	2.11
外遇	—	—	3.13	0.96	0.94
对方不道德	9.46	14.53	0.49	1.93	7.68
虐待与侮辱	2.48	2.11	1.25	2.17	1.98
卷逃	—	—	0.63	1.69	0.43
经济压迫	1.39	0.82	0.47	0.96	0.90
买卖婚姻	2.02	1.29	0.31	0.24	1.05
重婚	—	—	—	0.24	0.04
对方疾病	0.46	0.59	0.31	1.45	0.62
其他	—	4.81	3.60	0.48	2.19
不明	3.88	0.59	2.19	0.24	1.76
合计	100.00	100.00	100.00	100.00	100.00

① 见二十二年《上海市统计》。

　　观上表，可知就四年平均看，以意见不合占最大多数，即 78.68%；除对方不道德占 7.68% 意外，其余各种原因，均在 3% 以下。所谓对方不道德，是指夫或者妇有荒淫的行为，若并外遇计之，则约占 9%，是亦一重要原因。至于遗弃与虐待，合计亦占 4.09%。再次为旧式婚姻，占 1.05%。凡此五项为上海市离婚的主要原因。我们再就广州、天津、北平、成都四市比较之，则知与上海情形，颇不相同。兹将四市各项原因的百分比列表如下。①

表7　广州、天津、北平和成都四市离婚原因分析表（民国十八年至二十七年）

原因	广州（十九年）	天津（十八年）	北平（十九年）	成都（二十六年至二十七年）
虐待	32.1	42.9	30.6	28.6
行为不端	17.1	10.7	13.0	10.0
意见不合	12.8	14.3	8.1	8.6
遗弃	11.4	3.6	4.9	7.2
重婚或骗婚	7.8	—	2.3	14.3
疾病	4.3	10.7	6.5	4.3
被诬陷	3.6	—	—	—
经济压迫	2.8	3.6	2.3	5.7
逃亡	2.8	—	—	—
旧式婚姻	—	7.2	—	—
嫌夫丑恶	—	7.2	—	—
逼娼	—	—	8.1	—
徒刑	—	—	2.3	—
其他	5.2	—	13.5	8.7
未详	—	—	8.1	12.9
合计	100.0	100.0	100.0	100.0

---

① 参看天津市社会局出版之《一周年工作报告》及二十年三月十六日《北平晨报》。又成都离婚原因，见萧鼎瑛《成都离婚案件之分析》，金陵女子文理学院编《社会调查集刊》下册，二十八年十二月。按本表所列各市统计，其所代表之离婚案件，数目多少不一。计广州 140 件，天津 28 件，北平 62 件，成都 70 件。

观上表，知广州、天津、北平、成都四市，离婚的原因，以虐待为最多。平均几占三分之一。广州以行为不端为第二，占 17.1%，意见不合为第三，占12.8%。其次为遗弃与重婚，占11.4%和7.8%。天津则意见不合占次位，计14.3%，再次为行为不端及疾病，各占10.7%。北平以行为不端为次位，占13.0%；再次为意见不合，占8.1%。成都以重婚为次位，占14.3%；行为不端即纳妾通奸为第三位，占10%。[①] 这是以上四市的大概情形。我们如与上海市离婚原因统计比较，即可发见其颇不相同。其不同的原因，大致由于材料来源的不同。据一般趋向，凡经法院判决的离婚案件，率多由女方提出；其主要原因恒为虐待与对方不道德。而凡经登报声明离婚者，多由双方同意；其主要原因恒为意见不合。例如上表所列成都市离婚原因系据法院判决案件，而同时期内根据登报声明的离婚案件，其原因便不相同。[②]

表 8　成都登报离婚案件原因分析表（民国二十七年）

原因	件数	百分比	原因	件数	百分比
意见不合	106	66.3	难同居	1	0.6
包办婚姻	6	3.8	虐待	1	0.6
感情恶劣	20	12.5	家庭纠纷	1	0.6
妻弃夫	5	3.1	妻不堪清苦	1	0.6
环境阻难	5	3.1	不良嗜好	1	0.6
重婚	3	1.9	不明	5	3.1
不守妇道	3	1.9	总计	160	100.0
夫疾病	2	1.3			

观此项统计，与上海市统计甚相近，可见上海市统计离婚原因以意见不合为最多，或由于采用报章材料较多之故。而天津、广州、北平等市则仅采用法院材料，故与成都法院统计相近。[③]

此外我们再引山西省离婚原因统计，与以上各项比较。山西省自民国

---

① 按成都市离婚原因第四位为"意见不合"，系合并原表"感情不睦"与"意见不合"两项计算。

② 见萧鼎瑛前文。

③ 关于离婚原因的分析，必须与离婚主动及其材料来源合并观察，始可得其意义。

十年至十四年，共计离婚案件6521件，其各种原因的分配与百分比如下。

表9 山西省离婚原因分析表（民国十年至十四年）

原因	件数	百分比	原因	件数	百分比
夫妻不和	2826	43.4	犯罪或失踪	45	0.7
生计艰难	2547	39.0	久不生育	18	0.3
对方疾病	224	3.4	夫无正业	55	0.8
不守妇道	260	4.0	其他	226	3.6
婆媳不睦	92	1.4	合计	6521	100.0
对方嗜好	228	3.5			

观上表，知山西省离婚原因，以夫妇不和为最多，占43.4%；此即上海市所谓意见不合。① 其次为生计艰难，占39%。再次为不守妇道，占4%，对方染习嗜好，占3.5%，对方疾病占3.4%。以上海市相较，则意见不合者减少35.3%；而经济压迫增38.1%；此项原因，山西与上海几成38与1之比。山西婆媳不睦一层占1.4%，此为上海所无。而上海有卷逃一层，占0.43%，为山西所无。这约略可以看出上海与山西离婚原因不同的状况。上海可以代表大都市而山西可以代表内地城市。就简单统计说，亦可以推测全国离婚原因的大概。

（戊）离婚的主动。就离婚的主动说，有些原因必定由男方发动，譬如不守妇道是。有些原因大都由女方发动，譬如重婚、遗弃、虐待等是。还有些原因可由男女双方表示如意见不合是。（其仅由男方或女方提出者亦颇不少）但实际情形，又颇有不同。据《民法》"亲属编"，离婚分为两种：一为夫妻俩愿离婚，一为夫妻之一方向法院请求离婚。凡夫妻俩愿离婚者自行离婚，则离婚出于双方同意，甚为明了。至夫妻之一方请求离婚者，其主动或为夫方或为妻方，须视其实际情形而定。而法院方面，对于离婚案件，除驳回及判决离婚外，又有所谓和解离婚。凡原被告双方经法官的调解，自愿和平解决，不再依法律规定手续，仅由双方协议，书立离婚契约。此种协议离婚，其主动常视为双方同意。所以就一般论，离婚主动，不外男方，女方，及男女双方三种。兹就上海、天津、广州、北

---

① 按山西省以协议离婚为主，故其原因以夫妻不和为最多。

平、成都等市，及山西省离婚主动状况分述之。上海市十八年至二十一年
主动者百分比如下表。

表 10　上海历年离婚主动者统计表（民国十八年至二十一年）

主动者	十八年	十九年	二十年	二十一年	总计
男方	20.62	20.75	10.02	6.02	15.63
女方	20.62	16.18	7.51	10.36	14.14
双方	58.76	63.07	82.47	83.62	70.18
合计	100.00	100.00	100.00	100.00	100.00

　　观此可知，上海市离婚案的主动者以双方协同者居最多数，占
70.18%。男方或女方提出者均不过15%左右而已。若分年言之，二十年
及二十一年由双方提出者尤多，竟占全数82%以上。兹再就广州、天津、
北平、成都四市状况比较如下。

表 11　广州、天津、北平和成都四市离婚主动者统计表（民国十八年至二十七年）

原因	广州（十九年）	天津（十八年）	北平（十九年）	成都（二十六年至二十七年）
男方	8.6	14.3	25.8	15.7
女方	77.2	85.7	66.1	82.9
双方	14.2	—	8.1［原入（未详）]	1.4
合计	100.0	100.0	100.0	100.0

　　据此表始知广州、天津、北平、成都四市，离婚的主动者以女方为
多，天津最多，达85.7%，成都次之，达82.9%，广州次之，达77.2%，
北平再次之，亦达66.1%。除广州与成都外，余均无双方协议者。此与
上海大不相同的地方。上海方面，双方协议者竟占70%以上。[①] 北平、天
津、广州、成都之所以女子主动者居多由于男子虐待、遗弃及行为不端的
案件多之故。再就山西省自十年至十四年的状况述之。

---

　　① 按成都市判决离婚者，双方主动仅占1.4%，而登报离婚者双方主动竟达75%。此与上
　　　海市统计甚相似。或者因上海市统计材料根据报章者较多之故。

表 12　山西省历年离婚主动者统计表（民国十年至十四年）

主动者		百分比
协议离婚	男方	16.8
	女方	7.6
	双方	71.5
判决离婚	男方	0.8
	女方	0.8
	双方	1.1
劫离		0.2
背离		1.2
合计		100

观上表知山西省离婚的主动者以双方协议者为最多，居 71.5%，此点与上海市情形极相似。至男子主动者占 17.6%，女子主动者占 8.4%，亦与上海相差不远。惟尚有"劫离"与"背离"二者，为他处所无。所谓"劫离"或系因被劫而离，"背离"系遗弃而离，既非协议，又非判决。

（己）离婚的挽救与避免。从上述关于离婚的现状、原因、主动等方面看来，约略可以知道我国离婚的情况。我们现在讨论离婚的预防与挽救，可分三种情形观察：一为农村社会的离婚，二为一般社会的离婚，三为知识分子的离婚。①

山西省的状况，可以代表大部分农民小部分工商业界的离婚现象。②大概农地农民阶级，全是旧式婚姻，毫无疑义。所以结果"夫妻不和"便是离婚最大原因，竟占全数 43.4%。其次主要原因为"生计艰难"，亦占 39%。这是农民阶级生计困苦的一部分结果的表现。这两种原因，占全数的 82.4%；可见农村社会中农民离婚，其主要原因，不外由旧式婚姻发生的夫妻不和，及因生活困难而致受经济压迫。其他原因，均非重要。所以讲到农民离婚的挽救，是在一方面改良婚姻，一方面改进整个的农村生活。除整个农村生活的改进，有赖于全部生产事业的发展，非此处

---

① 山西省离婚者农民占 70%，次为工商界，再次为教育界，其他所占极少。

② 知识分子系指受过中等以上教育者而言。

可以评论外，关于改良婚姻一层，内地农民及工商界的旧式婚姻，与一般知识分子，略有不同。农村社会中"童养媳"的风气颇盛。有男孩的家庭，到相当年龄，而收养一"童养媳"。一则可以帮助家中料理家务，有如婢女然；二则俟男孩成年时，即为之结婚；可以省去种种婚姻繁文与费用。所以"童养媳"是婢女的变相，并且是贫困社会中的一种特殊产物。"童养媳"惯受姑的虐待，这是内地社会所习闻的。以"童养媳"在家庭中地位的低劣，待遇的苛刻；在成婚之后，夫妻间感情，及夫对妻的态度，亦可推想而知。我们尝习闻农村中"童养媳"在婚前婚后逃亡的事件。所以童养婚绝非美满的婚姻。江、浙一带农村中，约有 10% 的家庭，是有已婚或未婚的"童养媳"。[①] 以此推论内地，"童养媳"自必不少。"童养媳"婚姻，夫妻感情融洽者固必甚多；加诸农村社会，礼教极严；农民知识极浅，风气闭塞，可以使农村婚姻不致破裂，而童养媳自亦不能例外。山西省离婚案件中有多少属于童养媳，虽不可考，但以一般情形推论，所占成分必不甚少。何以山西农民离婚较多？是否由于"童养媳"关系？我们无从臆断。但童养婚既不是美满婚姻，自有离婚的可能。所以我们对于农村婚姻的改良，首先应注意于"童养媳"制度的改革。至于普通婚姻，完全为旧式媒妁型婚姻，其应加改革，自不待言。不过农民知识既浅，尚未受都市中轻视婚姻束缚的影响，新式自由结婚的风气，一时犹难推行。所以望农村教育发达后，农民知识渐增，风气渐开，亦必能随知识阶级而日趋于自由了。

上海、广州、天津、北平、成都等处的状况，可以代表一般社会的离婚现象，这是包括中下级工商界及一部分自由职业者而言。其离婚的最大原因，不外"意见不合"与"虐待"二者。这是心理与社会的因素，而非经济的因素，意见不合似尚属一种合理的表示。至于"虐待"则可表明中下级工商界教育低浅者粗鲁的举动。以我国城市中社会状况言，除高等工商界及自由职业者外，其余大率属于旧式婚姻。惟其旧式婚姻，而又缺乏教育，往往出于虐待一途。大概自由结合的婚姻，必少有出于虐待者。总之，"虐待"与"意见不合"多可表明旧式婚姻不圆满的结果。补救之道，端在提倡父母同意式的自由婚姻。在法律范围之内，受父母的监

① 江苏江宁县土山镇 286 农家中，有未婚童养媳者 18 家，其已婚至少在 10 家以上。见言心哲《农村家庭调查》，第 51 页。

督指导，以完成其婚姻；这当然可以减少虐待与意见不合的因素，因而可以减少离婚。在中下级工商业界，婚姻的自由缔结，虽尚未通行。但若风气一开，流行必速。这全在乎有志改良婚俗者的倡导而已。

至于知识分子的婚姻，就现状论，在城市中者大率自由婚为多；在内地市镇与乡村大率媒妁婚为多。他们的婚姻在近年以来，已较为安定。即使发生破裂，大抵不经过法律手续，两愿离异，而以双方协议解决之。其中有经过登声明的手续，两愿离异，而以双方协议解决之。其中有经过登报声明的手续者，亦有邀请律师证明登报声明者。故若以法院记录为根据的离婚统计知识分子成分较少。这是研究现时离婚问题者，不可不注意的一种现象。

知识分子离婚的原因，大致以意见不合为最多。其中恐有半数属旧式婚姻，其余是自由结合者；其离异大多出于协议。于此，我们有二点建议，以期避免离婚的发生。

第一，为态度的转移。夫妇意见不合，完全是双方态度各走极端的结果。但态度岂不可以转移？我们如认定，家庭以安全为上策，那末应使离婚逾少逾好。因为家庭是国家民族的基本单位；家庭安定，即为国家民族安定的基础。如认定应使家庭安定，那就应该忍受家庭的小痛苦，以保全国家民族的大利益。况且此所谓忍受痛苦一点，似是相对的而非绝对的。夫妇间的意见不合，非不可和解的，其关键在双方忍耐，双方谅解。如大家认定，此种谅解是必要的，此种忍痛是必须的，那末，忍小事以全大事，亦易解决。所赖全在各人自己的态度，如态度坚决，无所不可。

第二，为婚姻的慎重。于此尤须注意的，婚姻的缔结，应慎重于结合之初。既经结合，应始终防止裂痕的发生，应常常有"如临深渊，如履薄冰"的心理，以处夫妇之间，而后婚姻始可永久。否则在结合之初，只重一时的感情，未能顾及对方的性情、品行、学识、志趣等，随后必定易于发见对方的缺点，而至不满。所以婚姻之应该慎重，实为家庭安全的必要基础。

但是，若欲养成一种婚姻慎重的态度，实现一种家庭安定的意思，其关键全在教育。只有教育的力量，始可使家庭与婚姻趋于安定。只有教育始可消弭。这种见解，未必为时贤所赞许，但著者却深信不疑。

二 儿童问题

儿童为家庭绵延继续的主体，是民族繁衍发达的根本。所以儿童问题，不仅是家庭中一重要问题，亦即国家民族一重要问题。因为对于儿童，缺乏适当的教育与养护，足使整个社会的进步，发生阻力，这是何等严重的社会问题。

从社会的立场说，儿童问题的主要方面有二：即一儿童教养问题，二儿童救济问题。前者为对于普通儿童的正当保育问题，后者为对于不幸儿童的适宜补救问题。兹分别论述如后。

（一） 儿童教养问题

据近时社会学家言，家庭的基本功用有四：即一、为男女正当的结合，二、为子孙繁衍，三、为儿童的教养，四、为家人正常社会生活的中心。① 而四者之中，儿童的教养，实占极重要的地位。儿童的教养，通常分为家庭教育与家庭养护二者。

（甲）家庭教育的重要。据行为心理学家华生（Waston）的意见，一个人的人格，"只是所有各种习惯系统的最终产物"。这所谓习惯系统，包括通常所称思想、行动、情感一切心理特点。所以照华氏看来，一个人的思想、情感、品性、动作等，都是后天养成的习惯系统。他说："我们各个的人，所以有的做伐木者，做引水者，有的做外交家，又有的做盗贼，或商人，或有名的科学家，那实在都是出生以后的原因所促成的。"由此可见，我人人格的养成，环境影响，实有全盘控制的力量。而在这环境控制力量中，幼年时期，实最重要。华氏说：

> 在一个人的一生中，其人格变动比较最快的时期，是在于幼年时期；因为在这个时期，各种的习惯模型，都正在养成之中，正在成熟之中，正在变动之中。②

---

① Bushee：*Social Organization*，（1930），p. 112.
② 参看华生氏《行为主义》（陈德荣译商务本），第 477、484、491 等页。

在幼年时期，尤其是在初生数月以至数年之内，所受环境影响最深。近时社会心理学家甚至谓初生二年以内，是每人人格基本原素决定时期。此虽未可完全取信，但初生数年内环境影响极端重要，是无可置疑的①。许勒尔（Shiller）在《儿童训练》一书中，分人生的教育为四期：

甲、由初生至二岁半为第一时期——习惯时代

乙、由二岁半至七岁为第二时期——服从时代

丙、由七岁至二十一岁为第三时期——自重时代

丁、由二十一岁以后为第四时期——自导时代

许氏说：

在第一时期中，儿童之理想，尚未备具，吾人更宜设法以养成其善良之习惯。第二时期中，儿童略能领悟长者之命令；养成其德性之法，当以服从为入手。在第三时期中，其心灵及自持之能力，均已益加发展，吾人当取自重主义，以为训练之方针。至于第四时期，自然是自主之时期矣。虽然若欲养成良好之习惯。即第二三四时期中，仍在继续进行中也。第三四期中，仍须保持其服从之旨，而第四期完全为自重之过渡期②。

依许氏的分期看来，第一第二时期，为家庭生活时期；第三时期为学校生活时期；第四时期为职业生活时期。而人生品格陶冶的最重要时期，即在第一第二两时期。可见家庭生活实为人生最重要的关键；而家庭教育对于儿童品格的陶冶，至关重要。

家庭生活与家庭教育，关系于人生既如此重要，故家庭环境状况，实足左右人生的前途。在何种家庭中产生何种子弟，养成何种人物，虽不能说完全一定，但确有相当可能性③。我国俗语谓："膏粱中无子弟，藜藿中有完人。"已见到家庭环境的重要。自来优生学家的错误，似在只注意

---

① 参看 North：*Social Problems and Social Planning*，（1932），p. 292。亦有谓5岁以前者，见 Young：*Social Psychology*，p. 237。

② 见陈鸿壁译《儿童之训练》，第25～26页。

③ 参看孙本文《社会学原理》第二十六章，第632～634页。

于遗传因素，而太忽略环境的因素。所谓"龙生龙，凤生凤"；所谓："人类特质依家庭流传（Human traits run in families）"；只是偏重生物遗传方面的因素。就彼等的引证看来，似乎亦都是言之成理。但是从最近心理学极端重视幼年时期人格养成的基础，教育学家极端重视幼年时期品性陶冶的关系，以及社会学家极端重视社会环境对于人类行为的影响等等来看，这所谓"龙生龙、凤生凤"，或即是"龙"的家庭环境中，才产生"龙"的子孙，"凤"的家庭环境中，才产生"凤"的子孙。所谓"人类特质依赖家庭流传"，或即是人类特质随家庭环境的状况而流衍传递。此中关键，向来生物学家优生学家归因于遗传者，今以行为心理学与社会心理学家的发达，已可很明确地归因于社会环境。这种解释，并非否认遗传，或抹煞遗传；只是视社会环境"特质"形成的"总因"，为"特质"的"造成者"，如此而已。更以最近生物学家对于遗传势力的怀疑，以及环境影响的重要看来，足证此种见解的无误①。

社会学家派克（Park）谓："人非生而成人。"（Man is not born human）只是在与他人共同生活时，始渐渐养成人的特性②。诺儿士（North）也说："儿童非生而成人；生时只是一种成人的可能性。经过了固有冲动与他的社会环境的交互作用，才成为人。"诺氏并谓："世间除家庭外，无其他机关，能把社会环境中大部分的因素达于儿童。""陶冶人格最重要的势力，是在家庭中的表现。"③

---

① 最近开明的生物学家，都已承认环境的重要。靳宁士（Jennings）说："成人的特质，不再存于生殖细胞中；亦犹汽车虽由金属造成，而其特质并不存于金属中。成一个健全的有机体，适当的材料，固然重要，而材料的交互关系及与他物的关系，同一重要。至于如何发生交互作用，产生何种结果，便全靠外界状况。"见 Jennings："Heredity and Environment," *Scientific Monthly*, Vol. 19, Sept., 1924, pp. 225 – 228。近年靳氏更极端反对旧遗传学家的偏激，而尤攻击优生学的错误。他反对优生学上所主张的五点：即（一）"同生同"（Like Products Like），（二）遗传非环境所能改变，（三）遗传最为重要，优秀父母所生，（四）遗传学需要一种贵族社会，（五）优秀子弟生于著名的父母，比庸碌的父母为多。以上见 Jennings：*Biological Basis of Human Nature*, pp. 211 – 281。与靳氏意见相同者，尚有 Morgan：*The Scientific Basis of Evolution*,（1932）；Hogben：*Genetics in Medicine and the Social Sciences*,（1932）；Sydenstricker：*Recent Social Trends*, p. 619。各位生物学家都承认：现时遗传学知识，实在没有可以应用于广大复杂的人口理由。（Practically nothing is known about genetics that can be applied to a large heterogeneous population）见 Read Bain："Biological Sociology," Bernard：*The Fields and Methods of Sociology*,（1934），p. 49。

② Park & Burgess：*Introduction to the Science of Sociology*, p. 76.

③ North：*Social Problems and Social Planning*, p. 292.

以上说明三点：

（一）每个人的人格特质——种种习惯系统，种种思想、情感与动作，都是出生以后在社会环境中渐渐养成的。

（二）人格特质的最重要的基础，是在初生以后数年以内形成的。

（三）因此，家庭生活对于个人人格特质的养成，与人生前途的发展，极关重要。

兹再以近时研究家庭环境与儿童行为的实际状况证明之。

美国推孟（Terman）教授尝研究天才儿童与家庭生活的关系，根据犯罪学家威廉士（Williams）所定的家庭环境分级表（Scale for Grading Home Conditions），比较天才儿童、普通儿童与犯罪儿童所受家庭影响的特点。威廉士分家庭环境为五大项。

一、家庭生活供给品的充足与否

二、家庭内事物布置的整洁与否

三、家庭分子的多寡

四、父母本人的状况

五、父母对于儿童教养的优劣

在每一项状况中，又分为五等，最优者定为5分，次为4分，次为3分，次为2分，最劣者为1分。其特别优良者定为6分特别低劣者定为0分。如是，根据每一家庭的实际状况而定分数；分而计之，即得一家庭环境的总状况。此种计算，虽未尽正确，但为比较起见，颇可以看出各种家庭的情况。推孟氏比较三项儿童的家庭情况所得分数，列表如下①。

表13　美国儿童家庭环境分级比较表（1925）

环境项目	普通儿童（50家）	犯罪儿童（120家）	"天才"儿童（288家）
家庭供给	4.18	2.93	4.63
家庭整洁	4.20	3.99	4.54
家庭大小	4.48	3.11	4.55
父母状况	4.22	2.64	4.64
父母教养	3.70	1.84	4.60
合计	20.78	13.91	22.94

① Terman：*Genetic Studies of Genius*, Vol.1, (1925), p.73.

观上表，可见犯罪儿童的家庭环境，从任何一项看来，均不及普通儿童与"天才"儿童；而尤在父母教养一项。是可知家庭中缺乏父母教养，对于儿童的犯罪行为，甚有关系。再就父母状况一项看来，犯罪儿童的家庭，均不及普通家庭与"天才"儿童的家庭甚远。所谓父母状况，即指父母的教育职业性情，才能及生活情况而言。可知父母状况较差的家庭，其儿童易陷于犯罪。至于"天才"儿童与普通儿童的家庭状况，虽不如犯罪儿童相差之远；但亦每项见胜。尤其是关于父母教养一项，二者相差，较为显著。我们如将五项中的前三项视为家庭中静的环境，后二项视为家庭教育；则可见家庭教育对于犯罪儿童、普通儿童与"天才"儿童的化分，关系尤为密切。质言之，缺乏家庭教育的家庭，其养成犯罪儿童的可能性较大；家庭教育较优的家庭，其养成"天才"儿童的可能性较大①。

从上讲来，可知家庭环境与家庭教育，对于儿童习惯与品性的陶冶，极关重要。犯罪儿童、普通儿童与"天才"儿童的形成与划分，其关键全在于此。

更以社会心理学家的意见证之，社会上领导人才或伟大人物的养成，与其家庭状况，有密切关系。杨京伯（Kimbal Young）谓："家庭中统御或服从的影响，对于领导人才发展的趋向，表示显明的作用。父母鼓励儿童自显于他人之前；称扬他们的智力、与他们的领导才能，都有很大影响。所以许多儿童的自显性格，是社会上养成的。不仅父母与亲属辈的切身影响，可以养成领导人才；就是家庭中过去领导的传说，与历代家庭中著名人才的叙述，亦可发生影响。"②

我们看历代有名人物的传记，可以见到他们大多数是有极好的家庭环境与家庭教育。相传的孟母断机、欧母画荻，尤见得家庭教育的特别优良。至于以幼年聪慧著名的曹冲司马光于谦之类，其家庭环境与教育的优良，亦可推想而知。

总之，家庭生活与家庭教育对于儿童习惯与品性的养成，有重要影响；而与儿童将来的成就，尤有密切关系。

---

① 天才两字，著者加一引号，是表明所谓"天才"者并非天生之才，乃环境中陶冶而成的优秀人才。观推孟氏的比较，益可取信。

② Young：*Social Psychology*, p. 370.

（乙）我国家庭教育的疏忽。家庭教养，通常可分为两方面：一为儿童习惯与品性的陶冶，二为儿童健康的保护与指导。前者称为家庭教育，后者称为家庭养护。二者对于儿童，实有同样的重要。我国因为教育尚未普及，一般家庭对于儿童的教养，素不十分注意。除大部分只是家庭尚能注意于儿童的行为与健康外，其余无数的中下级社会的家庭，大都对于儿童缺乏适当的教养。如此疏忽的结果，凡能入小学受教育的儿童，便加学校教育以双重的责任：一方面予儿童以正式学校教育，一方面尚须矫正或补救儿童家庭教养的缺陷。如何以最经济最有效的方法，达此目的；这正是我国现时小学教育一个重要问题。

关于我国家庭教养忽略的结果，在儿童的习惯与品性方面，究有若何影响，尚难有具体的陈述，惟在健康方面，则颇有事实可据。

第一，从婴儿死亡率观察。大概幼童的年龄愈低，其健康的程度愈关重要。所以婴儿死亡率的高下，常与其出生后月数的多少为比例。出生的日月逾少，死亡率愈高。近数十年来，欧美各重要国家的婴儿死亡率，俱一致有降低的趋向。至于我国因中下级社会大都未受教育，不讲究营养与卫生，而又常受经济压迫，生活困难；婴儿死亡率自必较高，全国尚无全国死亡率统计，兹据南京、北平、上海、广州及威海卫五市死亡率分配统计。与美国比较，以见一斑。[①]

表 14　中国五大城市各年龄死亡率与美国比较表（1900～1934）

年龄	中国五大市 1934 年	美国白种人		美国黑种人	
		1900 年	1930 年	1900 年	1930 年
0～1	19.0	20.7	9.1	25.0	12.6
1～4	18.9	9.4	2.8	11.7	4.4
5～14	5.9	4.2	2.6	5.6	3.1
15～19	3.3	2.5	1.7	4.3	3.4
20～39	17.2	16.2	11.0	20.3	28.5
40～59	18.4	16.2	23.5	17.5	29.9
60 及以上	17.3	30.0	49.7	15.7	18.0
合计	100.0	100.0	100.0	100.0	100.0

———————————

① 见许世瑾《中华民族之健康》，《科学的民族复兴》第九章，第 255 页。

观此表，可见我国城市中 1 岁以下婴儿死亡人数，占全体死亡人数 19.0%；1 岁至 4 岁死亡人数，占全体 18.9%；含计 5 岁以下死亡人数占全体 37.9%。若与美国比较，则在 1900 年时，白种人婴儿死亡占 20.7%，虽比我国为多，但 5 岁以上儿童合计占 30.1%，比我国为少。就 1930 年言，美国婴儿死亡情况，远较从前进步。1 岁以下死亡人数仅占 9.1%，1 岁至 4 岁者仅占 2.8%；合计 5 岁以下死亡人数，亦不过占全数死亡人数 11.9%。是我国 5 岁以下儿童死亡人数，在全体死亡数中的比例，竟三倍于美国。

以上系就各年龄组死亡人数的百分比，观察儿童死亡情形。兹再就各国实际婴儿死亡率比较，以见我国婴儿健康状况[1]。

表 15　中国近年婴儿死亡率与欧美各国比较表（1915～1938）

国别	1915	1921	1924	1927	1938
新西兰	50	48	40	39	36
澳大利亚	68	66	57	54	38
瑞士	90	74	62	57	43
美国	100	76	71	65	51
英吉利与威尔斯	110	83	75	70	55
法兰西	142	115	85	—	66
德意志	168	134	109	97	60
意大利	147	129	126	120	110
匈牙利	—	193	193	185	134
智利	254	278	266	226	236
中国	—	—	—	275	—

按上表中关于我国婴儿死亡率 275 之数，系根据陈达教授的估计。陈氏据近年国内各方面调查婴儿死亡率的统计 17 种，推敲其各种统计方法的妥善与否，酌中决定每 1000 活婴儿中每年死亡 275 之数。就上表观察，

[1] 从 Encyclopedia of Social Sciences, Vol. 3, p. 390, Table VI 摘录主要各国婴儿死亡率，并加入陈氏估计。见陈氏《人口问题》，第 171 页。又 1938 年统计，见 League of Nations: *Statistical Year Book*, 1938 – 1939。

在各国中，以我国为最高。低者如新西兰，不过 36‰，英、美、瑞士、澳洲等，均在 55 以下。我国婴儿死亡率，若果近于 275，则几为英美的四五倍，新西兰的八倍，澳瑞的七倍。是则我国婴儿死亡率之高，至足惊人。但以已往各处调查材料看来，此 275 的估计，尚非最高者。据陈氏所引 17 种材料中主要各种如下[1]。

表 16　中国各地婴儿死亡率比较表（民国八年至二十年）

地点	年份	婴儿死亡率	材料来源
三十二县农户	一八至二〇	157.0	《中国经济杂志》（英文）
*北平	一六	297.0	《中国医学杂志》（英文）
*十九省调查	一八	309.0	《中国医学杂志》（英文）
广州	一四	555.0	《中国医学杂志》（英文）
北平协和四千病人	八	184.0	《中国医学杂志》（英文）
全国估计	八	400.0	《中国医学杂志》（英文）
武汉	一八	284.0	《统计月报》
二千家庭调查	一九	110.7	《中国医学杂志》（英文）

*包括婴儿与幼童的死亡率。

观上表各种数字，知最高估计，达 555，其次 400 与 284 等，均比陈氏估计为高。据近时金陵大学在江苏江阴举办人事登记三年，其婴儿死亡率平均达 271.7，适与陈氏估计相近。其详如下表。[2]

表 17　江苏江阴 4579 农家男女婴儿死亡率比较表（民国二十年至二十三年）

年份	合计	男	女
二〇年至二一年	203.4	184.8	223.8
二一年至二二年	241.8	201.2	284.8
二二年至二三年	390.3	378.5	402.4
总计	271.7	246.8	298.2

---

[1]　参看陈达《人口问题》，第四三表，第 173 页。
[2]　见《中国经济年鉴》第三编，第二章人口，第三五表（民国二十五年）。

惟据该校调查全国南北两部 16 省 38256 农家婴儿死亡率，仅得
156.2，远较陈氏估计及江阴人事登记为低。据乔启明氏意见，江阴婴儿
死亡率之高，系属病态；乔氏似认为全国通缉乃为常态①。是则陈氏估
计，似觉太高。且陈氏所据各种统计，大部分系零星调查，而金陵大学的
统计，包括 16 省 8 区 101 处 38256 农家。是此项数字所代表的人口，范
围较广，而其所采调查方法，较为一致。以此例彼，则此项统计，似比陈
氏估计可靠性较大。但即以此项数字而言，与上表中各国婴儿死亡率比
较，除智利外，均比我国为低。于此，亦可推见我国婴儿健康的情形。兹
将全国婴儿死亡率状况列表如下②。

表 18　全国南北两部 16 省 101 处 38256 农家婴儿死亡率比较表
（民国十七年至二十二年）

区域	婴儿死亡率	区域	婴儿死亡率
全国	156.2	浙江等 2 省 4 处	154.1
北部 44 处	155.2	云南等 2 省 3 处	171.4
河北等 6 省 37 处	157.1	四处省 15 处	191.2
绥远等 3 省 7 处	136.1	江苏等 4 省 27 处	155.4
南部 57 处	157.0	四川云南 2 省 2 处	200.5
福建等 2 省 6 处	184.8		

第二，从学童体格缺点观察。我国普通家庭中向不注重卫生，其结果
除婴儿高死亡率外，更可从儿童体格方面看出不健康状况。兹根据民国十
八年、二十三年南京、上海、北平、青岛、威海卫、杭州、苏州、吴兴八
大城市 126000 余学校儿童的体格检查所发见的重要体格缺点统计，与英
美两国统计比较如下③。

① 见《中国经济年鉴》第三编，第二章人口，第（B）38 页。
② 见《中国经济年鉴》第三编，第二章人口，第三四表。
③ 见许世瑾《中华民族之健康》，《科学的民族复兴》第九章，第 261 页。

表 19　中国儿童体格缺点与英美两国儿童比较表（民国十八年至二十三年）

缺点种类	中国	英国	美国
砂眼	52.1	—	—
牙病	41.2	？	55.0
扁桃腺肿大	25.1	10.5	14.8
淋巴腺肿大	18.4	3.5	？
营养不良	14.2	3.6	14.2
视力障碍	13.7	17.1	9.3
皮肤疾患	9.1	1.4	？

注：表中数字系全体中所占的百分比。

观上表可知我国学校儿童体格缺点，比英美两国学童为多。美国学童除牙病多外，余均比我国为少。英国除视力障碍比我国略多外，余者所占成分甚少。以砂眼论我国学童竟占 52.1%，即每二儿童中就有一童患砂眼。而英美两国学童竟无患此症者。其他如牙病，我国学童亦占 41.2%，扁桃腺肿大占 25.1%，淋巴腺肿大占 18.4%；所占成分均高。由此可见我国学童的健康状况，固远不如英美两国。此虽由于一般社会各种原因形成之，但家庭中不讲求卫生与营养，实为其主要因素。

（丙）家庭教养的途径。以上我们已经把家庭教养的重要及我国家庭教养的疏忽，约略讨论过了。现在可进而讨论家庭教养的适当途径。

（一）就家庭教育说，环境对于儿童习惯与品性的陶冶，几操有决定之权。家庭以外的影响，固极重要，但家庭教育实为人生的始基。所以家庭中父母与其他尊长，对于儿童的行为，应加以特殊的注意。

第一，以身作则。儿童最易受环境影响；环境中的各种刺激，对于儿童行为，几都有"制约"（Conditioning）的可能；而尤以间接暗示的影响为最深。盖直接告儿童以某事应做或某事不应做，不如以身作则，间接示儿童以亲做某事或不做某事之效力宏大①。语云："以言教者讼，以身教者从。"所以为父母者欲养成子女善良的行为，首应自己实践善良的行为。父母既有善良的行为，家庭中其他尊长，亦表现善良的行为；则在全家环境中，儿童所耳濡目染者，为善良的行为；儿童的性行为亦自易日趋

① 参看孙本文《社会学原理》，第 360 页。

于善良。

第二，力避不良环境的接触。其次极端重要的事，就是竭力避免不良环境与儿童的接触。大概不良环境对于儿童行为暗示力量之大，有非笔墨所能形容者。俗语谓："近朱者赤，近墨者黑"，似乎把一切好坏环境看作有同样影响。其实不然。好环境的影响力，远不如坏环境大，这是我们不可不知的。惟其如此，所以与其受了不良环境影响后矫治的困难，不如对于不良环境预为之防备，使儿童无接触的机会。譬如我们欲使儿童屏绝赌博的嗜好，第一固然必须以身作则，在家庭中绝对无赌博的行为。第二便须使儿童绝对勿接近赌博的环境。这二者同样重要。

第三，正当行为的启示。以上所述第一点以身作则，是年长的人示同以好榜样；第二点是消极方面勿使儿童与不良环境接触。现在就积极方面说，应启示儿童正当的行为。这点也是非常重要的。因为儿童初入世，毫无人生经验，正不知何者为善，何者为不善，何者为正当，何者为不正当。要依赖为父母兄长者，随时随地随事示以善恶是非的标准。使儿童知道善者是正当的应该做的；恶者非者是不正当的不应该做的。不仅能知道，并且能实行。大概道德观念的启发，民族意识的陶冶，有赖于父母兄长的随时激励者居多。

第四，伟大人物的示范。就积极方面说，还有一点，也是极重要的。就是伟大人物嘉言懿行的介绍与阐发，暗示儿童以伟大人格的榜样。我们虽不必希望每一儿童成为伟大人物，但至少使每一儿童有成为伟大人物的可能。我们相信，一个幼小儿童如果能够常常习闻伟大人物的行为与品性的特点，不知不觉中间能使模仿他们的行为，养成他们相近的品性；的确可以陶冶而成伟大人格的始基。最好的方法，使儿童于幼小之时，即认定一二历史上或当代伟大人物，如大事业家，大科学家，大思想家，大政治家等作为模范人物。而后随时随地使之模仿他们的行为；尤其觉得具体而有益。

以上四点，不仅对于未入学儿童应该实行；就是对于已入学校的儿童，亦应该照常注意。不过要实行这种家庭教育的父母兄长，自然最好应该受过相当的教育；而且自己对于习惯品性，亦已有相当的修养。不然，自己未受适当教育，如何能对儿童，有适当的家庭教育？所以整个家庭教育问题，还不过是整个教育问题的一方面。在教育尚未普及以前，似难望家庭教育的普遍改进①。

除对于儿童的行为与品性方面应该注意于家庭的教育影响外，家庭的一般环境对于儿童亦有极大的影响。所以在家庭中应为儿童设备优良的环境。这种优良的环境，约可分为五类②。

第一，游戏的环境。游戏为儿童的生命，所以家庭中应予儿童以最充足的游戏的机会。给以良好的游戏设备，并在可能范围内，配以适宜的游戏伴侣，如弟兄或邻居儿童等。使在此种环境下得到充分愉快活泼优美的游戏生活，以助长其生命的发展。

第二，劳动的环境。中国向来家庭中甚注重儿童的劳动。所谓"洒扫应对进退"等行为，包括劳动与礼貌二重。不过近代上流社会的家庭中，往往容易养成"纨绔子弟"式的幼年儿童，习于骄奢舒适的生活，不复注意于劳动。而为父母者将家中一切劳动工作全部委之于仆役；不仅本人不屑劳动，而且为爱惜子女之故，亦不欲子女劳动。于是儿童骄逸性成，全无劳动习惯；若无仆役侍奉，几于不能生活。这样的情形，对于儿童"不徒无益，而又害之"。所以为振作儿童精神起见，应在家庭中，责令儿童习劳。初时令操作简单工作如洒扫之类；年龄渐大，渐增加其劳作的程度，以培养其劳动的习惯。

第三，阅读环境。尚未入学的儿童，应渐渐示以各种适于儿童了解的图画读物；不仅可使认识事物及增加对事物配合的意识；并且可以养成喜欢阅读的习惯。年岁渐长，或已经入学，可给以各种浅近的画刊或半图半文的读物，依其学级而增加其程度。为父母兄长者应时时加以指导，引起儿童阅读的兴趣，以培养其终身喜欢阅读的习惯。

第四，科学的环境。家庭中应在可能范围内购置各种简单科学仪器玩具等，以使儿童任意使用；同时即可给与科学上简单而浅近的知识。是儿童在玩弄仪器玩具时，不知不觉中得到了知识。此时随时随地遇见动植物，可给以解说的机会，使知其对于人类的利益或危害。又家庭可设备各种科学图表，随时悬挂，以增加儿童对于科学的兴趣。

① 固然我们并不否认：在旧社会中曾受优良家庭教育之人，对于道德礼俗有过深切的训练与修养，即使未受学校教育，亦自能动中规中矩准绳。但这种人的家庭，必定是受过教育的家庭。教育两字，原不限于学校中之正式教育也。

② 参看陈鹤琴《为儿童造良好的环境》，《东方杂志》第三十二卷第十九期（二十四年十月秋季特大号）。

第五，艺术的环境。训练儿童对于艺术的兴趣，应在家庭中设备审美的环境。以图画装饰墙壁，培养儿童欣赏中外绘画的习惯。置备简单的音乐器具，随时奏用，以娱悦儿童的身心。其他家庭用具的购置与布置，亦宜注意于审美的兴趣，以涵养儿童高雅的嗜好。

（二）就家庭养护说，家庭对于儿童的健康与发育，应予以特殊的注意。从上面讲来，我们知道我国婴儿死亡率甚高，学童体格缺点甚多。今欲减低婴儿死亡率与补救儿童体格上的缺点，首应注重家庭卫生和养护。就儿童的立场言，家庭卫生与养护实始于婴儿初生之时由此至于成年为止，家庭中皆宜予以注意。故为儿童的健康与发育计，应进行下列数点。

第一，注意保赤教育。初生婴儿、疾病与死亡的机会最大；故保护婴儿，实为社会上极重要的事业。至于保护婴儿的知识，亦须受专家的指导。所以已婚妇女而准备做母亲必须就专科医生受其指导；方不致于在产儿以后，无适当方法加以保育。

第二，发展儿科医学。保赤教育在防婴儿疾病于未然；儿科医学在疗治婴儿已生的疾病。二者同样重要。据欧美各国的经验，近数十年中婴儿死亡率的减低，实由于保赤教育与儿科医学发达的结果为多。故提倡家庭卫生，亦不可不注意儿科医学。

第三，养成卫生习惯。欲促进儿童及一般人民的健康，必须养成卫生的习惯。个人卫生固然重要，而公共卫生亦不可忽略。许多儿童疾病，由成人感染而来；而成人疾病亦由外界传染而得。故一方面固应促进家庭卫生，而同时应提倡公共卫生；使全社会的人，都能养成公私卫生的习惯，则社会健康增进，家庭健康亦自然增进了。

由上讲来，我们果能在家庭教育方面，陶冶儿童善良的习惯与品性，在家庭卫生与养护方面，养成儿童健康的体格与正常的发育，则儿童的教养问题，已得到相当圆满的解决了[①]。

（二）儿童救济问题

普通家庭的儿童，应予以适当的教养，以培养而健全的国民；这似乎

---

① 我们注重家庭教养，并不否认除家庭以后所受社会环境的影响。人之一生，受学校职业以及一般社会的影响至为深切，亦系事实。不过我们在此说明家庭教养为人生始基，尤宜注意尔。

是稍有常识的人，都已知道的。但是社会上却还有许多不幸的儿童；或是父亲早故，无人保育的孤儿；或是生活艰困无力教养的贫儿；或是未经婚姻苟且诞生的弃儿。凡是孤儿、贫儿、弃儿以及其他残废的不幸儿童，就国家民族的观点看来，都是与普通儿童同样的重要。普通儿童有父母兄长等负教养的责任，而孤儿贫儿弃儿以及残废儿童等，或则家中无尊长负责，或则家中尊长无力负责，或则尊长不愿负责。因此种种情形，此等不幸儿童即应由国家社会负责教养的责任。所以国家社会对于此等儿童的救济，不应仅视为一种慈善性质的事业，而应视为一种重要的教育事业。

（甲）我国儿童救济的起源与现状。我国古时对于儿童教养，向甚注意。《周礼·大司徒》"以保息六养万民：一曰慈幼、二曰养老、三曰振穷、四曰恤贫、五曰宽疾、六曰安富"。《郑注》云："慈幼，谓爱幼少也，产子三人与之母，二人与之饩，十四以下不从征。"所谓与之母与之饩，殆即后世育婴之意。《周礼》以慈幼与养老、振穷、恤贫等并列，当为一种救济儿童的工作无疑。大司徒以救济儿童为其职掌之一，可见古时极重视慈幼事业。秦汉以后，大致重视如故，但都近于周恤性质。至唐宪宗元和间诏婴儿无亲属及有子不能养者禀给之。至文宗太和间始有"收养"之制。凡襁褓孤儿，无人照顾者，公家勒令近亲收养，由公家给以相当粮食。当时尚无设堂留养之事。及南宋高宗时始有"慈幼局"之设。至理宗淳祐间诏给官田五百亩，更大事扩充。"慈幼局"的目的，在一方于局内乳遗弃小儿，一方主持民间收养事宜，实为近世"育婴堂"的滥觞。"育婴堂"之名，始于清代顺治初年，其组织与"慈幼局"无大差异。初设于京师，逐渐推广于各省[①]。据黄彭年《畿辅通志》引雍正二年谕旨有云：

> 闻广渠门外有育婴堂一区，凡幼之不能养育者，收留于此。数十年未成立颇众。夫养少存孤，载于月令；与抚恤衰老，同一善举，为世俗之所难。……再行文各省督抚，饬转有司，劝募好善人士，于通都大邑人烟稠密之处，照京师例推而行之，其于字弱恤孤之道，似有

---

① 毛奇龄《育婴堂记》云："顺治初益都冯相国奏开育婴堂于崇文门外畿内数百里，车携担负口碑载手绷者，日接踵而至，及益都致政还里，而宛平相国复继之，其士遂遍于天下。"见吴庆坻《杭州府志》卷七十四引。参看《古今图书集成·经济汇编》"食货典荒政部·汇考栏"。

裨益。而凡人怵惕恻隐之心，亦可感发而兴起也①。

可见育婴堂制度在清代盛行。晚近以来，乃遍设于全国各地，已成为我国救济婴儿的唯一机关。与"育婴堂"衔接的有"孤儿院"或"贫儿院"，以教养孤苦儿童为主旨。现时"育婴堂"与"孤儿院"在大城市中属于"救济院"的一部分，与恤老、残废、施医等机关，立于平等地位；依法令在各省市县政府所在地均得设立之②。据民国二十年内政部所编各省救济事业统计，其中关于孤儿院与育婴堂的数目及收容人数摘录如下③。

表20　各省救济事业统计表（民国二十年）

省别	孤儿院数	孤儿人数	育婴堂数	婴儿人数
江苏	34	1407	64	5195
浙江	21	1440	110	12155
江西	1	143	40	2279
湖北	1	14	14	471
湖南	13	599	78	5930
云南	2	110	4	30
福建	3	138	10	406
广东	3	482	18	299
河南	3	277	2	55
河北	17	—	9	—
山西	4	61	26	1264
辽宁	2	131	2	71
吉林	1	62	2	46
绥远	3	83	7	215
察哈尔	1	40	1	24
总计	109	4987	387	28440

① 见同上"荒政总部·艺文栏"。
② 各地慈善机关，自民国十七年起，多已合并为救济院。二十七年十月并由行政院通令将所有孤儿院一律改为教养院。
③ 见《申报年鉴》，（民国二十三年）。

就上列统计观察，亦可知以前各省对于儿童救济事业，有相当的注意。惟据各处报告及私人参观所及而言，除大城市中经费充裕，管理稍能注意外，其余内地所设机关，大率规模狭小，管理不尽合法；殊无何种普遍救济成效可言。至多公家或私人团体分拨或募集有限经费，对于少数贫苦孤儿与婴孩施以一种"善举"的恩惠而已。对于一地方应予救济的儿童，尚缺乏整个计划及新式科学管理方法。故我国过去儿童救济事业，除极少数机关有新式设备与新法管理者外，余均属旧式的慈善机关而已。

（乙）儿童救济的途径。儿童救济事业，与一般救济事业相同，可分为"院外救济"与"院内救济"二种。"院外救济"即不设机关，因社会需要，随时对于个人或家庭予以救济。"院内救济"专设机关以收容需要救济的人。大概普通需要救济的儿童，不外贫儿、孤儿、弃儿与残废儿童四类。贫儿以院外救济为宜，但亦可设院内救济，如"贫儿院"。孤儿弃儿以院内救济为宜，如创设"育婴堂""孤儿院""托儿所"等；但亦可委托家庭收养，如收养制度等。至残废儿童都设院救济如"盲哑院""盲童学校"等。兹分别述之。

第一，院外救济。随儿童的需要，又可分为"家庭救济"与"寄养救济"二种。

（1）家庭救济。大概有父母有家庭的贫苦儿童，只因家境清寒，生活困难，家庭中不能给予一种正常的教养，而需国家或一般社会，予以援手。这种儿童，从国家民族的立场看来，应积极予以救济，使能获得一种正当的教养。我们知道，在贫苦家庭中，谋食维艰，子女营养必不充分，则健康与发育方面，自大受损害。加诸为父母者率多未受教育，对于子女的行为，既不能给予适当的指导和训练；又无力送之上学，使受教育，于是多数儿童，身体既不强壮，性行又欠健全。在贫苦家庭占多数的我国，这样的儿童，确需要迫切的救济。

但是这种救济，不仅仅是救济儿童可以解决的；欲根本救济儿童，须待先救济儿童的家庭。所以这个问题，实在只是整个贫穷问题的一方面。贫穷问题未得适当解决以前，这个问题，也是不能得到圆满解决的。不过在可能范围以内，还是能够予以适当的救济。

就我们所知，一个家庭陷于贫穷，其主要原因，不外四端。

一则，家庭中素无产业，或产业极少，自身未受教育，或受甚浅的教育。因此毫无知能，不易谋生，结果，或在家无业可做；或谋得甚低的职业，收入极少，不足以仰事辅食俯蓄，乃致陷于贫穷，无法自救。

二则，素系生活困难的家庭，平时职业上薪资所入，仅能维持口腹，毫无节约储蓄的可能。一旦病魔入侵，缠绵床第，既无力觅医疗治，又无法维持职业。大病之后，继以失业。欲不陷于贫穷，势有不能。

三则，如上述依薪资糊口的家庭，即使家主健康如恒；而一旦经济组织不景气，工厂或商店因营业不振而停闭；或公务机关因时局关系而紧缩；都可使家主陷于失业。

四则，普通农工商家庭，平时勤劳本务，粗可维持生活；并在竭力节约之余，亦可稍有积储。但若遇水旱兵匪之灾，顿可使全家流离失所，无以自存。

就上四点看来，收入不足、疾病、失业与灾荒，都是贫穷的主因。而其中尤以第一点为最基本；盖素来贫穷的家庭，入不敷出，已难维持；即使谋得较优的职业，亦经不起疾病、失业、灾患等风波。所以根本说来，应增加此等家庭的生产力；欲增加生产力，必须发展教育。同时必须发展社会上一般事业，使能吸收多量工作人员。但这必须经过长时间的过程，非一朝一夕所能奏效。为一时治标之计，应从下列数方面下手，以救济贫穷儿童的家庭。

一、推广职业介绍的机会，多设职业介绍所；凡有相当能力的人，应竭力设法介绍职业。

二、提倡社会保险制度，如疾病保险、失业保险、老年保险等。使普通人民素无积蓄者，一旦遭遇疾病、失业或年老不能工作时，得以维持家庭正常生活。

三、推行公医制度，凡无力疾病的家庭，得随处无费治疗。

四、积极发展水利预防灾荒；并充实赈济机关，使遭遇灾荒的人民，即可获得适当的救济。

五、创立贫穷救济基金，随时随地予贫困家庭以金钱或物质的补助。使贫穷家庭渐渐均能独立谋生。

六、扩充贷金制度，在现时各金融机关中，设法推广无抵押小额贷款，使陷于贫困的家庭，获得暂时的救济。

凡此诸端，其筹划与推进的责任，应由政府与社会团体通力合作，共同负担之。

如果能照上列诸端，切实推行，则贫穷的家庭，均有获得救济的希望与可能；而贫穷的儿童，也自然获得生活上的救济。而义务教育的发达后，教育上的救济，亦自不成问题。

（2）寄养救济。凡父母双亡或无主被弃等孤独无依的儿童，一部分自可收养于救济机关，一部分亦可令儿童的亲族或邻近家庭代为收养。政府或社会团体应给予相当的教养费，并随时加以监督指导，注意儿童健康、发育与行为品性的发展，直至能自立为止。

此种寄养救济，如能得适当的家庭，慈爱和善，肯负切实的责任，则其效果，远胜于机关的救济。

第二、院内救济。专设救济机关如"育婴堂""孤儿院""托儿所""盲哑堂"等以收容待救济的婴孩与幼童。抗战时期的"儿童教养院"及"儿童保育所"皆是①。

院内救济，由救济机关负保育或教养的全责，与院外救济大不相同。因此，办理院内救济事业，就理论上讲，应注意下列各点。

一、救济机关中高级职员，应聘请曾受社会事业训练的专门人才主持之。我国社会事业人才甚感缺乏，应从速设立社会事业训练学校，或由各大学社会学系兼办社会事业训练班，以造就此项人才②。

二、救济机关中低级职员，亦应聘请曾受相当训练或富有经验之人担任之。凡未受适当教育或性情暴戾之人，似不宜于此类工作。

三、救济机关中各项职员，以聘请女子担任最为适宜。社会上应提倡女子从事救济事业的风气。

四、救济机关内各种设施，应参酌欧美各国新制以最经济最有效的方法办理之。其设施原则以合于科学的精神与方法及不背儿童的身心发育为度。

五、设立救济机关的主旨，在于救济儿童予以教养，为国家民族培养一部分的未来主人，其责任非常重大。应屏除以往"破财为公德"的误谬慈善心理而应视为一种国家重要教育事业，脚踏实地，竭诚办理。

---

① 据民国二十二年内政部公布的各地方救济院规则，规定各省市所设救济机关统名曰救济院，包括养老、孤儿、残废、育婴、施医、贷款六项。至最近社会部成立后，将救济院改名为救助院。三十年秋该部筹设实验救助院一所。

② 民国二十三年二月二十四日行政会议通过之《社会救济事业进行办法大纲》第六条说明中云："此项人员，系属专门性质，将来或仿照地政人员之训练办法，委托中央政治学校，加以训练。"是政府对此已予注意。

六、救济机关以由政府设立为原则，其由社会法团所主办者应受政府主管机关的监督指导①。

七、地方政府，或经社会团体的协助，应每年或每时期内调查本地应受救济儿童的数量，分别宽筹经费扩充或添设救济机关收容之，或令相当家庭代为收养之。

八、地方政府应设置救济事业主管机关以专责成；并应设置专员办理本地儿童救济机关监督指导与检查事宜②。

以上略述院内救济的要点。

总之，儿童救济事业应兼办院内及院外救济。院外事业，取其普遍；院内事业，取其周详。同时此种事业，可由民间自办或政府主办；而民办事业应受政府专家的监督指导。无论民办官办院内院外各种事业，其目的均在拯救社会上贫苦无告的不幸儿童，予以适当的教养，为国家民族培养有用的人才。能达到这种目的，儿童救济事业，才完成了他们的使命。

参考文献

孙本文：《中国家族制度之特点与近时变迁之趋向与问题》，《东方杂志》第三四卷一三号，（民国二十六年六月）。

潘光旦：《中国之家庭问题》，（民国十七年），第 39 ~ 44、66 ~ 77、115 ~ 123、161 ~ 184、204 ~ 208、226 ~ 236 页。

吕诚之：《中国婚姻家庭制度史》，（民国二十四年）。

陈顾远：《中国婚姻史》，（民国二十五年）。

陈东原：《中国妇女生活史》，（民国十七年）。

建恒：《中国家庭改造问题》，《东方杂志》三二卷二三号，（民国二十四年十二月）。

---

① 关于此层，在行政院会议通过的《社会救济事业进行办法大纲》第七条规定"社会事业之实施，应注重由人民或社会团体自动办理，并尽量采行分区院外救济制度"。其说明云："社会事业完全由行政官署所举办，可视为不健全之状态。故今后实施方针，宜力求民间社会事业之发展。""至救助方法，亦宜采取院外救济本位制度，另划定救济区域，以便推进。"是注重民间自办与院外救济。但该说明注文则云："此系就我国现状而言，至经济政治之机构，已变为社会化之性质者，又当别论。"似又承认将来应由政府办理。

② 又据上述大纲第六条规定："中央及各省市政府为监督社会事业团体起见，得设置社会事业监督及会计检查之专门人员。"其说明云："设置此项专员，在地方暂以省政府为限，其任务为受省政府之指挥，协助各县办理监督及检查事务。市政府亦宜准用省政府之规定，酌予设置。"又二十八年公布之《县各级组织纲要》第八条，县政府设社会科。是县政府中已有主办社会事业之专科。

吴至信：《最近一十六年之北平离婚案》，《社会研究》一卷一期，（二十四年十月中山大学社会研究所）。

易家钺与罗敦伟：《中国家庭问题》，（民国十三年）。

吴泽霖：《社会学及社会问题》第八章，（民国二十一年）。

梅生：《妇女问题讨论集》，（民国十六年）。

梅生：《女性问题研究集》，（民国十七年）。

郭箴一：《中国妇女问题》，（民国二十六年）。

萧鼎瑛：《成都离婚案之分析》，见金陵女子文理学院编《社会调查集刊》下册，（民国二十八年十二月）。

陈盛清：《战后的婚姻问题》，《东方杂志》三十七卷七号，（民国二十九年四月一日）。

俞庆堂：《儿童年之儿童问题》，《申报月刊》四卷一号，（民国二十四年十一月）。

马静轩：《儿童与教育》，（民国二十一年）。

朱文印：《现代儿童之问题》，《教育杂志》二三卷四号，（民国二十年四月）。

林仲达：《儿童保护事业与法律》，（民国二十一年十二月）。

藤仰支：《救济乡村儿童》，《现代父母》一卷四期，（民国二十二年八月）。

陈际云：《儿童保护事业的标准》，《现代父母》一卷九期，（民国二十三年一月）。

戴建新：《儿童教养法》，（民国二十三年）。

陈鹤琴：《幼稚教育论文集》，（民国二十年）。

孙铭勋：《教育论文续集》，（民国二十二年）。

董任坚：《初期儿童教育》（民国二十二年）。

程国扬：《今日儿童教育的理论及其实施》，《教育杂志》二六卷二号，（民国二十五年二月）。

汤铭新：《儿童福利与儿童健康》，《东方杂志》三二卷十五号，（民国二十四年七月）。

胡叔异：《英、美、德、日四国儿童教育》，（民国二十年）。

陈征帆：《中国父母之路》，《现代父母》四卷一期，（民国二十五年一月）。

高立德：《子女之个性教育》，（同上）。

陈鸿壁：《儿童之训练》，（民国十六年）。

陈达：《人口问题》，（民国二十四年），第 173 页。

许世瑾：《中华民族之健康》，在《科学的民族复兴》第九章，（民国二十六年）。

陈鹤琴：《为儿童造良好的环境》，《东方杂志》三二卷一九期，（民国二十四年十月）。

孙本文：《社会学原理》，（民国二十四年），第 360、362 页。

潘菽：《心理学的应用》第九章，（民国二十四年），第 105～108 页。

陈礼江等：《儿童节专号》，《教育通讯》三卷十二期，（民国二十九年三月三十日）。又四卷十二期（民国三十年三月二十九日）。

（责任编辑：胡亮）

家庭与性别评论（第7辑）

第 66~84 页

© SSAP，2016

中国之家庭问题：关于祖宗父母者[*]

潘光旦

序

国人对于家庭问题，三四年前已有热烈与详细之讨论。言专书则有《家庭问题》，《家庭新论》，《中国之家庭问题》，《妇女杂志》之《家庭问题号》，女青年会之《家庭问题讨论集》等；言定期刊物，则有家庭研究社之《家庭研究》；此外关于妇女，婚姻，性道德，生育限制等问题之文字，与家庭问题有直接关系者，尤指不胜数。经此大规模与长时间之斟酌考虑，中国之家庭问题，宜若得所发落矣。年余以还，讨论之声浪转趋沉寂，一般社会殆亦确认其为早经发落矣。今作者好事，必欲举"辩论终结"之问题而续有论列，以重累读者之视听，亦有以圆其说乎？

中国之家庭问题至繁变也；欲求讨论之切乎事理，窃以为有不能不遵循之原则四。请分别言之。

一、就历史观之，家庭久为文化社会组织之中心，可无疑义。社会学创说者法人孔德（A. Comte）称"社会组织之单位，不为个人，而为家庭"；盖亦就历史之经验而言。自演化论大成，我辈乃知家庭之所异为社会组织之单位者，不仅因其社会之效用而然，抑且有其生物之根据；换言之，其单位制身份乃自然所赋予，社会之认彼为单位者，不过顺应自然耳。所谓生物之根据者有二说。演化之历程中，动物之地位特高及顺应力

---

* 选自潘光旦《中国之家庭问题》，1928，新月书店。

特强者往往有相当之组织力与社会性；而此种组织力与社会性最基本最单纯之表现既为家庭之倾。此一说也。演化之历程中，生物求存竞进之单位，不为个人，而为种族（species）；同种族中各部分间之求存竞进，亦不为个人，而为血统（stock，strain 或 breed）；而人类血统之具体表现亦即为家庭或家族。此又一说也。知此二说，则知家庭之源远根深，而议论之间，有不能置其演化的与历史的背景于不顾者矣。

二、家庭既为今日社会问题之一大焦点，则我辈讨论之着眼处，于其已然的，历史的，事实外，宜及其将然的，可能的，社会价值与种族价值。家庭之社会价值本属不小，自来论家庭者亦承认之；唯此种价值前途能否因人事之努力而提高增进，则每为时人论议所不逮。至其种族价值之重大，则虽亘古存在，而未邀历史社会自觉的认识。挽近自优生学之原理渐明，乃知如前途不欲种族之发扬光大则已，否则不能不假道于家庭之组织。美人普本拿氏近著《家庭之保全》（P. Popenoe, *The Conservation of the Family*，1926）一书，推阐此意，最为详尽。至德国学者辟优生学之一畦为家族人类学（Familien Anthropologie），则直接以家族为研究及实施改进工作之对象矣；达文包氏（C. B. Davenport）称其所见独到，非无因也。

人类生活有二大方面，其自动者而观之为进步，自其静者耳观之为秩序。旧日家庭之贡献几完全属于秩序方面；其于进步，则阙如也。此其根本原因，即在历史的社会未尝认识家庭之种族价值。夫人文之进步系乎人才，而人才之产生系乎遗传，系乎选择，今从事于婚姻生产之人，既鲜不造次于前，而颠沛于后，则遗传与选择之大经已失所保障，而才难之叹又岂能幸免哉？今后之家庭，诚能慎姻选与生育之事始，即慎其组织于始，则问题已解决过半。

三、文化为累世积聚之结果；欲期社会改革事业之成功，对于文化之积聚，不能不先加以参考，继加以评估，最后加以选剔，合者留之，不合者将次匡救之；盖即自因推果言之，已往之积聚决不至有百非而无一是；而今后之新猷亦不能有百是而无一非，则此种审察与选剔之工作自不可少也。若欲举已往之积聚而全盘推翻之，则不特势所不能，抑且理有未顺；强而行之，行见庭构未成而藩篱尽撤，改革家将无所措手足耳。我辈于今后家庭之兴革，即宜持此种循序改进之态度与志愿，而对于中国之家庭宜尤尔。

家庭之为社会重心者，以我国为最著。其所以然者，半由于久远之社会经验，半由于儒家哲理之推挽。我辈今日之讨论，对于已然之成绩，自未便视作等闲；于其比较精彩之部分，且宜虚心体会而竭诚维护之。当兹过渡时期，人事纷纭，思潮动荡，摧枯拉朽，力固有余，而玉石俱焚，势所难挽；则上文所谓审察与选剔之功尤不可或阙矣。且我国旧制，西方学者颇有加以赞许者；下文《答案之价值》中尝引英人歇雷，美人普本拿与约翰孙之语，即其例也。有家珍于此，我不自宝而他人心焉羡之，其亦可以促我之反省乎？

四、旧制固宜斟酌去取，然欲求讨论之有裨于目下之实际情形，则不能不先知今日关于家庭问题之舆论。且中国社会统计既甚缺乏，欲论断之亲切有据，亦唯有诉诸社会人士意见之一法。故此次讨论首冠以征求案；全案凡三部六十二题，继之以答案之分析，殿之以答案之评价，凡所议论，无不以三部六十二题为归。其取材于国外者，十之七八为西方学者认为可信而我国社会可资攻错之统计事实；其余二三，则限于在科学界已有相当位置者之吐属；外此一介不取焉。

右四端为本篇一切议论指引之原则。以言观点，则为生物演化的；以言目的，则种族价值之提高居大半；以言方法，则重事实而轻浮词臆说；以言实际之兴革，则认旧制度有相当之价值，而宜利用之。今以此四端绳三四年前关于家庭问题之文字，窃以为有甚不适用者。三四年前之议论：有认为社会组织之单位与社会生活之重心为社会全般者矣，或为独立之个人者矣；有认家庭改革之唯一目的为个人之自由与妇女之解放者矣；有认旧家庭制已绝对腐化，亟宜完全改弦更张者矣；有认任何家庭形式为迂腐，从而加以讪笑怒骂者矣；有不凭事实，或但凭片面之事实或个别之经验而立论者矣；有撷拾西方所谓作家与所谓运动领袖之牙慧而引为充分之证据者矣；此种种者，无一不与上文之四种原则相抵牾。

不承认家庭为社会组织之中心，甚或以为宜根本推翻者，为一部分之社会理想家；对于此派，除在本论中略作评论外，并作附录二。不承认旧制有多量价值而以为宜完全改弦更张者，则有基督教之徒；唯是鄙见所及，认为基督教原理与家庭原理之根本不相能，有非寻常嫉妒角度自身所领悟者，因殿有附录一。近年来对于家庭问题曾作多量之考虑者，亦只此二派人物而已。

本篇论家庭问题之各方面，以人与人之关系为重。至人与物之关系——经济方面，例如遗产问题，则完全未加讨论，如读者认此为挂漏，亦未始不可，作者亦自承之；特本篇目的原在比较惟经熟虑之方面而表彰之，其既经熟虑者则姑阙焉。

其他重要之挂漏为独身问题。独身问题在今日之中国社会，不可谓无相当势力。唯征求案假设应征者必为已婚有室家或将婚而即将有室家之人，故未将此端列入。征求结果中于婚姻状况项下自承为独身主义者不过一人，足证此项假设之不诬。唯我辈对于独身主义应有之态度与讨论，大率与对于迟婚问题者同趋而有异度，则不难推想而知也。

本篇之成就，饮水思源，有不能不表示谢忱者二方面焉。不有应征者诸君之意见，则议论无所一句；不有应征诸君及一般读者之期望，则恐惰性所至，不克终篇，或不免时断时续，而迁延过久。此应竭诚感谢者一也。此次征求既讨论，适值作者任职时事新报馆学灯部，故即假用学灯编辑部之名义；实则全篇中遗漏或谬误之咎，自不得不归作者一人尸之，而与时事新报馆无干。唯同馆执事诸公不以冗长讨论为嫌，而假作者以三数月之篇幅，俾得竟其全功；则其可感之程度，亦不在应征诸君之后也。

答案之统计：关于祖宗父母者

祖宗父母之待遇问题可支分为生存者与亡故者二方面。前者攸关家庭之大小问题，后者即为祭祀之制，皆甚重大者也。征求案甲项第一题至第八题，即于此二者求一解答。至第九至第十二四题，则目的在刺探宗法旧制，在今日之中国社会中，尚有几许维持力。兹将甲项下十二题答案正负两方面之统计列下。

1. "中国之大家庭制有种种价值，允宜保存。"

赞成者	{ 男……… 七九 女……… 一二 }	九一	（二九·〇）
不赞成者	{ 男……… 一九四 女……… 三二 }	二二六	（七一·〇）
总计	…………………………	三一七	

2. "欧美之小家庭制，有种种价值，宜完全采用。"

| 赞成者 | { 男……… 一〇六 女……… 二〇 } | 一二六 | （四〇·五） |

不赞成者 $\left\{\begin{array}{l}\text{男}……… \quad 一六二 \\ \text{女}……… \quad 二三\end{array}\right\}$ 一八五 （五九·五）

（两可但侧重一方面者……… 四）

未填者（男五女一）……… 六

    总计 ……………………… 三一七

3. "欧美之小家庭制，可以采用，但祖父母与父母咸由子或孙辈轮流同居奉养。"

赞成者 $\left\{\begin{array}{l}\text{男}……… \quad 一七四 \\ \text{女}……… \quad 三一\end{array}\right\}$ 二〇五 （六四·七）

不赞成者 $\left\{\begin{array}{l}\text{男}……… \quad 九九 \\ \text{女}……… \quad 一三\end{array}\right\}$ 一一二 （三五·三）

（两可但侧重一方面者……… 三）

    总计 ……………………… 三一七

4. "采取小家庭制，祖父母与父母之生计，由子或孙辈担任，但不同居。"

赞成者 $\left\{\begin{array}{l}\text{男}……… \quad 一六七 \\ \text{女}……… \quad 二七\end{array}\right\}$ 一九四 （六一·八）

不赞成者 $\left\{\begin{array}{l}\text{男}……… \quad 一〇四 \\ \text{女}……… \quad 一六\end{array}\right\}$ 一二〇 （三八·二）

（两可但侧重一方面者……… 三）

未填者（男五女一）……… 三

    总计 ……………………… 三一七

第一题所谓之大家庭制，当然指不特祖孙父子同居，且兄弟叔侄亦长久相处，甚者或生计上完全成一个个体。此题甚趋极端，故不赞同者多至百分之七十一。第二题适与此嫌烦完全采取云者，指家庭之分子只为夫妇及少数子女，其他亲族亦循此例，各自为政。此亦趋极端，故不赞同者占百分之五十九以上，但不若不赞同第一题者之多。

第三题所及，为大小家庭间最折衷之一种办法。第四题所提出者，亦一折衷办法，但较侧重小家庭制一方面。赞同第三题者百人中约有六十五人；赞同第四题者百人中约六十二人，二者几相等。换言之，即社会人士对于此种折衷办法，不论折衷至何等程度，大都可以赞同也。

　　折衷之法，自较极端者为妥善，故群论归之。然折衷者未必能执两端适中之点而持平之，其间必有侧重之处。今答案之总结果，果侧重大家庭制乎，抑小家庭制乎？是亦有可考者。设认赞同第一题与第三题者对于旧日家庭制度之精神犹不无依恋，而以赞同第二题与第四题者为适得其反，即于西洋之制度有特殊之爱慕：其不赞同者皆反之；则前者共得一九一·四（六四·七，三八·二，二九·〇，五九·五）分，后者共得二〇八·六（三五·三，六一·八，七一·〇，四〇·五）分，即前者得百分之四七·八，后者得分百分之五二·二。是可知舆论虽折衷，而不无偏重小家庭制之处也。如仅就女子方面作比较，则侧重大家庭制者得百分之四十七，而侧重小家庭者得百分之五十三，较男女并算之数为愈侧重小家庭制方面，但不多耳。虽然，女子以比较男子为保守著称，今适得其反者，殆不无少许特殊之意义：岂在旧制之下，女子所感受之痛苦独深，故其反动也独甚，有不能以通常之情性绳之者耶？或曰，对于旧制度感触较深之女子始注意及家庭问题，始应征作答案，安知不有大多数之妇女不以家庭为重，或竟不以为成问题，而不应征在乎？是则此种比数之意义亦殊不易确定矣。

　　光华大学社会学会曾于去年冬调查同学对于大小家庭问题之意见。结果，应征者共二八八人；其中赞成小家庭制者一七三人，即百分之六〇；赞成大家庭制者一一五人，即百分之四〇。较此次征求所得尤为侧重小家庭方面。然应广大社会学之征求案者，悉数为大学生，彼辈受西方文物熏陶之程度，自较一般社会人士为深，则宜其主张之更偏重小家庭制也。（承光大学社会学会会长李君寄示调查结果，谨谢。）

　　5.　"祖宗之祭祀，有充分之宗教神秘价值，宜维持而加笃之。"

赞成者	男………　三七 女………　　九	四六	（一四·五）
不赞成者	男………　二三六 女………　三五	二七一	（八五·五）
总计	…………………	三一七	

　　6.　"祖宗宜纪念，但不宜取祭祀方式，宜用他方式以代之。"

| 赞成者 | 男………　二二六
女………　三三 | 二五六 | （八一·五） |

不赞成者 ｛男……… 四八 ｝ 五八 （一八·五）
｛女……… 一〇 ｝

未详（男二女一）……………… 三
总计 ……………… 三一七

7. "祖宗宜祭祀，但须表示'祭如在'与'视死如视生'之真精神。"

赞成者 ｛男……… 一三三 ｝ 一五九 （五〇·一）
｛女……… 二六 ｝

不赞成者 ｛男……… 一四〇 ｝ 一五八 （四九·九）
｛女……… 一八 ｝

总计 ……………… 三一七

8. "中国社会正力求进步，祖宗之纪念适足以助长守旧崇古之心理，宜绝对废除。"

赞成者 ｛男……… 一六七 ｝ 一九四 （六一·八）
｛女……… 二七 ｝

不赞成者 ｛男……… 一〇四 ｝ 一二〇 （三八·二）
｛女……… 一六 ｝

两可者（男）……………… 一
未详 ……………… 三
总计 ……………… 三一七

关于祭祀之制者，征求案中唯此四题。合此四题之统计而观之，可得二结论焉。赞成有祭祀，或加笃祭祀，或恢复祭祀之真精神，或至少赞成有一种纪念之方式者共二一八·七分（一四·五，八一·五，五〇·一，七二·六），即百分之五四·七；其不赞成纪念者，或至少不赞成保留祭祀之制者共一八一·三分（八五·五，一八·五，四九·九，二七·四），即百分之四五·三。是则赞成祭祀或他种纪念方式者显较不赞成者为多也。

若仅就严格之祭祀制而论，则计核第五与第七两题所得，赞成者仅百分之三二·二，不赞成者百分之六七·七。再若仅就纪念之原则而论，则计核第六与第八两题之结果，不赞成者得百分之二二·九，而赞成者多至百分之七七·一。执此而推测之，祖宗祭祀之制殆将日即于淘汰，而他种纪念之方式将起而代之乎？舆论确为社会组织之先声者，此种推测自不难演为事实也。

关于祖宗父母者，征求案中尚有四题。其答案之统计如次：

9. "答案人之宗族现有宗祠否？"

有 $\begin{cases} 男……… & 一八三 \\ 女……… & 三〇 \end{cases}$ 　　二一三　（六七·二）

无 $\begin{cases} 男……… & 九〇 \\ 女……… & 一四 \end{cases}$ 　　一〇四　（三二·八）

总计 ………………… 三一七

10. "答案人之宗族修有谱系否？"

有 $\begin{cases} 男……… & 一九四 \\ 女……… & 三二 \end{cases}$ 　　二二六　（六八·一）

无 $\begin{cases} 男……… & 七九 \\ 女……… & 一二 \end{cases}$ 　　九一　（三一·九）

总计 ………………… 三一七

11. "答案人能不假参考，举其曾祖之名字否？"

能 $\begin{cases} 男……… & 一七九 \\ 女……… & 二九 \end{cases}$ 　　二〇八　（六五·六）

不能 $\begin{cases} 男……… & 九四 \\ 女……… & 一五 \end{cases}$ 　　一〇九　（三四·四）

总计 ………………… 三一七

12. "答案人能不假参考，举其高祖之名字否？"

能 $\begin{cases} 男……… & 一二七 \\ 女……… & 一五 \end{cases}$ 　　一四二　（四四·八）

不能 $\begin{cases} 男……… & 一四六 \\ 女……… & 二九 \end{cases}$ 　　一七五　（五五·二）

总计 ………………… 三一七

宗祠与宗谱在今日中国社会中，尚颇有相当之势力，观第九第十两问题之答案统计可知也；且二者所表示之势力相等，前者百人中六十七人有之，后者百人中六十八人有之。

能不假于参考，而举曾祖之名者较不能者为多，几及一倍；即三人中平均有二人能之也。能不假参考而举其高祖之名者则不若不能者之多；能者百人中有四十五人，不能者五十五人。高祖较曾祖为邈远，能举者少，固其宜也。科举时代，学子与试，须开列"三代脚色"；学校代兴，而此端未废，故能举曾祖之名者特多；否则恐亦不能多至百分之五十以上也。

上文尝言之，兹四问题之目的在刺探宗法社会维系力之强弱。如三百余人之答案足以为代表者，则可知即在今日，宗法社会之维系力尚不可谓不强。有宗祠者，有宗谱者，与能凭记忆力而举曾祖之名者，百人中皆在六十五人以上，不可谓不多也；即在旧日家族主义全盛之时，恐亦不过尔尔，即有超出，亦不多也。至百人中竟有四十五人能追忆其高祖之名，则更非作者草征求案稿时初料所及。宗祠与宗谱二者为有组织之事物，一经成立，自不易摧败；曾祖之名，略有学校生活之经验者亦类能举之，习惯然也。唯高祖之名，则非常闻父兄辈道及，或每逢忌日，祭祀虔谨，或于一家之历史有相当之兴趣，时常加以讨论者，不办。此种情况，在西方社会中，舍绝少数之贵族家庭外，不得见也。

尚有可以注意之一端。试取男女答案之统计而比较之，则所得比数大致相等。大约男子三人中有二人有宗祠，或宗谱，或能举曾祖之名，则女子三人中亦必有二人有之或能之；亦足见此次征求结果尚不失之不整齐也。惟女子能举其高祖之名者特少；男子能之者百人中约四十七人，女子则百人中仅三四十人；再约之，则男子二人中，能者一人，而女子须三人，始有一人能之也。宗法社会维系力之及于男子者，本较女子为重；女子婚姻后，名义上即另属一家；俗称女生外向，不免言过其实；但其对于祖宗之观感，自不若其弟兄辈之深切，则可得而言也。

第九与第十两问题间有二三人未填者，或填不知者，但统计时概作无宗祠或无宗谱看待；盖兹二题之目的既不在调查宗祠与谱牒之数量，而在其社会心理的效用，则不填或云不知者纵有宗谱或宗祠之存在，自其对于其人之心理效用方面言之，实等于无有也。

第九第十两题与第十一第十二两题，论理应有相当之关系；即有宗祠有宗谱之人能举高曾祖之名字者多，而无之人不能者多也。试观下列之表案：

		宗祠		宗系	
		有	无	有	无
曾	能	一五二	五七	一六五	四四
	否	六〇	四八	六二	四六
高	能	一一二	三四	一二一	二四
	否	九九	七二	一〇六	六六

合计	有而能者 一五〇〇（四三．四）	无而不能者 一三二七（二五．八）
	有而不能者 一二三二（一八．二）	无而能者 一一五九（一二．六）

有宗祠宗谱而能举高曾之名者，自是最多。无而能之者，自是最少。无而不能者，理应较有而不能者为多，然而不多者，则在今日学校制度之下，能举曾祖之名者独多也；其于高祖即不然。反之，有而不能之人独多者，宗法社会维系力已较前薄弱之征也。

答案之价值：引言

上文种种，但就征求所得之事实加以陈述，未暇就答案之意义为之评论也。然家庭问题至复杂也，其适当之解决，自不能不根据最确实之科学观点与原理。一般人对社会问题之意见，其形成也，除些少之科学知识外，大都取给于个人之性情，早年之教育，一己之经验，及所谓时代潮流者。答案之较保守者，早年之教育往往尸其咎，其较进取或竟急进者，则时代潮流所激荡而成者居大半；至个人之性情与经验则与答案之保守或进取均有重要之因果关系，唯经验与保守性之关系尤深；一人之阅历愈多，则其见解愈不轻易变动。

性情有主观与个别性之真实，我辈固不能加以评断，且我辈对于答案人之事实所知不多，亦不足以资评断。经验一端亦然。然就对于答案人事实之可知者我辈尤不妨略作相关之观察。至早年教育与时代潮流二者，则可供议论者甚多。如得确当之观点而立论，则答案之是非初不系乎赞成者或不赞成者人数之多寡，即多者未必是，而少者未必非也。我辈作批评之论，当先体认此意，庶几不受成见之蒙蔽。此应注意者一也。

此次征求案之根本假定为：家庭有相当之价值，但不无亟宜纠正之处，使为社会生活之助力而不为其阻碍。其思想超凡而根本不以家庭制度为然者，自不屑加入讨论。某君（答案人第二十九号）于答案末附作说明白：

> 我是根本反对家庭制度的人。我主张不但不要中国式的大家庭，且不愿需要西洋式的小家族制。
>
> 家庭的坏处，使我们自私，使我们个性不能发展，使我们社会中多添许多的罪恶事实。我认为根本不必要家庭。
>
> 准此，我们更不必要什么一夫一妻制，我们主张废除婚姻制度，男女自由结合（我不说结婚！）以恋爱为基础的自由结合，提倡自由性交。
>
> 至于父母奉养和儿童养育，可设立公共养老及儿童公育机关处理之，不一定要有家庭才可以维持也。

此可称因噎废食之论，言社会革新而可以完全脱离现存之事实，亦属匪夷所思。又某君（答案人第九十四号）责征求案题目之不当，有曰：

> 当此新陈代谢之过渡时代，言今则须顾及事实，言后则当全凭理想。顾事实则不能不权时制宜，凭理想则不得不求尽善，而此次所征之题则有令人顾此失彼之憾。（……或编者竟指将来，而未及现在，未可知也。）

作此种议论者，近代青年中大有人在。其大患在将理想与事实，现在与将来，各看为截然二事。理想不能不凭事实与经验者，其完全脱离事实与经验者，无非为一二人之幻觉，为一二人精神上之慰藉则可，为社会改革事业之根据则万万不可。将来为现在之推演，将来之悠远者，我辈生今之世，无顾问之必要，亦且无从顾问。征求案以今后中国之家庭问题名，实则既曰家庭问题，即含有时代性，"今后"二字，已不免画蛇添足之诮；盖设非今后，家庭之与我辈，自不成一社会问题也。作者举此二君之言，以示征求案之本意，不特承认家庭之意义重要，且以为谈此种问题，宜完全根据学理与经验，空洞之理想，非所计也。此在评论答案之价值以前应注意者二也。

唯理想可无，健全之目的则不可无。家庭制功用三，曰为求个人发展，为社会谋秩序，为种族图长久保大。如目的偏属第一种功用，则家庭之维系力趋薄弱，则社会秩序趋紊乱，此今日欧美各国社会之情形也。如目的偏第二种功用，则个人发育之机日蹙，社会之秩序虽定，而其进步则转迟缓，此历来我国社会之情形也。第三种功用，即种族之久长保大，虽始终有其地位，但觉察者少，引以为重者，历史社会中尤不多见；挽近自优生学说兴，始有讨论之者，甚或谓其重要实出一二两者以上。试言其旨。

家庭为人群之一种，其最初之目的即为幼体之养护，是可以征诸演化者也。生物演化之阶梯中，有一原则焉，曰，物种愈低下，亲体养护其幼体之能力愈薄弱，则幼体之生产额愈大，其率亦愈速；盖不如是不足以图种族之绵延也。反之，物种愈高，则亲体养护其子女之能力愈富厚，故幼体之生产额与率即随之低降；盖物种之绵延，已不无相当之保障故也。家庭者无他，幼体养护力一种有组织之表示而已。动物中唯猿类有之；人类而外，推大猩猩之家庭组织为最永久；至人类而登峰造极焉。

人类自社会生活日趋复杂，家庭之原始效用转晦；于子女之养护一端外，复发生其他经济的，政治的，宗教的，种种效用，且其重要或作畸形之发展，足以掩蔽原始之效用而有余。于是尾大不掉，弊害滋生，昔日所恃为幼体发育之保障者，今转成其障碍。及其末流，心有余而识不足者乃竟以家庭制度宜根本废除为说，抑以可以原谅也。

唯种族演进之条件，不仅为生产额之大于生产率之速，必焉产出之幼体有优异之品性，可以恃为竞争之工具而自存于天地间：此选择之原则也。优生学者承演化论者之余绪曰，物种非生殖无以自存，非淘汰无以自强；人类当不外是。人类生殖之责，既由家庭之组织负之；选择之责，又将安属？将任其自然乎？则天择不仁，将以个人为刍狗，岂具有同情心之人类所可容忍？将责之一国之为政者乎？则国民非牛羊黍稷，为政者又非神明睿知，可以操生杀予夺之权，而无所渎滥；赫胥黎"择难"之论（严译《天演论》导言十），盖已言之审矣。然则将完全责之隔热乎？则自我之律，愚者将自以为知，不肖者将自以为贤；智者贤者或于极端之个人主义，或将以婚姻生殖为迂腐而鄙夷之；即不然，亦必以一己之乐利为前提，虽循行婚姻生殖之行为，而种族未蒙毫末之利；此在近世社会中，固比比然也。无已，其即以家庭为择种留良之场所乎？

近世重社会伦理与社会效率；一事之是非，往往视其与社群生活之利害关系而定。今以择种留良之任务归之家庭，且以之觇家庭制度意义之醇厚或浇漓；固有合于现代之伦理标准否乎？以作者观之，实无不合。家庭之效用既在维持种族之长久治安与演进，则其利害所关，不仅及于一时代之社群生活，亦且及于后世子孙之社群生活，一种社会组织之责任，恐无有大于此者。读者如认可此，则请以人类演进之观点——即优生之观点——绳此次家庭问题之答案。

答案之价值：关于祖宗父母者

一　大小家庭制平议

旧日大家庭制制度今后自无存在之能力，亦无存在之理由，盖已不待多论。大家庭之人数最多，故其第一任务在求分子之间之相安无事，即求秩序与和平之维持；唯其如此，故治家之权不能不集中于一人——家长，而个人活动之范围，日趋狭小，甚或不能作充分之发展，而尽其社会之效用。此其精神盖去家庭原有者已甚远，且其约束个人之程度与国家管理相类似，同一重秩序，专事权，而忽略进步也。答案之不予赞同，是情理内事。

答案折中大小家庭二制，但侧重小家庭制方面，已见上文。然折中当乎？抑侧重当乎？有不能不较论者。西方赞成小家庭制者之言曰：父母对于子女有教养之责任，而子女对父母无侍奉之责任；然子女之家庭任务未尝稍减，及其既结婚而生有子女，若辈之教养，即归其负责；故如合二代而言，颇若彼此之义务与权利不能相权，如合三代以上，则可知责任与世代相推移，实未尝不公允也。小家庭制中世代之关系，可以下图表出之：

……　甲代——→乙代——→丙代——→丁代——→……

完全这种之论则异于是。子女之幼，由父母教养之；父母之衰，由子女侍奉之，以尽其天年；故即合二代而言，彼此之待遇即为相互的；其关系如下图：

……　甲代⇌乙代⇌丙代⇌丁代⇌……

或问，此与旧日之大家庭有何分别？曰：有大家庭制根干，而无其枝叶也。旧制之大患在支蔓过甚；妯娌之关系，兄弟之关系，叔侄之关系……在在可以发生纠葛，家庭愈大，则此种支节之关系愈多，而纠葛之发生也愈频数；纠葛愈繁，于是为家主者乃不能不取断然与高压之位置，而家庭生活乃岌岌不可终日矣。今去其枝节而留其根干，即兄弟一经成立，即各自成生计之单位，为父母及祖父母者即由彼等轮流同居侍养；则纠葛之因缘，十去七八，而家庭之和平得以持久矣。

小家庭制与折中制之意义既明，可进而比较二者之利害。西方小家庭有缺点二，为折中制所无有。家庭本为连续之物，小家庭制横裁而断之，种族绵延不绝之至意，即不免受重大打击。折中制虽亦不无裁割，但为直面而不为横断的，故家庭制绵续性，不受打击，犹之伐竹，小家庭之制断其节，折中制仅顺其纤维之理而剖之也。美国优生学家普本拿与约翰孙评论小家庭制，有曰：

> 胚质不绝之旨或可于宗教中阐发之……上逮祖宗，下及裔代，人类应有比较强烈之一脉相绳的观念。华人重此观念，而基督教各国则轻之，其所失不已多乎？（P. Popenoe and R. H. Johnson, Applied Eugenics, 1918, p. 397）

此论足为我说推波助澜，家庭之最大效用，既在为种族消灾延寿，则凡足以增益此种效用者，皆在保存或提倡之列。折中制足以增益此种效用，而小家庭制则否。此折中制之比较妥善者一也。

西人社会伦理之基本观念曰责任，或曰义务，而其对待则为权利。人我相与，唯其极言责任，故其视权利也亦重。权利义务之说，如适用之于一般社群生活，尚无大害，如行之于家庭分子之间，则颇有难堪者。梁任公先生尝曰：

> 权利观念，可谓为欧美政治思想之唯一的原素。彼都所谓人权……所谓阶级斗争等种种活动，无一不导源于此。乃至社会组织中最简单最密切者如父子夫妇相互之关系，皆以此观念行之。此种观念，入到我侪中国人脑中，直视无从了解。父子夫妇间，何故有彼我权利之可言，吾侪真不能领悟此中妙谛。（《先秦政治思想史》，一九二二，页一四四——一四五）

昔者国人之权利观念不深，于一般之人我交际为然，于家庭中为尤甚；此根本与西方家庭制度异者也。即责任或义务一端亦然。父母对于子女应为之事，每称之曰愿；为儿女婚嫁，曰"了向平之愿"；盖显然以儿女之事为一己之事，为一己欲望之一部分，而不能不求满足者。子女之奉养父母，与父母之受其奉养，亦未尝作责任或权利观。总之，昔日国人家庭分子间之关系，芟其支蔓，去其糟粕，大率出乎感情之自然流露，而无须乎哲学观念为之烘托。自西人权利与责任观念之传播，国人以之皆是积弊已深之家庭制度，乃弥觉其可憎可厌；然张冠李戴，本不相称，憎厌之心理，徒自扰耳。折中制去旧日家庭制形式，而无害于其承上启下之推爱精神；此所以较小家庭制为妥善者二也。

时人服膺西方之小家庭制度，除盲从者外，大都惑于个人主义或社会主义之说。个人主义与社会主义之理论初若甚相径庭，然其不利于家庭之存在则一。近人易家铖主张以社会主义替代家庭主义，而其过程则为个人主义之发展；以个人主义为内应，以社会主义为外合，而家庭制度无幸免之理矣。虽然，试察其议论，则大率摭拾西方社会主义者之唾余，而未尝加以科学的盘诘。即就利己心与利他心一端而论，以我辈所知，极端个人主义与利他心决不相能，极端之社会主义与利己心决不相能；利己而适当制度，则未必不为社会之幸福；利他而不当其度，则个人之地位全失，而社会亦终于坠败。能折中之者，唯家庭主义。

家庭中之利己，非绝对之利己；其利他，亦非绝对之利他。生物以利己始，其最初之利他心即寓于生殖机能与生殖后之保抱机能，此在比较高等之动物为然，至人类而愈甚。美国社会学家爱尔华德尝引申此意，为家庭制度说辞（C. A. Ellwood, Sociology and Modern Social Problem, p. 77）；易君非之曰："这明明是一种社会学者的口吻，要是社会主义者，绝不会有这样话头。"此亦称评语！同一讨论社会问题，其根据应为"学"，抑应为"主义"，明眼人自知解答；且近世托社会学之名而作社会主义之议论者，即在中国社会中，亦已数见不鲜，可知"学"之为物，近虽少人顾问，犹未失其为一种名器也！总之，社会学家为家庭制度辩护，瞻前则有演化事实为之张本，顾后则抱有循序改进之志愿，故其主张每不为理想或成见所蒙蔽。折中之家庭制即以此种精神为根据。

家庭为栽培同情心最良善之场所，亦有可言者。自亲子之爱，兄弟之爱，推而为戚族之爱，邦人之爱，由近及远，由亲而疏；此同情心发展之自然程序也。重家庭之制，即所以慎同情心活动之始。我国古代唯孔门诸儒发明此旨最详；孟子亲亲仁民，仁民爱物二语，实为千古不可磨灭之论。今社会主义者之主张：一则曰国家设养老院，再则曰男女以恋爱结合，婚姻绝对自由，三则曰儿童公育；家庭制度固若得所发落矣；然老弱公养与儿童公育之根本精神——同情心——将从何训练而出，则社会主义者未有以诏我辈。不能老其老，而欲其老人之老；不能幼其幼，而欲幼人之幼；天下宁有是理耶？故主张适中之家庭制之人，以为家庭应容纳老，壮，幼，三辈，其因特殊情况而不能容纳者，则由国家设法代任其劳；质言之，以家庭私养为通例，而以国家公养为例外也。

总之，折中制家庭有二大利：自社会效用方面言之，则为训练同情心与责任心最自然最妥善之组织。自生物效用方面言之，则种族精神上与血统上之绵延胥于是赖。自其横断空间者观之，个人为一极端，社会为一极端，而居间调剂者为家庭。自其纵贯时间观之，上为种族血统之源，下为种族血统之流，而承上启下者为家庭。家庭大小适中，则其调剂与衔接之功用愈著。此种类关系可由下图表出之：

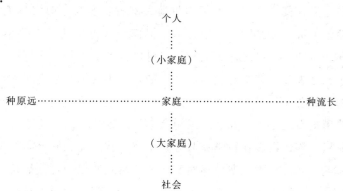

个人

（小家庭）

种原远⋯⋯⋯⋯⋯⋯⋯⋯⋯⋯⋯家庭⋯⋯⋯⋯⋯⋯⋯⋯⋯⋯⋯种流长

（大家庭）

社会

上图尚有须解释之处，小家庭以个人为重，故作右倾。大家庭则几若一小社会；国人社会意识不发达，局部因家庭之发达过度（hypertrophy）；又大家庭之组织与精神颇若小规模之国家社会主义（state socialism）：故图中作左倾。小家庭与大家庭制精神既各有所偏向则其为种族源流之过渡者亦即不能直接，不若折中制之一线相绳也。

二　祖宗之纪念

祖宗宜纪念之原则，答案赞成者百人中有七七・一人，不赞成者百人中有二二・九人，见前统计。以今日之情势，子我辈之观点，立论，此数已不能不认为满意。我辈既以维持种族之生存为家庭最大之职志而不可以不尽，则平日非有精神上与观感上之素养不可。折中之家庭制容纳祖辈与父辈，使壮者幼者侍而养之，并得利用其经验之教益，固素养之一端也。祖宗之纪念，不论其取何种方式，实不外此种素养之退广；我辈如不以侍奉父祖辈为不然，亦自不反对祖宗纪念之原则。且对于祖宗之情感，不因生死之隔阂而异其程度，则其为素养之意义而尤醇厚。孔门"慎终追远，民德归厚"及"养生不足以当大事，唯送死然后可以当大事"之议论，虽完全发乎社会伦理之立足点，我辈以今日之眼光观之，其意义实有大于社会伦理之维护者。我辈不妨称此种伦理观念曰种族伦理（racial ethics）。

祖宗纪念宜采何种方式，为征求案所未详及。旧制用祭祀，答案投赞成票者凡百分之三二·三；投不赞成票者凡百分之六七·七。虽然，祭祀之应否废除与能否废除，实系乎一重大之先决问题，即宗教应否废除与能否废除。就历史之经验而论，我辈未尝不可攻击甲种宗教或乙种宗教而使之失败或灭亡，然此仆彼继，未尝或间，即今日欧西号称最文明之国家亦未尝无有组织之宗教活动。如就其比较无形式而言之，欧美之国家主义，各种社会主义，其意义之引人信仰与发人深省，实与一般宗教无大差异。宗教活动果不可或无，则与其崇拜不可捉摸与人世生活无大关系之天神，不如崇拜一时期一地段之伟大人物，犹可以惟一般人行为之标榜；与其崇拜匪夷所思之天父，若基督教徒然，不如崇拜生我劬劳之真实父母，犹有相当生物学的意义，可为淑种哲学之一助，此就事论事之言也，此实验主义者以效用论事之言也。如必欲考祖宗崇拜之动机，若灵魂不灭，若祖宗死后之威福等等，则责在哲学家与心理学家，我辈无顾问之必要矣。

慎终追远之意，固我辈所绝对赞成者。然其所以为种族绵长之精神上助力者，我辈犹嫌未足。何则？上文图案中示家庭为种原之继往，亦为种流之开来；今慎终追远之旨所以"继往"者则诚有之，所以"开来"者则否。窃以为"慎终追远"而外，应别立"敬始怀来"之旨，庶几种族绵延之意义得以充分表现。"不孝有三，无后为大"，非无敬始怀来之意，然犹有未尽。我辈于慎终与敬始二端，不宜有所偏倚，即有偏倚，亦以倾向敬始一端为宜，否则师古之心理每足为进步之障碍；不孝以无后为大之旨，貌若怀来，而精神实偏向追远一方面，是不可以不辨也。

西人以哲学家之资格而为优生学作说客者推英人歇雷（F. C. S. Schiller）为第一。歇氏美家族制继往开来之效用，尝曰：

中日二国，自与西方侵略的文化接触以后，近正发生重大之社会变化及种种经济与道德问题，至今犹亟待解决。其力足以运用西方科学之智识以增进其军事上与工业上之利益，我辈固无庸置疑；然其于社会理想与社会组织上究将发生何种精神上之变化，则鲜有敢揣测一辞者。设一端能顺应新环境，利用新智识，而一端能维持其家族之制，使其道德之维系力不致涣散；设同时又能融化其慎终追远之精神，使好祖宗之崇祀，转为良善子女之祈求；则其前途之光明与长久保大，较之个人主义与军国主义统治下之欧洲，将有不同可日语者。（Eugenics and Politics，页三一，译文曾载本年五月十五日《学灯》）

三　宗祠与宗谱

此为祖宗纪念问题之一部分，但因其为纪念之一种特殊方式，不妨分别加以讨论。

宗祠之能否与宜否存在，今后已不能毫无疑问。宗祠为大家族制度，甚或氏族制度之产物；今氏族制度既成陈迹，大家族制亦随时光以俱去，则宗祠制之行将解体，已为不可免之事实。此能否之说也。

宗祠之血缘意义不大。是又可分为二说。其一根据戈尔登（Francis Galton）之祖先遗传定律。假定祖先中无血属婚姻，若中表婚姻，则每代之直系祖宗数为 $(2)^n$，n 为世代之数。是则父辈二人，祖辈四人，曾祖辈八人，高祖辈十六人……上溯至第十代，即得男女祖宗一〇二四人。今宗祠之制，既受宗法社会之制限，所崇祀者至为男系之一姓，即每一世代仅二人，即第十代祖宗之得享粢盛者仅为五一二分之一；上溯愈远，则其比例愈小。第十代之一〇二四人所遗传于我辈者，论理每人相等，奈何此二人者独蒙其利，而其余则否？举一而漏万，甚不可以通者也。

戈氏之祖先遗传律称各祖先所遗传于我辈者之多寡视代数之远近而定，愈远则其贡献愈少，其数为二之一，四之一，八之一，一六之一……推之至于无尽；合一切分数而加之，其总数应为一，即为子孙者之个人是也。第十代祖宗之贡献，每人仅得一二〇四分之一，不亦微乎？孔子之后裔至今犹七十六代，以计算，则归衍圣公所得孔子之遗传者约为六九，〇〇〇，〇〇〇，〇〇〇，〇〇〇，〇〇〇，〇〇〇，〇〇〇分之一，此在事实上虽为不可能，盖孔子以来中国之总人口尚不及此数之母数，以表亲关系而作婚姻结合者必代有其人，此种婚姻之关系愈多，则母数愈小；

然无论如何，今日衍圣公胚质中之孔子，与张天师胚质中之张道陵，均已少至不可究诘之程度，实际上可谓等于无有。总之，祖宗愈邈远，则其与我辈血缘之关系愈微妙，我辈从而祀之，得勿无谓？此宜否之说一也。

自曼特尔遗传律出，戈氏之祖先遗传律已渐经生物学者否认。习于曼氏之说者，谓祖先之贡献决不能如戈氏所云之均衡。我辈所得于父母二人之胚质者，大率可以平均分配，即父母者各半是也；至祖辈四人，即祖父，祖母，外祖父，外祖母之贡献，已属不平均；祖辈以上，更无待论。以是可知衍圣公之于孔子，即使二千余年来血统上完全属于一系，即其间毫无嗣续之名分，亦可云与陌路无别，或较陌路人尤为疏远焉。今一姓宗祠中所崇祀者，多至数十世，少亦十余世，其世代愈高，则其无谓之程度愈深；盖不啻执一陌生人之祖宗父母而奉祀之也。此宜否之说二也。

然则远代祖先被纪念之资格将从此完全剥夺乎？曰否，否。宗祠之制虽废，我辈尚有宗谱之制在。宗谱有永久之价值，且以为无可置疑。一国有史乘；一团体有记载；一个人有传记；宗谱者无他，若干以血属相联结之个人之综合传记而已。一国或一个人，皆有其异于他国或他人之处，唯其特异，故有记述之价值；一家族又何尝不如是？有其体态上之特异，有其行为上之特异，甚至一颦，一笑，一举步，一折腰，莫不有其特异之点，他人的举而认识之曰，是必某家或某家之子弟也；换言之，甲血统必与乙血统不同，其不同者即于其所结之果实见之，果实者，即一家之各个人也。

循此旨也，我辈对于今后之宗谱应有种种之兴革。最重要者阙为我辈对于宗谱之心态。以前之心态二：曰纪念祖宗；曰，子孙之自豪；此皆未可厚非也。然窃以为犹有未足；此二种心态之过当发展且足以开铺张扬厉之端，尤非所宜。今后宜采取之新态度曰研究，而以纪念与自豪之意寓于其间。学术界亦应认宗谱学为史学研究之一种，而与以相当之地位。态度既有变迁，则细节目之应兴革者自见；因其越出本篇范围以外，兹不具论。

此次征求结果，答案人之有宗谱者百人中有六八·一人，无之者百人中仅三一·九人，即平均每三人中有二人有之。以此为研究之出发点，前途必有可观。数年前丁文江氏曾作《哲嗣学与谱牒》一文，登诸《改造》杂志，读者之中，当不乏对于史学研究有特殊兴趣者，尚望有以继起之也。

（责任编辑：任晓霞）

家庭与性别评论（第7辑）

第 85～106 页

以社会学的方式回应社会思潮：
以潘光旦《中国之家庭问题》为中心

吕文浩

引　言

以中国近代家庭为对象所展开的社会调查或研究，在中国近代的社会学中大体有四种类型。第一种侧重调查家庭的生计或生活程度，以李景汉的《北平郊外之乡村家庭》（商务印书馆 1929 年版）和陶孟和的《北平生活费之分析》（1928 年英文版，1930 年商务印书馆中文版）为代表。第二种集中于调查、分析与评论当时关于家庭问题的社会舆论，并试图提出一些家庭改革的意见与方案，以潘光旦的《中国之家庭问题》（新月书店 1928年初版）为代表。第三种以对家庭、家族制度的社会人类学描写与分析为特色，比较有代表性的著作有沪江大学美籍教授葛学溥（Daniel H. Kulp）的《华南的乡村生活：广东凤凰村的家族主义社会学研究》[①]（1925 年英文版）和林耀华的《金翼：中国家族制度的社会学研究》[②]（1944 年英文初版，1947 年英文增订版）为代表。第四种着重于对家庭制度的理论分析和建构，以费孝通的《生育制度》（商务印书馆 1947 年版）为代表。这四种研究路径在方法论和建树上各有特色。第一、三种在调查方法上有所区别。

[①]　此书有周大鸣中译本，知识产权出版社 2006 年初版，2012 年再版。

[②]　此书有庄孔韶、林宗成中译本，三联书店，1989 年。

前者着重以统计数据来精细地展现当时社会中下阶层的家庭收支状况，其中尤以《北平生活费之分析》派人到工人和教师家庭逐日记账为方法特色；后者则是注重揭示社区内部各种因素之间的相互关系，描画出的图画更具有连续性和完整性。第四种则是在社会调查基础上结合某一种社会理论所做的理论分析与建构，侧重解释家庭制度之所以成立并成为人类社会一种基础性制度的原理，是一种解释性的建构。

　　第二种类型的家庭调查与清末及五四以来关于家庭改革的社会思潮具有直接的、密切的关联。当时青年所热切关注的婚姻自主权、婚姻年龄、离婚、纳妾、大家庭与小家庭、生育节制等问题，在清末至五四时期，受新思潮的深刻影响，已经有很多批判性重于建设性的思想言论出现。青年人产生了新旧价值观混杂、一时难以辨别前进方向的诸多困惑。在这个时候，特别需要给他们提供客观认识社会舆论状况的社会事实，以及何去何从的理性指引。正是在这一背景之下，五四后的大约十年间，以社会学者为主体的学术界，开展了不少针对当时青年人婚姻家庭选择的社会舆论所做的社会调查。初期比较有影响的，是 1921 年教育学者陈鹤琴发表的《学生婚姻问题之研究》，调查对象为两个师范学校、两个中学、一个大学和一个高师的学生，收到有效问卷 631 份，调查报告分三期连载于《东方杂志》上。陈鹤琴将调查对象划分为已结婚的、已订婚的和未订婚的三种，由这三种人分别填写不同的问题表格，这一做法为后来的多个调查所沿用。紧接着调查规模比较大、历时比较长的是 1924 年 6 月甘南引发表的《中国青年婚姻问题调查》。这个调查从 1922 年 12 月发出问卷，至 1923 年 9 月始行停止，先后在北京的《晨报副镌》《京报·社会新刊》，上海的《民国日报·觉悟周刊》，湖南长沙的《湘江日报》上刊载，并得到北京师范大学、师大附中、北京师范、平民大学等学校的十几人帮助收集答卷，回收 830 余份有效答卷，调查报告刊登在中国社会学会主办的《社会学杂志》第 2 卷第 2、3 号上。1927 年 6 月潘光旦以《时事新报》"学灯"副刊名义刊登"中国之家庭问题征求案"，收到 317 份有效问卷，7~10 月的调查结果与分析刊登于该刊，翌年 3 月在新月书店辑为专书出版单行本。1929 至 1930 年中国社会学的重要基地之一的燕京大学社会学系学生，先后做过多个针对青年人特别是本校青年学生的婚姻家庭调查，在方法上对于前述的几个调查多有借鉴。这些调查比较有代表性的，有陈利兰的《中国女子对于婚姻的态度之研究》（1929 年发表）、葛家栋的《燕大男生对于婚姻态度之调查》（1930 年发表）、梁议生的《燕京大学 60 女生之婚姻调查》（1930 年发表）、周叔昭的《家庭问题的调查——与潘光旦先生的调查比较》（1931 年发表），以上调查报告发表于燕京大学主办的《社会学界》年刊或《社会问题》季刊上。此外，1930 年发表的还有针对中央大学学生所做的《婚姻调查》，由楼兆馗写成，发表于校内刊物《国立中央大学半月刊》上。这种着重探讨关于婚姻家庭问题的社会舆论的调查研究，甚至在抗战时期的西南联大社会学系还有回响。1942年毕业的李仲民，即以《联大男生婚姻态度的研究》作为毕业论文。[①]

　　在第二种类型的家庭调查中，1927 年社会学者潘光旦所做的家庭调查规模较大，调查技术较成熟，学理分析也较充分，相应地其影响力也最大。本文以这次调查研究活动为例，通过对其调查的思想背景、调查经过、指导思想、调查内容与发现以及在中国社会学史中的影响和地位等方面的细致梳理，试图呈现这种与社会思潮有密切关系的社会调查的若干特征。

一　思想背景

　　近代中国经历了一场又一场改革和革命，波澜迭起，蔚为壮观。在此期间，中国社会结构的变动、风俗习尚的新陈代谢，是近代社会整体转型的重要组成部分。社会变革必然涉及人们之间相互关系的调整。作为社会基本组织单位的家庭，也不能不受到影响。可以说，任何有一定深度和广度的社会变革，必然或多或少地波及家庭领域。19 世纪中期太平天国领袖洪秀全就提出过一系列改革传统家庭的激进措施，19 世纪末期戊戌变法的领袖康有为甚至提出关于家庭的乌托邦式改革设想，20 世纪初期的改革派和革命派都曾关注家庭生活的变革，甚至有人呼吁疾风暴雨式的"家庭革命"。这说明近代的革命者与改革先驱在推动政治进步的同时，从来没有忽视变革家庭的重要性。

　　至五四新文化运动时期，中国思想界空前活跃，知识分子关心社会问

---

① 李仲民的研究以调查问卷搜集材料，要求严格的系主任陈达教授评论道："作者对于每个问题有琐碎的叙述，无系统的总结。本问题的研究，不能如此机械式的。"引文见陈达《浪迹十年之联大琐记》，商务印书馆，2013 年，第 60 页。陈达教授对当年的毕业论文大多有所批评，细细品味这些意见，可以察觉社会学者的社会调查技术和理论分析能力在十几年间已经有不少提高，对于学生的学位论文要求也比以前高了。

题的热情亦大大高涨。家庭问题因与每个人的切身感受密切相关，所以有"详细与热烈之讨论"——"言专书则有《家庭问题》，《家庭新论》，《中国之家庭问题》，《妇女杂志》之《家庭问题号》，女青年会之《家庭问题讨论集》等；言定期刊物，则有家庭研究社之《家庭研究》；此外关于妇女，婚姻，性道德，生育限制……等问题之文字，与家庭问题有直接关系者，尤指不胜数"。① 1921 年有人认为，以中国的社会情形来看，择偶问题的重要性尤重于择业，而"迩来欧风美雨，渐渐东来，新思潮的升涨，一天高似一天，什么'自由结婚'，什么'自由恋爱'，什么'社交公开'，什么'男女同学'，什么'小家庭制'，种种新名词常常接触吾人的眼帘，震荡吾人的耳鼓，使旧式的婚制大有破产之趋势"。② 1923 年有青年表示，"对于己身婚姻问题，也是茫然无所适从底，想找一个标准去解决，很难找到"，希望有关的社会调查能够帮助"解决我们青年最烦闷的问题"。③

五四思潮对中国传统的婚姻家庭观念无疑带来了重大的冲击，具有重要的时代里程碑意义。但是这股思潮也具有很大的局限性，如过分夸大传统家庭的弊端，甚至将其斥为"万恶之源"，再如新思潮的提倡者在观念和实践之间，往往不能保持一致，具体实践大大落后于其观念的倡导，等等。这种种局限性并不是只存在于五四前后几年，而是在其后的七八年乃至十几年间都有残留。如何一方面继承五四思潮的积极面，另一方面又能纠正其偏颇，建立起新的能够为社会大多数人所接受的婚姻家庭伦理，是摆在新一代学者面前的时代任务。1920 年代中期开始加快学科建设步伐的社会学，必然会面对当时社会存在的重要问题，以自己学科独特的方式切入，并做出自己的学理解答。

1926 年夏潘光旦从美国留学回国的时候，家庭问题的讨论已有些"转趋沉寂"④。不过，五四新知识分子所提出的许多冲破传统家庭束缚的主张，在社会上已经有了比较广泛的影响，而且在沿海开放地区和大中城市已经拥有一些热心的践行者。如果从全国范围和社会各个阶层来看，新旧思想的并存

---

① 潘光旦：《中国之家庭问题》"序"，载潘乃穆、潘乃和编《潘光旦文集》第 1 卷，北京大学出版社，2000 年，第 69 页。

② 陈鹤琴：《学生婚姻问题之研究》，载李文海主编《民国时期社会调查丛编·婚姻家庭卷》，福建教育出版社，2005 年，第 1 页。

③ 甘南引：《中国青年婚姻问题调查》，载李文海主编《民国时期社会调查丛编·婚姻家庭卷》，第 210 页。

④ 潘光旦：《中国之家庭问题》"序"，《潘光旦文集》第 1 卷，第 69 页。

和交互影响，则是当时的社会实际状况。在这种情况下，社会需要学术界对当时家庭问题的驳杂状态做出准确描述，并在价值观上进行理性的引导。

还需要提出的一点是，新思想固然有冲破传统压制人性的积极因素，但也并不都是值得全部热烈拥抱的。如五四时期易家钺关于家庭问题的一系列著作或译作，《家庭问题》、《西洋氏族制度研究》、《西洋家族制度研究》、《中国家庭问题》（与罗敦伟合著）、《家庭新论》等，对青年男女了解西方的家庭与婚姻观念以及批判中国传统家庭的弊病具有深刻的影响，但这些书所提倡的观念和方法，有不少地方经不起学理的推敲。其"攻其一点，不及其余"地剑走偏锋，其以热烈感情替代理性分析的学风，其天马行空的想象力，都与尊重客观事实、全面周到分析问题的科学理性作风相去甚远。著名社会学家孙本文在 1948 年出版的《当代中国社会学》一书中，对易家钺的著作系列家庭研究著作给予了公平的评价。作为过去五四时期北大哲学系的学生，他对这种打破传统束缚并引进新思想的举动不无同情；但作为尊重学理的社会学家，则不能不对之加以批评。由前一方面观察，他说"大概在民国九年以迄十五六年间的六七年中，易氏卓然为国内研究家庭问题的专门学者。其用力之勤，研究之专，实堪钦佩"，[1] 给予易家钺以相当高的评价。由后一方面观察，他不能不说，"这书（指 1921 年商务印书馆出版的《西洋家族制度研究》）在目前看来，中间许多话是不合于科学的知识，可是在民国九年十年之时，这是一种很新的启示了"，"大抵在五四运动以后的数年中，青年人的思想解放得海阔天空，动辄说：人类如何如何，世界如何如何，几乎每个人有他自己的一个'乌托邦'。我可说，易氏关于家庭制度或家庭问题的著作，就可表明这一种态度"。[2]

对于易家钺、罗敦伟合著的《中国家庭问题》（1922 年泰东书局初版），孙本文基本上还持上述的辩证态度，但因涉及中国家庭问题的真实面貌，他批评得似乎更多一些。他说："开创之功，诚不可没。但此书自始至终，诅咒家庭制度到体无完肤，而书中却充满'乌托邦'思想。"[3] 对于易家钺、罗敦伟两人诅咒、打破、推翻大家庭制度以及欧美及中国的新人物所讴歌的小家庭制度，对于他们决意抛弃一夫一妻制，提倡"灵

---

① 孙本文：《当代中国社会学》，商务印书馆，2011 年，第 88 页。
② 孙本文：《当代中国社会学》，第 89 页。
③ 孙本文：《当代中国社会学》，第 90 页。

肉一致的恋爱"，"同心一体的爱"等言论态度，孙本文概括为"不是一种正常的用科学方法研究社会问题的结论"。①

在 1927 年时，易家钺译的《家庭问题》已印至第 6 版，易家钺、罗敦伟合著的《中国家庭问题》也多次重印。关于这本《中国家庭问题》在五四时期及此后七八年间的流行程度，作者之一的罗敦伟在其回忆录中写道：

> 民国九年我和君左合著了一本《中国家庭问题》专书，自己印行，在北京大学一处即售出五百多本。再版、三版、四版是交泰东续印的，到底印了多少版，我也不清楚。到民国十九年，潘光旦还出了一本什么书，中有一篇专门批判我们这本著作，可见十年以后，在学术界还有地位。我受宠若惊，因此又把这本我们在大学预科时期的著作，改编为《中国之婚姻问题》一书，在上海大东书局出版……那本《中国家庭问题》，是一本幼稚的书籍，但是乃一本"畅销书"。②

销量是检测一种社会思想的社会接受度的极佳尺度。从《中国家庭问题》的流行，不难看出当时社会思潮的重要局限性。这种思维方式不仅仅出现在易家钺、罗敦伟大学预科时期的不成熟著作中，而且还被若干教育界的领袖人物在公开场合理直气壮地宣扬。1930 年 4 月 19 日，国民政府立法院宴请全国教育会的全体会员，席间主会者向这些教育精英询问当时青年中热烈讨论的对于姓、婚姻和家庭存废问题的意见，当时教育界最有名望和影响力的权威人物蔡元培、蒋梦麟、吴稚晖、李石曾、张默君、钟荣光等八人的回答意见中，就颇多理想和空洞的成分。如有人主张或赞同废除婚姻和家庭，有人认为暂时还不能废除婚姻和家庭，但不远的将来必然会废除，有人甚至给出了五十年后废除婚姻家庭的时间表。还有人主张在将来的理想新村里男女不结婚，只是在同房居住时先经医生检查和登记，将来生育子女后便容易辨认了。③

---

① 孙本文：《当代中国社会学》，第 90 页。
② 罗敦伟：《五十年回忆录》，"中国"文化供应社（台北），1952 年，第 26 页。
③ 这次立法院宴席的报道原文来自于《申报》，潘光旦《姓、婚姻、家庭的存废问题》（《新月》第 2 卷第 11 号，标注的出版日期为 1930 年 1 月 10 日，但实际出版日期应较晚）全文引用，此文辑入潘光旦著《人文史观》（商务印书馆，1937 年），被编入《潘光旦文集》第 2 卷。

五四时期类似于易家钺关于家庭研究的这种言论，曾经产生过积极的历史作用，但其不健全的思想观点终究会给社会造成负面影响。这种言论对社会的广泛持续影响，促使走上学术舞台的社会学者不得不站出来发出理性的评判声音。

1927 年 8 月 22 日《时事新报》的"学灯"副刊，刊登了一篇《坊间流行中国家庭问题书籍之一斑》，作者就是此时主持"学灯"副刊编辑事务的社会学家潘光旦。这篇文章后来作为附录收入潘光旦的《中国之家庭问题》一书中。这篇书评所针对的只是易家钺、罗敦伟合著的《中国家庭问题》这一本书，但以"坊间流行中国家庭问题书籍之一斑"作为标题，显然他的用意不仅在于评论这一本书，而是试图通过批评此书，对当时流行的家庭研究论著的偏颇学风给予纠偏补正。在他看来，讨论社会问题应多参考当时当地的社会事实，以冷静的态度加以精细的分析，才可能给出恰当的诊断；单凭高远的理想和热烈的情感和诅咒、推翻的态度，是不足以解决社会问题的。易家钺、罗敦伟合著的《中国家庭问题》恰恰落入后者的陷阱而不自知。所以，"持此种强烈的感伤主义以解决中国之家庭问题，我恐将永无解决之一日"。[①]

针对上文所述 1930 年 4 月 19 日立法院宴席上八位教育界领袖关于婚姻家庭问题的理想言论，潘光旦写了一篇《姓、婚姻、家庭的存废问题》，专门予以批评。在他看来："关于姓、婚姻、家庭的种种问题，固然是尽人而有或尽人可有的经验，大家多少有发言的资格；但他们终究是社会学范围以内的问题，论理应该取决于社会学家。中国的社会学界也不算没有人，听说两个月前他们还召集过一次年会，成立了一个全国的社会学会。如今'立法院的某同志'不向他们征求意见，却向教育界讨教，岂不是隔靴搔痒，不着痒处么？"[②]可见，他不赞成非社会学者对社会学范围内的问题轻率地随便发表意见。言下之意，把这类问题的专业探索归为社会学家的责任。

二 "速战速决"：调查的实施与刊布

潘光旦的着眼点不只是"破"，更重要的是要"立"。1927 年 8 月下

---

① 潘光旦：《中国之家庭问题》"附录"，《潘光旦文集》第 1 卷，第 241 页。
② 《潘光旦文集》第 2 卷，第 406～407 页。

旬发表《坊间流行中国家庭问题书籍之一斑》的两个月多前，6月2日，潘光旦就已经在《时事新报》"学灯"副刊上刊登"中国之家庭问题征求案"了。紧接着6月9日和6月16日，又连续刊登了两次，以求答案总数的增加。最后一次还提出，特别期望女性读者能够踊跃应征。

多次刊登调查问卷获得了一定的效果。6月16日的启事中说应征者200余人，女读者不及10人，连1/20都不到，但在这次刊登启事之后，最终收到了317份答卷，其中女读者从不到10人增长到44人，增幅不可谓不大。初看317人的年龄，从14岁到57岁，跨度似乎较大，但仔细区分以后，可以发现30岁以下的青年人有274人，占86%，尤其是女读者，44人中有41人在30岁以下，所以说答案人（被调查者）以青年人为主，是没有问题的，也能够比较准确地反映女青年的情况。在317人里，学生有105人，是其中数量占压倒性优势的群体。这和五四后十年间相关婚姻家庭调查针对的目标群体是一致的，真实地反映了青年学生具有较高的参与热情，也便于后来的研究者将这些调查相互对照，进行比较研究。

以317份从报刊征集来的答卷来分析当时"社会舆论对于家庭问题之倾向"，总数当然不能算是很充分的，代表性也不如以科学方法抽取样本那样好，但若目的在于揭示当时家庭问题的相关社会舆论的基本状况，或如潘光旦所说，"当亦不致大误"。① 而且调查者将答案人的事实加以详细的统计分析，使读者明了这种结论是产生于怎样一个结构的样本群体里，应该也是一种认真而审慎的态度。任何一种调查研究都是在特定的时空条件下做出的，很难期望某一个研究尽善尽美，穷尽所有的可能。尽管今天的研究者会有如下的评论："以在报刊上刊登问卷的方式做调查，当时算是新事物。不过，这样的调查从研究方法上来说，响应者是一个特定的'自选'群体，很难具有一般代表性。"② 但我觉得对于一种有价值的研究，不能过分求全责备。对潘光旦的调查应作如是观，对1924年先于潘光旦采取报刊征集问卷的甘南引，也应如是观之。

潘光旦是1927年5月1日开始任职于《时事新报》"学灯"编辑部的。"学灯"创刊于1918年3月4日，是五四时期著名的副刊，先后由张东荪、匡僧、俞颂华、李石岑等人负责编辑。1927年5月初至1928年3月底，潘

---

① 潘光旦：《中国之家庭问题》，《潘光旦文集》第1卷，第86页。
② 阎明：《中国社会学史：一门学科与一个时代》，清华大学出版社，2010年，第80页。

光旦接手"学灯"学术部分的编辑工作，教育界纪事部分另由他人编辑。任职不久，潘光旦就以编辑部的名义，连续三次刊登调查问卷"中国之家庭问题征求案"，又从6月27日开始刊登"答案之分析"，7月23日起开始刊登"答案之价值"，至10月18日结束对答案的分析，10月25日刊登"序言"，全部调查研究成果成书，翌年3月在新月书店印出单行本。

从刊登调查问卷到调查报告全部刊布，前后仅用了短短的4个月时间。在当时乃至以后同类规模的调查中一时无两，可称得上是"速战速决"。之所以如此快速地完成这项调查研究任务，一方面得益于老牌名刊《时事新报》"学灯"的广泛影响力，正是该刊的地位使得读者踊跃应征，得到了调查必需的基本素材；另一方面是"学灯"附于出版周期较短的报纸，应征者和一般读者在看到调查问卷后均期望早日看到调查结果及专家的分析，这也促使潘光旦集中精力迅速完成了调查报告的写作与发表。潘光旦在"序言"中说："本篇之成就，饮水思源，有不能不表示谢忱者二方面焉。不有应征诸君之意见，则议论无所依据；不有应征诸君及一般读者之期望，则恐惰性所至，不克终篇，或不免时断时续，而迁延过久。此应竭诚感谢者一也。"① 这并不是一般的客套话，而是这项研究开展时期潘光旦真实心态的描述。

当然，还要看到，从刊登调查问卷到调查报告全部刊发，始终用的是"学灯"编辑部的名义，潘光旦个人的署名在刊物上并未出现，报馆肯倾心赞助这项符合时代潮流的调查研究活动，而且不惜以三个多月的篇幅刊发，不能不说具有一定的远见卓识。潘光旦将"学灯"这个著名的学术副刊作为社会调查和社会学研究的舞台，发表了具有长久价值和深远影响的著作《中国之家庭问题》，这在中国社会学史和报刊出版史上都是颇具光彩的一笔。在有地位和影响力的报刊上刊登调查问卷，并发表对调查结果的专门分析，然后将调查报告整理成书、出版发行，使报刊的广泛传播力和书籍易于保存的优点有机结合起来，更好地推动社会调查和社会学研究事业的发展，至今仍不失为一条较好的途径。至于应征者具有较大的自发性从而影响其代表性，并不是不能完全解决的，潘光旦多次刊登并呼吁女读者参加调查的做法，就提供了一些有益的借鉴。

《中国之家庭问题》1928年3月由新月书店初版，1929年4月再版，

---

① 潘光旦：《中国之家庭问题》"序"，《潘光旦文集》第1卷，第72页。

1931 年 2 月三版，1934 年 4 月又转由商务印书馆出版。六年间 4 次重印，
对于一本充满表格和数据，学理讨论色彩浓厚的专业著作来说，可以算是
社会关注度比较高的了。这一方面与五四时期持续多年的家庭问题热有
关，另一方面也与潘光旦著作迥异于五四时期家庭问题论著的风格有关。
关注当时社会提出的重大问题、热点问题，以社会学学科的方式给读者提
供可供参考的客观资料和理性分析，以中国材料来研究中国问题，对于当
时刚刚引进的新兴学科社会学来说具有重要的意义，这是从实际社会生活
中吸收养分来丰富社会学、发展社会学的具体表现，是中国社会学在社会
调查手段的支持下走向深入的重要标志。

三　主要发现和调查者的分析、评论

潘光旦设计的调查问卷包括关于祖宗子女者、关于婚姻者、关于子女
者三大部分，共 62 个问题。对于当时较为热门的话题，如早婚、婚姻自
主权、妾制的存废、离婚、生育节制、儿童公育、家庭规模大小、养老
等，调查问卷均有涉及；在对答案进行细致统计分析的基础上，作者概括
了这些当时社会的流行趋势并做了解释，不仅如此，他还依据优生学的研
究成果，对社会思潮进行了反思性的评论，希冀引导社会意识朝着他所认
为健康的方向发展。

调查的主要结果表明：（一）大多数人不赞同传统大家庭制及欧美的
小家庭制，赞成折中办法的人最多，即实行小家庭、奉养父母但不同
居；① 大多数人赞同纪念祖宗，但不宜采取祭祀方式。（二）男子结婚的
目的，排序依次为良善子女之养育、浪漫生活与伴侣、父母之侍奉、性欲
之满足，女子的排序依次为良善子女之养育、父母之侍奉、浪漫生活与伴

---

① 潘光旦在统计调查结果时，引用了光华大学社会学会前一年调查本校同学对于大小家庭
问题的意见——应征者 288 人，其中赞成小家庭制者 173 人（占 60%），赞成大家庭制
者 115 人（占 40%），比潘的调查更偏重小家庭制。潘解释说，那是由于光华大学调查
的对象是大学生，受西方文化影响更深。光华大学调查的结果是由该校社会学会会长李
廷弼寄给潘光旦的。从 1927 年 8 月起，潘光旦开始在光华大学社会学系任教，讲授家
庭问题，该校社会学会的学生此时颇为热衷于社会调查，在刘弼博士的指导下完成法华
镇人民生活、南洋兄弟烟草公司与商务印书馆等调查。参见潘光旦《中国之家庭问题》，
《潘光旦文集》第 1 卷，第 99 页；《社会学界》第 2 卷 "中国社会学界消息" 栏 "光华
大学" 条。

侣、性欲之满足。（三）在婚姻选择的标准上，男子的排序为，性情、健康、教育造诣、治家能力、相貌体态、性道德、家世清白、经济能力、母性、妆奁；女子的排序为，性情、健康、办事能力、教育造诣、性道德、相貌体态、经济能力、家世清白、父性、家产。（四）关于婚姻年龄，大多数人赞同女子 20 岁以上、男子 25 岁以上为最合适。（五）在婚姻自主权上，除极个别人外，均反对包办婚姻，赞同"本人作主，但须征求父母同意"者最多，其次为"父母作主，但须征求本人同意"。（六）约80% 的人赞同实行一夫一妻制，无论如何不宜置妾；有约 30% 的人认为在"艰于子息时，不妨置妾"。（七）对于婚约成约、婚姻成礼，绝大多数人赞成不宜解散，但若双方都同意，也可以解除婚约；对于鳏寡的再娶再嫁，多数人赞同，但不赞同者数目（占 37.1%）也不少，大约主要是考虑到是否有子女的问题。（八）大多数人赞同生育节制，强调以经济能力决定子女数目的多寡。（九）关于子女教养，多数人赞同婴儿由母亲自乳，非万不得已，不用代乳食品，不雇佣乳媪；多数人赞同父母自己承担子女幼年教育责任，但将近 6 成人希望采用儿童公育办法，使妇女获得个人发展机会并为社会生利；大多数人希望在经济能力许可的条件下，使子女人人接受大学教育或专门教育，而且女子教育应与男子教育一律。

从这些有趣的答案来看，五四新思潮已经在多多少少接受新知识的社会群体中具有相当的影响力，但传统价值观和行为准则并未因此退出历史舞台，像纳妾这样新青年坚决反对的事情，居然有接近 30% 的人认为在子息艰难时无妨接受。潘光旦的调查，为我们了解 1920 年代后期关于婚姻家庭问题的社会舆论提供了一份比较宝贵的资料。

《中国之家庭问题》这本书奠定了此后潘光旦家庭研究的基础，从研究范围和思想观点上看，这本书出版后的二十年间，潘光旦所发表的大量相关文章都没有越出这本书所确定下来的基调。当然，其在具体问题探究的深度和广度上都有所扩展。

如果我们留意一下《中国之家庭问题》各部分之间的篇幅分配，就会发现，问卷调查（"中国之家庭问题征求案"）和调查结果（"答案之分析"）两部分加起来，尚不足对调查结果的分析与评论（"答案之分析"）的一半篇幅。由此看来，今人更注重的关于社会事实的部分，只是潘光旦立论的靶子，他更在意的，是对于答案的意义要"根据最确实之科学观点与原理"① 加以评论，并提出适当的解决方案。一般人对于社会问题的意见，主要根据的是少量科学知识、个人的性情、早年的教育、个人的经验以及所谓时代潮流。但潘光旦认为，个人经验和时代潮流都不足以成为判断问题的基本根据，真正能够成为判断是非根据的，只有"最确实之科学观点与原理"，如能据此立论，则无论一种主张赞成者多还是赞成者少，都不会影响答案的是非对错。即使一种主张赞成者很多，代表了社会的普遍舆论，但若不合科学原理和方法，那也不能称为确实的论断；相反，一种主张赞成者很少，但若符合科学原理和方法，虽然赞成者人单力薄，也无碍于称其为正确的论断。他认为，必须先体认这一点，才可以不受成见的蒙蔽。

具体到家庭问题的研究，潘光旦最倾心的"最确实之科学观点与原理"究竟是什么呢？这个问题在《中国之家庭问题》的"序言"里有比较清晰的论述。他认为讨论中国的家庭问题必须遵循四个基本原则：（1）从历史上来看，毫无疑问，家庭是长久以来文化社会组织的中心，它之所以具有这种地位，是由于它既有社会的效用，又有其生物的根据。（2）应该注意到家庭未来的、可能的社会价值和种族价值。（3）要重视家庭在以往文化积累中的丰富遗产，对其改革采取循序渐进的态度，尤其是对于其精彩之处宜"虚心体会而竭诚维护之"。②（4）在斟酌去取传统家庭制度利弊得失的过程中，不能不先了解今日关于家庭问题的舆论，他所说的家庭问题调查即是这一步工作。这四个基本原则概括起来，即是"以言观点，则为生物演化的；以言目的，则种族价值之提高居大半；以言方法，则重事实而轻浮词臆说；以言实际之兴革，则认为旧制度有相当之价值，而宜利而用之"。③ 如果再用简洁的说法，就是后来潘光旦所说的，"我的眼光是直截了当的优生学的"。④ 孙本文在《当代中国社会学》中的评述也是这个意思，他说："潘氏讨论任何问题，离不了其基本观点——优生学。此在《中国之家庭问题》中，处处可以看到。"⑤

① 潘光旦：《中国之家庭问题》，《潘光旦文集》第1卷，第129页。
② 潘光旦：《中国之家庭问题》"序"，《潘光旦文集》第1卷，第71页。
③ 潘光旦：《中国之家庭问题》"序"，《潘光旦文集》第1卷，第71页。
④ 潘光旦：《派与汇——作为费孝通〈生育制度〉一书的序》（辑入潘光旦著《政学罪言》，上海观察社，1948年），《潘光旦文集》第6卷，第74页。
⑤ 孙本文：《当代中国社会学》，第92页。

潘光旦说这次调查问卷的基本假定是"家庭有相当之价值，但不无亟宜纠正之处，使为社会生活之助力而不为其阻碍"。① 换言之，他是完全承认当时中国的家庭制度存在不少需要纠正的弊端的，但家庭制度本身是具有相当大的社会价值和种族价值的，补偏救弊的目的是为了让其更好地发挥应有的功能，而不是自根本上否定家庭制度。所以，他对五四以来社会上部分新知识分子所信奉的否定家庭制度的想法，给予了严厉的批评，称之为"因噎废食之论"②，而且认为这种观点在近代青年中大有人在。在这次调查所收到的问卷中，就有人在答案末所附的说明中明确表达了他反对大家庭制度、小家庭制度、一夫一妻制、在家庭中奉养父母和养育儿童的意见，还有人指责征求案题目不当，等等。在潘光旦看来，这些意见只是一二人的幻觉，只能作为其精神慰藉，而万万不能作为社会改革事业的根据。③

潘光旦认为，家庭有三种主要功用，一是为个人求发展，二是为社会谋秩序，三是为种族图久长保大；今日欧美国家可以代表第一种情形，中国历史社会可以代表第二种情形，它们或偏于个人，或偏于社会，都不如将重点放在维持种族的长期稳定与发展上，因为它所关系的不仅是一个时代的社会生活，而且及于后世子孙的社会生活。这种侧重家庭种族价值的观点，在优生学兴起以后得到了空前的强调，作为中国近代极少数受过优生学系统训练的学者，潘光旦以此为观察家庭问题的视点是自然而然的事情。

这种从优生学观点切入的家庭研究，得出的某些观点比较容易得到温和的改革派的赞成，但难免与强调个人价值至上的另一部分流行观点发生龃龉。

前者如潘光旦提倡折中家庭制。在《中国之家庭问题》一书中，潘光旦简要地解释了何谓他所说的折中家庭，并提出了主张折中家庭制的理由。折中家庭是："子女之幼，由父母教养之；父母之衰，由子女侍奉之，以尽其天年；故即合二代而言，彼此之待遇即为相互的。"④ 与旧式大家庭相比较，折中家庭有其根干，无其枝叶，免去了旧家庭复杂的人际

---

①　潘光旦：《中国之家庭问题》，《潘光旦文集》第 1 卷，第 129 页。
②　潘光旦：《中国之家庭问题》，《潘光旦文集》第 1 卷，第 130 页。
③　参见潘光旦《中国之家庭问题》，《潘光旦文集》第 1 卷，第 129 页。
④　潘光旦：《中国之家庭问题》，《潘光旦文集》第 1 卷，第 133 页。

关系带来的频繁纠葛。他后来总结这种家制的特点时说："折中家制有两个特点，一是上下世代不分居，而长幼房分最好分居；二是最老的生存的世代，普通为祖的一代，间或为祖曾两代，则由壮年的一辈轮流侍养。这是习惯上已有的一种办法，并且在事实上也相当通行，我的本意是在把它确立起来，并不在提倡什么簇新的办法，在合乎情理的社会改进的努力里真正簇新的办法可以说是没有的，一切可行的办法多少得有些经验的根据。折中家制是有这种根据的……"① 潘光旦这样总结折中家庭的好处："总之，折中之家庭制有二大利：自社会效用方面言之，则为训练同情心与责任心最自然最妥善之组织。自生物效用方面言之，则种族精神上与血统上之绵延胥于是赖。自其横断空间者观之，个人为一极端，社会为一极端，而居间调剂者为家庭。自其纵贯时间者观之，上为种族血统之源，下为种族血统之流，而承上起［启］下者为家庭。家庭大小适中，则其调剂与衔接之功用愈著。"②

当时不仅潘光旦如此主张，大约具有专业精神的社会学者，也有不少人提出类似的观点。如孙本文对于中国家族制度，提出所谓"折衷式新制"，与潘光旦的折中家庭制基本内容无甚差别。他说："此种折衷的新制，以中国固有的家庭组织为本位；去其旁系，留其直系，似最为妥善。家庭中应以夫妇及其子女为最小单位。有父母者应与父母同居；有祖父母者应与祖父母同居……此所谓留其直系。至兄弟伯叔之已成婚者，似应以分居为原则。此所谓去其旁系。故此种组织，得称之为直系亲属同居制，与固有的大家庭同居，包括直系及旁系亲属者不同。如此，可使中国固有的家庭美德，得以保存。以直系尊亲属同居，既可尽孝养之责；与旁系亲属分居，亦可维持其敬爱。这是最易实行的新家庭制。"③ 李树青也认为，在中国既不能完整地保守大家族制度，也不能照搬欧美的小家庭制；他所提出的中国家庭制度重建的几个原则，与潘光旦、孙本文的主张大同小异。④ 潘光旦所说的折中家庭，与后来费孝通所概括的中国家庭的"回馈

---

① 潘光旦：《中国之家庭与社会》（书评，原载《世纪评论》1947 年第 2 卷第 1 期，7 月 5 日），《潘光旦文集》第 10 卷，第 83 页。

② 潘光旦：《中国之家庭问题》，《潘光旦文集》第 1 卷，第 136~137 页。

③ 孙本文：《现代中国社会问题》第 1 册，周晓虹主编《孙本文文集》第 6 卷，社会科学文献出版社，2012 年，第 98 页。孙本文著《当代中国社会学》一书亦引这段话，但有错字和漏句，今据文集版改正。

④ 参见李树青《蜕变中的中国社会》，商务印书馆，1947 年，第 152~154 页。

模式"或"反哺模式"（相对于西方的"接力模式"），并无二致。① 可见，如果不是以某种先入为主的观念先行，而是充分尊重中国社会生活的已有经验，学者们是有可能达成某种共识的。

今天的社会文化史学者在梳理了当时关于折中家庭的种种讨论后，认为："最先倡导折中家庭的是胡适，陈伯吹、孙本文也倡导'父母妻子'式的折中家庭。潘光旦有关折中家庭的观点最具代表性，在学术界也最有影响。"② 这种评价，从上文的分析来看，应是公允的。

潘光旦依据优生学提出的一部分观点和五四以来新知识分子中间流行的不少观点有比较大的差距，这使得他不得不将相当一部分精力用于驳斥个性至上的流行见解。对于当时流行的女性经济独立、儿童公育、崇尚小家庭制度、婚姻自主权、生育节制、迟婚、独身等倾向，潘光旦都不无保留意见。这些问题在潘光旦早期的学术生涯中，比较完整的论述多见于《中国之家庭问题》一书中，后来的论述基本上与这里的论述一脉相承。潘光旦对这种观点的坚持使他卷入了不少中国现代思想论争的漩涡，拙著《中国现代思想史上的潘光旦》（福建教育出版社 2009 年版）一书有比较集中的论述和分析，在此不再赘言。

这里值得补充的倒是一位文化保守主义者的赞赏之声。在《中国之家庭问题》出版后不久，清华大学吴宓教授就以"余生"的笔名在《国闻周报》上写了一篇评论，给予此书很高的评价。

> 此为确有价值之书。本报于其出版伊始，甚愿郑重介绍于读者之前。其书之长处可分四端。一曰态度与方法之慎重，二曰材料与证据之充足，三曰常识之丰富与论断之允当，四曰文笔之流畅与叙述之明晰。
>
> 自维新改革以来，国人之讨论社会国家各种问题者，多凭一己主观之意气感情，或专奉一家之学说，但就片面之观察，遽为主张，只求以态度之激烈动人，而不愿其结论之正确与否，及对于国家社会永

---

① 参见费孝通《家庭结构变动中的老年赡养问题——再论中国家庭结构的变动》，《费孝通文集》第 9 卷，群言出版社，1999 年，第 40 页。

② 梁景和等著《现代中国社会文化嬗变研究（1919—1949）——以婚姻·家庭·妇女·性伦·娱乐为中心（家庭卷）》，这部分的撰写者是余华林，社会科学文献出版社，2013年，第 118 页。

久之利害祸福影响如何。于是论列愈多而事理愈晦，问题愈难解决外，此则但为新旧党派之争，凡所建议，必取极端，不求折中。但以破坏旧法旧俗为能，而不察历史之陈迹与当前之实况。夫人事繁琐比物质自然为尤甚。吾国之从事于政治经济社会诸学者，其真能用科学方法，而不乏常识，为明通适当之结论，可作社会众人之指箴者，殊属罕见。是以潘君此书确为可贵也。

潘君昔曾留美。此书中所引诸家之说颇备，足见其于社会学研究有素。民国十五年潘君任上海时事新报学灯部编辑，曾以中国家庭之各项问题征求答案。所得结果，详为分析。是为此书材料之来源。当时应征者只三百一十七人，然潘君运用答案之材料极为审慎，而其论断则甚为公允而不离常识。非迷信科学统计，亦非溺于感情者流。①

总结全书，吴宓认为，潘著的观点"看似平凡，实极切当"，"由吾人所见，潘君之说大都切中今日之弊病，故于其书乐得为之介绍，而望国人之多读之也"。②

四 模仿和比较之作出现

潘光旦的中国家庭问题调查所设定的核心问题，是"社会舆论对于家庭问题之倾向"，这种题目是以社会学的方法来研究社会热门话题的尝试，研究结果具有较高的关注度也在意料之中。在社会学界内部，燕大社会学系的学生在随后做的两个婚姻家庭问题的调查中，都有和潘光旦调查做比较的成分，其中一个可说是模仿和比较之作。1930 年梁议生的《燕京大学 60 女生之婚姻调查》③ 只在一处有与潘光旦调查做比较的内容，

① 余生（吴宓）：《中国之家庭问题》（书评），《国闻周报》第 5 卷第 20 期，1928 年 5 月 20 日。从《吴宓日记》1928 年 5 月 14 日条，可知署名"余生"的这篇文章出自吴宓的手笔，参见《吴宓日记》第四册，三联书店，1998 年，第 61 页。
② 余生（吴宓）：《中国之家庭问题》（书评），《国闻周报》第 5 卷第 20 期，1928 年 5 月 20 日。
③ 刊发于《社会问题》第 1 卷第 2、3 期，1930 年 10 月，收入李文海主编《民国时期社会调查丛编（婚姻家庭卷）》。

而次年初发表的周叔昭的《家庭问题的调查——与潘光旦先生的调查比较》①，不但基本采用了潘光旦的调查表，而且处处将自己的调查结果和潘光旦的调查相比较。后者的调查，起初是由燕京大学社会学系吴文藻教授"家庭"班上的三个学生周叔昭、黄忆萱、何贞懿合作进行，后来何贞懿另择他题退出，周叔昭、黄忆萱两人合力统计，并在王承诗、严景珊等同学的帮助下，最后由周叔昭写成调查报告。

周叔昭等人的调查对象全部为燕京大学的在校学生。她关注的主要问题是："大学男女学生家庭问题的征求案非但是有意义而且是有趣味的调查。大学生是国中最高的智识分子，也是将来社会改造的生力军。受了社会科学及自然科学的洗礼，他们对于家庭问题添了多少新的认识？他们的见解与传统思想有多少不同点？这是我们此次调查所愿意知道的！"② 调查者在进行调查之前，原本期望回收问卷在数量上能够达到全校学生的十分之八九，但以当时的大学生的素质之高，愿意配合做调查的人居然少之又少。在调查期间，全校男女学生共752人，男生564人，女生188人。调查者印了1000份问题表，结果只发出了300份，收回200余份。检查的结果为188份是可用的，男生143人，约占全部男生的25%，女生仅45人，约占全部女生的24%，两者合计共占全校学生的25%。以至于调查者不得不慨叹："说到结果，在量的方面不能不承认失败！"③

根据周叔昭调查报告的"引言"，"此次调查进行及结果的计算大半依照潘君的程序，问题表是依照潘君的方式而略加以修改"。④ 两份调查报告主要的差别在于：第一，燕京大学调查缺关于答案人状况（如年龄、籍贯、主修学系等）的统计，一方面限制了其调查结果分析的精细程度，另一方面也无法与潘光旦调查的相关内容做比较；第二，燕京大学调查在潘光旦问卷的基础上增补了"关于已婚妇从事家外之业务者"，这一项的各问题由 Goodsell 所著之《家庭问题》（*Problem of the Family*）第282页

① 刊发于《社会问题》第1卷第1期，1931年1月，李文海主编《民国时期社会调查丛编（婚姻家庭卷）》。

② 周叔昭：《家庭问题的调查——与潘光旦先生的调查比较》，李文海主编《民国时期社会调查丛编（婚姻家庭卷）》，第360页。

③ 周叔昭：《家庭问题的调查——与潘光旦先生的调查比较》，李文海主编《民国时期社会调查丛编（婚姻家庭卷）》，第361页。

④ 周叔昭：《家庭问题的调查——与潘光旦先生的调查比较》，李文海主编《民国时期社会调查丛编（婚姻家庭卷）》，第360页。

译出而略加以修改，① 这可能与燕京大学调查的执行者均为女学生有关，她们的身份使得她们格外关心女大学生婚后的就业状况；第三，由于调查者学识积累的差距，潘光旦多征引学理讨论，而燕京大学调查的学理讨论较少。

　　将这两份调查报告的内容加以对照、补充，既可以验证潘光旦调查所描述的一般社会趋势是否可以成立，又可以呈现更为细化的社会事实。从答案人的年龄来说，燕京大学调查虽然没有答案人的年龄统计，但可由调查对象都是燕京大学在校学生推断多半的人是 20 至 30 岁，而潘光旦调查的答案人年龄虽然是 14 至 57 岁，可是以 20 至 30 岁的人居多；再说职业，燕京大学调查的对象是大学生，而潘光旦所调查的 317 人中 105 人是学生，约占 33%，② 两者具有一定的重合度。燕京大学调查在主要方面可以说基本印证了潘光旦的调查，但因燕京大学调查的对象范围更为狭窄，而且具有文化程度较高的特征，所以在某些问题的答案上和潘光旦的调查显现一定的差异。如周叔昭所说："与潘君的调查比较，则相似点多于相异点，以相同点代表智识分子对于家庭婚姻问题之一般态度似不为过；相异点则可用答案人之教育、年龄、地位之不同来解释。"③ 如对于婚姻目的的排序，燕京大学调查中女生将父母侍奉排为第三重要，而在潘光旦的调查中女士将其排在第二重要，潘光旦在论述中曾对此表示怀疑，他觉得今日的女子竟不以侍奉公婆为苦，将其列为婚姻的第二大目的，其重要程度且在浪漫生活之上，"则殊为可异也"。潘光旦的疑惑，在燕京大学周叔昭等的调查中有所解释，她们认为可以从教育与女子解放的关系来解释，因为在潘光旦的调查中，44 名女子之中受大学教育的有 10 人，受中学教育的有 27 人，受小学教育的有 2 人，在家自习者 4 人，未详者 1 人，言下之意，教育程度的差异导致了婚姻目的重要性的排序。无独有偶，在几乎同时的燕京大学学生进行的另一个社会调查，梁议生的"燕京大学60 女生之婚姻调查"里也注意到了婚姻目的排序这一差异。在梁议生的调查中，侍奉父母排在最末位。对此差异，梁议生解释道："关于父母侍奉一项，燕大女生，则置之最末，而在潘光旦调查之答案，则置之第二，

---

① 参见周叔昭《家庭问题的调查——与潘光旦先生的调查比较》，李文海主编《民国时期社会调查丛编（婚姻家庭卷）》，第 360、375 页。

② 周叔昭的文章中说潘光旦的调查中 122 人是学生，占 38%，引用和计算都不够准确。

③ 周叔昭：《家庭问题的调查——与潘光旦先生的调查比较》，李文海主编《民国时期社会调查丛编（婚姻家庭卷）》，第 381 页。

而彼之答案人大学生占极少数。而此次之答案人皆大学生，可知教育程度越高，则父母之侍奉之在家庭之不重要，往日之'为父母而结婚'之思想，可铲除矣。"① 经由比较可以找寻出更多的解释线索，潘光旦未敢解释的疑问，在燕京大学调查中得到了某种解释，这也彰显出其调查的独特价值。

燕京大学社会学系是当时社会学界的重镇，任课教师吴文藻素以教课认真，指导学生有针对性著称。由周叔昭等多位学生合作的这个调查以潘光旦的调查为范本和比较对象，说明潘光旦的中国家庭问题调查在社会学界具有一定的示范价值。

结　论

潘光旦的《中国之家庭问题》一书，直接承接了五四时期新知识分子关于家庭问题的热烈讨论，对于当时关于家庭的各种具体问题的实际状态给予客观、量化的描述，并根据西方传入的新学理（主要是优生学）加以批评、讨论，提出家庭改革的意见和方案。就精确描述当时的家庭实际状况和青年知识分子的思想动向而言，这本书所呈现的丰富资料，不仅为作者本人的著书立说提供了非常坚实的基础，而且也是后人了解那个时代社会状况不可或缺的宝贵资料。《中国之家庭问题》一书是潘光旦进行家庭研究最初的系统尝试，此后的论述基本上是在此书基础上加以拓展和深化的，至1940年代末期他的家庭研究已经在学术界、思想界确立了较高的地位，在社会上也具有很大的影响。1947年《世纪评论》周刊刊发了潘光旦给《中国之家庭与社会》一书所写的书评，在这一期的"编后"语中，编辑写道："潘先生对于家庭与婚姻问题的研究，是不需要我们介绍的。"② 潘光旦在家庭与婚姻问题上的影响力，由此编后语可见一斑。

总结上文，我们不难发现潘光旦家庭调查与研究的基本特色。

潘光旦的家庭调查与研究所针对的问题是五四后中国新的家庭伦理如何重建，所以他不仅关注当时的社会舆论，而且依据优生学设计了一套用

---

① 李文海主编《民国时期社会调查丛编（婚姻家庭卷）》，第62页。原文中"往日为'父母而结婚'之思想"一句，语意不够明朗，酌改为"往日'为父母而结婚'之思想"。

② 《世纪评论》第2卷第1期"编后"，1947年7月5日。

以解决问题的方案。从社会学的角度来说，这种研究的目的不仅仅在于提供一套客观事实和解释，而重点在于如何改良社会，因而具有规范社会学的特点。从学术研究的程序而言，理想的方案设计应该建筑在大量客观事实和理论分析的基础上，但当时的家庭问题非常急迫，很难等待学者按部就班地从容研究，这种研究的出现并产生很大反响，在某种程度上说是意料之中的事情。1946 年夏潘光旦为费孝通的《生育制度》一书写序时，比较了自己二十年前的《中国之家庭问题》和《生育制度》的差异。他说："我所注意的是问题，不是制度本身；问题需要解决，所以我的用意是在提供一些改革的意见和方案……孝通的则不然。他所注意的是制度本身，用意是在种族绵延的起点和制度完成的终点之间那一大段社会的与教化的文章，加以推敲分析；他的目的是在研究……"打个比方来说，"好比造房子，孝通所关心的是，从居住的需要开始，到建筑的完成为止，一面要看房子是怎样构造起的，一面也招呼到和居住直接间接有关的种种需要，和此类需要的未尝不因房子的构成而获得满足；我的却仅仅表示了一个有好房子住的希望，提出了一个好房子的图样来，究属好不好，也还是另一个问题。两者相较，无疑他的尝试要比我的更为基本，更为脚踏实地。也无疑的，他这一番工作应该先做，我的则失诸过早"。①

潘光旦从优生学角度展开的家庭调查与研究，特别强调家庭的种族价值和社会价值，对于凸显家庭的血脉传承和文化积累作用具有相当重要的作用，对于批评当时流行的贬低乃至于否定家庭作用的激进论调相当有力。五四新思潮对于传统家庭伦理的冲击是巨大的，也具有时代的进步意义；不过，它所张扬的个性至上论调走到极端，往往是对家庭传统价值的抹杀，五四时期及以后多年流行的种种激进论调即是明证。潘光旦从优生学的理论出发，将家庭重新放置在社会组织中心的地位加以维护，其论调或有部分保守性的成分，但其用心之良苦则是应该充分肯定的。今天我们当然可以跳出潘光旦和新文化人士的分歧，站在新的时代高度上设计更合理的解决个人、社会、种族三方面兼顾的方案。

关于社会调查与社会学的关系，潘光旦有相当程度的肯定，但也并没有将其作为唯一的依靠。在他的视野里，社会调查资料、历史文献的记

---

① 潘光旦：《派与汇——作为费孝通〈生育制度〉一书的序》（辑入潘光旦著《政学罪言》，上海观察社，1948 年），《潘光旦文集》第 6 卷，第 73～74 页。

载、近代生物学和心理学提供的科学原理都是不可偏废的，只有将这些因素结合起来，才有可能既看到社会的横断面和历史纵深，又看到社会现象的个性与共性。比如关于历史文献的价值，潘光旦就曾有以下的论述。

> 近几年来，自从调查的风气发达以后，统计的资料加多以后，情形当然的比较好些。但社会现象不是一个平面的东西，它有它的来历，它有它的原委，它有它的"然"，也有它的"所以然"，近时的调查工作所能发见的最多只是一个然，于其所以然，实际上还没有人过问。换言之，研究社会的人大都不通晓历史，而在研究历史的人又往往不通晓社会。研究历史的不懂社会，还不要紧，而研究社会的人不通晓历史，却有很大的危险，好比医生只看见症象，而不探问病源，也就无怪一切解决方案的不切实际了。到了今日，大学社会学系所列的"中国社会史"一学程，始终没有人会教，即使有勉强开这一课的学校，也无非勉强凑合，以符功令罢了。①

又如关于近代生物学心理学提供的重视个体差异的洞见，潘光旦有这样的论述。

> 不过人不是肥皂，从没有两个人是完全相像的，所谓人事问题就从这流品的不齐产生。但流品的不齐又有几个社会学家加以深切注意过呢？……社会是一个笼统的东西，所以中外古今的社会大都逃不出几个原理的范围，适用于西洋社会的几个原理大抵也适用于中国，适用于今日的，大抵也适用于已往，所以事实上也许就没有特别研究中国社会的必要，更没有特别研究中国历史的社会的必要，这显而易见的又是吃了见同不见异的亏……要祛除这几个空疏而不切实际的弊病，从而建立起一派中国社会生活可以利用的社会学来，当务之急是要增加我们辨别同异的眼力。②

---

① 潘光旦：《谈中国的社会学》（辑入潘光旦著《自由之路》，商务印书馆，1946年），《潘光旦文集》第5卷，第429~430页。
② 潘光旦：《谈中国的社会学》（辑入潘光旦著《自由之路》，商务印书馆，1946年），《潘光旦文集》第5卷，第431~432页。

　　潘光旦不仅是这样论述的，而且他一生的学术生涯就是践行将社会调查、历史文献和近代生物学及心理学的科学原理三种因素有机结合的典范。① 潘光旦的某些思想观念或学术观点可能有过时的成分，但他这种既重视社会调查，又不为其囿的宽广学术视野，也许是我们今天最值得加以继承和发扬光大的。

（责任编辑：任晓霞）

---

① 潘光旦在 1950 年代写出了《湘西北的"土家"与古代的巴人》（收入《潘光旦文集》第 7 卷）这本公认的民族学研究经典，也写过实地考察报告《一九五六年六月实地访问所得》《访问湘西北"土家报告"》等文（收入《潘光旦文集》第 10 卷）。这项研究是结合历史文献和实地调查研究鄂西、川东、湘西北土家族的历史和习俗的典范，因不属于本文论述范围，故不赘言。关于潘光旦的土家族调查，最翔实和生动的记述当推随行者张祖道日记体著作《1956，潘光旦调查行脚》（上海锦绣文章出版社，2008 年）。

第三编
从家庭生计的角度研究家庭

家庭与性别评论（第7辑）

第 109～133 页

© SSAP，2016

北平生活费之分析：
工人家庭收入与支出[*]

陶孟和

第一章　绪论

近世为充分明了工人家庭生活之详细情形起见，常采用家庭记帐法，在长时期内，为许多家庭逐日记载支出，俾可获得关于生活费之详尽材料。帐簿在中国，为用已久，如官商私人皆常记帐以明收支之情形。惟工人家庭之日用帐簿则属创举。

惟实行记帐，有数事为吾人所不可不知者：

第一，为帐簿形式之制订，俾收支各项可记录于合宜之地位。我国之记帐习惯，普通仅限于收支钱数之多寡，而不及购买物品之数量，若生活费之调查，为精确起见，则当二者兼重。我国币制，现极紊乱，各项货币之兑换率，涨落无常，故每日银钱行市必须记明，以便计算。此外如何量衡问题。北平所用之秤，尚无一定标准，如杂货店中一斤之重量，仅及权度制造所标准公斤重量十分之八。凡此数端，编制精密之帐簿时，皆须注意。

第二，为调查员之选择。调查员每日至各家调查，不但须坚忍持久，且须机敏谨慎，将各家各项收支详细记录。他国工人可以劝令自行记帐，

---

*　选自陶孟和《北平生活费之分析》，1933，商务印书馆。

故调查员之责任，仅为指导记帐并核对其帐目。但我国工人多属目不识丁，自行记帐，实为不可能之事。且彼等终日操作，疲劳殊甚，更难望其每日记帐。故吾人调查中国工人之家庭日用帐，惟有使调查员亲自为彼等逐日记帐，方可得精确之资料。且家庭记账之范围，亦不可过广。因作大规模之研究，则费用殊大。例如一调查员为居住邻近之家庭记帐，每日最多能担任三十家，依此计算三千家记帐须常雇调查员百人，故吾人初次尝试，应以少数之家庭为满足也。

第三，既获有得力之调查员与适用之帐簿，而欲调查进行顺利，尚须所调查之家庭，愿意招待调查员并供给详细之收支报告。工人家庭大都不愿外人刺探其生活情形，故欲其每日招待外人，并答复各种琐碎问题，如入款之多寡及出款之用途等，常非彼等所能堪。故如何使工人家庭信任，并如何能得有彼等生活状况之详细报告，实为家庭记帐法最感困难之问题。至彼等之不愿接待调查员，亦自有其原因，盖除欲避免每日至烦扰外，尚恐调查为增加税课之先声也。年来北平市政当局，常有苛征暴敛之举，今见调查者日日探寻彼等经济情形，自难免发生猜疑。此外益滋彼等疑惧者，即恐调查者为共产党是也。故调查员如欲得彼等之信任，必须将调查之性质，详为解释，使其了解调查之意义而后可。

此外亦有一事予调查以便利。北平各种慈善机关例于冬季施放赈品救济贫民，事先由警厅代为调查贫民，将应受赈济者制成名册以供参考。故有许多家庭，认调查员为警厅所派，乃热心接待之，并供给所需要之消息，此固可免调查者许多之困难。但同时彼等常因希图得有赈品，不惜捏造日用帐目。故调查员须为一细心与敏锐之观察者，否则易为彼等所蒙骗也。

在中国调查工人家庭日用帐，困难之点甚多，势难尽举。要在调查者知阻碍与陷阱之多，时加注意焉耳。据此次调查所得之经验，调查员之选择，实至为重要。盖调查之最大难关，为各家庭对于收支情形，概守秘密，不肯告人。如能聘得有能力之调查员，将调查之性质对彼等解说，俾释疑虑，则大部分之工作成功可期。

调查员之选择，不仅须注意于个人之能力如何，且须视工作之性质如何。大概性别不同者，不仅须注意于个人之能力如何，且须视工作之性质如何。大概性别不同者，多适于性质不同之工作，故调查员之性别亦须注意。调查家庭日用帐之职务，女子实较男子为优。其理由有四。一为习惯上家庭多不愿外人随意出入，此在北平为尤甚，盖因彼等居仅一室，寝食起居皆在其中，如有一不相识之男子，每日至其家中探询，必致彼等之女眷甚感不便。二为男子多出外工作，居家接待调查员者多为彼等之妻子。三为管理家务者多为妻子，惟彼等能详细报告每日之收支。四为调查之性质，须有恒心、耐性与勤勉，而女子之性情于此三者，实较男子为优也。

调查进行时最困难者，即始终如一是也。当工作之始，调查者因有机会与各级人士接触，询问彼等之生活情形，并探知若干新颖事实，或可感甚大之兴趣，热心从事。待经时既久，每日记帐成为惯例，则彼等之热心必日趋低减。同时被调查者，亦因日日答复同样之问题，对调查者生厌倦之心。此种工作有似长途赛跑，愈久愈难，最后将达终点之时，尤为困难。故非至工人能自行记帐，且对之有甚大之兴趣时，此种困难，殆不可免也。

以上所述，皆为关于工人家庭生计调查之困难问题。至调查小学教员之家庭日用帐，仅须备有精密之帐簿，教以记帐手续，令彼等自为之，则上述之困难，如调查员之选择，及每日探询之烦难等悉可免去。而调查者之工作，仅须指导自愿记帐之家庭，并将交来之帐簿加以分析计算即可矣。

但自愿记帐之家庭，颇不易觅得。盖此种记帐工作，纯为义务性质，仅有少数家庭，明了调查之意义与重要，自愿服务。如欲觅得一定数量之家庭，几不可能。即使家数勉强凑足，能否持久，尚是问题。因日用帐之登记，手续繁重，除已有记帐之习惯者，甚难持之以恒。故小学教员日用帐之调查虽较工人为易。但上述之两层困难仍难免除也。

本书为 300 本家庭日用帐之分析。其中 288 本为民国十五年至十六年冬春二季工人之家庭日用帐。其余 12 本则为十五年十一月一整月小学教员之家庭日用帐。因工人家庭帐簿之资料甚多，故本书对于彼等之生活，分析较详。至小学教员 12 家之帐簿，仅有冬季一月之帐目，资料过少，自有不甚详尽之处。然于小学教师家庭及情形类似小学教师家庭之生活实况，亦可略示一斑也。

第二章　　调查之范围与步骤

本书所研究之家庭日用帐，计有两种阶级之家庭，一为手艺工人，一为小学教员。调查时分别举行；兹特就二者之范围与步骤，分述之。

一

工人家庭日用帐之调查，实发端于北平家庭工人调查。在民国十五年八月一号该项调查举行一月之后，本部聘请一有社会服务经验之女士，为8家工人家庭记帐。此仅为一种试验，盖欲借此窥探是否可由家庭日用帐获得精详之资料也。进行一月后，工人家庭增至二十三家。且在调查期中，不时将各家之帐簿，加以审查与评判；而所得结果颇饶兴趣，乃决定自十五年十月一号起，举行五十家家庭日用帐之调查，时期以六个月为限。除原有之女调查员外，复增聘小学女教员一人，担任所增家庭之帐目。计彼等共同担任调查家庭五十六家。所以选择如此多数之家庭者，盖恐中途或有因故退出者，备有伸缩之余地也。

此项工作，计进行七月之久。除星期日外，调查员每日皆至各家探询彼等之收支，为详细记下。调查期间，调查员与调查主人每星期会晤一次，由调查主任审查评判所登记之帐簿，并讨论调查时发生之问题。如发现记录有不符之处，或经详细之讨论立即更正，或由调查员随后校正之。故调查之进行，时在监督之下。按照预定计划，应于十六年三月调查完竣。但以十五年十月所记之帐，多残缺不全，不能适用，遂又补行调查一月。计已登记之帐簿共有三百六十二本，但以其中有记录不全，或家庭及收入之性质不合于吾人之目的者，故仅采用四十八家之帐簿，计自十五年十一月至十六年四月止，六个月共二百八十八本，以供吾人分析计算之用。

调查时，每月每家给与铜元一百至一百五十枚，以为彼等每日所受烦扰之报酬。计六个月间，各家所得约为两元，区区此数，对于彼等之生活程度，并无若何之影响。此外遇有年节并给与各家小孩以玩物，其价值亦仅合大洋一二角。

四十八家之生活状况，以下各章，当详细讨论，但此类家庭，究可代表何种阶级之北平住户，似有提前说明之必要。据十五年十二月前北京警察厅之调查，北京住户，可按其贫富分为五类，其分配情形如下。

表1　北平贫富家庭分布表

种类	城内	城外	总数
极贫户	24037	18946	42982
次贫户	9730	13890	23620

续表

种类	城内	城外	总数
下户	92394	28043	120437
中户	37559	19433	56992
上户	6618	3732	10350
总数	170338	84044	254381

上表之分类颇近于武断，且各类家庭之界限，实际上并不十分明显。据无人所知警厅对各类家庭之性质，固无明确之定义，则各类家庭之划分亦必不能准确。但此种估计，乃每年冬季警厅调查北平贫穷之范围作为筹备冬赈之用者，其数字可认为大致无误。所谓极贫户，乃指毫无生活之资者；次贫户，乃指收入极少，不赖赈济则不足以维持最低之生活者；下户者，乃指收入之仅足以维持每日生活者。

吾人调查之四十八家，究应归于何类，甚难确定。如以接受赈济为分类之标准，则其中三十二家，皆曾受有赈济，应归于次贫户一类，而其余十六家，则应归于下户一类。但按此标准分类，甚不可靠，盖接受赈济者未必为真贫，而不赖赈济者，亦未必确能充分维持其生活也。诚以有时生活窘迫者，以接受赈济为可耻而甘受饥寒，亦有本足自给，而徒以赈济为一种不需劳力之收入而以接受为常事者。据吾人调查所得，则知接受赈济之家庭，未必为收入最低者。故接受赈济与否，固不足为测验彼等经济状况之标准也。

更查各家之收入，佥有馈赠一项，故亦可以得馈赠之多寡，推测彼等之经济状况。各家所得馈赠如在四元以下者应予除外，因据吾人估计，此数约等于本部调查员之赠金与亲友赠送之物品。其他得有馈赠之家庭，四十八家中计有二十家之多，其折合现金之价值，自四元至二十二元不等。此种资助名为赠送，实同赈济，盖多为补助彼等度过窘迫时之生活者。又亲友之赠与彼等者多，而彼等之赠与人者少，故前者实可认为亲友对彼等之赈济也。如以得馈赠为分类之标准，则次贫户之家庭，即得赠款在四元以上者，有二十家，余二十八家为力能自给之家庭。

又各家之经济状况，亦可由彼等收支之盈亏推断之，即视彼等所得之工资是否足敷其开支也。据第二表所列仅十四家，工资收入足敷开支而有盈余，其他三十四家，则均有赖于他项收入，如赈济及馈赠等，以维持其用度。

表2 六个月间48家每家盈亏及平均款数表

收入组	家数	自工资收入减去支出				全组平均盈余（＋）或亏短	自家庭收入减去支出				全组平均盈余（＋）或亏短
		盈余		亏短			盈余		亏短		
		家数	平均数（元）	家数	平均数（元）		家数	平均数（元）	家数	平均数（元）	
70元以下	3	—	—	3	15.50	－ 15.50	1	1.67	2	10.79	－ 6.64
70元及110元以下	28	7	6.44	21	12.73	－ 7.94	15	6.17	13	6.75	＋ 0.18
110元及150元以下	14	5	7.80	9	17.72	－ 8.60	8	15.16	6	8.41	＋ 5.06
150元及190元以下	3	2	9.00	1	12.91	＋ 1.70	3	20.26	—	—	＋ 10.26
合计	48	14	7.29	34	14.30	－ 8.00	27	9.12	21	7.61	＋ 1.80

但工资仅为收入之一种，故复可按彼等全部收入之足资开销与否，以决定彼等之经济情形。如此则有余裕之家庭较多。计四十八家之中，收支相抵而有盈余者二十七家，入不敷出者二十一家。故可谓五分之三家庭，为居于次贫户之上也。

上文所述关于工人家庭经济状况之数字，固难认为准确，但足表示此项家庭大都近乎贫乏。约有二十至二十八家属于下户一类，其余则皆属于次贫户一类。故四十八家之生活状况，实可代表北平近乎贫乏工人阶级，其经济状况随环境而变迁，有时仅足维持最低之生活，有时则须倚赖各种赈济。

此类贫民，实占北平住户之大部分，不仅包含半技能与无技能之工人，如手艺工人、小贩、人力车夫等，即下级警察、仆役与小店铺伙，亦均可包含在内。按最低之估计，北平人口中至少有六万家庭，或二十七万住民，其生活情形与吾人所调查者相同也。

二

小学教员家庭流水帐之调查，始于十五年十月。北平公立小学，皆归前北京教育局直辖，故调查之先即与教育局议定，征求教员之自愿每日记帐者。并用印刷品说明此种工作之性质与重要，分配于各小学校。征求之结果，共有小学教员六十六人自愿担任记帐之工作。当于欧美同学会开会招待，并发给日月帐簿，指导记帐手续。又以所调查者，仅为十一月一月之帐目，故复令彼等估计已往一年十二月中之收支各项，另填一表，以备一月记录之不能代表者，可按全年至估计校正或更改之。六十六人中，计有二十五人将帐簿填写完竣寄还本部，经审查之结果，除去记载不全，及家主非教育界中人者外，仅有家庭日用帐十二本可供吾人之研究。此次所调查教员家庭虽为数无多，但其结果可称满意，盖由参加调查之教员，多乐于赞助，并供给本部以所需之资料也。

据前京师学务局十五年八月印行之报告，北平计有男女小学教员六百九十六人，但家庭教师，及未在学务局立案学校之教员，均未计算在内。当调查时，北平之小学教员计当有八百人之数。

此次所调查者，不能认为全体小学教员之代表。因教员之家庭，其性质并非一致。如教员之家庭尚有多人之进款甚丰，则其家庭之生活程度，自较高于专以教员为职业者。在此八百小学教员之中，属于此类者，当必不少，其生活事实上为半依赖之生活，而非独立小学教员之生活矣。

吾人之调查虽仅代表小学教员之一部，但亦可代表其他多数之小家庭。如书记、录事、警官及银行公司之小职员。其每月之进款皆与小学教员相差无几，平均约合四十元之谱。故自经济方面言之，彼等实可谓属于同一阶级。此外复有工资较高之工人，如汽车夫、机械工人及电气工人等，亦可认为同属此一阶级，但因彼等并非文人，其生活标准或与教员有异也。概况言之，此项小学教员之生活，实足代表北平一部分之下户及大部分之中户家庭。

三

调查所用之帐簿，为本部所特制者。每本长二十七生的，宽十九·四生的，共有五十八页，足供一月之用每本帐簿分为下列五部分：

一、记帐方法之说明书。

二、普通调查表。在表之左端，直列一行，填写家庭之亲属，如家长、妻室、儿女、父母、兄弟及姊妹等。在表之上端横列一行，填写家庭人口之普通状况，如年龄、现在职业、每月进款之银元数、每年工作月数、每日工作时间、每月休息日数及年节假日、各人擅长之手艺、每月实给家中之银元数、每日在家餐数、在外餐数、住家否、若否住何处、健康状况、教育程度及宗教信仰等项。在上表同页之中，另有一表，包括下列各项：（一）家庭之种族、家长及其妻室与父母之诞生地；（二）所住房屋系自有抑系租赁，如系租赁每月房租，房屋间数，每间之长宽，房屋为瓦顶、灰顶，抑土顶，地为砖砌，抑为泥土，房屋漏雨否；（三）家庭有无特别收入，来源与每年之银元总数；（四）家中各项产业之数量与价值；除衣服外其他一切物品之估价；（五）最近三年中，每年家用盈余或亏短之大概估计；（六）将来家庭经济状况之推测。此外复留一空白，以备调查员记录其他备考事项。上列两表，皆由调查员填写，乃用以补充并核对各家之日用帐者。

三、记帐之样本。家中每日各项收支，皆按照一定格式登记作为说明书之举例。

四、空白日用帐三十三页。此项为帐簿之主要部分，每日一页，由调查员将当日工人家庭之各项收支，一一记入其中。

五、全月收入总计。此项由计算者，将全月帐目分析计算后填写之。

第三章　名词解释

吾人在未叙述各家生活状况之前，为使读者易于明了起见，特将调查时所用之名词予以解释，并就关于调查统计之各项问题略加讨论。

家庭

本书之研究以家庭为单位，故须与以确切之定义。吾人所谓家庭，乃指一群聚居之人，互相有密切之经济关系者而言，不限于同姓，且亦不必为同姓也。盖本调查注重家庭之经济方面，且实际上各家庭之分子亦即以家庭为一经济单位，或一消费中心。故凡直接供给进款于家庭，或依赖家庭为生者，均认为家庭之分子。按之我国旧日之传统观念，所谓家庭者，须以同姓同居为限，但在吾人之研究上，则倘无直接之经济关系，纵有同姓之关系亦为无意义也。又在本书中家庭分子之亲属关系皆为对于家长之关系。

年龄

中国人计算年龄之方法，除湖南四川而外，与西方不同。每届新年初一，每人之年龄无论生于何月何日，均增加一岁。故元旦生产之小孩，与除夕生产者，翌年元旦皆为两岁。此项计算方法，不问生命之长短，而以经过之新年为标准。虽可免去记忆生辰之烦琐，但恒足致年龄观念之错误，致一人之确实年龄不得而知。如一小孩生于除夕下午十一时，至新年第一日上午一时，则已为两岁，实际不过两小时耳。

此次调查，曾极力设法求得各家分子之确实年龄，但以彼等多不愿说明生辰日期，且有不能记忆者，吾人之试验乃终归无效。惟有按彼等所报告之年龄记之，至计算等成年男子数时，则悉按所报告之年龄，递减一岁。此乃假定所报告之年龄皆较实际之年龄，平均增加一岁，实为计算中国人民年龄惟一可用之方法也。

度量衡

家庭日用帐之研究，多以数量为根据，故其成功，大部有赖于一致与适当之权度制度。在度量衡已有一致标准之国家，权度本不成为问题。然在权度制度异常紊乱之我国，则调查者每日记帐所用之权度，应预先规定明白。

中国权度虽有政府规定之标准，实际上却毫不一致。非特各地有各地之权度，即同一地方用以测量各种物品者，亦复千差万歧。试就尺度一种言之，据一九一二年直隶商品陈列所知调查，直隶全省共有四十二种之多。加以政府监督之不周，即权度制造之不精，实际上之种类当较此尤多。北平市上通用之重量与尺度各有三种，兹将其与米制之相等数列表如下。

北平重量尺度与米制之比较

重量	尺度
一关平斤 = 640.5 克	裁衣尺 = 33.2 厘米
一库平斤 = 596.8 克	新官尺 = 31.9 厘米
一钱平斤 = 562.8 克	营造尺 = 31.2 厘米

观此可知各种权度间差异之大，如将全省之尺度重量加以比较，则起见之差异当益甚也。此次调查时所采用者，为北平通用之钱平制与营造尺。为便于明了计，均已化为米制之相等数。

货币

本书固无须详细讨论中国之币制，但如欲明了家庭收支之性质，则亦不可不注意及之。中国通行之币以银元为主，而以银毫铜元为辅。但后二者因滥铸与成色低减，皆已失其为辅币之价值。其与银元之兑换率，一随其所含成色及其供给量而定。如十年前一元仅可换铜元一百五十枚者，而在调查时则可换三百七十枚以上，足见铜子价格跌落之甚。兹将调查期中银元与铜元银毫每月之平均兑换率列表如下，以见一斑。

月份	铜元兑换率	银毫兑换率
十一月	365	11.70
十二月	369	11.50
正月	379	11.97
二月	384	11.90
三月	383	12.11
四月	383	12.43

调查，期中之兑换率，虽无若何骤然之涨落，但即其常常之变迁，已足与家庭之收支一莫大影响也。

各家之帐目，皆按其收支之货币记之；至计算时，则将各种货币，按当日之兑换率折合为银元或其分数。工人如洋车夫及手艺工人等，所得工资多为铜元，但其他工人之工资亦有按银元计算者。彼等之开支，如缴纳房租及购买养活须用银元，又如购买蔬菜之类则用铜元。概言之，各种物价，皆可谓以银元为标准，不过所受银元兑换率涨落之影响有缓急之异耳。在此种种复杂紊乱之币制下，进款微末之家庭，易遭损失；盖每当各种货币兑换率有变迁时，彼等往往左右均遭折扣也。如进款为铜元者，遭遇铜元价格落，则须多付物价，或所购物品之分量减少而受无形之损失。如遇铜元价涨，则仍须付原来之物价，盖物价不必即随之而减。至进款为银元者，则境遇较佳，但每日需用铜元之开支，仍不免感受相同之损失也。

又北平币制之最足损害工人经济者，厥为纸币。银元票虽不常入彼等之手，但铜元票则以携带甚便，为彼等所通用铜元票之价格，在昔曾经跌落，终至不能兑现而变为废纸。每当市面恐慌之时，变动甚速，工人倘非完全拒绝使用，终不免受甚大之损失。所幸吾人调查其中尚未遇有是项情形。

在币制优良之国家，其惟一问题，只在如何使货币购买力稳定。而在中国可谓货币无制。所谓主币、辅币、纸币价值往往无定，对于社会经济，国民生计，与以莫大之影响焉。

收入与支出

关于家庭收入与支出，本书采用下列之定义：收入乃指调查其中，各家由工资、利息、租金、馈赠或赈济所得之现款，及以物品劳役折成现金之总数。故凡不属于以上各项之进款，如收回人欠，向人借债当物及由使钱会所得之会款等皆行除外。

支出乃指调查期中，各家用以购买物品、馈赠亲友、酬谢劳役之现金，及以物品劳役折成现金之总数，至其他支出之用于赎物、还债、借贷及使钱会等则皆除外。亲友雇主所供给之饭食，一方面认为收入，他一方面认为一种支出，均经详细调查，双方记入相同之数量。

食品之价格

吾人研究家庭消费问题所遇之困难，在求知其数量，盖我国购物之习惯，多不以数量计，而以钱数计。例如吾人购物时，仅云欲购二十枚铜元之糖，或十枚铜元之茶叶，而售物之杂货铺，即与以四包糖、五包茶叶。虽每包物品之重量，皆依其每斤之价格而定，并随之增减。但以购买之量甚少，故鲜有计及重量者。此于贫民为尤然，盖彼等之食品，皆为每餐零买者也。

因此之故，吾人为工人所记之帐目，常仅有购物之钱数，而无所购物品之数量。为补充数量起见，吾人乃令调查员将各种物品之零售价格，随时报告，然后按各种物品每月之平均价格，以决定各家所购物品之数量。至当此调查期中价格无甚涨落者，即以六月之平均价格计之。其按件出售者，则先将每件之重量称好，然后再依件数，核算其重量。

等成年男子数

欲作家庭消费之研究，必须将大小不同之家庭折合为若干单位，此项单位，普通皆以成年男子为计算标准。计算成年男子之方法甚多，吾人研究中国人之消费，最好能根据中国人之生理需要，从医学或经济学方面，制成一中国人之等成年男子计算法。惜此项计算法现尚付阙如。兹为一时应用计，遂采取阿特瓦特（Atwater）氏根据食品消费量制成之计算法，其表式如下：

	男子	女子
两岁以下者	30	30
两岁以上至六岁以下者	40	40
六岁以上至十岁以下者	50	50
十岁以上至十二岁以下者	60	60
十二岁以上至十三岁以下者	70	60
十三岁以上至十五岁以下者	80	70
十五岁以上至十七岁以下者	90	80
十七岁以上者	100	80

计所调查四十八家之人口共为二二〇人，如按上列计算法折合则为一六二·一等成年男子数。又在家食饭之等成年男子数为一三一·一一，在外食饭者为三〇三·三。

阿氏计算法乃根据食品之研究而作成者，不适用于其他物品消费量之测量。只以中国尚无根据一切费用而作成之计算法，故本书在衣住方面之研究亦均采用之。

资料之准确

吾人当调查期中，固尝努力求记录之真确，但仍难断言所搜集之资料，皆绝对无误也。综观此次调查之进行，甚形顺利：（1）如调查员皆觉此种工作之重要，均尽心从事。（2）各家庭之报告，未见有何捏造与不实之处。（3）调查之范围甚小，故可免记录之错误。但关于各家收入一项，仍有错误之可能。盖有时工人将所得工资自留一部，不报告家中，如此则此部之收入与其用途，即无由记入帐簿之中。故吾人当调查期中，对此点极为注意，务使各家主妇，寻出收入及支出之未经彼等之手者；盖恐如家家有此事发生，则全部研究将毫无价值也。调查之结果，发觉各家之有此现象者，亦惟有青年人及洋车夫有之，此外则甚少也。关于此类私自费用，皆设法查出，加以修正，尤以关于洋车夫者，恒易于查知。故就全体家庭之收支言之，其错误可谓不出百分之五，至就主妇所知悉之收支言之，则可谓完全准确也。

第五章　收入与支出

　　48 家制收入，可分为五项：即（一）工资；（二）亲友之馈赠与所供给之饭食；（三）慈善机关或慈善家之赈济；（四）土地或物品之租金；（五）其他收入如借款之利息及售物所得之金钱等。第八表将六个月内每家收入之平均数分组分项列出。每家之收入自五九・○○元至一八三・○○元不等，总平均数为一○三・二六元。① 其中百分之九十为工资，余百分之十为其他四项之合计。家主所得之工资，又以丈夫或家主之收入为多，计占总平均数百分之五十以上家主所得之工资，若不甚多，如表中第四组所示之情形，皆由子女之收入补足之。但此项原则有一例外，即表中第一组内有一家寡妇，计六月之间，共得工资四十九元，足供养家之用。此可认为特殊情形，因普通女子之赚钱能力恒较男子为低也。

　　工人家庭中，赚钱之人愈多，其收入亦愈丰。换言之，即工人家庭收入之增加，多由于子女赚钱之补助，而非由于家主工资之增高。尤以技能不佳之工人为然。家族为家庭之主要赚钱者，固为最普通之情形，但至其衰年，子女多已长成，则家庭收入之大部分改由子女供给。英人罗屈理（Rowntree）尝谓英国工人，一生之中，须经过五个时期，贫乏与宽裕，互相交替。此言亦可适用于中国工人。盖每一工人，当其童年时期、中年初期及老年时期，多遭贫乏。惟当壮年初期，工人本身即兄弟姊妹多能工作，及在娶妻后子女皆已赚钱之时，乃有短时期之宽裕生活，而此两期中，家庭之生活程度，亦较他期为高。

　　四十八家之中，妻子之从事工作者，虽有四十一家之多，但所得工资，仅占家庭收入之一小部分。盖彼等工作之报酬，本属有限，又以兼理家务，不能致全力于工作，所得工资自属甚少。但有例外情形，如有子女之寡妇，及残废丈夫之妻子，亦须以某项工作为正当职业，俾获相当之收入以维持生活。

---

　　①　人力车夫之收支，未将车租计算在内。因人力车为车夫之工具，所纳租金不得视为一种支出也。

第八表　48家六个月间各项收入平均数目表

收入组	家数	每家平均工资收入				每家工资平均数（元）	他项平均收入				每家其他收入平均数（元）	每家收入总平均数（元）
		家主	妻	子女	其他		馈赠	赈济	租金	其他		
$70以下……	3	18.96	17.25	19.58	……	55.78	6.43	0.15	……	2.29	8.86	64.65
70~110……	28	60.82	8.21	12.89	0.26	82.18	7.20	0.47	……	0.44	8.11	90.29
110~150……	14	63.55	10.31	25.36	11.70	110.92	4.65	0.96	7.44	0.62	13.66	124.58
150~190……	3	55.52	2.60	96.71	……	154.83	4.82	0.04	3.70	……	8.57	163.40
各组合计…	48	58.67	9.04	22.18	3.56	93.45	6.26	0.57	2.40	0.58	9.81	103.26
百分比												
$70以下……	6.3	29.3	26.7	30.3	……	86.3	9.9	0.2	……	3.5	13.7	100.0
70~110……	58.3	67.4	9.1	14.3	0.3	91.0	8.0	0.5	……	0.5	9.0	100.0
110~150……	29.2	51.0	8.3	20.4	9.4	89.0	3.7	0.8	6.0	0.5	11.0	100.0
150~190……	6.3	34.0	1.6	59.2	……	94.8	2.9	(1)	2.3	……	5.2	100.0
各组合计…	100.0	56.8	8.8	21.5	3.4	90.5	6.1	0.6	2.2	0.6	9.5	100.0

(1) 在0.05以下。

家庭收入之第二项为馈赠，其性质已于第二章述及。工人家庭，有时将子女寄养于亲友处，故其亲友所供给之饭食，亦应认为馈赠之一种。此项饭食之供给，名为馈赠，实同赈济也。家庭收入之第三项为赈济，但为数甚微，仅占总平均收入十分之六。至租金之收入更为有限，仅有三家得有土地或洋车之租金。

据第九表所示六月之间，每件平均总支出数为一○一·四五元，各项费用之分配，计食品费占百分之七十一·二；燃料及水费占百分之十一·三；房租占百分之七·五；衣服费占百分之六·八；杂费占百分之三·一。

第九表　六个月内 48 家五项支出平均数目表

收入组	家数	人数	等成年数	每家平均支出数（元）					每家支出总平均数（元）
				食品费	房租	衣服费	燃料费	杂费	
70 元以下	3	3.67	2.60	47.75	8.00	1.03	10.74	3.75	71.28
70 元及 110 元以下	28	1.48	2.98	63.68	7.59	5.20	10.72	2.92	90.12
110 元及 150 元以下	14	5.36	4.09	87.02	7.81	8.72	12.62	335	119.52
150 元及 190 元以下	3	5.67	4.50	107.74	6.80	20.77	13.91	3.91	153.13
各组合计	4	4.58	3.38	72.25	7.63	6.94	11.48	3.16	101.45
百分比									
70 元以下	6.3	……	……	67.0	11.2	1.5	15.1	5.3	100.0
70 元及 110 元以下	58.3	……	……	70.7	8.4	5.8	11.9	3.2	100.0
110 元及 150 元以下	29.2	……	……	72.8	6.5	7.3	10.6	2.8	100.0
150 元及 190 元以下	6.3	……	……	70.4	4.4	13.6	9.1	2.6	100.0
各组合计	100.0	……	……	71.2	7.5	6.8	11.3	3.1	100.0

食品、衣服及房租三项，容俟另章讨论。兹先就燃料费及杂费二者述之。燃料及水费竟占每家平均总支出数百分之十一以上，数目之大仅次于食品一项，殊可研究。

水费一项约占每家平均总支出数百分之一，平均每人每日约用水七·三公升。北平住户用水多向水夫购买，每一水夫于一定区域内有专卖权。每日或间日送水于住户，按量收取水费。普通两口之家，每月纳水费一毛五分，约可用水四二○公升。北平水费，因须人力运送，颇为昂贵，水夫之生活费增高，水价亦随之而涨。因此进款微少之家庭，多不得不减少用水量，至最低限度。此于彼等之清洁与卫生，显有不良之影响也。

各家平均燃料灯火费为一○·五四元，计占总支出百分之十以上。至各项燃料所占百分数，则为煤球百分之六十七·一，煤油百分之十七·二，木炭百分之十一·六，劈柴、煤及火柴百分之四·二。观此可知煤球一项，实为北平之主要燃料。各家煤球之消费量及费用见第十表。

第十表　六个月内每家平均煤球费及煤球数量

收入组	家数	平均费用（元）	平均数量（公斤）
70 元以下	3	5.90	505
70 元及 110 元以下	28	6.51	557
110 元及 150 元以下	14	8.10	693
150 元及 190 元以下	3	8.75	749
各组合计	48	7.07	605

依此每家平均用煤一○○公斤。如以此数与他国工人之用量相较，原属甚少，但就北平家庭而言，则为甚多。实际上彼等平时之用量，尚不及此数。盖吾人所调查者为冬季，此季煤球之消费，恒较他季为多。近年因各地交通破坏，北平常感煤荒，煤价在最近数年间，几增加一倍。吾人调查期中，煤球之平均价已增至每百斤大洋六角六分。煤价之增涨对于此等家庭本有不良影响。加以彼等之进款低微，遂将燃料费之百分比，提高不少。

杂费共有十一项。其各组平均数，见第十一表十一项中，嗜好费为烟、酒、茶等费，捐助为警厅公益捐，与慈善机关，或教堂之捐助，杂用则包括年节娱乐等项，及费用之不属于其他十项者。小孩购买糖果及玩物之费用，亦皆归入此项。

第十一表　48 家六个月间各项杂费平均数目表

收入组	家数	六个月内每家各项杂费平均数（元）											共计
		用具	交通	医药	卫生	妆饰	嗜好	娱乐	交际	捐助	教育	杂用	
70 元以下	3	0.20	…	0.03	0.02	0.01	0.06	…	0.34	0.02	…	3.26	3.75
70 元及 110 元以下	28	0.35	0.03	0.05	0.09	0.12	1.06	0.02	0.26	0.04	0.03	0.88	2.92
110 元及 150 元以下	14	0.64	0.04	0.08	0.11	0.05	0.87	…	0.32	0.01	(1)	1.21	3.35
150 元及 190 元以下	3	0.90	0.02	…	0.26	0.07	1.38	…	0.51	0.01	…	0.77	3.91
各组合计	48	0.45	0.03	0.05	0.10	0.09	0.96	0.01	0.30	0.03	0.02	1.12	3.16

各项杂费，除嗜好费及杂用之外，其百分比皆不及百分之一。嗜好费内，计饮茶者四十四家，共费三三·一五；吸烟者十四家，共费七·三七元；饮酒者十五家共费五·五七元。杂用项内，三十七家制新年娱乐费为四六·四八元；至于购买纸张、染料、修理住宅及给与小孩者，共有四十一家，其费用为四七·九二元，如就全体而论，杂费之少，颇足以表示彼等生活程度之低下也。

工人家庭收支之状况，又可自其盈亏方面研究之。据第二章第三表所示，各家收入之超过支出者二十七家，六月之间每家平均盈余九·一二元。余二十一家，每家平均亏短七·六一元。故自全体家庭而言，盈余之家数较多于亏短之家数，而每家平均盈余数亦超过每家平均亏短数也。

借入与贷出

上文所分析之家庭收入与支出，皆为限于第三章界说范围以内者，但此外尚有借入与贷出之款项，亦应讨论，以窥知工人家庭经济生活之全体。

工人家庭之借入，共有四种，即（1）使用会钱，（2）收回人欠，（3）当物入款，（4）向人借债是也。兹依其重要程度述其性质于下：

当工人需款时，最常用之方法为借款，或向亲友告贷，或向外人举债，有无利息视情形而异。

（1）不及 0.005 元。

典当亦为彼等借款方法之一种，现北平计有当铺八十七家，金钱珠宝衣服等物皆可用为抵押品。但贫民家庭中，以衣服最为常用。典当所得金钱仅合原物价值四分之一。当期为两年。到期付息，仍可展期二年。利息按月三分，每年三十六分。每月过期五日，即以一月抵算。抵押之物品，多因过期不能赎取，为当铺变卖。

收回人欠，其性质与由使钱会收回之本金相似，所异者为后者可提前取用，然后再按月纳费，而前者则须先将款皆与人也。工人境遇窘迫，彼等所能贷与人者极有限，故此项进款甚微。

另一种之借款方法，为加入使钱会。使钱会皆为少数私人组织而成，每月每人纳会费若干，汇齐交由一人使用。每月得款之人，或用抽签方法决定，或预先规定之。如为预先规定者，则先得款之人，以后除每月缴会费外，兼须交纳利息性质之酬金。此会可由相识之人随时组织之，为期十月或一年，期满自行解散。贫寒家庭遇有婚丧喜事，需用大宗款项时，多赖此类储蓄之会。但有时因会之组织不善，会员用款者中途逃避，以致众多会员所纳会费无着，受大损失。自他一方面言之，工人收入本属有限，每月缴纳会费，虽可得借贷之便利，而其所担负者亦非轻也。

贷出亦有四种，与以上四种借入相对，及交纳会钱、放债、赎当及还债是也。

第十二表将每家平均之全收入数与全支出数，分组分项列出。表中借入款项平均每家六·九七元，占全收入百分之六·三。而借入款项之主要项目为借债，几占全部借入三分之二。贷出款项平均每家三·五一元，占全支出百分之三·二。虽在收入最多之家庭，每月交纳之会费不为不多，但平均每家贷出款项，实较借入款项为低。自家庭之全部收入与支出观之，彼等经济状况尚不过劣。平均每家之全收入足以应付全支出而有余。除收入组最低之家庭外，其他家庭之收入，皆多于支出。故其结果各家多余有现金存在手中。但彼等之生活状况，仍不得认为满意。盖彼等之生活程度，既甚低下，且赖每日工作所得维持其生活，更无余款储蓄以备紧急之需。一旦进款不继，即立陷于贫困之境矣。

收入组最低之家庭，其境况更为艰难。彼等全收入百分之十，皆从借贷与当物得来。此种情形绝难持久，盖未有能长久恃借贷典物为生者。一旦借债无门，典当俱尽，遂不得不赖赈济，或出于非法之行为焉。

第十二表上有两点可资注意：第一位收入组愈高之家庭，其收入在全部收入中所占之百分数亦愈大，此盖有收入愈多，则其在全部收入中之重要愈增，而借债及其他进款乃渐减也。

第十二表　48家六个月间全收入数全支出数分组分项比较表

收入组	家数	每家全收入平均数（元）借入 用使钱会会费	收回人欠	当物	借债	借入共计	实际收入	全收入总平均数即全支出总平均数外加现款（元）	实际支出	他项平均收入 贷出 贷出共计	还债	赎当	放债	纳使钱会会费	手中存款（元）
70元以下	3	…	…	1.76	5.44	7.19	64.65	71.84	71.28	…	…	…	…	…	0.56
70元及110元以下	28	0.14	0.18	1.89	4.98	7.19	90.29	97.48	90.12	3.03	2.65	0.25	0.04	0.09	4.33
110元及150元以下	14	…	0.76	2.77	3.61	7.14	124.58	131.72	119.52	4.67	3.29	1.37	…	0.01	7.53
150元及190元以下	3	…	…	0.76	3.17	3.92	163.40	167.32	153.13	6.12	2.82	0.16	…	3.14	8.07
各组合计	48	0.08	0.33	2.07	4.49	6.97	103.26	110.23	101.45	3.51	2.68	0.56	(1)	0.25	5.27
百分比															
70元以下	6.3	…	…	2.4	7.6	10.0	90.0	100.0	99.2	…	…	…	…	…	0.8
70元及110元以下	58.3	0.1	0.2	1.9	5.1	7.4	92.6	100.0	92.4	3.1	2.7	0.3	(2)	0.1	4.4
110元及150元以下	29.2	…	0.6	2.1	2.7	5.4	94.6	100.0	90.7	3.5	2.5	1.0	…	(2)	5.7
150元及190元以下	6.3	…	…	0.5	1.9	2.3	97.7	100.0	91.5	3.7	1.7	0.1	…	1.9	4.7
各组合计	100.0	0.1	0.3	1.9	4.1	6.3	93.7	100.0	92.0	3.2	2.4	0.5	(2)	0.2	4.8

（1）少于 0.005 元。　（2）少于 0.05%。

第二为收入组愈高之家庭，其支出在全部支出中所占百分数乃愈小，故收入组较高之家庭，或贷出款项之比率加大，或手边多存现金，或二者兼而有之。

养家者与依赖者

依据上述家庭支出之分析，每一"等成年人"六月之平均支出为三〇·〇四元，每月约合五元左右。其各项费用之分配可例举如下：

饮食费	房租	衣服费	燃料灯火及水等费	杂用	支出总计
21.39 元	2.26 元	2.05 元	3.40 元	0.94 元	30.04 元

此三〇·〇四元之数，实为每一"等成年人"最低生活所需之费用，故可认为其最低限度之生活费。今设此为标准，则可将各家人口分为三种：一为养家者，即六个月间所得工资在三十元以上者。一为半依赖者，即同时期内所得工资在三十元以下者。其毫无所得者，则为全依赖者。然此标准实偏于理想，因按之实际，个人费用之多寡必不能一致，故又以所得工资在三十六元与四十元之间者，另成为自给者一类。至年幼者自给之工资，则按彼等之等成年数折合之。兹将此四项人数列表如下：

	各家共计		每家平均	
	人数	等成年数	人数	等成年数
养家者	53	54.2	1.15	1.13
自给者	9	7.8	0.19	0.16
半依赖者	87	66.4	1.81	1.38
全依赖者	69	33.7	1.44	0.70
共计	220	162.1	4.58	3.38

除自给者不计外，平均每一养家者须抚养三人。如按等成年折算，则二者为一与一·八之比。大部分之家庭，多由一人供养一家，受其供养者率为妻子一人及儿童二人。在吾人所调查四十八家中仅有七工人家庭，其家庭供给由父子或兄弟二人共同负担。此外又有一家，家中并无一人工资所入足以养家，家中用款端赖五十元地租之补助。

每月所得之平均工资，每一养家者为一一·〇〇元，每一半依赖者为一·二〇元。前者除本身外，仅足供给一·一九"等成年人"，即妻子一人及五岁以下之子女一人。后者之收入用以赡养两岁以下之婴孩一人，即〇·二三"等成年"，且虞不足焉。

吾人所调查之工人之赚钱能力异常低微，究竟此种情形系由于工人之知识过低，或团结之缺乏，或工人人数过多，抑由北平人口一般生活程度之低落殊难确定。但此四项对于彼等生活程度地下，皆不免有若干之影响，则可断言也。遇有人口众多之家庭，所得收入，不足赡养之用，其应付之法不外两途：一为食用廉价之食品，或减去某项费用，使生活程度，再行降低，一为仰给于外界之辅助，以维持先下之生活。

家庭人口之多寡与生活程度

以上关于家庭收支状况之分析，皆根据于各家收入之高低，但家庭之大小不同，其生活情形，随之而异。各家人口之多寡，殊为研究家庭经济者所不容忽视。兹特就二者之关系，加以讨论。

如将各家之人口悉化为等成年男子数，则吾人所调查之家庭，可分为四组，列如第十三表。计每家有等成年男子数二·五至三·五之间者，约占总数之半，其在等成年男子数四人以下者，则占全体五分之四。表中每家收入总计，支出总计，饮食费总计，及在家伙食费总计之平均数，皆随等成年人数之增加而上涨。此盖由于家庭之人口加多，则其收入与支出皆随之而涨。此盖由于家庭之人口加多，则其收入与支出皆随之而增涨。此项收支增涨之现象，骤睹之，似为家庭之利，但一计算每一等成年之收入与支出则适得其反。盖家庭收入虽多随人数之增加而增涨，但二者之增涨并非一致。各家所增加之收入，恒不足以供给人口增加所需之支出也。表中各组家庭之等成年数愈多，则每等成年之收支亦愈减，可为明证。又除第三组之家庭每一等成年之平均食品费略有增加外，其余各家中，每一等成年之平均食品费及平均在家饮食品费，皆随等成年数之增加而递减。故每一家庭之人口增加，其全家生活费虽似增高，而其每一等成年之平均生活费则趋于减低。此种减低之趋势，不仅发现与每等成年之支出总平均数即饮食费总平均数，即每等成年之平均热量计房租平均数，亦莫不皆然也。

第十三表　48 家按等成年数分组每家每等成年平均收支数及食品费比较表

等成年组	家数	每家等成年数	收入平均数（元）		支出平均数（元）		食品费平均数（元）		食品费对总支出百分比	在家之食品费（元）		在家食饭者每等成年大卡
			每家	每等成年	每家	每等成年	每家	每等成年		每家	每等成年	
1.50 ~ 2.49	5	2.16	74.79	34.63	73.37	33.97	47.50	21.99	64.7	38.22	20.04	2787
2.50 ~ 3.49	24	2.93	97.00	31.75	91.44	31.23	64.26	21.95	70.3	46.28	19.13	2732
3.50 ~ 4.49	14	4.00	122.29	30.60	119.43	29.89	87.91	22.00	73.6	52.23	17.34	2529
4.50 及以上	5	5.02	127.90	25.49	127.29	25.37	93.48	18.63	73.4	67.77	15.42	2272
各组合计	48	3.38	103.26	30.58	101.45	30.04	72.25	21.39	71.2	49.43	18.00	2595

　　至食品费所占总支出数之百分数，亦随等成年数之加多而增高，此实为自然之现象。盖家庭之人口增加，则其用费之耗于饮食者自益多。于此吾人对前列第九表家庭费用表之疑点，可得而释焉。按表中所列每家食品费之百分数，并不随进款之增加而减低，此与益格尔（Engel）之理论所谓进款愈多食品费之百分数愈小明显相冲突。但按现在之讨论，则其不相符合之原因，大概由于家庭人口多寡之影响。盖进款多者，其人口亦多，而食品费之百分数仍无由减低也。

　　由是观之，家庭人口之多少，实与个人之幸福，有密切之关系。每一家庭，如人口加多，其连带所增加之收入，恒不足应付其支出，如欲维持现有之生活程度，必须设法增加收入，始可办到，换言之，即家庭人口增加，恒将其家庭生活程度降低是也。故至少就吾人调查之家庭言之，人口增加实为家庭及个人之不幸，而非如一般所信足以增加收入及家庭之福利也。此项人口问题，究竟系由工人能力之薄弱，抑由于社会工业情形之影响于雇佣与工资，虽一时无从断言，但吾人敢言人口本身，即常为人口问题发生之主因。故欲图谋增加中国工人之幸福，限制生育，实为一切要之方法也。

各国各地生活费分配之比较

　　48 家支出情形之分析，实足表明彼等生活之异常困苦。日常生活之必需品，如食品，衣服，房屋及燃料灯水等费，约占支出总平均数百分之九十七，而食品费一项，则占百分之七十以上。故除供给最低之生活必需品外，已无余资供他项消费之用。近代人民所享受之一切幸福，如教育、娱乐、社交及文字艺术等，彼等皆无分焉。吾人于此试一研究他国工人用费之分配情形，及其生活之真相，以资对照。

两地人民生活费之直接比较，实须十分审慎，盖两种不同之研究，时间不同，所调查人民之种类不同，所用之方法，亦未必相同，而两种人民之生活程度、社会经济情形及物价与工资之高低，亦不能完全一致也。但吾人现在之目的，仅为表明各国生活费分配情形之不同，而非直接比较工人阶级之生活状况，故可引证各项数字而无所顾虑。至各国工业发达之程度，经济、政治组织之性质，及人民知识之高低，虽足以影响并决定人民之生活情形，皆不在吾人讨论之列。

据一九〇七至一九一〇年英国商务部各国工人家庭生活费之调查，英、法、美、德、比等国工人食品费之百分数，悉较北平工人为低。如按聂不斯（Knibbs）之调查，澳大利亚洲之百分数更为减低，当一九一一年，凡四口以上至家庭，其收入在二百镑及二百镑以下者，其食品费仅占本组平均收入百分之三十六。兹将各国工人食品费所占收入之百分数列表如下，以资比较。

北平	法国	英国	比国	德国	美国	澳大利亚
70.0	59.7	57.0	56.9	54.4	53.7	36.0

一九一四年以来，英国劳工部所用以编制工人生活费指数之各项费用分配比例，与北平工人之各项费用分配情形，大致相符。其百分数即为食品费百分之六十，房租百分之十六，衣服费百分之十二，燃料及灯火费费百分之八，杂用费百分之四。此种收入分配之比例，与罗屈理（Rowntree）所定之"维持体力之最低用度"相近。但实际上英人食品费所占收入之百分数，亦有大于此者。如一九一八年六月"萨末尔委员会"之调查，有技能工人食品费之百分数为百分之六〇·五，微有技能者为百分之六三·四，无技能者为百分之六四·九。又据罗屈理（Rowntree）报告，约克（York）州最贫穷之工人，每星期工资十八先令，或十八先令以下，其收入百分之七三·五为食品费，百分之二二·三为房租。如此言果确，衣服及燃料等费，仅余百分之四·二耳。平时食品费所占之百分

数，恒足代表收入之多寡，如食品费之分数愈小，收入即愈多。依此言之，北平工人之境遇，如与其他国工人相较，尚非至劣。但有一点须加注意，即研究某一种人民生活费之分配状况，应连带估计其工业、社会及政治之情形是也。例如两地人民，其收入中一部之用于食品者相等，并假设两地之食物价格及其他一切悉相等，但如一地有严谨不洁食品之法律，则此地人民从其食品费中所得之利益必较多，则前者之教育费虽微，而在教育上所得之利益则更大也。由是可知，凡国家及地方事业，足以减少人民之生活费用者，皆应极力提倡之也。

美国一般人民之生活甚优，故其工人家庭日用帐之研究所得支出之分配情形，皆甚优良。普通食品费所占之分数甚低，而杂费则有达百分之二六·四者。

至日本人民之各项费用分配情形，按其各种家庭日用帐之调查，其普通趋势为生活必需费占总支出70%以上。南满铁道会社调查雇员生活费之报告，曾搜集各项生活费调查之结果罗列一表，兹采录之于下以供参考。

调查者	第一生活费	文化的生活费	
		第二生活费（%）	第三生活费（%）
协调会（1921~1922）	51.61	13.92	34.47
名古屋市（1922）	55.97	15.84	28.19
神奈川县（1910~1911）	约80.00	15.00	5.00
横须贺工厂（1910）	72.30	27.67	
长崎造船厂（1912）	69.70	30.30	
大阪市（1910）	74.07	25.93	
高野博士（1916）	72.62	27.38	
东京府（1919）	71.40	29.10	
旧众商务省（1910）	74.07	26.01	

最后，历来在北平所举行之生活费调查，亦有一述之必要。自1918年至1924年狄脱莫尔（Dittmer）、陈达及毛鲁（Morrow）诸博士曾用调

查表先后在北平举行生活费调查七次，所得之结果可汇列如下：

	食品（%）	衣服（%）	房租（%）	燃料（%）	杂费（%）
清华学校校役（1918）	72.2	19.03	6.7	（1）	3.17
北平近郊汉人家庭（1918）	76.53	6.18	7.94	2.5	2.5
北平近郊旗人家庭（1918）	73.2	5.31	9.0	5.96	5.48
清华学校校役（1923~1924）	61.8	16.5	13.0	（1）	8.7
北平近郊家庭（1924）	62.22	29.63	4.44	3.7	…
工厂工人（1922~1925）	73.6	6.6	11.1	（1）	8.5
工厂工人（1922~1925）	87.0	2.5	8	（1）	5.0
平　　均	70.0	12.0	8.0	5.0	5.0

（1）燃料计算在食品费内。

　　上表各项调查，以一九一八年北平郊外家庭一百家调查及一九二二至一九二三年工厂工人七十七人之调查，其用度分配情形，最与吾人所调查者相近。然即就此二者而言，前者之燃料费，及后者之衣服费，皆似估计过低也。

（责任编辑：胡庆英）

家庭与性别评论（第 7 辑）

第 134～146 页

© SSAP，2016

北平郊外之乡村家庭：家庭收入[*]

李景汉

第一章　绪论

第一节　调查的目的与范围

关于村中社会与经济的问题很多，皆有研究的价值，但限于时间和能力不能尽数调查，只能按照地方情形和所能办到的选出一些比较重要而且合适的问题。年来劳动问题一天比一天紧张，关于国民生计的研究，尤其是工人的，实为一急不容缓的事。因为要谋解决劳动问题须从改良工界生活方面入手。但是要想改良工界的生活必先透彻了解他们的情形。实地调查工人的生活费是要达到这个目的程序的第一步工作。自本部组织成立以来即首先注意此项研究，已举行者有"北京手工工人"，"天津工厂工人"，与"上海工厂工人"等。因此关于挂甲屯的调查亦以村民的生活费为主要的研究，以便与他项生计调查比较参考。本村生活费的调查以家庭为单位，至少要知道两件事：（一）全家的各项收入是多少；（二）全家的各项支出是多少。换一句话说，就是他们如何使用他们的进款。此外也要研究收入不抵支出的家庭有什么补救的方法，如关于借贷、当物等情形。又因现在关于乡村社会的材料非常缺乏，故本调查除主要目的以外，亦趁此机会按着所能办到的附带调查关于种族、结婚、居住、健康、教育

---

[*]　选自李景汉的《北平郊外之乡村家庭》，商务印书馆，1929。

及村民的知识等情形。调查的范围不易在举行以先决定，因为很难逆料有多少家欢迎或允许调查者到他们家中研究。至于学生肯用多少时间，他们的兴趣是否改变，也是不易揣测的。因此决定先从肯受调查的家庭入手，希望渐次挨家调查，包括全村的一切家庭。自三月起至五月底止共调查了一百家庭，占全村家庭总数百分之九〇。

第二节 调查的方法与手续

按照调查的目的所拟的表格，包含问题一百左右。在开始调查以先，由本班男生邀请本村警察署长、署员即村中领袖数人，开一茶话会，向彼等述明调查的宗旨，以免举行时发生误会。彼等满口应承帮忙。一星期后又为全村居民开一友谊会，到会者有男女老幼一百余人。本班学生为他们预备简单的游戏、唱歌、茶点、演讲，又引导彼等参观燕京大学，颇能博得他们的欢心。又有本班的两位女生在本村的初等小学担任义务教员。此外本村一小堂药店的主人曾被本班的一个学生介绍到燕京大学看病，因此他甚愿介绍燕京的学生往他人事司的邻居家中调查，对于进行上与以很大的便利。与村民有了相当的联络之后，即将由本班分为四组，每组二人赴各家调查。调查者携带表格，先到认识的家庭里去说明来意。若蒙该户的许可就按照表格一一发问，家中人即随着所问的一一回答。调查人即将所回答的填入表格。回校后再详细核算收入支出等数目，发现疑问后再去询问。按调查的经验，探问的次数最好不过两次，两次以后本家即发生怀疑，不说实话。不认识的家庭多由认识的家庭介绍。然而有时直接访问不熟悉的人家，若能应付得当，亦少有被拒绝者。

第二章 家庭的收入

第一节 工资及营业收入

在调查之家的四〇六人口中有职业的男子计一四一人，占百分之三五；无职业之男子计七六人，占百分之一九；有职业之女子计二九人，占百分之七；无职业之女子计一六〇人，占百分之三九。有职业之男女共计一七〇人，无职业者二三六人。一四岁以下有职业男童二人为苦力与学徒。

家庭收入的大部分是职业的进款。挂甲屯因距城市很近，村民的职业种类颇为复杂。有职业的男子约可分为六类，即精工，粗工，农业，商业，政界与教育界精巧工人共计三五人，占一切有职业男子的百分之二四，中以编席者为最多计二二人。因附近一带池塘很多，盛产芦苇与蒲草，前一种为制席的原料，后一种的叶子可用以编铺店中所用的蒲包。又恰巧自文安县移居本地的家庭都会这种手艺，因此他们家庭中的人口无论男女老幼大半从事这种职业，亦可称本想的家庭工业。席工每人全年最多可得一百五六十元，普通在百元上下。此外精工中的木匠及瓦匠在调查时每日工资大洋六角。这两类工人大半在冷季四个月中失业，全年约有八个月的工作，每人全年的工资约在一四〇元左右。其他有技能工人的全年收入约在一二〇至一六〇元之间。

粗工共计五〇人，占有职业男子的百分之三六，中以人力车夫，泥水小工，听差及作零工的苦力为最多。洋车夫每人每日约得六角，每月歇工四五日，每年可进一八〇元左右，较强于多数工人之进款。但在这一带拉车者非壮丁不可，因每次所拉之路程颇远，非老弱车夫所能胜任。泥水小工的一日工资为三角五分，亦如瓦匠在冷季失业四个月，因此全年的收入仅八九十元。不供膳的听差每月工资在一〇元左右，每年约一二〇元；供膳者每月工资在五元左右，全年约六〇元。其他各种苦力的收入亦与泥水小工不相上下。

种地为业者计一六人，其中种自己地者仅四人，租种别人地者六人，为人作农工者六人。本村管饭之长工的全年工资约三〇元，短工在寻常时每日三角，农忙时增至五角，每日每人饭费约值二角。租种之农夫中全部赚利最多为一四五元，亦就是他的全年工资，普通每人全年约赚七〇元。农夫在冬季常作别种经营业，补助家中用度。

靠商业谋生者共计一九人，占一切有职业男子的百分之一四。有铺主五人，其中赚利最多者为一一七八元，其余每家赚利皆在二百元以下。小贩计七人，包括卖青菜，糖果或烧饼等零食物品者。小买卖人中赚利最多者为一摆杂货摊者，全年收入三一二元，大多数的赚利约在百元左右，最低者为三一元。店铺中的伙计除用主人饭食外，全年工资及年节送钱约计百元。学徒除饭食外没有工资，全年仅得年节赏钱两三元。

在政府机关作事者共计二〇人，占一切有职业男子的百分之一四。办事员八人，每人全年薪水自一二〇至五〇〇元。警察每月薪水八元，往往只领几成，故全年收入仅六七十元。在军界有连长一人，全年送家中四三〇元，排长二人，各送家中二四〇元。邮差一人全年送家中九六元，修理电线者一人全年送家中二七六元。

从事教育者一人，全年送家中七七元，兹将从事各种职业之男子的数目列表如下：

第一三表　一百家男子职业之分配

职　业	人　数
精工：	
编席……………………………………………………	22
织毯……………………………………………………	1
木匠……………………………………………………	3
瓦匠……………………………………………………	2
裱糊匠…………………………………………………	1
剃须匠…………………………………………………	1
鞋匠……………………………………………………	1
花匠……………………………………………………	1
厨役……………………………………………………	2
接水管…………………………………………………	1
粗工：	
拉洋车…………………………………………………	8
赶大车…………………………………………………	1
赶马车…………………………………………………	1
泥水小工………………………………………………	10
矿工……………………………………………………	1
拾粪……………………………………………………	2
拾柴……………………………………………………	2
苦力……………………………………………………	12
听差……………………………………………………	11
看花园…………………………………………………	1
看坟地…………………………………………………	1
农：	
农夫……………………………………………………	10
农工……………………………………………………	6

职　　业	人　　数
商：	
铺主……………………………………	5
小贩……………………………………	7
铺伙……………………………………	3
管账……………………………………	2
学徒……………………………………	2
公务：	
办事员…………………………………	8
警察……………………………………	3
连长……………………………………	1
连副……………………………………	1
排长……………………………………	2
兵………………………………………	1
邮差……………………………………	1
铁路工…………………………………	2
修电梯…………………………………	1
塾师……………………………………	1
总计	141

有收入的二九个女子中从事缝纫占半数，全年收入最多者为七〇元，普通每月约入四元。有的女子不过以一部分时间做些针线零活，每月收入仅占一两元。编席或编蒲包的女子约占三分之一，多者每人每月可得八元，普通每月五元。挑花的收入较丰，有全年至百元者，至少每月四元。兹将女子职业的分配列下：

第一四表　一百家女子职业之分配

职　　业	人　　数
缝纫……………………………………	14
编席……………………………………	11

续表

职 业	人 数
挑花……………………………………………	3
绣花……………………………………………	1
合计	29

　　大多数有职业者将其一切的工资或赚利归入家中使用，亦有少数人只送其进款的一部分，有仅能敷自己在外用费而无力寄给家中钱者，亦有失业在家闲散者。在本调查所列的表内，凡一切自人口收入的数目系指家庭所收到者。换言之，也就是人口往家中送的钱，并非都是人口所得到的一切工资或赚利的总数。

　　一百家中在调查之民国一五年内有收入者共计一五八人，其中大多数为男家主计八四人，子次之计三四人，妻一八人，女四人，其他人口一八人（见第一五表）。八四个男家主全年共收入一一六六〇·三元，平均每家主收入一三八·八元。大多数男家主的全年收入不及百元，一百至二百元者几占三分之一，二百元以上者占七分之一，三四个子之收入共计二五九二元，平均每子约为七六元，五十元以下者占三分之一，百元以下者占三分之二，未有超过二五〇元者。一八个妻之全年收入共计八〇七元，平均每妻四四·八元，在五十元以下者占三分之二，未有超过一五〇元者。四个女之收入共计二二九元，平均每女五七元，未有超过百元者。自其它一八个男女的收入共计一一九五元，平均每人六六元，几乎全数在百元以下，未有超过一五〇元者。自一切人口的收入共计一六四八三元，平均每人的收入为一〇四元，在百元以下者占三分之二，一百至二百元者占四分之一，超过二百元者不及十分之一。

第一五表　按收入组一百家人口数之分配

收入组	人数					
	家主	妻[1]	子	女	其他人口	一切人口
$50 以下……………………	15	12	11	1	7	46
50～99.99 ………………	31	5	15	3	9	63
100～149.9 ……………	19	1	4	……	2	26
150～199.9 ……………	7	……	3	……	……	10

收入组	人数					
	家主	妻[1]	子	女	其他人口	一切人口
200~249.9 ……………	3	……	1	……	……	4
250~299.9 ……………	2	……	……	……	……	2
300~349.9 ……………	2	……	……	……	……	2
400~449.9 ……………	2	……	……	……	……	2
450~499.9 ……………	1	……	……	……	……	1
600~649.9 ……………	1	……	……	……	……	1
1178.50 ……………	1	……	……	……	……	1
总和	84	18	34	4	18	158

1. 女家主在内

第二节　其他收入

除上节所讨论之工资及营业收入外，尚有其他项收入，约可分为六类：田园，房租，利息，资助，赈济与卖物。

调查之百家中种自己田者仅有四家，且亩数甚少，有三亩者两家，一一亩者一家，一四亩者一家。其中三家之田地若出租每亩每年可入租金三元，一家之田地可入租金两元半。如此计算则四家田地之估计的全年收入，或说田地资本的年利，为七·五元，九元，三三元与四二元。除去田地的资本利息外所得之赚利即算为种地人的工作收入，看为农夫的工资一样，列入上节工资及营业项目内。百家中租地种者仅有五家，亩数亦甚少，租二亩者一家，四亩者一家，六亩者两家，八亩者一家。所得的赚利即为种地者的工资收入，列入上节之收入内。

九家中种稻者三家，每亩稻田一年约产米一石五斗，每石约值一五元。每一农工能照顾十亩左右。种高粱，玉米或小米等粗粮者六家。若为自己地每亩之赚利在十元左右，租种地在七元左右。每亩租价约三元。

百家中出租房屋者有一〇家，全年房租收入共计二四三元，平均每家二四元，自三至九元者三家，一〇至三〇元者四家，最多房租的收入为六六元。本村空房颇多，因此租价颇低，普通之房屋每间每月仅租二角左右，较新之瓦房约四角。

百家中借款与人而取利息者有三家，全年收入之利息为三·二元，六六元与三〇〇元。普通利息每月三分。

百家中亲属资助现款者有一〇家，全年共计七〇六元。款额自三至二〇元者五家，其余五家为二五元，三六元，一五六元，二〇〇元与二〇四元。

北京的慈善团体每年冬季常到村中调查贫民，施放米面和衣服或开办粥厂。百家中在调查之一年内曾受救济者计二一家，所得物品的估计价值为八八元，平均每家合四·二元。价两元以下者有九家，二至三·九元者五家，四至一元〇者四家，一〇元以上者两家，最多者为二一员。每年警察调查户口一次分村民为上户，中户，下户，次贫与极贫五等。放赈者大半不详细调查，只根据警察的调查施放衣物与贫户。

百家中曾将衣服，用具，首饰或他种旧物卖出者计四家，每家的收入为八角，八元，二〇元与六九元，共计九七·八元。

第三节　借贷与当物

近几年来村民的生活费一天比一天高，而谋生之路反不如从前宽，工资的增加大约亦赶不上物体的高涨。许多家主的收入不足维持全家的生活，因此家中其他人口，甚至于妻或女，亦须工作赚钱。若仍然不足用度，尚有借债一途。但借债必须偿还，不能算为收入，故本调查的全年家庭收入并未包括借入一项。可是借入一项亦须调查清楚，藉以解释许多家庭入不敷出的原因，又可以表显家庭经济状况的真相。普通借钱的方法约有两种，即借贷与当物。百家中在调查之一年内借贷者有四四家，共计借入一三六七元，平均每家合三一元。全年借贷在三〇元以下者占大多数，三〇元以上与五〇元以下者占四分之一，五〇至一〇〇元者占六分之一，百元以上者仅有两家。兹将百家借贷之款额分组列表如下：

第一六表　一百家每家全年借贷款数

收入组	家数
无··	56
$10 以下··································	9
10～19.99································	8

续表

收入组	家数
20 ~ 29.9 ·················	8
30 ~ 39.9 ·················	9
40 ~ 49.9 ·················	1
50 ~ 59.9 ·················	4
60 ~ 69.9 ·················	……
70 ~ 79.9 ·················	2
100 ·················	1
140 ·················	1
150 ·················	1

因日用不足，尤其是食品一项，而借贷者占四分之三，此外用作小生意本钱者三家，因患病，娶妻，嫁女与办丧事而借贷者各有一家。

关于借贷的利率有答案者计四〇家，其中的半数是从亲友借来，不取利息。最普通的利率为月利三分，超过三分者五家，最高者为五·五（见第一七表）。

第一七表　四十家每家借贷月利率

月利率	家数
无 ·················	18
2.0% ·················	1
2.5% ·················	5
3.0% ·················	11
5.0% ·················	4
5.5% ·················	1

当物为最便利的借贷方法。百家中当物者有三一家，收入之款项共计五八二元，平均每家合一九元。当一〇元以下之家庭几占二分之一，最多为七〇元（见第一八表），当物之多数原因由于日用不足。所当之物品多属衣服，尤以棉衣与皮衣占大多数，金银首饰次之，此外则为屋中之陈设

与用具。距本村二里之海甸有当铺一家，月利三分，与北京同。当期为一年零八个月。至期不赎者即将押品没收。

第一八表　一百家每家全年当物之收入

月利率	家数
无………………………………………	69
＄10 以下 ………………………………	14
10～19.99 ………………………………	6
20～29.9 ………………………………	5
30～39.9 ………………………………	1
40～49.9 ………………………………	2
70 ………………………………………	3

除普通借贷与当物之方法外尚有自钱会借钱的一种办法。钱会又名写会，寻常为十数亲友所组成，每人每月出会费一两元，总数由会员轮流使用，并不出利。此种无利息之钱会已不多见。有利息之钱会的办法即每月会款总数由会员中出利最高者使用。据本村人说，此种钱会在本村不若在邻村之发达。乃因弊端甚多，村民吃亏者不少，故今年少有组成者。

第四节　一切收入总论

为比较的便利起见，将挂甲屯的一百家庭按全年收入总额的多寡分为四组。收入不满百元者为第一组，计三四家；百元至一九九元者为第二组，计三九家；二百至二九九元者为第三组，计一四家；三百及以上者为第四组，计一三家。大概说来收入在百元以下者多为贫户，收入超过三百元者多属小康之家。兹按收入四组将一百家庭收入的总表列下。

第一九表示每家平均收入的来源与款额。表之左部是表明自家中人口之工资及营业的平均收入，表之中部是表明其他各项的平均收入，表之右部是表明借贷与当物的平均总数。表之上半为平均款额，表之下半为各种收入来源占总收入的百分数。如此不但可以比较各组每家的收入款额，还可以比较各种款额所占的百分比。

第一九表　按收入组一百家庭每家平均全年收入之来源及款项

收入组	家数	工资及营业平均收入						他项平均收入							每家平均收入总数	平均借入		平均每家借入总数
		家主	妻[1]	子	女	其他	工资及营业平均收入总数	田园	房租	利息	资助	赈济	卖物	他项平均收入总数		借贷	当物	
$100以下……	34	$47.27	$3.70	$12.33	$0.43	$0.91	$64.64	$0.22	$0.76	$0.09	$1.11	$1.39	$2.88	$6.45	$71.09	$21.88	$7.66	$29.54
100～199……	39	102.23	4.18	13.14	1.74	9.85	131.14	1.34	3.42	1.69	5.56	0.73	……	12.74	143.88	6.95	7.17	14.12
200～299……	14	133.06	23.31	39.46	5.83	5.14	203.81	……	2.11	……	32.23	0.88	……	35.21	239.02	25.14	3.00	28.14
300及以上……	13	323.34	14.77	88.46	4.95	54.46	485.98	2.54	4.18	23.08	……	……	……	29.80	515.78	……	……	……
一切收入组……	100	116.60	8.07	25.92	2.29	11.95	164.83	0.93	2.43	3.69	7.06	0.88	0.98	15.97	180.82	13.67	5.82	19.49

百　分　比

收入组	家数	家主	妻	子	女	其他	工资及营业平均收入总数	田园	房租	利息	资助	赈济	卖物	他项平均收入总数	每家平均收入总数	借贷	当物	平均每家借入总数
$100以下……	34	66.5	5.2	17.3	0.6	1.3	90.9	0.3	1.1	0.1	1.6	1.9	4.1	9.1	100.0	74.1	25.9	100
100～199……	39	71.1	2.9	9.1	1.2	0.8	91.1	0.9	2.4	1.2	3.9	0.5	……	8.9	100.0	49.2	50.8	100
200～299……	14	55.7	9.8	15.3	2.4	2.1	85.3	……	0.9	……	13.5	0.4	……	14.7	100.0	89.3	10.7	100
300及以上……	13	62.7	2.9	17.2	0.9	10.6	94.2	0.5	0.8	4.5	……	……	……	5.8	100.0	……	……	100
一切收入组……	100	64.5	4.5	14.3	1.3	6.6	91.2	0.5	1.3	2.0	3.9	0.5	0.5	8.8	100.0	70.1	29.9	100

1. 女家主在内

一百家每家平均收入总数为一八〇・八二元，即以此为百分总数。总收入中工资及营业的收入款额为一六四・八三元，占百分之九一・六。工资及营业收入中以家主的收入为最多，计一一六・六元，占百分之六四・五；子之收入次之，计二五・九二元，占百分之一四・三；妻之收入为八・〇七元，占百分之四・五；女为二・二九元，占百分之一・三；其他人口为一一・九五元，占百分之六・六。

家主之收入与家庭之收入总数甚有关系。百元以下之收入组的家主平均全年收入为四七・二七元，三百元及以上之收入组增至三二三・三四元。第一组内有收入之家主计二五人，每人平均收入为六四元；第二组内有收入之家主计三六人，平均每人收入为一一一元；第三组有收入之家主计一二人，平均收入为一五七元；第四组内有收入之家主计一一一人，平均收入为三八二元。各组家主赚钱的能力随组增高，第四组内家主的平均收入为第一组家主的平均收入的六倍。

每家之子平均收入亦随组之次序增高，第一组为一二・三三元，为第四组之八八・四六元的七分之一。每子平均赚钱的能力亦随组增高。第一组中有子之收入者计八家九子，平均每子四七元；第二组中亦有八家九子，但每子平均收入为五七元；第三组中计三家五子，每子平均收入境至一〇二元；第四组内计四家一子，每子平均收入为一〇五元。这样看来总收入多的家庭赚钱的子数也随着增多。

四组内皆有妻子之收入。第一组内有妻之收入者五人，平均每妻之全年收入为二五元；第二组内六人，平均每妻之收入为二七元；第三组内五人，每妻六五元；第四组内二人，每妻九六元。妻之赚钱的能力亦随组增高。但按各组中一切家数的比例看来，第三组作工的妻较他组为多，故组中每家由妻之收入的总平均为二三・三一元，亦较他组为多。

有女之收入者共四家，各组均占一家。第一组中女之收入为一四・六元，第二组为六八元，第三组为八一元，第四组为六四・四元。

第一组内有其他人口之收入者计一家一人，第二组内计五家七人，第三组内计一家二人；第四组内计三家八人。每家自其他人口的平均收入亦随组之次序增高。

以上五类人口之收入大半随组之次序而递增，故工资及营业之平均收入总数亦有同样的趋势。第一组之每家平均收入为六四・四四元，几等于第二组收入的二分之一，第三组收入的三分之一，第四组收入的七分之一。

这一方面因为收入多之家庭人口的赚钱能力高，也是由于家庭的人口多。

关于其他收入每家平均总数为一五·九七元，占一切收入总数的百分之八·八。其他收入中以亲友之资助为最多，每家平均七·○六元；利息次之，每家三·六九元；房租又次之为二·四三元；其余田园赈济与卖物等项均不足一元。

有田园之收入者共计五家。第一组有一家，收入为七·五元；第二组有三家，收入共计五二·四元；第四组有一家，收入为三三元。

房租之收入各组均有，第一组有三家，共计二五·八元；第二组有四家，共计一三三·二元；第三组有一家，计二九·五元；第四组有两家，共计五四·四元。

有利息收入者仅三家，除第三组外各组均有一家。第一组内一家之利息收入为三·二元，第二组之一家为六六元，第四组为三百元。

除第四组收入较多之家庭外各组均有资助一项。第一组内有四家，共计三七·八元；第二组内三家，共计二七元；第三组内有三家，共计四五一·二元，由此看来亲友之资助款额亦随组之次序而递增。

受赈济之家数目自然是随组之次序而递减。第一组内得救济者有一一家，约占本组一切家数的三分之一，共计赈款四七·三元；第二组有九家，占本组家数的四分之一，赈款为二八·四元；第三组仅一家得一二·三元；第四组无须赈济之家庭。

因一时用不足曾卖家中旧物者只在第一组内有四家，共值九七·八元。

有许多家庭的收入不抵支出，又素无积蓄，故赖借贷或当物补足。第一组内借贷多至二六家，占本组家数的四分之三，借入款额达七四三·九元；第二组有一家，约占本组家数的三分之一，借款达二七一元；第三组有六家，几占本组家数之半，当款达二六○·五元；第二组有一三家，占本组家数三分之一，当额达二七九·八元；第三组有两家，占本组家数七分之一，当额达四二元；第四组无当物者。

若按调查之百家计算，则每家之平均借当总数为一九·四九元，其中借贷为一三·六七元，占百分之七○·一，当物为五·八二元，占百分之二九·九。

（责任编辑：胡庆英）

第四编
从社会人类学的角度研究家庭

家庭与性别评论（第 7 辑）

第 149~154 页

© SSAP，2016

金翼：把种子埋入土里[*]

林耀华

　　我们已经知道了关于张家和黄家两家发展的全部故事。我们已经看到了两家的家长东林和芬洲如何联结起来，又如何繁荣或衰败。从我们所从事的活动中，我们可以探索所发生的种种变化。

　　这些变化可分成三个主要阶段。第一阶段，青年时代的东林和芬洲都遭受了贫穷和居无定所之苦。只是在他们偶然相遇并彼此谈论起在湖口开一个店铺时，通向成功的机会才来到了。他们在镇上生意的成功，反映在他们家里和村里：他们盖起了新房；送孩子上学念书；给儿子们娶亲，举行庆祝宴会；祭祀他们的祖先；发展他们的家园；等等。他们往来于闽江上、下游之间所做的稻米和咸鱼生意，成为赚钱的主要途径，其他活动和往来联系也随之展开了。

　　第二阶段黄家和张家开始遇到麻烦和遭受不幸。芬洲的命运开始恶化，他对家庭以及后来对店铺的不适应，使他变得终日郁郁寡欢，最后因此而被夺去了生命。他的儿子茂衡本来有机会开一个新店并重建家园，但由于他的失误和无能，让这种机会白白丧失掉了。另一方面，黄家这时也遇到了内部困难和外在打击。但是东林从以往的经验中学会了如何去适应命运的潮流、如何与朋友携手并进，因而他获得了成功。其结果便是双方出现了越来越大的差异，东林节节上升，而张家迅速衰败。

　　第三阶段，张家已从生活的画面中消失，只有黄家仍然奋斗下去。为

---

[*]　选自林耀华《金翼——中国家族制度的社会学研究》，第 21 章，庄孔韶、林宗成译，三联书店（香港）有限公司，1990。

了获得更大的成功，黄家继续扩大生意，并且与地方政治发生了关系。社会和政治发展之快使黄家不可能跟上潮流，最后，巨大的民族危机使黄家又回到他们最初的状态中去。

我们从这两家的历史研究中可以看出什么呢？应该怎样通过对家庭历史的剖析来解释支配人际关系的那些原则呢？从东林和他的家庭关系的描述中，我们可以看出存在着一种关系体系。这种体系意味着任何关系的组合，都可以从另一套体系中分离出来。在对东林早期生活的描述中，我们已经很清楚地提出了这种体系的概念。我们勾画了由竹竿和橡皮带所组成的框架结构，任何时候任何一个有弹性的橡皮带和一个竹竿的变化都可以使整个框架瓦解。人类行为的平衡，也是由类似这种人际关系的网络所组成，每一点都代表着单一的个体，而每个个体的变动都在这个体系中发生影响，反之他也受其他个体变动的影响。

像竹竿和橡皮带的结构一样，人际关系的体系处于有恒的平衡状态，我们即可称之为均衡。关于均衡的概念还可以进一步用物理学的研究来解释。我们知道，人体也是处于一种均衡状态，所以如果稍有刺激施于其上，便会产生反应；这种刺激一旦消失，身体就会恢复到以前的均衡状态。当人体受到感染时，一系列的伴随反应就会产生，如体温升高、白血球增多等，直到感染被制止时，白血球将降到原来的数值，体温也会恢复正常，从而身体又恢复到均衡状态。

人际关系的领域中也有类似的均衡状态存在。东林和他祖父之间的和谐关系便是这样的一例，老人的死使东林变得不安、孤独和悲伤。平衡状态被破坏了。只是经过很长时间之后，日常生活和工作才使他逐渐恢复了常态。

但是有时候作用在这个体系上的干扰力太大、太深刻，以致在干扰力被取消之后个人或群体却不能恢复原状，而是继续一种非平衡状态直至一个新的平衡状态的确立。这种新的平衡与旧的平衡状态有可观的不同，但是它可能包括旧有因素的重新组合。在东林的生活中，卖花生是重要的一环，因为它是把东林从家乡引向外部世界的基点。我们可以回想，东林是如何碰到芬洲，后者又如何把他带到市镇开展商业并互为搭档。店铺的生意在他们面前展现了一个新世界，他们从此走上新的生活之路。卖出和买进，称量和算账，此外还与市民们交朋友，等等。在这个新建起的体系之中，店铺成了东林活动的中心，而家庭生活则退到了后面。

　　但这种均衡状态是不可能永远维持下去的。变化是继之而来的过程。人类生活就是摇摆于平衡与纷扰之间，摇摆于均衡与非均衡之间。

　　对像东林的店铺来讲，它本身就是一个紧密组合在一起的一个体系。其中成员互相合作，顺利工作。店铺的经营活动，使得这个体系一天天充满活力地运行下去。而这些活动即由人们群体间的互动作用而体现的，也即是说，店铺内人与人之间的关系或店员与顾客之间的关系。

　　当这个体系中人们之间的关系维持常态，均衡就能保持下来。一个店铺总有经常的卖与买之间的交往。如果没有顾客，店铺也将倒闭。所以很明显，相互交往的程度势必影响到均衡与否的状态。

　　我们除了了解人们为了保持均衡，通过不断调整内部关系以便彼此联系之外，还应看到这种调整适应的能力很大程度上受到各种技术、行为、符号及习惯的影响，这些总和称为"文化"。这些技术由于人们所处的时代及环境不同而异，它们制约着每个人与其他人之间的关系，决定了一个人必须与其他哪种人往来，因而也就为他的体系和结构的组成提供了基本的规则。在这个小店铺中，除了经营它的人们，还有一个形成整个气氛的环境存在，像桌、椅、酒壶、药箱、尺、柜台、秤、钱和帐簿等物品，以及量、秤、算、写这些技术，还有人们谈话、记录所使用的语言文字，在买卖中形成的习惯，这些全部组成制约人们交往关系的环境因素。一些日常活动有重复的，但所发生的每件事都将与以往不同，因为上面所提出的那些环境因素是时时变化的，尽管店铺中的人员依旧。因此，在我们研究人际关系时，自然不能只看到那些处于均衡状态的人们及其相互联系，还应注意到影响和干预了人们交往联系的文化环境。

　　我们在上面已提出了某些支配人际关系的基本原则。人类生活在变化，但并非不遵循这些原则。我花了不少笔墨来详述张、黄两家的故事，仔细描写他们的日常活动并小心地剖析各个人的人际关系，其目的就是要客观地勾画出张、黄两家各自命运的变迁，从而发掘出人类生活的真正图景。

　　我们所说的"变迁"是什么意思呢？就是指体系的破坏，然后再恢复或者建立新的体系。什么力量能导致变迁产生，即破坏存在着的体系的均衡呢？一般来说，有四种力量能使平衡垮台。

　　第一，物质环境的变迁促使适应于它的技术变迁，结果带来了这个体系内人际关系的变迁。黄村的客观环境很少改变，因而以务农为常规，这是从黄家的远祖那里传下来的，始终如一地没有任何改变。所以黄村农民能够在这样的一个农业体系中朝夕相处，年复一年。

第二，由于一种技术上的原因所产生的技术上的变迁，也会导致人们日常关系的变迁。当芬洲与东林中断了卖酒的生意而从事鱼米贸易，他们的具体技术也完全改变了。这也是东林第一次进城的原因，他必须在那里与鱼店、米铺、钱庄和船主们，甚至同搬运苦力们打交道，这使东林和他的店铺进入了一个新的境界。他几乎完全断绝了与家乡村里的往来，越来越专心致力于城里的鱼米生意，从而建立起一种新的生活，或说是新的均衡体系。在这个新的体系中他成为一个重要的人物，他必须能使鱼米的江运往来不断，从而保持生意的兴隆。

实际上，每当新的技术被采用，店铺里就会随时发生变化。拖船运输转成轮船运输使商品货物往来加快，大大便利了商业贸易。那些没有轮船之便的店铺就会破产而最终被逐出竞争的行列。

每当从事一个新的生意，也就会引进一种新的策略，因而也就会达到一种人际关系的新阶段。盐的垄断和木材买卖就是两个例子。由于垄断了盐的生意，店铺可以扩张势力设立盐库、控制市场。而木材买卖有它自己的步骤，如从森林砍伐开始，然后顺水放木排，运往城市，最后摆在商场上出卖，等等。店铺此时成为这样一个中心，它引导工作方向并不断与各色人等签订合同，这些人共同合作分别负责木材生意中的不同过程和阶段。

第三，人物及班底的变化也会促使人际关系变迁。每个人都有不同的交往方式和不同的适应能力。一群人中一个新人物的替换或者是一个重要人物的增加都会暂时影响到体系的均衡，直到这个群体内部人员之间重新调整以使彼此相适应。广泛的接触和在商界的经验，使东林成为一个出色的商人和训练有素的经理。我们还记得芬洲在他短期退休之后又回到店铺时发现已没有自己的位置了。自从他告退以后，店铺的组织完全改变。东林建立起一套他自己的体系，在没有芬洲这位早期合作者的情况下店铺经营井井有条。这个例子可以说明，人员的变更是一个致使现存体系平衡紊乱的因素，同时也成为建立起新的平衡体系的动力。

第四，一个体系之外在因素的改变也会促使这一体系之中成员间关系的变迁，并波及这一体系的所有人员。东林同时既是家乡中他的家庭的成员，也是店铺的一员，所以店铺中发生的一切必然影响到家庭，反之亦然。我们已经看到，店铺越发展，它积累的财富越多，家庭的地位也随之升高。相反地说，当东林由于建造房屋而打官司时，受到牵连的不仅是他的家庭和亲族，而且也影响店铺和生意。

像店铺和家庭这样两个体系互相影响、互相依赖是可以看得很清楚的。黄家的上升是店铺成功的反映，而黄家孩子们所受到的更好教育和较为广泛的联系，又有助于店铺的扩展。由于东林长子、留洋学生三哥的努力，东林店铺才可能取得食盐的专卖权；而三哥和五哥作为轮船公司的重要成员，在店铺的经营发展上也有过不小的帮助。五哥的死使公司中两派失去了微妙的联系，于是接连发生了争吵、诉讼和改组。除了日本侵略所造成的民族危机，轮船公司的失败也大大摧毁了店铺和黄家的这两个均衡的体系，随后也就衰微破败，又重回了原先的贫困状态。

从我们对人际关系的研究中，我们可以了解到由个人所组成的各个体系是如何互相联系的，又是按照哪些原则发生变化的。这些体系的均衡和不均衡的变迁并非没有原因。一个个体或个人同时是许多体系中的成员，并且与许多其他个体相关联这样的事实，使得一个体系中的变化就影响到其他体系的变化。许多体系之间存在着内部的相互关系，无论是像店铺与家庭那样具有共同的成员而同时并列共存的体系，或者是像家庭、世系和宗族那样具有从纵面联系起来的体系，都能表明体系与体系之间的内在的相互关系。

如果我们简略地回顾一下张家的败落，我们不难发现它是与黄家的上升遵循着相同的原则的。当茂衡同大哥、方扬同开新店时，他的雄心是要重建张家，而且他也确实有一个好机会。但他和张姓女人的私奔以及长期在外滞留，从而转移了他对经商的兴趣。当他回来之后又发现两个伙伴之间存在严重的分歧与冲突。这是一个关键时刻，但他却漫不经心地选择并信任方扬。他进一步从老店抽出了所有的款项，这不仅伤害了当时单独支撑店铺的年迈的舅舅，而且也伤害了茂魁的寡妇，因为她的儿子对家庭的财产也具有所有权。我们可以看到这种关系连环的影响是多么庞大！茂衡的一个行动决定了新店的命运，不但影响了他自己家庭体系的不平衡，而且也影响到他的母系亲族的体系。

在这些情况发生之前有些人也许会说，茂衡从小与大哥便是亲密朋友，他应与大哥合作经营生意，而不会与方扬合伙。但实际情况则相反。方扬为了取信于茂衡，装作非常恭顺，而且发誓做他的忠实随从。他们曾交换誓约，他们在一起聊天、喝酒、睡觉，他们为什么不能在一起合作开店呢？既然大哥与方扬之间不能和解，那么茂衡则选择了这个新交的密友。另一些人的观察力和判断力要比茂衡强些。记得东林曾对他提出过忠告，茂魁的寡妇也劝阻他这样做。局外人早就预测到他的失败。

科学不过是经过组织了的常识。一门科学的目的如果是为了控制人类生活，那么对于人际关系的研究就应当做得细致周密，以期能够预料将来从而掌握将来。

不过我们也清楚地知道任何种类的预言都是困难的，因为人际关系是如此紧密地纠缠在一起。就看我们的这个小小黄家是如何从一个僻远的村落中渐渐扩展到进入城市生活和国家生活吧。黄家成员逐渐与地方上各种机构发生了广泛的联系，以致这一地区或城市内无论是在政治、军事、经济甚至宗教等各方面发生的任何事情，都会直接或间接地影响到黄家。我们还可以回忆在最后一次商业冒险中，三哥将他的全部信心都放在轮船公司赢利的前景上。他是受过高等教育有智慧的人，可他却从没有想到那次冲突可能导致一场诉讼事件。即使他预见了这场争讼，他也绝没有想到一场民族危机的灾难又毁掉了他的生意和家园。

至此，奉献在您面前的是两个有联系的家庭的详细历史。这是用一种关于运算的社会学观点所进行的研究。作者希望这本小书能为人际关系的深入研究者们提供一些原理。这或许对造福人类社会有所帮助。

（责任编辑：杨阳）

家庭与性别评论（第 7 辑）

第 155~163 页

生育制度：社会结构中的基本三角[*]

费孝通

三角的稳定

两点之间只能划一条直线。这条直线并不能固定任何一点的地位，两点尽管可以不改变这距离而四处移动。若要固定这两点和其间直线的位置，只须再加一点，划成一个三角。三点之间要能维持三条直线的长度就只有一个三角的形式。两点地位的固定得靠第三点的存在，这是结构学上的原理，在社会团体的形式中也常常看见，两人间的关系靠了第三者的存在而得到固定。

雷蒙德·弗思说："舞台上或银幕上的三角是二男一女（近来也有二女一男）间爱的冲突；可是从人类学者看来，社会结构中真正的三角是由共同情操所结合的儿女和他们的父母。"①

我在上面已经说明：婚姻的意义就在建立这社会结构中的基本三角。夫妇不只是男女间的两性关系，而且还是共同向儿女负责的合作关系。在这个婚姻的契约中同时缔结了两种相联的社会关系——夫妇和亲子。这两种关系不能分别独立，夫妇关系以亲子关系为前提，亲子关系也以夫妇关系为必要条件。这是三角形的三边，不能短缺的。

夫妇和亲子两种关系固然是相赖以成，但是很少是同时在事实上完成的，除了结婚前已有孩子的男女，或是续弦。在普通情形中，缔结婚姻的

---

* 选自费孝通《生育制度》，商务印书馆，1947。

① 雷蒙德·弗思：《人文类型》，费孝通译，商务印书馆，1944，第 78 页。

时候，三角中两点间划了一条线，还有一点是虚悬的，两边还是虚线。虚点不是没有点。这虚点是正在创造中，给予已有的两点一个动向。但是虚点也不是真有一点，因为这点可以老是不实现的。三角形在创造中是一个动的势，其中包涵着一股紧张和犹豫的劲。这时的男女说是夫妇既不完全，说不是夫妇又觉得不合——表示着一种不稳定的关系。

社会对于这种不稳定的关系，大多是不十分肯定认为是正常的关系。在广西，花篮瑶中表示得很清楚。我在上章里已提到过他们的情形。夫妇间的共同生活要到生了孩子之后才正式开始，在他们看来结婚到生孩子之间的一段时间是实现夫妇关系的预备。最有意思的就是他们把结婚的仪式拉得很长，要到孩子满了月才算结束。最重要的一节仪式，向社会公布婚姻的"结婚酒"一直要到请"满月酒"时才举行。在他们看来这是很合理，而且很经济；反正结婚后不久就要生孩子，分两次请客不如合并在一起。可是在我看来，延期的意义却不止经济而已。我已说过在这期间，已结婚尚没有孩子的夫妇，若要离异，所需的手续和解约相同；这时新妇回娘家的时候很多，和婚前生活并没有太重大的变化。这表明在他们心目中，没有孩子的男女间的夫妇关系是预备性质，还没有到条件具备的程度。这种关系是不稳定的，不宜向社会宣告婚姻的确立。

花篮瑶不但在实际生活上，而且在仪式上，特别强调孩子的出生是夫妇关系完成的条件。在生育孩子，担负起抚育作用之前，夫妇关系被认为是不完全的，他们的法律地位也没有比未举行初步仪式前有所增加。在我们社会里虽则没有这样明细的情形，但是在若干方面也表示出相似的意思。在称谓体系中，媳妇的称呼很多是从她和孩子的关系中得来的。她的翁姑和丈夫时常称她作"某某的娘"。没有生孩子之前，家庭里其他的人很不容易称她，所以很多时候是没有称呼的，或是用不很确定的称呼。在这种情形下，除非在当面的情境里才能有配合的行为。没有称呼必然不能充分地参与这新的社会团体。在昆明土语中，有直呼这种媳妇作"写未生的娘"，写字是小名的普通助音，未生是虚悬的孩子。这个例子告诉我们上文所用虚点线等并不只是为我们分析上的方便，而是实际生活中应用的标记。

夫妇关系没有完成，或是已婚的妇女尚没有取得她的社会地位之前，独立的家庭是不易建立起来的。现代社会中，儿女一结婚就和父母分居去经营独立生活，这并不是普通的情形。有很多地方，新婚的儿女要经过一个附属的时期。在我们农村里，男女结婚之后，常常要等一个时期才闹分家。独立成家的大多是已有孩子的夫妇。特罗布里恩德岛上土人新婚的时候也是和父母一起住的。一定要双方婚礼交割清楚，新夫妇才能另筑新巢，而婚礼交割清楚为时已近一年，独立的小家庭大多已是有孩子的了。①

社会对于没有孩子的新夫妇予以特殊的待遇是有理由的，因为在这时期中夫妇关系既未完全，又不稳定。关于这一点，美国的离婚统计表示得很明白。在西洋社会中固然承认结了婚的男女就可以独立成家，可是事实上这对于婚姻的稳定是很有影响的。据美国普查局宣布：1942 年的离婚案件，有 35.7% 是发生在有孩子的夫妇间；53.9% 是发生在没有孩子的夫妇之间，其余不明。② 我们若想到所有夫妇中有孩子的比没有孩子多得多，而没有孩子的夫妇中的离婚数却占了整个离婚人数的一半以上，很可以看到孩子在稳定夫妇关系中的作用。

男女之间若是只有一条直线关系，这关系的内容实在只是两性合作，以相互的感情来维持的性爱。我已说过，性爱是流动而且是多元的。每一点和异性的任何点都有发生联系的可能。可是这种多点的联系却不会发生三角结构的。一般在舞台上或银幕上惯见的剧情，虽则被称为三角恋爱，其实是一种误解，因为第三点和已有两点并不能同时发生联系，而成为三角。它只联着两点中的一点，而和另一点是处于相反的方向，因之不但不能稳点原有两点的联系，反而增加了两点之间的离散倾向。

孩子在没有成熟前，正是他需要抚育的时期，他是和父母同时发生联系，所以我们可以说是形成了个社会结构里的三角。我们在以下几章中还要详细分析这三角形中的感情错综，以及它的分散；在这里我想补充上章所论夫妇之间调适的困难，加一些话。

在外混的规律之下，社会把生活历史相异、身世不同的男女结合成为夫妇；虽则我们已见社会用了各种方法，使结合的男女在过去经验上相差不致太远，可是过去的历史是无法修改的。为了谋夫妇关系的美满，我们还得偏重于男女之间的调适作用。我在上章之末已经提到这一层。恋爱可能促进男女之间的调适作用。在这里我想提到的是孩子给夫妇间调适作用上的帮助。

---

① B. 马林诺夫斯基：《原始人的性生活》，第 93 页。
② W. 古德塞尔：《家庭问题》，第 577～578 页。

帕克教授说："和动物比较来说，人所生活的世界不是二度而是三度的。"所谓三度是指过去，现在，和将来。"人能回顾前瞻，所以人的生活中有一种紧张及犹豫，足以破坏已经成立的习惯，或解脱尚没有成立的习惯。在这紧张的犹豫时间中，活动的方向受当时态度的支配，实较已有的习惯为甚。"① 两性的享受不带有对于将来的瞻望。各人为了自己的满足不易有个共同的憧憬。这种生活不是三度的，因之各自被习惯所支配，使他们不易和洽。要打破这种历史的不同习惯的障碍，必须创造出一个共同的向未来的投影。孩子不但给夫妇创造了一个共同的将来的愿望，而且把这空洞的将来，具体地表示了出来。结婚若是只是指两性的享受，这种关系是不易维持的。可是结婚却开启了另一种感情生活的序幕，孩子出生为夫妇两人创造了一件共同的工作，一个共同的希望，一片共同的前途；孩子不但是夫妇生物上的结合，同时也是夫妇性格上结合的媒介，从孩子在夫妇关系上的创造性，使我们对于"三角形的完成是孩子的出生"这一句话有了更深一层的了解。稳定夫妇关系的是亲子关系。

家庭的概念和实体

上节里我说明了夫妇只是三角形的一边，这一般若没有另外一点和两线加以联系成为三角，则被联的男女，实质上，并没有完全达到夫妇关系。社会对他们时常另眼相看。这是一种过渡的身份。孩子的出生才完成了正常的夫妇关系，稳定和充实了他们全面合作的生活。这个完成了的三角在人类学和社会学的术语里被称作家庭。在概念上家庭就等于这里所说的基本三角。

父母子所组成的团体，我们称作家庭。家庭一词在这里是一个用来分析事实的社会学概念，它的涵义和日常的普通用法，可以稍有出入。在我们中国，一般所谓家庭常指较父母子构成的基本团体为大。有人用小家庭来专指父母子构成的基本团体，用大家庭来指较广的亲属团体。可是大小家庭的分别，并不单在数量上，而最重要的，是在它们的结构上；而且在所谓大家庭之中，父母子所构成的基本团体并不被抹煞的，较广大的亲属团体无不以父母子构成的基本团体为其核心。所以我们在概念上仍需要对于这基本三角有一专称的名词。

---

① R. E. 帕克：《人类的本性、态度与习俗》，见 K. 杨格著《社会态度》，第 25 页。

　　在这里我想附带指出文化比较研究方法上的一个要点。文化科学不能不建筑在一套叙述文化事实的名词上，而供给名词的语言体系总是属于特殊文化的。用甲文化中的名词来叙述乙文化中的事实，时常会发生困难，因为甲文化中的名词的意义是养成在甲文化的事实之中，甲乙文化若有差别之处，乙文化的事实就不易用甲文化的名词直接来表达了。这就是做文字翻译工作的人时常碰着"无法翻译"的地方。可是我们若不把"无法翻译"的翻译出来，文化比较研究也就无从说起。要想把一切不同文化中的事实能相互翻译得转，我们须有一套可以应用于任何特殊文化的普遍概念。

　　我们是否能得到这一套文化的普通概念呢？这问题的回答得看我们对于文化性质的看法了。从我们看来，任何文化都是根据当地人民在社会生活中所必需的条件而发生的。若是我们承认人类的基本需要是相同的，则千变万化的文化也必有一个相同的基础。在这文化的相同的基础上，我们可以寻到一套相共同的概念，这是文化比较研究的基本理论。无疑的，这套相同的概念，依旧是须用特殊文化中的语言来表达的，因之，在文化科学中所应用的一套名词所具的意义，有时和特殊文化中日常所应用时的意义不尽相合。婚姻、家庭等就是这类名词的例子。

　　可是，我们还得追问，家庭是不是一个文化研究中的普遍概念？这就得要看这社会结构中的基本三角是否普遍的文化事实，还是只限于特殊文化中的事实？若是一个读者想在人类学的书本里去寻求这问题的答案，他一定会觉得议论纷纷，莫衷一是。社会进化论者认为人类曾经不少阶段才进化到现有的方式。现有一夫一妻的婚姻也是从别种婚姻方式中进化来的。在最早时期，人类和很多动物一般，两性关系便是漫无限制的；他们更认为婚姻关系和两性关系是二而一的，所以在这个阶段中，依他们的推想，一定无所谓个别婚姻，而是一个乱交的人群。

　　在一个乱交的人群中，我们很可理会进化论者的想象，一个人只能认取他的母亲，不知道谁是父亲了。在这种想象中，我们可以见到，他们认为社会性的父母，一定要像我们社会中一般，根据生物性的父母，再进一步推论，在这种知其母而不知其父的社会中，社会上的基本关系只是母子关系，因之形成了一种女性中心的母权组织。这时候的男子大概有些像雄性的蜜蜂，除了生殖之外没有什么事要做的。①

---

　　① 最重要的母权论者是德国的 J. 巴舒芬，著有《女权》，1861。

这种学说刚巧适合于十九世纪风行一时的进化观念。因之婚姻进化阶段说也应运而生。人类学中最初用实地研究方法的摩尔根根据了他在北美土人中所实地看到的亲属称谓，推论出一套婚姻进化阶段来。人类从乱交开始经过若干阶段才到一夫一妻制，这些阶段是：Consanguine Family（兄弟姐妹间婚姻所组成的家庭），Punaluan Family（一男一女间的婚姻所组成的家庭，但并不排斥婚外性生活），父权家庭（一男和多女的婚姻所组成的家庭）。① 摩尔根在人类学上的贡献是很大的，但是从称谓方式去推测婚姻方式却存在着还应当考虑的问题。对于这一点我在论亲属关系时将详细加以讨论。现在的人类学家对于摩尔根所订下的婚姻方式进化阶段表有很多讨论和修改。在我看来，主张婚姻方式曾经有过种种变化是有根据的。我同意婚姻方式是人类历史的产物，一切社会制度的形式都是手段，手段必须依着处境而变动。较固定的是人类生存的需要。研究文化的人士应当观察人类怎样在不同的处境里改变他们的社会制度以满足生存的需要。有些反对进化论的学者想把婚姻关联到人类生理的机能，心理的机能，藉以替婚姻形式打一个永存的保证。② 这种企图在我看来因为没有多大希望，所以我在上文曾称作走不通的捷径。

婚姻的方式可以变，一定会变，曾经变过，都是可以说的。可是它所以变是要看两方面：一方面是婚姻的功能；一方面是当时的处境。除非我们明白了人类里为什么有婚姻，否则我们是不会找得到它形式上演变的道理的。依我在上文中说的，婚姻是人为的确立双系抚育的手段。若是不必人为，如生理论，心理论，人类中无需婚姻；若是不必抚育，抚育而不必双系，人类中也无需婚姻，"不必人为"和"不必抚育"这两个前提是被人类的生理基础所否定的，我们不必多说；"不必双系"是可能的。这可能性是决定于另一原则就是效力。抚育既是不可避免，所以人类的问题也就是怎样才能有最有效的抚育。婚姻的方式就是依这标准来决定的。固然，人不比其他生物，依自然选择来获得在一定环境中最有效的个体形式，人的文化是要人去创制的，当处境改变，旧有的制度的形式已经减少了或失去了达到它的目的的作用时，人可能会陷入困苦中而不知道怎样去改造他们的制度的形式。在这个时间，我们可以看到所谓"社会的病

---

① L. N. 摩根：《古代社会》，1878。

② 如韦斯特马克。

态"。有人认为功能学派是以"存在为合理"，这是一种误解。人类学者并不发生合理不合理的问题，他们是以人生活最大满足的现实标准作为健全和病态的标准。功能学派也绝不忽视社会的变迁。相反的，他们要在比较方法（变异和变迁）中去寻求社会制度的功能。

在过去的历史中，人类似乎找到了一个比较上最有效（效力总是相对的）的抚育方式，那就是双系抚育。在生活程度较低，每个人要耗费大部分的时间在生产工作里，再加上私有财产的制度，抚育这件与社会存在有极重关系的事务，似乎交给了小团体，一男一女，去负责，要较大团体为可靠和有效。在这种情形中，家庭这三角结构也成了抚育孩子的基本团体了。在我们所看到的各种社区中，包括摩尔根实地调查的北美土人在内，没有不是如此的。所谓乱交、母权、群婚等至今不过是一种猜测的可能在以往有过的社会方式，但是至少还是没有以现有可以考察的事实来证明的。

若是容许我也作一种猜测的话，这些方式发生在过去的机会也许比发生在将来的机会少得多。在目前社会事业发达，集体责任的加强，私有财产制的消蚀，很可能改变抚育的有效方式。那时候婚姻是否需要也成了问题，至少它的性质会发生极大的变化。可是这些都是将来人类学家研究的对象，对于我们在这个时候研究生育制度的人是不会有多大结果的。

婚姻是个别的契约

有些学者认为在我们自己社会里所见到的基本三角——家庭——是现代的产物，它是从一团糟的混乱关系，经过了多角形态而成立的。一团糟的社会现在固然看不见了，但是，他们认为，多角形态的婚姻关系还是存在的。多婚制，不论是一夫多妻，一妻多夫，都是这种事实的明证。因之，我们若要说父母子的三角是基本形态，还得说明多婚制并不是多角，仍是这三角形的变相。

请先论多妻制，多妻制是一个男子和一个以上的女子结婚的方式。在论多妻制之前，我们应当把多妻制和媵妾制分别清楚。媵妾制本身变化虽多，但有一点是相同的，就是媵妾的女子和她所属的男子并没有进入婚姻关系，她们时常是处于奴婢的地位，在她们的服役中包括给予主人性的满足。西伯利亚的楚克奇和科里亚克民族据说是实行多妻制的，可是洛伊说："无论从哪一方面看，第二妻都可以算是第一妻的婢女，在新几内亚的凯伊（Kai）族里头，情形也无二致，首妻常派遣余妻去采柴汲水，命令她们炊饭飨客。东非洲的马萨伊（Masai）人里头也是如此。首妻监督其余诸妻，分用丈夫的牛群的时候，她的一份特别大，丈夫送礼给她们的时间，她所得的数量及价值非余人所及”。① 洛伊虽称这些作多妻制，其实是媵妾制罢了。媵妾所生的子女并不能认她作社会性的母亲，而是被正妻所认领，不然就犹如其他在婚外所生的孩子一般，不能获得完全的社会身份。上章所引《石头记》里的例子，就可以见姨娘们与其所生子女并不发生社会的亲子关系。媵妾制可以视作一种经常的婚外性关系，但不能称它作多妻制。

在我们社会里所见到的“两头大”才可以归入多妻制的一类里。在嗣续的规律上，依我们的习惯，有所谓兼祧的办法：一个男子兼作两宗的后嗣。在社会身份上，他是兼职的，因之，社会允许他（虽则和现行法相抵触），娶两房妻子各宗一房，所生的子女其实只认为一个母亲，甲妻的子女在世系上和乙妻并没有直属的关系。我们并不能说他们三个人参加了一个共同的契约，不过是两个契约并在一个男子身上；不是多角，而是两个三角有一个共同的顶点。

非洲土人中多妻制相当盛行。洛伊说：“在非洲，妻的数目往往甚多，她们大率每人带领自己的儿子住在一所小房子里自立门户。聪加（Thonga）族人通常把这些小房子排成弧形。”② 劳特利奇（Routledge）夫妇在东非所见，“全家像一小村落，丈夫相当于村长”。③ 每一个妻子抚育她自己的儿女，自成一个单位。这样说来，多妻制并不是一种团体婚姻。

所谓多夫制中所见的情形，原则上也是这样。非洲瓦胡马（Wahuma）土人中“一个男子无力单独购买妻子时，他的弟兄们集资相助，新娘过来以后暂时共享，要到她怀了孕，从此以后才是她的丈夫的禁脔”。④ 这表明瓦胡马土人中的所谓多夫制其实不过是夫妇关系完成之前性的混乱，可是绝不影响到亲子关系的混乱和多角化。

著名实行多夫制的托达土人中，我已在上文提到过，“兄弟们是同住的，所以只要有一位娶了妻，她便成了他们共同的妻。甚至于娶那位妻的

---

① R. H. 洛伊:《初民社会》，商务印书馆，1935，第 53 页。
② R. H. 洛伊:《初民社会》，商务印书馆，1935，第 52 页。
③ R. H. 洛伊:《初民社会》，商务印书馆，1935，第 53 页。
④ R. H. 洛伊:《初民社会》，商务印书馆，1935，第 54 页。

时候还没有出世的小兄弟也要和他的老哥哥共享那宗权利。在这种兄弟间的多夫制的场合，丈夫间不会有什么争吵。托达人心中简直想不到有争吵的可能，她怀了孕，年龄最高的丈夫持弓执箭行一仪式，这就定下了法律上的父子关系，但其余的兄弟也一般地都成为那孩子的父亲"。

"倘若一个女子所嫁的几个男人不是兄弟，而且也许是不住在一村中的人，那么事情就麻烦多了。虽然没有绝对的规则，寻常的办法是在每个丈夫那里住一个月，周而复始。在这种场合，法律意味的父子关系之决定是异常有趣的。就一切社会的目的而论，谁在妻的怀孕期中行过那个弓箭仪式，谁就取得了做父亲的资格，不但是那一个孩子的父亲，而且还是此后所生的子女的父亲，要等另一位丈夫出来行过那规定的仪式，他才交卸他的父亲资格。通常是约定把最新的两个或三个子女属于第一位丈夫，以后再怀孕便再由一位丈夫来确立他的为父之权，仍以二三子女为限，其余照样办理。生物学上的亲子关系完全置之不问；久已作古的男子还是被认为亲生婴儿的父亲，倘若没有别的男人行过那持弓执箭的仪式。"[1]

多妻不是多母，多夫不是多父。这说明了婚姻是个人间的契约，不是集合性的契约，非但一男一女的结合是正常的及最普遍的婚姻方式，即使有多男一女或多女一男的结合，也没有脱离了这个别性契约的基础。我们至今还没有可靠的凭据可以证明有地方有由多个女子和一个男子，或一个女子和多个男子，或多个女子和多个男子共同参加在一个婚约之中的。因之洛伊结论说："双系性的家庭是一个绝对普遍的制度。"[2] 换一句话说，生育制度的基本结构是父母子的三角，而这三角是现在可以观察到的人类社会普遍的基本结构。

（责任编辑：杨阳）

---

① R. H. 洛伊：《初民社会》，商务印书馆，1935，第 56 ~ 57 页。
② R. H. 洛伊：《初民社会》，商务印书馆，1935，第 175 页。

家庭与性别评论（第 7 辑）

第 164～180 页

祖荫下：家族的繁衍[*]

许烺光

从喜洲镇的婚姻习俗来看，可以有以下三点基本的结论。首先，婚姻是延续父系家族的一种手段。当家族面临断香火的危机时，人们就可以自由缔结母系的婚姻，来维系父系家庭的延续。祖先的认可也是婚姻中不可缺少的一部分。

第二点以第一点为前提，也就是说婚姻是以男性为中心的。婚姻强调的不是丈夫与妻子的感情，而是妻子对丈夫，尤其是对公婆的义务。妻子必须生育男性后嗣，这是妻子对婚姻应做的贡献。除此之外，妻子的重要优秀品质之一是对于丈夫和公婆的顺从。有了这样的前提，婚姻便没有了罗曼蒂克的结合。父母包办婚姻的现象很普遍，鼓励女孩子幼年订亲，并且在婚前就和夫家来往以便熟悉婆家的生活，这样能够保证婚后生活更加和睦。算命和神的保佑，是完美婚姻的重要前提。娶妾是普遍正常的。

第三点便是众人皆知的道德双重标准。在男女第二次婚姻和通奸上，这点表现的尤其明显。一个鳏夫再娶是正常的，但是一个寡妇再嫁就要招致非议。丈夫对妻子不忠是常见的，但是妻子对于丈夫不忠就会招致社会舆论的扼杀。在这样的双重标准下，妇女缠足似乎也成为区别不同性别的合理的附加条件。

---

[*] 选自 Francis L. K. HSU（许烺光）*Under the Ancestors' Shadow：Chinese Culture and Personality.* New York：Columbia University Press，1948。译文参考王芃、徐隆德翻译的《祖荫下：中国乡村的亲属、人格与社会流动》，（台北）天南书局，2001。

这几点结论与我们在第三章所描述的亲属关系的各个基本方面完全吻合。简单地说，亲属关系是建立在一种血缘理论之上，且考虑世系、辈分、性别和年龄各因素的影响。父子关系是这一亲属关系的核心，其他所有关系都是父子关系的延伸或补充，或是说从属于父子关系的。整个亲属关系的每一部分都是为了延续父子关系或者是后者所带来的结果。

大家庭的理想

父子关系的延续可以通过长子继承全部财产来系统地疏散其他年幼的男性成员得以保证，也可以强调整个家庭作为一个整体的方法得以实现。前者所使用的是长子继承制，后者就是所谓的"大家庭的理想"。

人们常常误认为实行长子继承制是实现大家庭理想的必要条件。实际上，它们二者相互排斥。长子继承制就意味着除了长子之外，所有年幼的儿子都必须离开家庭。大家庭的理想意味着所有的儿子都要生活在同一个屋檐之下，所有的儿子都有或多或少的平等的继承权，至少在理论上是这样。

在喜洲镇，社会习俗鼓励的是大家庭的理想，敲掉家庭的整体性，而不提倡长子继承制。父母包办婚姻，求神问卦，偏爱订娃娃亲而不是强调浪漫，这些都是为了维护家庭的一体化。这种家庭的一体化并不是通过具有不同个性的个体相互适应来实现的，而是通过个体在成长过程中逐步适应其在亲属阶层网络中的位置来实现的。这种家庭的一体化有严格的家规来维护，绝不允许大家庭中出现通奸的行为。① 这种一体化也通过共同生活得到巩固，同时也通过能够容纳数代家庭成员的坟地得到强化。家庭供奉相同的祖先这一事实，更加促进了这种家庭的一体化。最明显的标志就是宗族、祠堂和家谱。

在这种一体化的观念下，儿子要等到父亲过世才能取得社会地位。父亲的一切财产，在他死后都会自动成为儿子的财产。父亲无须写遗嘱，因为这种习俗是没有例外的。父亲的权力、名誉将自然而然地由儿子分享。即使父亲不希望如此，但是旁人还是用同样的眼光来看待他的后代。这种一体化也说明了一些在最初看来与社会结构不相吻合的事

---

① 这一问题笔者在另外的文章中讨论过，见许烺光《中国北方农村中的乱伦禁忌问题》，《美国人类学家》42 卷第 1 期（1940 年 1～3 月），122～135 页。

实。我们在前面已经对人们的强烈求子之心有所了解。然而，在喜洲镇和云南的其他地区，人们的某种做法无论从什么角度来看都是控制出生率。只要儿子没有结婚，丈夫和妻子是住在一间房间的。如果儿子结婚了，有些父母仍然同住，但是有些父母就分开来住。孙子出生后，人们就认为祖父母应该不能同住一室了，因为有了孙子的祖母仍然怀孕是要遭人耻笑的。

从调查中可以看到家中已经有孙辈的老夫妻毫无例外都分居了。Ch家有两个小食品铺，老夫妇有四个儿子。在调查的时候，除一个未婚外，其余三个都已经成家。老父亲住在街这边的店铺中，老母亲就住在街对面的店铺里。三儿子告诉我他的父母这样分居已经有好几个年头了。在另外一个Ch家中，老母亲不久前去世了，儿子们给老父亲又娶了一位妻子。后妻的年龄和最小的儿媳妇的年龄一样，然而老父亲却一直住在二楼的单间中。长子有时候也住在这里，但是并不回避和妻子的正常性生活。

在上面这二例中，老父亲均已年过60。然而风俗并非仅仅约束年迈的人。1943年，在一户姓C的家中，一位40岁的妇女因为怀孕而送命。她的儿子已经结婚，为了避免肚子里的婴儿出生，她用原始的办法流产，结果因此丧命。

谈到这件事情，喜洲镇的人是这样对作者解释的："儿子结婚了，老夫妇还同房是令人尴尬的"，或者"如果儿媳妇已经进门了，那么她自己还怀孕了，是让人窘迫的"。

那么，为什么一方面求子心切，而另一方面却节制生育呢？答案是这种措施强调了家庭的一体性。在儿子结婚之前，延续家庭的义务由父亲承担；但儿子结婚之后，这一义务便转移到儿子的身上。

当我们看到喜洲镇对这一风俗置之不顾的老人是那些纳妾完全并不因为延续家庭的老人时，这一点就再清楚不过了。[1]

从一些调查资料中，我们能够找出更多的强调家庭一体化的证据。整个喜洲镇根据住户数目被均衡地分为10保。[2] 每一保包括10甲，每甲约有10户人家。我们对第四保的记录进行了分析，结果如下。

---

[1] 作者了解了这样的情况有两例：两例中的儿子们均很富有（例四和例五，见附录三）。

[2] 地方组织参见第一章。

这一保共有 100 户人家，人口总数为 860 人。平均每户人口为 8.6 人。

第四保各户的人口分布

每户人口数	户数
2	1
3	4
4	4
5	12
6	6
7	20
8	14
9	9
10	5
11	5
12	5
13	5
14	2
15	1
16	2
17	1
18	1
19	2
23	1

从这些数据能够看出一些非常有趣的特点。首先，只有男性是得到社会认可的户主。唯一的例外是一户寡妇人家，她有一儿一女，年龄分别是 9 岁和 12 岁。其次，有两家有小叔子同住，但是没有丈夫的兄长。同样的，一般同住的更多的是家主的弟弟，而不是兄长。这些事实表明，户主的选择通常是根据年龄而定的，家中的长子自然成为一家之主。第三，在这些家庭中，弟弟和家主同住的有 52 人，而姊妹和家主同住的只有 8 人，而且这些都是家主的妹妹。同样的道理，孙辈的男性同住的也多于女性。

这些事实都说明了所有女子都要结婚，就这个保中的家户而言，从夫居的婚姻形式占据主要地位。第四，在所有的家庭里，家主的儿女占了大多数，父母与孩子们是家庭的核心部分。

第四保的亲属关系分布表

男性	数量	女性	数量
男性家主	99	女性家主	1
父亲	7	妻子	91
祖父	1	妾	3
叔叔	2	母亲	35
大伯	4	祖母	3
弟	35	婶婶	10
侄子	69	伯母	3
儿子	147	嫂嫂	12
孙子	47	弟媳	31
重孙	35	堂嫂	5
堂兄	4	堂弟嫂	7
堂弟	9	侄女	45
女婿（招赘）	2	妹	8
男性总数	428	女儿	94
		媳妇	41
		孙女	32
		孙婿	1
		侄儿媳	10
		女性总数	432

合计：860 人

　　两张表格中，最重要的特征是家庭的人口平均数以及家庭结构。家庭人口的平均数是 8.6 人；而在家庭成员中，不仅有 47 位孙子和 32 位孙女分布在 28 户人家中，39 位兄弟分布在 28 户人家中（其中 30 位已婚），

43 位兄弟媳妇分布在 34 户人家中（其中 4 位守寡），大量的是侄儿、侄儿媳，以及他们的孩子；而且还有 13 位直系的堂兄弟（父亲兄弟的儿子）分布在 8 户人家，其中 12 位已有妻室儿女。

与中国的普遍情况相比较，这些家庭的人口平均数大得多（全国是 5.3 人，喜洲镇是 8.6 人），而且他们的家庭结构也复杂得多。[①] 在中国的其他地区，儿子们一旦结婚，家庭就面临着分家的局面，因而兄弟们成婚后仍然同住一宅的现象少得多。直系堂兄弟结婚后依然与家庭同住的现象更为罕见。在中国，大家庭是人们的理想。然而住在喜洲镇以外的地方，这种理想多是人们的愿望，很难实现。

同宅分家

难道在其他地区难以实现的大家庭理想在喜洲镇实现了吗？当我完成了对于总体的统计数据的分析之后，这个问题仍然在脑海中未能得到解决。

然后我们又在喜洲镇的不同地方收集了 42 户共 394 人的具体信息。这些人家的家庭人口数从 2 人到 32 人不等，平均数为 9.38 人。[②] 这一平均数甚至高于我们从普查数据得到的结果，但是和喜洲镇的有关其他数据均高于全中国的平均数这一点是吻合的。

但是，对这些家庭的生活和安排的进一步调查得出了一个完全不同的结论。这些家庭无论在社会交往还是仪式上都是一个独立的整体，但是在经济安排方面就分为更小的单位。换句话说，这些家户虽然生活在同一个屋檐下但已经分家。

在中国其他的地区，如果要分家，就要彻底分开。财产在兄弟之间平均分配（长子的份额可稍多点）。如果父母仍然在世，那么父母也分得一份和儿子一样的财产，如果父母只有一人在世，那么父亲或母亲所得份额少于每一个儿子的份额，而且这一份财产将来会分配给某一个儿子。如果财产数额非常小，那么在世的父母将放弃这份财产，而是由儿子们轮流赡

---

① 关于这方面的情况，参见 C. M. 赵《中国的农村人口和部分地区的统计数据》，1929～1931，上海，1934 和 L. S. C. 史密斯《中国的家庭结构》，《南京大学学报》5 卷第 2 期（1935），以及许烺光《中国家庭人口之神话》，《英国社会学周刊》48（5 月，1943），第 555～562 页。

② 见附录三。

养，比如每个儿子负责一个月。这些财产便从举行仪式正式分家的那一天起归财产的主人支配。兄弟间相互借钱，或者父亲向某个儿子借钱，如同外人借债一样，都必须有借有还的。

另外，在中国的其他地区，一旦分家，便每户注册登记成为一个独立的新户：每户都有自己的家庭香案，供家庭成员祭祀之用；每户都会在婚事、丧事、生育等时候给亲戚朋友赠送自己的纪念品。换句话说，就是分家后的新户是完全独立的另外一个家庭。如果原本的家庭比较富裕，那么分家之后，各家便另外搬到新房子中。如果家庭不太富裕，那么分家之后，各户将分别占据老房子的不同部分。原来的旧房子将重新砌墙，使外人看来是各自独立的几户人家。随着时间的推移，一户接着一户地搬出了旧房，直到剩下一户为止。

喜洲镇的情况却完全不一样。这里的家庭虽然从表面上看来比大部分中国的家庭更大，但很少有大家庭不分为小家庭的。许多家庭只要儿子结婚就分家。如果家里仅有独子一人，分家也许就不会发生。但是当一个或更多个儿子有了自己的后代，分家就变得势在必行了。

分家之时不一定要举行仪式，只要有祖宗监督证明分家就可以了。地产与店铺一般在儿子们之间平分。有的时候，长子会要求更多份额。如果地产和店铺不分，将由兄弟们共同经营，每年各家平均分配收获的谷物或者经营的利润。每个儿子和他的家眷分住房子的一翼，厨房也是每家一间。长子一般住在西翼。在世的父母和长子一起住在西翼，或者他们每人和不同的儿子住在一起。他们可以和儿子轮流在一起吃饭，或者长期和两个儿子住在一起。零用钱和义务都由儿子们负担。如果老父亲抽鸦片，那么由较年幼的儿子负担这一开销。

分家之前，家里或许会发生隐秘或公开的争吵。如果是正式的分家，家里的祭台上要摆上供品，亲戚朋友也要给每家送一些礼物（通常是送一些类似订亲时候所送的糖块之类的礼物）。各家将招待这些亲戚喝茶吃饭。

有时候，一些家庭在分家的时候便留下一笔财产作为日后父母安葬的费用，但是这笔费用有可能在父母尚在世的时候便用尽了，因为这笔数目比分给任何一位儿子的份额都小。每月给父母的费用可以事先商定好，也可以视当月的情况而定。每个儿子所给的赡养费用不等。

正式分家之时，同族内辈分高的年长者被请来主持分家。他们要和家里的男性成员一起监督财产是否分得均衡，他们还要负责平息分家时可能引起的一些纷争。分家时定立的"分家文契"详细说明了家庭的财产以及分家时的一些细节。所有的有关人员都要在证人面前签字立据。

到此，分家就结束了。家庭的供案仍然留在西翼的房屋中。所有的家庭成员一如过去，仍然在这里祭祀他们共同的祖先和家族的保护神。除在几个特定的场合外，各家仍然有自己的祭祀和供品。每一个新家都居住在自己所属的那一翼房子中，既不想搬出去另立门户，也无意单独设立自己的供案。如果碰上全镇的大事，无论是宗教性的还是社会方面的事务，各个小家庭又联合组成原来的大家庭。镇上举行祈福会时，各个小家庭联合起来以父亲的名义贡献祭品，如果父亲已去世就以长子的名义。碰上亲戚朋友的婚事、丧事或者生儿育女等事情，各家联合以父亲的名义送礼。如果父亲去世，那么各家就各自分头送礼。逢年过节的时候，各个小家就独自轮流宴请亲朋好友（每家一年），也可以以各家联合的形式宴请亲朋好友。如果父母在世，各家一般就联合起来共同宴请亲朋好友。

理论上说，父亲对儿子们拥有和过去一样的权威；实际上，儿子们可以对于父亲只是表面顺从。传统观念强调的是儿子对于父亲的绝对服从，但实际上这一点取决于父亲个人的力量。Ch 家中的老父亲就显得比其他家庭的更有权威，他掌管着家里所有箱柜的钥匙，但是当他的儿子抱怨他求神问卦的时候，做父亲的也不得不放弃这一活动。然而在 C 家，就是另外一种情形。即使在表面上，父亲在家中也没有什么权威。在与家中佃户的一次争执中，老祖父先答应了佃户们的要求，可那些已成年的孙子们（父亲去世）背着他们的祖父收回了承诺，并且自己做了决定。第二天上午，老人得知事情也无可奈何了。

如果我们用这种方法作为分类的标准，就可以发现原来人口总数为 394 的 42 户人家，家庭平均人口数为 9.38 人，实际上已经分成了 72 户人家，家庭的平均人口数只有 5.47 人。这样，喜洲镇的家庭人口平均数和全中国家庭人口平均数十分接近。[①]

分家后仍然同宅而居的分家形式还可通过具体事例来充分地加以说明。首先我们看看 Yi 家的情况（见附录一）。Yi 家有四支，分别用字母 W、X、Y、Z 来代表。大约十年前，Y 在去昆明之际，便代表全家将家庭

---

① 见附录三。

经营的几个小店铺关门歇业了。从昆明回到喜洲镇以后，他与妻子买了锅灶开始自己做饭。显然，Y 将属于全家的资金用了一部分在自己的小家上，他和他的妻子自己吃的比大家庭厨房的更好。其他的家庭成员就吵着要求分家。他们要求一些同族的长辈来见证和帮助分家，但是他们大多拒绝了，声称"清官难断家务事"。结果，除土地没有瓜分之外，各家分室而居。由于同族的其他长辈拒绝参与分家，四家只好请已经出嫁的姐姐来主持分家。姐姐们帮助分了家产，就连灶具也分给了各家。当日，他们还雇了一名泥瓦匠在家中新修了三间厨房。家中的共有土地归在了 Y 名下，因为 X 和其妾及儿女住在昆明，W 也与其妻久住昆明，Y 是家中这一辈男性里唯一住在喜洲镇的。共同的土地租给了佃农们耕种。佃农们每年将收成的 50% 交给东家，大约平均地分成四份，每家各得其中一份。

Yi 家除了在喜洲镇的财产外，在大理和下关有一些地产和房屋，在昆明还经营着几家店铺。W 和 X 和家人住在昆明，负责经营昆明的店铺，获取店铺的盈利，而 Y 则收取附近两地的地产和房产利润。W 在家中土地收益中获取的一份归于他的母亲，一位年迈的妾室。Z 是没有受过教育的女性，只有一位不孝的养子，她因而无力在外乡经营家业。她只能向亲戚朋友发发牢骚，而他们则安慰她，说她目前的收入已经足够生活了。Z 至今对于家庭在其他各地的收入还一无所知，而另外三家则一直把她蒙在鼓里。

逢年过节，W、X、Y 三家轮流招待亲戚朋友。他们考虑 Z 孤身一人，便不让她单独地招待亲戚朋友，只让她在这种场合到各家帮忙。各家在家庭共同的供案上供上各自的祭品，而七月十五日这天，全家将共同祭祀祖先。

下面我们再看一看第二个例子，同一附录中的 Ch 家。几年前，在一次公开的争吵之后，大家同意分家，但是没有履行任何正式的分家仪式。Ch 家有三个儿子，X、Y、Z 和老父 L。作为长子的 X 声称虽然他有权要求更大的份额，但是他无意要的比其他兄弟多。他与 Z 平分家中的土地，依靠土地为生。Y 在缅甸的曼德勒经营自己的家业，并且已经娶一位缅甸女子为妻，他不要求家里给他寄钱。但是家里人说，如果有朝一日他回来，他便可以从 X 和 Z 那里分得一份土地。

老父亲没有分到土地。儿子们负责给老夫妻提供吃穿用品，还负责给老夫妻提供足量的鸦片。他与年轻的妻子轮流在每一个儿子家吃住一个月。虽然父子二人按理应该和他们各自的妻子住在自己的卧房里，但父子俩却常常一起住在二楼的厢房中。

分家之后，两家人仍然以一家人的名义赠送礼品。弟兄二人表面上对父唯唯诺诺，但是其中一人向我抱怨他父亲极其懒惰。他甚至告诉我，他的父亲在他和兄弟长大能够赚钱之前几乎将家产挥霍殆尽。

第三个例子是 Na 家。这个家的家庭结构是这样的：父亲（70 岁），母亲（65 岁），长子（40 岁）有妻子及四个儿女，次子（30 岁）有妻子儿女，三儿子（16 岁）有新婚的妻子。家中所有的男人都做马匹买卖。次子（30 岁）与妻子儿女独自居住，然而和大家同出于一个屋檐下。长子与老三仍合为一家。老两口仍然住在一起，但父亲在长子家吃饭，而母亲却在次子家。

在我们所研究的这 42 户人家中，有两户情况例外。一个家庭是这样构成的：老母亲（75 岁）；长子（60 岁）和他妻子；次子（55 岁）和他妻子，还有他的四个儿子（分别用 A、B、C 和 D 表示），以及 A、B 的妻子。这是一个三代同堂而没有分家的大家庭。即使这个家庭同吃同住，我们还是看到了一些小家庭生活的迹象。长子（60 岁）在昆明自己经营一家店铺，其收入全部归自己所有。次子（55 岁）十分富裕，他在昆明以及其他地区经营有数家店铺，出售皮货和中草药。大儿子 A 帮助父亲经营店铺，而次子 B 在昆明做些不固定的买卖。他们全都负责家里的开销。我们认为这一家合而不分的原因有三个。首先，家中的两个儿子（60 岁和 55 岁）均很富裕，次子尤其慷慨大方。其次，长子（60 岁）身无后嗣，意欲收养胞弟的一个儿子作为自己的继承人。第三，第三代的 A 与 B 虽已结婚，但尚无子女。通常，分家是伴随着子女的出世而进行的。

另一个例外的家庭经营有两个小杂货店。家庭结构如下：父亲（65 岁），母亲（65 岁）；媳妇（守寡），有一个儿子；次子及其家庭（妻子和三个儿女）；老三与新婚妻子；四儿子。这个家庭的成员分别住在房子的两翼。守寡的媳妇和儿子住在其中一翼的二楼，三儿子与新婚妻子住在同侧的一楼；二儿子与其家人住在另一翼的一楼。年迈的父亲夜里住在半英里之外一个较大的店铺中，母亲便住在属于她自己的那一个较小的店铺里，两个店铺隔街相对。四儿子常常和父亲做伴，睡在那间较大的店铺中。三儿子虽然已成亲，按理应和妻子住在家里，但他也大多住在店铺里面。

全家一同祭祀，并以一家的名义赠送礼品，而且尽可能一起吃饭。通常，妇女与孩子们在家吃饭，而老母亲和家里的男人们在大店铺中吃饭。

家中的女人将饭菜准备好，再由儿子或媳妇送到店里。如果有时家中男子吃饭时正好在家里，那么他便和女人孩子们一同在家吃饭。

这个家庭还拥有一小块土地，租给佃户们耕种。家中的地产没有分开，包括较大的店铺。甚至这家店铺的利润也是归全家所有的。所有家庭成员按照所需取用，并在需要的时候在店铺里面帮忙。次子奔波于各个集市间，做了许多自己的生意。只有年迈的母亲看来是自己经营，她自己经营她的店铺，自己管账进货。当她的一个儿子与她做了一笔生意时，他的儿子先将买卖记账然后再向他如数付款。在第三章里面，我们已经详述了她的情况。

作者曾和这个家庭的两个儿子多次交谈。他们完全不同意已经分家的说法。他们说母亲只是想看看店铺的盈利情况，因而她独自一人经营小的店铺。不过，至少在一次谈话中，他们承认母亲的经营也是为她自己的后事积累一笔钱。

在喜洲镇，大家庭分家之后，各个小家庭仍然共同生活在同一老宅的现象进一步说明了镇上的人对分家的态度。他们从不认为分家是一件不光彩的事情，也从不否认分家的必要性。当地的一些说法更具有代表性："很少有几户三代同堂的人家在一个厨房吃饭，他们很难和睦相处"；"男人们不在乎是否住在一起，但是女人们大多是小心眼"（意思就是她们常常为小事情争吵）；"过多的人在一起吃饭免不了会有许多麻烦"；等等。

因此，喜洲镇人的生活方式很少发生在中国其他地方。在其他地区，家庭的人口平均数出人意料的小，这是因为几代同堂的大家庭，在同一屋檐下很难和睦相处，一旦大家庭分裂，便彻底分成若干个小家庭。然而在喜洲镇形成了一种独特模式，联合的大家庭依然存在，但是个体家庭保持着一定的自由度。这种生活方式对于家庭关系有着重要的影响。一个家庭早期分家可以消除导致家庭纠纷的重要因素，也可以使婚姻更具有浪漫色彩，还可以使个体的竞争范围更加广泛，从而使家庭符合大家庭的理想，在社会意义和传统习俗上保持家庭的一体性。换句话说，分家后仍同住一个屋檐下的生活方式缓和了祖先权威和个人奋斗之间的矛盾。

宗族和宗族的团结

这里的"宗族"指的是单系继嗣群体。在喜洲镇，一般是指父系家族，也就是说可以追溯到的这一家族的共同的男性祖先。理论上，一个宗族越源远流长，宗族就越庞大；对共同的祖先感情越深，宗族成员内部的团结就越紧密。然而，事实是前者通常正确，而后者则不仅如此。正如我们亲眼所见，家户生活的特点在于分家之后仍然生活在同一屋檐下，这一分家模式巧妙地缓和了祖先权威与个人奋斗之间的矛盾。结果是家庭的外表比内在的关系更令人印象深刻。喜洲镇的宗族情况类似于家户情况。宗族就像一个大家庭，但是内部缺乏团结。

既然家庭的姓氏与宗族的姓氏相同，那么利用家庭姓氏的数目来计算宗族的数目便不是没有道理了。不幸的是几个没有亲属关系的宗族可能具有相同的姓氏。另外，人口普查数据的资料也只有一部分能够使用。普查数据所包含的 100 户人家加另外的 43 户人家一共有 23 个姓氏。但是镇内居民的姓氏却远不止 23 个。研究一下四部记载详细的家谱，其中包括两个最大的宗族。我们看到这些宗族中妇女娘家姓氏便有 43 个，这便使已知的家庭姓氏增加到 65 个。

显然当地人相互进行婚配的比例非常高，我们仍不能百分之百地肯定嫁入这四个宗族的妇女都是当地人，尽管从当地相互婚配比例惊人的高来判断，许多妇女都是来自于一个地方。有趣的是，一些姓氏在数据中多次出现。下面的对比表例举了不同资料中出现最多的一些姓氏。

1. T 家谱：Y（172），Ch（65），L（48），Yi（22），Ho（16），Tuan（15），Tu（13），W（11），Chen（7），以及一些其他姓氏。

2. Ye 家谱：Y（103），C（36），Ch（31），L（20），Yi（18），T（13），Chen（7），以及一些其他姓氏。

3. Ch 家谱：Y（146），C（20），L（20），T（20），Yi（22），Tsao（16），Tuan（15），Ho（8），Ye（8），W（6），Kao（6），以及一些其他姓氏。

4. Y 家谱（家族较小）：Ch（14），Y（16），C（8），T（3），Yi（4），L（5），Yong（4），Ho（3），及一些其他姓氏。

5. 人口普查资料：Y（56），Ch（8），Yi（7），T（6），W（4），Tuan（4），Hsu（3），Kao（2），C（2）和 Chou，Tian，Tu，Huang，Wu，Sun Yen，Ting 各一人。

6. 另外 43 户调查资料：Y（11），Ch（11），Yi（5），C（4），Li（2），Ho，Su，Tu，Na，Yung，T，Tuna 各一人，其他三人姓氏不详。

在 1～4 家谱记载中，括号内得数字代表括号前面这一姓氏的妇女嫁到这一宗族内的人数，而在 5～6 括号内得数字则代表这一姓氏在镇内的家庭数。在家谱记载中"其他姓氏"指的是那些可以忽略不计的姓氏。

在这六例中，姓氏为 Y、Ch 和 Yi 的宗族最多。姓氏为 C 和 L 的宗族出现了五例。姓氏为 Ho 和 Tuan 的宗族出现在 1、3、4、6 例中，姓氏为 W 的宗族出现在 1、3、5 例中，Ye 氏家族出现在 2、3、5[①] 例中，Tu 氏宗族出现在 1、5、6 例中。

这些数据与当地人的估计基本一致，有些地方有些出入，但在以下数据上是一致的。

宗族姓氏	镇内具有这一姓氏的宗族数	属于这一宗族的联合家户数目
Yi	1	100
T	1	100
C	1	100
Ye	1	30
W	1	30
Ch	4	150（总数，1 族有 70～80 户，另一族约有 40 户）
Y	10	300（总数，1 族只有 3～4 户，另外一族大概有 40 户）
Kao	1	10
合计	20	820

前后两张表格出入悬殊的要数 L 宗族。从家谱记载看来，L 宗族在五个宗族的列表中出现了，而且数量相当大，但是当地人说本地很少有这一姓氏的宗族。L 宗族大多是外地迁入的居民。喜洲镇内共有 1000 户家庭，那么毫无疑问 80% 以上的家庭都是属于这 20 个宗族的。

喜洲镇有 12 座宗祠，它们分别属于以下的宗族：T（1），Yi（1），Ye（1），W（1），Ch（2），Y（5）。[②] L 宗族在镇内没有宗祠。在第二章

---

① 原文如此，5 例中并没有 Ye 姓。——编者注

② 原文如此，这里数字有出入，原文如此。——译者注

里面，我们已经看过了这些宗祠的建筑风格和内部陈设。在第七章里，我们还要看一看人们在这些宗祠里所进行的祭祀活动。这里我们只需要注意这些宗祠是宗族之间相互竞争的表现形式就够了。

一个宗族的威望和势力取决于它与官府的关系和宗族的财力。一般说来，一个宗族若有较广的关系，宗族的财力总是非常雄厚。若宗族财力雄厚，宗族总要建立和官府的关系，宗族成员的多少是次要因素。因此，Ye、T、Yi 三个宗族通常被认为是"大宗族"。T 氏宗族不仅人口众多而且财力雄厚。Y 氏宗族虽然人口众多但是财富不如 T 氏宗族。Ye 氏宗族的财富比其他两个宗族还多，但是人是最少的。三大宗族均与官府有往来。

除了这三大宗族以外，其余的各宗族究竟谁先谁后还很难确定。Ch 宗族因为有一位依然在世的举人而自认为仅仅居于三大宗族之下。Y 氏宗族中的一员认为他们宗族比 Ch 宗族地位高。C 宗族曾经非常有势力，因为他们有位成员曾经在二十年代初期担任过北京政府的总理。如今 C 宗族不再具有往日的雄风，没钱没势，但是众多的成员使之仍不失为镇内一"大宗族"。

这些大大小小的宗族时时刻刻都为了宗族的声望和势力明争暗斗。举行婚礼、葬礼的时候，宗族之间要进行竞争。尽管这些仪式都是在个体家庭中进行，但是它的排场是同宗族每一个成员的荣耀。编撰家谱时，宗族之间也相互竞争。编撰家谱要长时间的研究、编写，因而耗资巨大。当宗族中的某位成员开始发达的时候，随之而来的就是重新撰写家谱的工作。宗族中许多有学问的人都聚集在宗祠内，将祠内的房间作为他们的工作室。任何宗族都以其家谱的真实、历史悠久和详尽完整而自豪。当作者向两个较小的宗族成员询问是否看过 Ye 宗族（镇内最大宗族之一）的家谱时，他们兴高采烈地说 Ye 氏宗族根本没有对他们的祖宗有所"研究"，因为他们缺乏史料。实际上，Ye 宗族的家谱是最简单的，根本和它作为喜洲镇最大的宗族之一的地位不相称。Ye 宗族是近期兴旺起来的一支宗族，因而它的家谱过于简朴就不奇怪了。这里人们所指的"史料"包括一切能够增加宗族荣耀的历史材料。

在墓地和宗祠方面，宗族之间也相互竞争。宗族的墓地和宗祠是宗族荣耀的活见证。宗族成员总是希望自己拥有别的宗族所没有的东西。近几年来，新的方法渗入到传统的方式里去了。Ye 宗族在其宗族的墓地里为刚刚去世的父母修建了特别的祠堂。镇上的暴发户 Ws 是 Ye 宗族的成员，他家的祠堂采用了现代的风格。

宗族之间在为当地的公益事业捐资方面也相互竞争。在当地进行的任何一次祈神会上，无论是为了防止传染病还是防匪的集会，两大最富有的宗族捐赠的数目总是大致相等。在修建当地医院和当地三所学校的时候，这两大宗族也是相互攀比。我们在后面将会看到两家为什么在捐赠修建中学一事上坚持各家所赠必须分得一清二楚。捐赠主要是为了增加宗族和家庭的声望。1942年霍乱病流行期间，几户坚持修建现代医院的家庭，可能也是祈福会上捐资最多的。医院派出训练有素的护士劝说不情愿的喜洲镇人接受包括接种在内的现代预防措施。与此同时，巫师们在专门搭建的舞台上跳大神，求神收回为惩罚人间罪人而放出的霍乱病菌。

我曾听说但没有证实宗族之间偶尔有公开械斗的说法。有一次，某宗族的一位成员因为要重修其住宅想购买一块公地，和另外两位宗族成员发生了矛盾。另外一个例子是关于T宗族的一女子与大学生交往亲密。这个例子的细节我们在第四章中已经做过介绍。事实上，流氓没有对那个女孩和她的恋人造成真正伤害，但许多人十分肯定地告诉作者，雇佣那些流氓的就是Ye宗族的人。不管结果如何，事情对于T宗族无疑是有伤害的。另外一些人却坚持说这帮流氓是姑娘在当地的未婚夫的朋友，他们之所以要这样做完全是为了维护他们朋友的利益。我认为后一种说法更接近事实。

不管事情结果如何，事实是喜洲人把这一故事作为宗族之间的摩擦例子就很重要。这说明当地的人认为宗族之间相互斗争是很普遍的。但有两个因素可以说明宗族之间的摩擦是不可能很严重的。首先，大多数宗族之间都有姻亲关系，Y族和Ye族，Ye族和T族，Yi族和Ch族中的一支，Ch族和Yi族，Ye族和Y族的两支，后者中的一支和W族又有姻亲关系。更有甚者，这些姻亲关系年代颇近。在某些时候，在世这些代人的关系在宗族事务中作用非常明显。

塑造宗族之间相互关系的第二个更重要的因素是宗族内部缺乏组织性和凝聚力。人们也许认为一个建立在父亲对于儿子权威性以及代内部和代际间一体性基础上的宗族，应该会有一个宗族议会。但是在我们调查的二十个宗族中，没有一个这样的宗族议会。许多宗族实际上没有公认的宗族首领。宗族也没有专人看管宗祠。修葺宗祠，或研究家谱一类的事情，由能够投资的成员决定。其他事情，诸如为祭祀筹集资金和每户家庭应交的数目，① 则由家庭代表参加的宗族会议商定。如果这样的会议不能举行，宗族内的事情便通过在宗祠内张贴布告来征集宗族成员的意见。人们都希望以民主的方法来商定事情，但这与喜洲镇内特定的家庭组织形式并不一致。

同样，人们希望这些宗族有所谓的"族规"来惩罚宗族内的不肖子孙，但是作者至今也没有看见过任何一个宗族制定了这样的族规。年迈的长者认为这样的族规是不存在的。在有关男女关系这样重要的事情上，无论是一般通奸还是乱伦，没有明显的证据表明宗族会对这些人进行惩罚。镇上的人对于宗族的权威也没有十分清楚的概念。根据他们中某些人所说，违反了乡俗的人将受到父母或家庭内、或宗族内亲属关系较近的长辈的惩罚。一位当地人说违反乡俗会受到亲属关系在五服以内的长辈的惩罚。另一位当地人又说各家只管各家的事。根据一位当地人的说，如果一个女人和别人通奸，那么她可能受到以下三种惩罚。（1）她的父母或兄长都可能将她痛打一顿，然后将她锁在家中。（2）父母可能悄悄地将她许配给外地的一个男人。（3）父母报警逮捕奸夫。然而，他又说，几乎没有父母愿意将此类事情报告警方，因为这样会对家庭的名誉造成伤害。如果宗族成员和镇内其他的人风闻了这类事情，他们便会议论纷纷，但是惩罚的基本责任还是由父母和关系很近的直系亲属来承担。

作者在调查资料中看了三件这样的事情。一次一对已经分别和别人订亲的男女一同离开了喜洲镇。这女人的兄长抓住了和其妹妹逃走的男人，并送其到昆明法庭判罪。第二件是宗族之间的争执，结果"倒霉"的这个宗族的朋友帮助惩罚了另外一个宗族。第三件是一对男女在一所空房子里睡觉，他们被路人发现打了一顿。

最后，人们也许认为，同一宗族的成员应该有福同享、有难同当。但事实却不完全是这样。Ye 宗族中使宗族兴旺的一户人家不仅能够帮助本宗族的成员，对于姻亲关系的亲戚和其他喜洲镇的人也有很大的帮助。根据一位当地人的说法，镇内近几年所建的新房约十分之七都依靠 Ye 宗族中这个家庭的帮助。T 宗族的情形也很相似，虽然宗族中也有一户家庭兴旺了起来，但他们却不如 Ye 宗族中的那位慷慨大方。一些当地人抱怨 T

---

① 根据笔者调查，大多数宗族没有集体所有土地作为收入来源。大宗族之一 T 宗族名下有 9.9 亩土地。

氏，说他们只是热衷在镇外扬名，热衷于做高官显贵，大量捐赠给政府，但是对于宗族内部的成员和亲戚却显得十分苛刻。这些抱怨，说明 Ye 氏家庭的态度是当地社会所希望的态度，但是 T 氏家庭看起来也没有因为它的行为而受到什么损害。

甚至当家庭的户主是兄弟关系或者堂兄弟关系的时候，这些家庭之间也缺乏亲密无间的氛围，他们大多数不喜欢对方。只有当与外人发生冲突时，他们才在一定程度上联合起来，但这只是暂时的。

喜洲镇的典型宗族是外表统一庞大，但是内部结构松散的群体。人们所做的一切都是为了增加宗族外表的浮饰，但是忽略了宗族内部的凝聚力。①

（责任编辑：杨阳）

---

① 喜欢评说中国宗族强弱的作者们往往没有坚实的依据。例如费先生和张先生说："云南的宗族组织比其他地区要强大得多，因为他们的宗族有共同的财产。"（费孝通和张之毅《乡土中国》，芝加哥，1945，第 11 页）作者本身的资料便可以说明他们的观点是错误的。三个村子中，宗族拥有共有土地的寥寥无几，少数拥有土地的，面积很小。（在禄村，私人拥有土地为 690 亩，集体拥有土地为 237 亩，其中 82 亩为宗族集体所有，见同书第 53～55 页）。在渔村，总共有 555 亩稻田和 188 亩菜园，其中只有 80 亩稻田和 2 亩菜园属于"村庄、宗族和寺庙"（同书，第 221～226 页）。在陈汉生的研究中，广东省一些地区的宗族拥有耕地量占全村的 23%～40%。在广东省的另一些地区，宗族拥有的土地高达 75%（《中国的农民和地主》，纽约，1936，第 31～38 页）。费先生和张先生也没有注意到这样的事实，在诸如喜洲镇这样的一些地区，宗族如果集体拥有土地的话，那么他们的土地甚至比云南那些被调查地区的宗族拥有的土地还要少。另外，宗族集体拥有土地是否就是宗族强大的最好条件呢？广东一些宗族集体拥有大量的土地，但宗族中少数有权势的家庭却肥了自己的荷包，因此集体土地常常是在宗族内部引起仇恨的因素。

家庭与性别评论（第 7 辑）

第 181~199 页

© SSAP，2016

社会自我主义与个体主义

——一位西方的汉学人类学家阅读费孝通教授"中西对比"观的惊讶与问题[*]

王斯福（Stephan Feuchtwang）

一 引言

费孝通教授于 20 世纪 40 年代写作的《乡土中国》一书是我在此讨论的主要对象。那时中国正发生着充满暴力的急剧变迁，从那个时候起世界发生了巨大的变化，社会人类学和社会学也同样发生了变化。在此我将对这些变化提出我的一些看法。但是首先我想对这部著作致敬，最近我带着愉悦的惊讶和钦佩阅读了它。

《乡土中国》第一部和唯一一部英文译本出版于 1992 年。其标题为 "From the Soil：the Foundation of Chinese Society"（Hamilton and Wang，1992）[①]。正像译者所指出的，费教授以乡土中国作为写作对象，将之视

---

[*] 本文选自《开放时代》2009 年第 3 期，已经获得开放时代杂志社许可。本文是作者于 2005 年为祝贺费孝通学术生涯 70 周年和北京大学社会学与人类学所建所 20 周年而作。作者又在中国农业大学社会学系"乡土社会研究讲座"上做了演讲（2005 年 10 月 31 日）。本文由中央民族大学世界民族学人类学研究中心副教授龚浩群和中央民族大学民族学与社会学学院杨青青翻译，赵旭东校对，发表在《开放时代》2009 年第 3 期。其英文版发表在《费孝通与中国社会学人类学》，马戎、刘世定、邱泽奇、潘乃谷主编，社会科学文献出版社，2009 年，第 18~32 页。本刊发表的中译本是由余小菠女士在作者提供的最新英文版和原中译文基础上所做的进一步的补译编校稿。

[①] 《乡土中国》由韩格理（Gary G. Hamilton）和王政（Wang Zheng）翻译成英文并写作导言和跋，加州大学出版社，1992 年。

为整体中国社会的运作方式。译者强调费教授是为城市的读者群写作，他们正处于变迁当中，正在向西方和苏联寻求解决中国诸多问题，包括将中国从日本的侵略和国内战争中解脱出来的途径。费教授在写作《乡土重建》的同时完成了《乡土中国》这部论著。两部作品同时发表，表明他主张在中国已有的基础上进行重建，而非以中国的城市和引进的观念为基础对中国社会进行彻底的转型，后者将不可避免地导致进一步的暴力和失败的结局。他写作《乡土中国》是为了建构中国本来的面貌，在那时中国是而且将继续是农业与乡土社会。

面对城市读者群，费教授承担了这样一个任务，即表明从西方引进的观念是不合适的，因为它们来自和适应于一个完全不同的社会与文化。在《乡土重建》中，他能够进一步提出中国怎样在一个与西方前工业社会完全不同的基础上实现工业化和建设现代国家与社会，他实际上做了两方面的比较，即农业社会与工业社会的比较，以及西方文化与中国文化的比较。

《乡土中国》对两种迥然不同的社会进行了深入比较，其中的一种就是他自己所处的社会。费教授的比较建立在个人经历与研究的基础上。他曾经在英国生活了约两年，在美国生活了近一年，其间阅读了美国社会学家关于美国社会的社会学研究著作。事实上，他在1947年出版了第三本书：《美国人的性格》（上海：生活书店），因此，被比较的两个方面在经验上都有相当深入的依据。直至今天，这仍然是不同寻常的。此外，这是一个局外人关于西方社会的观点，而通常所见的比较是西方社会科学家对他们自己的社会与他们已经研究过的非西方社会之间的比较。

我是一个研究中国社会的西方人类学家和社会学家，因此我从相反的方向理解费教授的著作，我作为一个局外人研究中国并进行中国与西方的比较。当然我同时参考了关于中国的和西方（英美）的比较研究，而这些研究是费教授在20世纪40年代不可能读到的。这些研究表明了被比较的双方自那以后都发生了许多社会变迁。本文将评论自《乡土中国》以来中国和西方社会所发生的变化，以及费教授最为关心的一些主题在人类学当中所发生的变化。但是，我将首先从我怎样理解《乡土中国》这本书谈起。

二　20世纪60年代英国的汉学人类学

当我进入中国人类学研究领域时，我读到了费教授的村落研究著作

《江村经济——中国农民的生活》（Peasant life in China：a field study of country life in the Yangze Valley）（Fei，1939）①，他与张之毅共同写作的《云南三村》（Earthbound China：a study of rural economy in Yunnan）（Fei、Chang，1949）②，以及他的《中国绅士》（Fei，1953）③。当时，我没意识到关于中国绅士的论著是对《乡土重建》中一些章节的拓展，因为我当时读的是 20 世纪 60 年代所能读到的英译本。现在，当我在伦敦经济学院教授中国人类学时，我要求学生阅读《乡土中国》的英译本，因为我认为严肃的比较研究工作是非常重要的。而我在 20 世纪 60 年代接受人类学训练时，尽管我的老师和我都认为最重要的是了解他者和对他们进行比较，但我们都只是把与我们的社会的比较当作英文写作中的一种当然的副产品。

我要求学生阅读《乡土中国》还有其他的原因。我们阅读了大量中国社会学家与人类学家的研究成果，我们通过它们来获取关于中国文化与社会的信息，其中包括关于他们如何遵守规范和看待世界的观念。但是我们没有将这些成果作为中国社会科学和同行理论家的研究产品来进行阅读。

有一件事很奇怪。我的老师莫里斯·弗里德曼（Maurice Freedman）在 1961 年曾明确地写道："除了北美和西欧，中国占有最发达社会学的席位"（Freedman，1979：379）。弗里德曼没有能力翻译他所钦佩的社会科学家的理论书籍——包括费教授的理论著作，因为他的中文阅读能力不好，他只会说客家话。我能够阅读中文，但是我们都不知道《乡土中国》，其结果就是忽略了中国社会科学家关于中国社会的理论。1992 年韩格理和王政翻译的《乡土中国》是新时代西方与中国的社会科学家互相尊重与合作的结果，尽管这仍被认为是单方面的。因为与我们西方人亲密

① 此书为费孝通的博士论文，其导师英国著名人类学家马林诺夫斯基（Bronislaw Malinowski）为之作序。其中译本为：《江村经济——中国农民的生活》，南京：江苏人民出版社，1986 年。此书的英汉对照版由外语教学与研究出版社于 2010 年出版。
② 中译本为费孝通、张之毅：《云南三村》，北京：社会科学文献出版社，2006 年。此书收录了两位作者 1949 年前在云南进行社会调查所著的三部著作：《禄村农田》、《易村手工业》、《玉村农业和商业》。
③ 此书有两个中译本，一本为《中国绅士：城乡关系论集》，由费孝通的一位博士生惠海鸣译，中国社会科学出版社，2006 年；另一本为《中国士绅》（英汉对照版），赵旭东、秦志杰译，外语教学与研究出版社，2011 年。

共事的中国人类学家和社会学家已经在西方的大学里花费了很多年头，然而在中国学习社会科学的西方社会学家和人类学家仍然很少。但这种情况正发生变化。同时，我很清楚，在比较研究的资源与投入上还存在着持续的不平衡状态，以至于现在在国际社会学与人类学界的出版物中英语是主要语言，即便在中国我也用英语发表演讲。我来自伦敦政治经济学院——费教授的母校之一，它自我标榜为社会科学研究和教学的世界中心，且具有独一无二的人力和资源，我很清楚自身被赋予的特权地位。即使这样，我认为现在已经到了同行之间彼此尊重和自我质疑的时刻，无论他们处于哪个中心，都应该保持像我的朋友和同事王铭铭所说的"人类学的第三只眼"（Wang，2002）。

不管怎么说，在概念层面如果不是一般理论的话，费教授关于中国乡土社会社会类型的概念叫作"差序格局"（在英译本中被翻译为"differential mode of association"）①。我将它翻译为"social egoism"（社会自我主义）以捕捉他的要点，即这一格局上的每一圈波纹都是根据制造这些波纹的人所处的位置而有所区别的。对于在弗里德曼门下受教育的我来说，读到这一概念感到十分惊讶。

三 法团团体（corporate group）与小家族的对比

当我还在师从弗里德曼学习时，在英国社会学中，社会结构的概念指对能够被观察到的现象的抽象。这种抽象是社会组织和个体行为的规范与原则的模式，并被进一步的观察所验证。像弗里德曼这样的英国人类学家将这些规范和原则比作规律（law），但它们不是物理规律，而是社会规律，也就是他所说的"法则（jural）"（Freedman，1970：373~379）。这些法则又不等同于成文法或者国家法律。在中国，那时有很多成文法律或法规，它们被看作组织和深层行为的更普遍的原则和规范的反映。

---

① 费孝通指出，中国传统社会奉行的是以"己"为中心的自我主义，有别于西方社会的个人主义，并提出差序格局的概念，即每个人都以自己为中心来确立社会关系的亲疏远近，并形象地比喻为"把一块石头丢在水面上所发生的一圈圈推出去的波纹"。建立在个人主义基础之上的团体格局强调团体边界和成员资格，差序格局则有所不同，它具有因时因地的伸缩能力，例如"家"的指称范围是可大可小的。参见费孝通《乡土中国 生育制度》，北京大学出版社，1998年，第24~30页。

费教授提出的"差序格局"是可观察的并有史可循的中国社会的一种模式和抽象。他一方面自如地运用个人观察的素材，另一方面又征引儒家经典，描述了一个在两千年岁月中从未改变的中国社会的结构，尽管他已看到了发生在他周围的变化，而且知道在漫长的历史中所发生的变迁。

弗里德曼和费孝通在描述社会变迁之前，都将他们的想法模式化，使之成为需要首先被了解的基本结构。后来，当我在写作《帝国的隐喻》（The Imperial Metaphor）① 时，我也做了同样的处理，但那不是对中国社会结构的整体概括。我仅就中国社会生活的基本制度和地域性的保护神崇拜（territorial protector cults）及其节庆的制度提出了一个更为有限的概念②，即使我知道我是在剧烈变迁的过程中观察它们。一种制度有时意味着一种组织，但在这里不是。我追随与弗里德曼同辈的另一位英国人类学家奈德尔（Nadel，2004：107）③。认为一种社会制度不是一个有成员资格、吸纳规则和边界的群体或组织，而是一系列模式化的行为，并为了某些相互联系的目标而经常性地被表演，比如婚姻制度、仪式制度、法律制度、王权制度或亲属制度。

把制度与组织加以区分是有意思的，但是费教授的模式和弗里德曼教授的模式之间的差异更耐人寻味。弗里德曼提出了中国亲属关系的模型——宗族和家庭，它既是制度又是团体组织，强调成员身份和吸纳规则。我试图论证中国地域性崇拜制度的普遍性，我没有强调成员资格和吸纳规则，但强调了地域边界以及内外之别。弗里德曼和我似乎印记了费教授对于中国社会与西方社会的比较研究。弗里德曼的模式是法团团体——

---

① 参见 Feuchtwang，Stephan. *The Imperial Metaphor*：*Popular Religion in China*。中译本为王斯福：《帝国的隐喻：中国民间宗教》，赵旭东译，南京：江苏人民出版社，2008年。作者以20世纪60年代在台北山街近三年的人类学田野研究为基础，直接从民间宗教当中理解中国社会的组织形式。

② 王斯福在《帝国的隐喻：中国民间宗教》一书中着重探讨了地域性的崇拜与帝国统治体系的关系。他认为，在民间社会的生活实践中，人们通过隐喻的修辞学途径来模仿帝国的行政、贸易和惩罚体系，因此，隐喻式模仿的逻辑，一直是中华帝国与民间社会之间能够进行沟通的主要途径。通过这种模仿的实践，帝国的运作逻辑得到了民间的认可并发生了转化。

③ 奈德尔在他的书中指出，制度是功能性的单位，由行为模式组成，这些模式在实践中相互联结并具有共同目标。参见 Nadel，S. F. 2004.（original 1951），The Foundations of Social Anthropology. London and New York：Routledge，107。

宗族的模式，依据其与国家的关系和不同的财产占有状况，宗族在权力中裂变和发展。弗里德曼在家庭与宗族之间做了明确的区分，家庭是一个临时的团体，而宗族在原则上是永久的，因为宗族具有继承一个已知祖先血统的特点。相反，费孝通的模型是从每个社会人那里扩展出来的社会关系圈，因此他把家庭称作小家族，家是有效的、灵活的、可扩展的多功能组织。弗里德曼和费孝通都认为家庭是临时的组织，但是费孝通指出家已经是家族世系的单位，并呈现了依据不同目的和功能而变化的组织形式。对于费孝通而言，从家庭出发将社会性理解为以自我为中心是非常重要的，然而对于弗里德曼以及在弗里德曼时代英国人类学的亲属制度研究而言，以自我为中心的亲属制度（kinship）被看作亲属关系（kindred）。亲属关系与宗族的不同之处在于，它是暂时的，正因为它是以自我为中心的。对于费孝通来说，以自我为中心的亲属制度既是临时的又是长久的。在弗里德曼看来，持续性组织被看作是团体；然而在费孝通看来，持续性组织没有固定的边界。那里当然有法规，如习惯法，但它不像社会性的主要概念那样在组织或制度里贯彻。费孝通认为，英国人类学把"结构"看成长期的和固定的，过于抽象。

在欧洲的语言中同样强调永久的和固定的组织，但是"社会"通常被理解为一个庞大的团体或者团体的集合。形容词"社会的"（social）能够被转换为名词"社会"（the social），它被理解为一般的社会关系以及与之相连的各种义务。但在涂尔干和英国人类学的传统中，将人们彼此联系起来的纽带也是将人们连接成为一个社会的纽带。

费教授在中国创立的乡村社会学或人类学与他自己以及弗里德曼在伦敦学习的人类学与社会学，与20世纪30~40年代的芝加哥学派以及与我在20世纪60年代学到的人类学都迥然有别，这似乎证实了费教授在持续比较中所得出的对比。他在《乡土中国》中说，关于团体以及个人作为团体的一分子的观念支配着西方社会，个人就像草垛中的稻草，尽管在事实上一个人可以参加好几个团体。

我将回到亲属制度的研究以及费孝通关于中国亲属制度的概念带给我怎样的惊讶中来。但我首先要提到的是他对于西方和中国的系列比较带给我的两个其他方面的惊讶。他的比较涉及政治方面，而首先是宗教起源当中的理念和意识形态。对我而言，这是一个极具冲击力和启发性的惊讶，因为我已经耗费了几乎毕生的精力来研究中国的宗教与政治。

四　圣人与神的对比

费教授对比了两种社会。在前一种社会当中存在着象征公共组织的普遍性和法律与爱的原则的单一的、万能的神，在神的面前人人平等；在后一种社会中，社会建立在具有差异的圣人、仪式或者行为规则的基础上。我不得不指出，费孝通做的是历史性的比较，即将新教改革后的基督教社会与共和之前的中华帝国社会进行了对比。如果他曾经以中世纪欧洲和中华帝国作比较，那么他将不得不面对两个农业社会和等级社会。但是他可能说欧洲的封建等级制是一个地位等级制，这种地位是固定的和不可能改变的。这种封建等级是人的聚集（human collectivity），如果说它不是社会性的组织团体的话。按照出生的家庭和家庭所归属的地位，人们之间形成了根本的差异。不过，这种欧洲等级与差序格局不同。差序格局不是由于成员类别所决定的地位差异，而是按照年龄、辈分、性别、对朋友的忠诚度、对主人或统治者的顺从度以及在领导等级中所期望的相互敬重的程度来对人进行区分。除了女人相对于男人以及奴隶或流浪汉相对于自由人的绝对弱势之外，身份在农业中国是一种定位，个人能够通过它流动到适当的位置。因此，在农业中国不存在属于固定类别的人口。

费孝通提出的社会自我主义和差异，即差序格局，是建立在社会人的排列和区分的基础上的等级制，而非建立在社会团体的排列和区分的基础上的，他非常清楚地指出了这一点。一个人在他的生命历程中从一个服从于父母的孩子，成为期望被他人服从的父母等。一个忠于领导的人可能最终成为领导，尽管大多数事实并非如此。在这种等级当中，社会身份不是团体身份，但是它们确实通过文化程度、长指甲①和其他区分标志给自己划出界线。让我们做另一个对比，在印度的种姓等级中，社会流动通过种姓流动而产生，被称为印度化（Sanskritisation），其中亚种姓或种姓作为一个整体向上移动。中世纪欧洲的贵族、自由民和奴隶的身份是永远固定的。

正如费孝通所说，对于上古圣人、祖先和现实中的长者的尊敬完全不同于被上帝所决定新教的宿命论（predestination）或者天主教的命运

---

① 在中国古代，长指甲是富贵身份的象征，从事体力劳动的人是不可能留长指甲的。

（fate）。圣人首先要考虑的是对父亲的孝道，这与上帝非常不同。上帝是他的圣子的父亲，上帝由童贞女所生，与自己的父亲断绝了联系，因此他能够给予每个人上帝的父爱。建立在神圣法则和后来的世俗法律主权基础上的社会与建立在不同角色的适当行为规则基础上的社会形成了鲜明的对比。

充满爱与正义的上帝催生出在爱与正义面前人人平等的思想，能够没有中介地与上帝在一起，成为欧洲各种新教教派以及他们与天主教之间反叛与战争的理由。这为英国共和革命，为北欧在美洲首次建立殖民地以及之后在欧洲的政治和思想启蒙中拒绝对上帝的需要提供了理想，这是法国和其他欧洲大陆国家共和革命的理想。美利坚合众国的创立者既接收了启蒙思想又是新教徒，像大多数欧洲国家一样，他们既把上帝当作权威，又创立了具有自身权威并被民主的世俗理想合法化的国家。费孝通在概括西方社会的特点时所指的应当是现代西方社会。

费孝通的比较留给我们两个大问题：如果西方国家通过共和革命，在同一个上帝的指引下从身份等级制度向个体主义民主转化，那么中国在经历了共和革命之后社会人的身份差异等级发生了什么变化？社会人怎样成为转型后中国政治与社会的基础？另一个大问题是：中国在引进西方民主和个体主义的政治与理念之后会有什么结果？

这些问题是不可能用简短的篇幅回答的，但是我试图指出寻找答案的方向。

五　同意权力及其结果

在《乡土中国》中，费孝通认为在中国，如同所有农业社会一样，国家权力是有限的独裁，权力的主要形式被称为同意。同意权力是一种联合与荣誉的权力，它能够在等级差异中达成共识。差序格局是基于血缘的等级差异的团结圈模式，而同意权力建立在差序格局的基本模式之上，起始于对"生于斯、死于斯"的强烈归属感。

对于费孝通来说，对地方的归属感完全建立在血缘的基础上。我认为，他对于亲属关系的过分强调导致他低估了纯粹地缘关系的影响，这种影响在城市和乡村或在中国和其他农业社会都存在。在我看来，他还忽视了试图取代原有宗族的历史以及关于非本地族源的感受如何被融入地方归属感（Zhao，2004：117~132）。尽管有以上保留意见，我还是要讨论费教授在20世纪40年代关于血缘、地方归属和区域主义的论述，他借此谈到了来自同一个地方的移民团体。

费孝通观察到这些关系是怎样被不断增强的经济关系的商业化所影响的。他写道，随着货币交易日渐频繁，人情关系将被无情的经济交易和契约关系所支配，但是这不会自然发展为一个为和平交易和个人权利创造空间的拥有主权法则的国家。在他看来，大英帝国已经按照亚当·史密斯（Adam Smith）的政治经济学和通过渐进式改革的过程完成了转换。他忽略了由奥利弗·克伦威尔（Oliver Cromwell）领导的英国共和内战导致的暴力、在1649~1660年短暂的共和之后王朝的可怕的复仇以及最终于1689年确立的君主立宪制。根据他引用的英国的实例，我认为费孝通将渐进改革作为目标理想化了。但渐进改革的想法是一个很重要的思路。让我们看看费孝通的备选方案。

渐进改革的问题是国家如何与日益强化的没有人类情感的交易一起发展的问题。费孝通反思这个问题时用"时势权力"（temporal power）来指称原始权力的现代版本。韩格理和王政在脚注里评价道，这接近甚至等同于马克斯·韦伯（Max Weber）所说的卡里斯玛权威（Charismatic authority）（Hamilton and Wang，1992：130）①。有趣的是，费孝通关于时势权力或者卡里斯玛权威的现代形式所举的例子却是他那个时代的苏联。他观察到时势权力容易产生分歧，又不能通过讨论和民主程序加以解决。一方面，如果卡里斯玛权威成为独裁的话它们将被抑制，另一方面，它们将会转变为对共同问题提出不同解决方法的领导人之间的争论，以此演变成争夺控制整个意识形态的权力斗争（131~132）。在《乡土重建》中，他称这种权力斗争为"派系政治"（145）。就像韩格理和王政在《乡土中国》译本加入的《乡土重建》（重构中国农村）一章中所评论的，费孝通希望在中国能出现完全不同的结果。他希望农业中国在地方上进行自我管理，即由长老和地方绅士控制的政治，以及对于帝王以下的行政官僚的中央统治来

① 费孝通在《乡土中国》中区分出四种权力：在社会冲突中发生的横暴权力，建立在剥削关系之上；在社会合作中发生的同意权力，建立在契约的基础之上；从社会继替中发生的长老权力，依据传统而得以成立；以及时势权力，即在新旧社会交替之际涌现出来的文化英雄所造成的权力。参见费孝通《乡土中国生育制度》，第76~77页；以及韩格理和王政在《乡土中国》英译本第139页的第一个注释。

说必不可少的自我管理，能够成为一种建立在农村工业基础上的新型的地方自治。地方绅士将被由被选举的代表组成的议会所取代。国民政府将不得不成为集权国家的反应灵敏的公共行政机构（144～145）。当然，有两种路径都是可能的，即集权独裁的和派系的政治，或是受到地方自治抑制的中央行政机构。

费孝通所预见的巨大困难在于，在中国建立一种关于普遍的公共利益以及个人对其负有责任的观念。关于费孝通所说的中国社会的差序格局的类型，韩格理和王政把它翻译成"私"（selfishness），我把它叫作"社会自我主义"（social egoism），它并不是公共的社会意识（61）。在进行关于广义的人性与仁慈的概念——"仁"的讨论时，费孝通观察到孔子不可能为其定义。他将仁与基督教的爱的理念进行对比（68），也被翻译成"慈善"，在基督教中，对他人的爱衍生出公共领域中个体的责任行为以及公共福利。更重要的是，他将西方的公民社会概念中的私域与公域与从小家族扩展出来的流动的、不确定的关系圈进行了强烈对比。最后，他对出发点进行了对比：一是基于忠诚，一是强调牺牲。在西方，要求为了国家利益牺牲一切，这也常常成为现实。在我看来，他一定是指民族国家，而绝不是农业的或者商业的帝国乃至中世纪欧洲的绝对君主国家。

作为至高的社会认同，爱国主义的自我牺牲与公共利益的信念是民族主义的特点，尽管对于它的含义有着不同的解释。这一信念的问题在于，它转变成了横暴的国家命令。所以费孝通在 20 世纪 40 年代提出的大问题是，农业国家的地方自治怎样才能够成为一个现代国家内部的负责任的地方领导权，并有力阻止中国作为现代的民族主义国家蜕变为一种横暴的从下至下的权力。他所提出的具体但同样重要的政治问题是，对于家庭原始的忠诚怎样才能同时发展为对公共利益的社会意识和责任。对我而言，这些仍然是很好的和很重要的问题，它们是关于中国将实现何种民主形式的基本问题。

早在 20 世纪 40 年代，西方的个体主义权利观、基督教的个人道德观以及民主共和政府的各种模式都已在半个世纪之前被引介到中文作品中和某些程度中（例如省的议会）（Fincher，1981：227－240）。但是仍然存在一个很大的问题，即它们怎样被中国化，也就是说，它们怎么与乡村的团结原则紧密联系，这里我还想补充一点，即如何与乡村的地域观念和负责任的领导权观念紧密联系。正如我已经提到的，在我看来，费孝通在强调血缘关系的时候忽略了乡村地域领导这一点。在《乡土中国》中，他没有提到地域崇拜以及它们所体现的关于领导权、公共利益和社会正义的观念。但是，在他对于血缘关系的强调中，我们当然能够就个人主义对于中国的团结形式和家庭生活的适应性提出更多的问题。因此，我有必要谈谈自 20 世纪 40 年代以来亲属制度研究的变化，然后再涉及从费孝通写作《乡土中国》以来的中国农村社会的变迁。

六 费孝通和弗里德曼之后的亲属制度研究的变化

在 20 世纪 60～70 年代，亲属制度研究的核心地位在各自有所侧重的英国、美国和法国均受到了严峻的挑战，以至于此后的一段时间内亲属制度研究似乎被放弃了。它支配着人类学家习惯性地研究小国和无国家社会的社会生活。弗里德曼拓展了亲属制度研究的范围，他展示了在中国的两个东南省份——广东和福建——宗族的不对称裂变怎样在一个有着阶级分化的大国构成了地方性的社会生活与政治形态（Freedman，1974；1979）。他认为，宗族结构是社会性亲属制度的背景，它组织起家庭关系、家庭生活以及联姻家庭间的联盟。但是，正如我已经指出的，他在宗族与家庭之间做了一个明确的区分，类似于他的同事、非洲专家梅耶·福特斯（Meyer Fortes）所做出的在法律亲属制度（jural kinship）与血缘或者生物亲属制度（blood or biological kinship）之间的区分。

人类学在那个时代正从所谓的"原始的"或者"简单的"社会转移视线，因为他们所处的历史环境将他们卷入更为复杂的政治关系当中。1968 年，美国人类学家大卫·施耐德（David Schneider）的研究显示，实质性关系（relations of substance）（即血缘和生物性关系）与在法律和行为法则中的亲属关系（coded relations of kinship）所进行的区分是民族中心主义的表现。他的研究说明这种区分是北美亲属关系的特点，其中家庭生活是实质与法则的结合，前提则是在逻辑上首先对二者进行初步区分。他怀疑这种区分的普遍性，尽管当时在关于亲属制度/关系的人类学中似乎已经接受这一假设。

珍妮特·卡斯特（Janet Carsten）在她那本意味深长地命名为《亲属关系之后》（After Kinship）的著作中评论说，施耐德的批评恰好符合从社会结构研究到文化意义研究的转向，这不仅发生在美国，也发生在英国

（2005：18）。在英国，这种转变使得对"人"的定义成为主要的焦点。这又反过来质疑了产生于新教并在欧洲启蒙运动中得以重构的假设，即组织、群体和国家以个体成员为单位的普适性。费教授将此视为西方特有的社会类型的核心，他将这种社会体制称之为团体格局，韩格理和王政把它翻译为联合的组织模式（organizational mode of association）。

　　自 20 世纪 70 年代开始，在英国最有影响的关于人的研究不仅关注意义，也关注身体、身体的流动、礼物和食物以及性和性别差异的实质。玛丽·道格拉斯（Mary Douglas）在《自然的象征》一书中，依据对这些物质隐喻性运用和人类身体的流动建构了所有社会结构的类型（1970）。但是她没有对任何特定社会的社会人进行研究。在英国，这方面研究最有影响的也许是史翠珊（Marilyn Strathern）和她于 1988 年出版的著作。她对美拉尼西亚人和西方个体主义进行了比较，就像费孝通将中国的社会自我主义和西方的个体主义进行比较一样，虽然那时她对费孝通的比较毫无所知。

　　史翠珊与费孝通的比较有所不同。根据史翠珊的观点，美拉尼西亚人是多元的和可分的。一个美拉尼西亚人与很多他人同体，因此，她认为，一个人能够被想象为一个社会的缩影。费孝通没有关注身体，他也没有否认身体是个人的。相反，他认为中国社会里的人是个体，他（或她）来自社会缩影的起点部分——具有等级差异的家庭，即小家族。对于史翠珊来说，美拉尼西亚的社会人是在仪式和交换中进行礼物和食物实质性交换的结果，是人们之间进行互动的结果。对于费孝通来说，社会人生来就相信自己是礼仪规则的结果，是仪式和行为规则的结果，这些仪式和规则将社会人嵌入一系列具有高度差异的角色当中。他的概念更为结构化，可以通过社会关系的礼仪并依据身份和角色进行设想，其中当然也包括礼物交换和分享食物的仪式。但是费孝通没有像史翠珊那样强调仪式事件以及身体经历的物理性质和实质。

　　这类研究的结果使英国和北美亲属制度的研究对象从被规定的行为模式和继承制度转向在实践中人们如何在家庭内部和家庭以外感受到与他人的联系以及对他人的感激。这个主题被称为"亲属关系"（relatedness）。珍妮特·卡斯特（Janet Carsten）编辑的一册相关研究文集，名为《亲属关系的文化：亲属关系研究的新途径》（2000）。这些研究不再关注人们如何依据亲属制度的规则与他人建立亲戚关系，而是关注在选择与规则的结合中哪些关系至关重要。做出选择意味着忽略某些关系，保持或者制造另一些关系以及断绝过去曾维系的关系。这些研究的对象不再是既定的和被规定的关系，而是通过礼物交换、互访以及创造和保持情感联系积极维系着的亲属关系及其他关系。

在阅读费孝通的《乡土中国》时，最令我惊讶的是差序格局如此接近西方亲属制度研究的新路径，尽管费孝通的著作并不为史翠珊这样的西方人类学家所知。但如同差序格局一样，他们从通常所说的亲属关系（kindred）开始，研究人们如何同时通过双系和婚姻与其他社会个体发生联系。像差序格局一样，人类学的亲属关系概念中没有把家庭与宗族截然分开。如同差序格局和后来对于中国社会生活中的亲情和友情的一系列研究，他们强调互惠的关系（人情）和社会感情（Bernard Gallin，1960；Morton Fried，1953）。但是伴随这些令人惊讶的相似性而来的是一些重要的差异。

要明白这些差异，最好与珍妮特·卡斯特的书中所收录的关于中国人亲戚关系的研究进行对比。它是一项由石瑞（Charles Stafford）在台湾地区进行的研究，其中展示了费孝通所关注的核心问题——家庭再生产问题，它不是费孝通所认为的简单的血缘问题。养育孩子和赡养父母形成了一种回报父母尤其是母亲的养育之恩的互惠（养）关系。被费孝通灵活定义的家庭内部所保持的关系，与家庭之间通过互惠的拜访和礼物交换（来往）所创造和维系的关系相似（2000）。

选择的因素在费孝通的血缘观念中缺失了，母亲的重要性也被忽略。总的来说，女人一方面在创造和维系各种关系，另一方面在照顾孩子和老人的过程中形成互惠关系，但是费孝通和弗里德曼关于中国亲属制度的研究都忽视了女人的重要性。最大的差异在于对西方个体主义和亲属制度的看法。费孝通在他的《美国人的性格》一书中将封闭的、小型的感情家庭定义为一个生活堡垒，他在《乡土中国》中也重复了这一观点（1985）。但是，大量关于英国和美国亲属制度的研究表明，西方家庭如何被嵌入以社会人为中心的团结圈中，就如同差序格局一样，例如沃尔曼（Wallman）关于八个伦敦家庭的研究（1984）。还有对农业中国与其他拥有较长系谱记录的亲属制度的比较，在这些制度中人们通过系谱来追溯不属于居住地的发源地，并以此来要求支援或者声称对于财产的享有权。英国和美国的亲属关系通常是更短浅的，同时也更加同源（cognatic），即从既包括母方的又包括父方的双系进行计算。因而它有可能将过多的人列入亲属范畴，它也要求忽略一些潜在的亲属关系，这一点要比中国更明显。大多数西方家庭通过计算他们的系谱来寻根和满足情感上的归属感，他们几乎总是寻找到不止一处的发源地，或是追溯他们的基因历史，以建立有着数代经历的认同感，而和《乡土中国》不同的是他们不带有任何经济目的。英国和美国的亲属关系更像是差序格局，但他们有所不同。同样，我们必须修正与个体主义进行的对比，更准确地探讨个体主义在哪里存在及如何存在。

西方个体主义不仅是一个关于与他人建立联系的实践中的社会人的问题，更多的是一个关于财产法、基督教新教伦理和主体自我规训的问题。因此，无论是费教授关于西方家庭和团体格局的结论，还是史翠珊后来进行的关于西方个体主义的比较，都有必要进行修正。西方个体主义是一个法律、伦理和规训的实践，它强调个体的自我管制和个体的财产权。西方个体主义不是在家庭和其他团结形式中得以实现的，而是在权力关系和法律面前人人平等以及将公共观念作为政府的合法性源泉的意识形态中得以实现的，这种合法性在实践中被大众媒体以及政治信念背后的权力与资金所支配。

费孝通的观察中仍不乏真知灼见，例如在北美和英国，由父母和孩子组成的核心家庭诉诸情感支撑，而这绝不是中国农业家庭的主要功能。中国农村家庭的经济、事业和组织的功能远远比西方城市家庭要重要得多。但是这也需要进一步界定。费孝通向西方社会学进行借鉴，将小家庭作为西方社会基本单位的模式，假设核心家庭是社会生活的稳定核心。但是，仅在持续了一个半世纪的很短的历史时期内这一假设才得以成立。19 世纪中期以后，稳定的核心家庭才在欧洲被发现，而现在变得更像是连串的核心家庭：随着再婚率的上升和连续的新的性伙伴关系的形成，核心家庭之间通过照顾孩子以及通过孩子保持与父母和继父母的关系而被联结在一起。接受了这一限定之后，我们仍可以说，在西方，夫妻和他们的孩子对于情感支撑和自我管制意识形态中的非正式教育是很重要的，这可以与在中国通过血缘形成的，具有重要的经济功能而不只是具有感情功能的差序格局中的同心圆形成对比。

一旦我们加上必要的限定，关于费教授观点的正确性的观察就会带给我们另一个大的问题。自 20 世纪 40 年代以来，在中国，随着经济的巨大变迁以及工作组织的变革，家庭又发生了哪些变化？当中国农村的大多数人不再依赖农业生存，在中国人的家庭生活中感情功能是否变得更重要了？

七　中国的感情家庭

费孝通在《乡土中国》中说："稳定社会关系的力量，不是感情，而是了解。所谓了解，是指接受着同一的意义体系"（Fei，1948：88）。他将西方式浪漫的通过爱而使两性结合的追求视为冒险与实验，并与《乡土中国》的男女有别的观念以及为了固定的行为规范而规避感情的做法进行了比较。中国社会的其他研究者已经证明，在中国，浪漫的性爱与家庭关系是分离的。但这并不是了解与感情之间的差别，而是情——在英语中我把它翻译为"affection"，是在家庭和友谊当中学到和培养的——和恋爱，即激情的区别。我怀疑费孝通对于感情和了解的区分是否必要，但是我确实接受他对浮士德式浪漫的爱情冒险的区分。和费孝通一样，两位华裔美国社会心理学家许烺光（Francis Hsu）和朱谦（Godwin Chu）也各自对西方个体主义进行了比较，并认为在以直系亲属为牢固根基的中国社会生活中缺乏浪漫的激情（Hsu，1985：35～41；Chu，1985：264～267）。在他们看来，在西方，浪漫激情被提升到社会话语和艺术的中心地位是以个体和自治的自我为基础的。但是，自20世纪40年代以来，中国也发生了巨大的变化。

姜克维（William Jankowiak）于20世纪80年代和90年代初在呼和浩特市进行的研究表明，在官方认可自主恋爱婚姻之后，现在的年轻人在理想配偶的标准中不仅只包括现实的、经济的和工具性价值，也包括了作为提升生活经验的浪漫激情的价值。他们在恋爱中融入曾经与婚姻相互分隔的浪漫与激情（1995：182）。

阎云翔（2003）在对黑龙江省的一个村庄——下岬村的研究中追溯了个体主义的开端。在集体生产中从所有的孩子开始到所有的男女都有机会以工分的形式挣得个人收入。在职业、职位或者事业的分化之后，赚取现金收入的更多机会加剧了个体主义倾向。阎云翔在下岬村注意到，这也伴随着与浪漫相联系的、打破婚前性行为禁忌的过程。近年来，订婚后的情侣一起到城市购买婚礼用品和照相，他们会在城里一起过夜并以此宣告"生米煮成了熟饭"。到20世纪90年代，甚至在拜访对方家庭的时候，因为屋子被隔成了独立房间，情侣也可能在婚前就住在了一起。此外，现在的新娘还可以就她们的嫁妆进行商量，表达出她们通过自己的谋生能力而获得的个体性和主动性。结果之一就是新夫妇坚持在独立建筑中拥有自己的家庭单位。阎云翔也特别提到年轻姑娘喜欢包括流行歌曲的歌词在内的对于爱的直接表达。所有这些浪漫和选择仍然是婚前的，但这不是随意的性关系。这确实表明，不仅在中国的城市而且在乡土中国也出现了像费孝通所说的美国式的堡垒家庭。事实上，阎云翔的书取名为《社会主义中国的私人生活》，在书中他指出现代性是普遍的，而且已经成为中国乡土社会的现实，这包括个体主义、家庭生活的隐私以及家庭生活与事业和经济生活的分离。

八　结论

对费孝通的深入比较的延伸能使我们得出什么结论呢？

首先，我们可以推断社会自我主义和差序格局是社会生活的一种伦理和实践准则，就像西方的个体主义一样。不过它是由仪式而非法律所支配的，它最初在家庭和小家族中得以培育和再生产，将血缘作为社会再生产的根基以及最原始的忠诚。这并不排除在乡土社会的家庭生活中存在感情的可能性，它以不同方式和很大的灵活性被体验。同样，个体主义在西方的家庭生活中培育，然而家庭生活被体验为一种在期望和义务支配下的灵活的和团体的社会生活。虽然这点与中国相似，但期望和义务不同。个体主义主要在家庭之外——在学校、福利制度和政治话语当中被培养起来，家庭不是首要的忠诚对象，而只是其中之一，尽管归属感确实是通过家庭才被追溯到其他领域。简而言之，费孝通的区分是正确的，但是它必须被看作是在当时的乡土中国直至当代中国与19世纪直至当代西方的主导意识形态和话语之间的比较。

其次，我们可以提出若干问题：社会自我主义和差序格局是否仍然相互等同？角色和身份差异是否已经发生变化？是否像费孝通所设想的那样人情与感情的理念和期望仍然被固定的准则所支配？我认为，它们总是比费孝通所设想的要更灵活。在任何情况下，它们都不仅是血缘关系，还包括友情和朋友关系，以及在等级关系中对信任的期望和互惠。现在由于领导权、阶级和财富的等级关系已经发生变化，因此，差序格局和社会自我主义者的圈子也必然会发生变化。至关重要的是，随着无情的经济关系的重要性的扩大和巨大的增长，可以肯定，新的差序格局已经演变为情感与期望的大堡垒（a large fortress），这其中包括邻里、朋友与家庭之间的信任以及对公共利益的追求；同时，它已经扩展为做生意和形成政治联盟的方式。近年来的一些研究证实了我的这些建议。尤其是常向群的著作，涵盖了以往几乎所有的研究，并应用到一项相关主题的村落研究中，在这个费孝通最先做田野的村庄里，他考察了人际关系是如何算计的以及他们的关系是如何创造性地维持和变化的。

从这项以及其他研究中，我们可以得出结论，差序格局仍然是中国社会的一个显著特征，但是它已经在很大程度上发生了变化与扩展，正如创建和维护道德信任关系远远大于社会关系，一个有趣的对比是，纯粹的工具性的和匿名的经济关系能扩展得更大。

最后，让我再回到费孝通提出的宏大的政治问题上。互惠关系和义务能否成为地方政治生活的基础，从而抑制强大的中央国家的要求？我还会加上另一个问题：它是否抑制无情的资本主义经济？在我看来，我们必须看到中国社会传统中的其他方向，并在回答这个问题之前在血缘和差序格局之外再加上地方性和邻里关系的维度。如果不同时考虑下列事实，这个问题也将是无法回答的，即一个多世纪以来，选举代表的某些机制和个体主义的理念已经从西方引进并成为中国政治的一部分。我们还必须进一步考虑另一个事实，即在中国，社会正义的理想已经与同样是从西方引进的社会主义理想相混合。不过，甚至在我们考虑了以上所有因素之后，再看看不再由农业主导的乡土中国，我仍然认为接受费教授的对比和他的政治课题是必要的和重要的，这确实令人惊讶。费教授寻求渐进式改革的道路，试图在转型的社会自我主义的基础上建立现代中国的经济制度与政治组织，这仍是实践探索的一个重要课题。

参考文献

费孝通，1948，《乡土中国》，北京：三联书店。
——，1948，《乡土重建》，上海：上海观察社。
——，1947，《美国人的性格》，上海：生活书店。
Carsten, Janet. ed. 2000. *Cultures of Relatedness: New Approaches to the Study of Kinship*. Cambridge, UK: Cambridge University Press.

——. 2005. *After Kinship.* Cambridge, UK: Cambridge University Press.

Chang, Xiangqun. 2004. *Lishang-wanglai-social support networks, reciprocity and creativity in a Chinese village (PhD thesis)*. City University, London.

——. 2010. *Guanxi or Li shang wanglai? Reciprocity, Social Support Networks, &Social Creativity in a Chinese Village.* Taipei: Scholarly Publishing Business, Airiti Press Inc.

Chu, Godwin C. 1985. "The changing concept of self in contemporary China" in A. J. Marsella et al. eds. *Culture and Self: Asian and Western Perspectives.* Sydney: Law Book Co of Australasia, 252 – 278.

Mary Douglas. 1970. *Natural Symbols: Explorations in Cosmology.* London: Routledge.

Fei, Hsiao-Tung. 1939. *Peasant Life in China: a field study of country life in the Yangtze valley.* London: Routledge & Kegan Paul LTD.

——. 1953. *China's Gentry: Essays in Rural-Urban Relations.* Edited and revised by Margaret Park Redfield Margaret Park Redfield. Chicago and London: University of Chicago.

Fei, Hsiao-Tung and Chang, Chih. 1949. *Earthbound China: A Study of Rural Economy in Yunnan.* London: Routledge.

Feuchtwang, Stephan. 1992. *The Imperial Metaphor: Popular Religion in China.* London and New York: Routledge.

Fincher, John H. 1981. *Chinese Democracy: The Self-government Movement in Local, Provincial and National Politics.* New York: St. Martin's Press.

Freedman, Maurice. 1961. "Sociology in China: A brief survey" in G. William Skinner. ed. 1979. The Study of Chinese Society Stanford: Stanford University Press, 373 – 379.

——. 1974. "The politics of an old state" in G. William Skinner. ed. 1979. The Study of Chinese Society. Stanford: Stanford University Press, 334 – 350.

Fried, Morton H. 1953. *The Fabric of Chinese Society: A Study of the Social Life of a Chinese County Seat.* New York: Praeger.

Gallin, Bernard. 1960. "Matrilineal and affinal relationships of a Taiwanese village", *American Anthropologist* 62 (4): 632 – 642.

Hamilton, Gary G. and Wang Zheng. 1992. *From the Soil, The Foundations of Chinese Society: A translation of Fei Xiaotong's Xiangtu Zhongguo.* Berkeley, Los Angeles and London: University of California Press.

Hsu, Francis L. K. 1985. "The self in cross-cultural perspective" in Marsella, Devos and Hsu. eds. Culture and Self: Asian and Western perspectives. New York: Tavistock Publications, 24 – 55.

Jankowiak, William. 1995. "Romantic passion in the People's Republic of China" in his ed. Romantic Passion: A Universal Experience? New York: Columbia University Press, 166 – 183.

Marsella, Anthony J. , DeVos, George, and Hsu, Francis L. K. eds. 1985. *Culture and Self: Asian and Western Perspectives.* New York and London: Tavistock Publications.

Nadel, S. F. 1951. The Foundations of Social Anthropology. Glencoe: Free Press.

Schneider, David M. 1980. *American Kinship: A Cultural Account.* Chicago: University of

Chicago Press.

Stafford, Charles. 2000. "Chinese patriliny and the cycles of yang and laiwang" in Carsten ed. Cultures of Relatedness: New Approaches to the Study of Kinship, 41 – 47.

Strathern, Marilyn. 1988. *The Gender of the Gift: Problems with Women and Problems with Society in Melanesia.* Berkeley: University of California Press.

Wallman, Sandra. 1984. *Eight London Households.* London and New York: Tavistock Publications.

Wang Mingming. 2002. "The Third Eye: Towards a critique of 'nativist anthropology'", Critique of Anthropology 22 (2): 149 – 174.

Yan Yunxiang. 2003. *Private Life Under Socialism: Love, Intimacy, and Family in a Chinese Village* 1949 – 1999. Stanford: Stanford University Press.

Zhao Bingxiang. 2004. "'The Place where the Sage wouldn't go' and 'The Place where the Sage was born': Mutual definitions of place in Shandong and Heilongjiang" in Feuchtwang, Stephan. ed. Making Place: State Projects, Globalisation and Local Responses in China. London: UCL Press, 117 – 132.

（责任编辑：肖锐）

第五编
从社会史的角度研究家庭

家庭与性别评论（第 7 辑）

第 203～223 页

© SSAP，2016

中国法律与中国社会：
家族范围和父权*

瞿同祖

一　家族范围

　　中国的家族是父系的，亲属关系只从父亲方面来计算，母亲方面的亲属是被忽略的，她的亲属我们称之为外亲，以别于本宗①。他们和我们的关系极疏薄，仅推及一世，从母亲上溯至她的父母，旁推至她的兄弟姐妹，下推及她的兄弟之子及姊妹之子，外祖父母、舅父、姨母、舅表及姨表兄弟是我们的边际亲属，过此即无服。母之祖父母、堂兄弟姊妹②以及侄孙与我们无亲属关系，外亲亲属的范围是异常狭窄的。同时，服制极轻，指示亲属关系疏薄。外祖父母血亲关系等同于祖父母，但服不过小功，等于伯叔祖父母。舅姨的血亲关系同于伯叔及姑，但服同于堂伯叔父母及堂姑，只小功。母舅之子及两姨之子则关系更疏，仅服缌麻③，同于

---

　　* 选自瞿同祖《中国法律与中国社会》，商务印书馆，1947。
　　① 故《尔雅·释亲》于父宗曰宗族，而异姓亲曰母党，曰妻党。
　　② 唐玄宗以堂姨舅古今未制服，思敦睦九族，引而亲之，始制堂姨舅袒免（《唐会要》三七《服纪》上），然止是一代之制。
　　③ 《仪礼·丧服》。参看《元典章》三〇，《礼部》三，《丧礼》，"外族服图"；《明会典》一〇二，《礼部》六十，《丧礼》七，《丧服》，"外亲服图"；《请律例》二，《丧服图》，"外亲服图"。

族兄弟姊妹。据《仪礼》："外亲之服皆缌麻也"①，外祖父母以尊、姨母以名才加至小功②。舅本缌麻，唐太宗以舅与姨亲疏相似而服纪有殊，理为未得，始进为小功③。

姑虽属于本宗，但嫁后归于异宗，所以出嫁便为降服，而她的子女与我们服只缌麻④。

以父宗而论，则凡是同一始祖的男性后裔，都属于同一宗族团体，概为族人。其亲属范围则包括自高祖而下的男性后裔。以世代言之，包含高祖至玄孙的九个世代，所谓九族是⑤。以服制言之，由斩衰渐推至缌麻，包含五等服制。《礼记》云："亲亲以三为五，以五为九。上杀，下杀，旁杀而亲毕矣。"⑥ 又说，"四世而缌，服之穷也，五世而袒免，杀同姓

---

① 《仪礼·丧服》。

② 《仪礼·丧服》，开元二十三年，太宗敕文服纪之制有所未通，令礼官学士详议具奏。太常卿韦韬奏请外祖加至大功九月。太子宾客崔沔议曰："正家之道，不可以二，总一定议，理归本宗，父以崇尊，母以厌降，岂忘爱敬？宜有伦序，是以有齐衰，外服皆缌麻，尊名所加，不过一等，此先王不易之道也。"职方郎中韦述议曰："圣人究天道而厚于祖祢，系姓族而亲其子孙，近则别于贤愚，远则异于禽兽，由此言之，母党比于本族，不可同贯明矣。且家无二尊，丧无二斩，人之所奉，不可二也。……今若外祖及舅更加一等，堂舅及姨列于服纪之内，则中外之制，相去几何？废礼徇情，所务者末。……其堂舅姨出于外曾祖，若为之制服，即外曾祖父母，及外伯叔祖父母，亦宜制服矣。外祖加至大功九月，则外曾祖合至小功，外高祖合至缌麻。若举此而舍彼，事则不均，弃亲录疏，理则不顺，推而广之，是与族无异矣。"礼部员外郎杨仲昌亦以"窃恐外内夺序，亲疏夺伦"为言。户部郎中杨伯成，左监门录事刘轶并同是议，皆谓不可。韦议遂寝。（《唐会要·服纪》上）

③ 《唐会要·服纪》上。

④ 《仪礼·丧服》；《元典章》"外族服图"；《明会典》"外亲服图"；《清律例》"外亲服图"。

⑤ 九族的解释，汉儒即有二说，一说以为包括异姓有服亲，夏侯、欧阳等今文学家主此说，谓父族四，母族三，妻族二（孔颖达《书经注疏》）。其详注内容，父族四：五族之内为一族，父女昆弟适人者与其子为一族，己女昆弟适人者与其子为一族，己之子女适人者与其子为一族。母族三：母之父姓为一族，妻之母姓为一族，母女昆弟适人者与其子为一族。妻族二：妻之父姓为一族，妻之母姓为一族（孔颖达《左传》桓公六年《注疏》）。《白虎通义》以父之姓为一族，不限五族之内，母族谓母之父母一族，母之昆弟一族，母昆弟子一族，亦与孔《疏》异。杜豫谓九族为外祖父、外祖母、从母子、妻父、姑之子、姊妹之子、女子之子、非己之同族（《左传》桓公六年注，今本"非"或作"并"义异）。以为九族"皆外亲有服而异族者"，又姑姊妹及女适人，但取其子而去其母，皆与以上二说不通。孔安国、马融、郑康成皆谓九族仅限父宗，上自高祖，下至玄孙（见《尚书注疏》，《尧典》，孔《传》，陆德明《音议》，及《左传》桓公六年孔《疏》）。后儒如陆德明、贾公彦、顾炎武等皆从此说，《日知录》论辩甚详。一般多以《丧服小记》以三为五以五为九为根据，几为定论。明、清律明定本宗九族五服图，九族专指父宗，更成为定制矣。

⑥ 《礼记·丧服小记》。

也，六世亲属竭矣"①。很明显的所谓亲属团体，是以四世为限，缌服为断的。服制的范围即亲属的范围，同时服制的轻重亦即测定亲属间亲疏远近的标准②。服制实具两种功用。本宗外亲亲属关系之比较只须比较其不同的服制，便一目了然。

家应指同居的营共生活的亲属团体而言，范围较小，通常只包括二个或三个世代的人口，一般人家，尤其是耕作的人家，因农地亩数的限制，大概一个家庭只包括祖父母及其已婚的儿子和未婚的孙儿女，祖父母逝世则同辈兄弟分居，家庭只包括父母及其子女，在子女未婚嫁以前很少超过五六口以上的。古人说大功同财，所指的便是同祖辈的兄弟辈而言。秦时民有二男以上不分异者倍其赋，又令父子兄弟同室内息者为禁③，可见那时兄弟与父母同居是很普遍的事情。孟子说人以事其父兄④，又有养其父母兄弟妻子及父母兄弟离散一类的话⑤，也可以证明此点。韩元长兄弟同居至于没齿，樊重三世共财，蔡邕与叔父从弟同居，三世不分财，乡党高其义⑥，是则汉时一般的习惯，很少父母已没仍兄弟同居至于三世的，所以乡党高其义而为史家所书，其为难能少见可知，一般人大约都如缪彤家兄弟原同财业，及各娶妻，遂求分异的情形。这还是士大闭户自挝，弟及弟妇闻而谢过的情形了。陶希圣以汉律夷三族罪及父母兄弟妻子，证明汉代的家以父母妻子同产为普遍范围⑦，但我们必须注意家族的连带责任是不一定与家的范围必然相合的，后代有诛九族的法律，九族绝非同居一室。即以夷三族而论，我们断不能说这种连带责任只限于父母在堂兄弟同居的时期。后代的法律只要求父母在时子孙不许别籍异财（详后），但兄弟同坐的连带责任并不因父母殁后兄弟异居而取消。

自然历史上也有累世同居的义门，包括数百口人的大家⑧，在这种情

---

① 同上，《大传》。
② 父宗服制系统此文不述，可参阅《元典章》三〇，"五服图"；《明会典》一〇二，《丧服》，"本宗九族五服正服图"；《清律例》二，《丧服图》，"本宗五服正服图"。
③ 《史记》六八，《商君列传》。
④ 《孟子·梁惠王上》。
⑤ 《孟子·梁惠王上》，《尽心上》。
⑥ 赵翼《陔余丛考》。
⑦ 陶希圣《婚姻与家族》，商务印书馆，1934，第66~67页。
⑧ 氾稚春七世同居，儿无常父，衣无常主（《晋书·儒林传·氾毓传》）。杨播、杨椿兄弟一家之内男女百口缌服同爨。椿尝诫子孙曰："吾兄弟在家必同盘而食……吾兄弟八人今存者有三，是故不忍别食也。又愿毕吾兄弟世不异居异财"（《魏书》五（转下页注）

形之下，同居的范围便扩大于族，家族不分了。但这样庞大的家实为例外，只有着重孝悌伦理及拥有大量田地的极少数仕宦人家才办得到，教育的原动力及经济支持力缺一不可，一般人家不易办到。一般的情形，家为家，族为族。前者为一经济单位，为一生活共同体。后者则为家的综合体，为一血缘单位，每一个家自为一经济单位，如史书所说的薛安都世为强族，同姓有三千余家①的情形。宋孝王《关东风俗传》谓瀛冀诸刘，清河张、宋，并州王氏，濮阳侯族，诸如此辈，一宗将近万室，烟火连接比屋而居，亦非同居合爨。

二　父权

家族的范围已如上述，现在我们当进而讨论此种亲属团体中的统率问题。中国的家族是父权家长制的，父祖是统治的首脑，一切权力都集中在他的手中，家族中所有人口——包括他的妻妾子孙和他们的妻妾，未婚的

（接上页注⑧）八，《杨播传》）。博陵李氏七世共居同财，家有二十二房，一百九十八口（《魏书》八七，《节义传·李几传》）。义兴陈玄四世同居，家一百七十口（《南齐书》五五，《孝义传·李延伯传》）。郭俙家门雍睦，七叶共居（《隋书》七二，《孝义传·郭俙传》）。唐刘君良累代同居，兄弟虽至四从，皆如同气，尺布斗粟人无私焉，其家六院唯一饲（《旧唐书》一八八，《孝友传·刘君良传》附），为当时义门之最。宋代义居风气更盛，江州陈氏南唐时聚族已七百口，宋时至千口，每食必群坐广堂，其后族中人口且激增至三千七百余人（《新五代史》六二，《南唐世家》；《宋史》四五六，《孝义传·陈竞传》，《昆陵西滩陈氏宗谱》）。越州裴承询十九世无异爨。信州李琳十五世同居。河中姚崇明十世同居，聚族百余人。江州许祚八世同居，长幼七百八十一口。池州方纲八世同爨，家属七百口，居室六百区，每旦鸣鼓会食。其他十世同居，八世同居，七世同居，六世同居，五世同居，四世同居者多家。少者累数十百年，多者至三四百年（详《宋史》四五六，《孝义传·许祚传、裴承询传、方纲传、姚宗明传》）。元延安张闰八世不异爨，家人百余口（《元史》一九七《孝友传·张闰传》）。婺州郑氏自南宋以来，累代同居，至明时同居已十世，历二百六十余年（《宋史》四五六，《孝义传·郑绮传》；《元史》一九七，《孝友传·郑文嗣传》；《明史》二九六，《孝义传·郑濂传》；宋濂《郑氏规范序》）。石伟十一世同居（《明史》二九六，《孝义传·石伟传》）。蕲州王焘七世同居，家人二百余口（《明史·孝义传·郑濂传》附）。其他四世、五世、六世、七世、八世同居，及五世同爨、八世同爨者多家（《明史》二九六，《孝义传》）。

① 《宋书》八八，《薛安都传》。按永嘉二十一年，安都与宗人薛永宗起义，击拓跋焘。永宗营汾曲。安都袭得弘农。拓跋焘自率众击永宗灭其族，其势力之雄大自非具三千家之强族补办，而为其族主者便为宗豪，在家族中在社会政治上均具有极大潜势力，故《宋书》称安都之父为广安豪宗，宋高宗以为上党太守。安都之所以得有政治势力，先为北朝都统，仕宋为建武将军，盖其族家之强盛以敬之。

女儿孙女，同居的旁系卑亲属，以及家族中的奴婢，都在他的权力之下，经济权、法律权、宗教权都在他的手中。经济权的掌握对于家长权的支持力量，极为重大。中国的家族是着重祖先崇拜的，家族的绵延，团结一切家族的伦理，都以祖先崇拜为中心——我们甚至可以说，家族的存在亦无非为了祖先的崇拜。在这种情形下，无疑的家长权因家族祭司（主祭人）的身份而更加神圣化，更加强大坚韧。同时，由于法律对其统治权的承认和支持，他的权力更加不可动摇。

我们已经说过亲属团体的范围有家、族之分，我们说到父权或家长时也应分其范围。在一个只包括父母和子女两个世代的家庭，父亲是家长，在包括三个世代的家庭，则祖父为家长。家庭范围或大或小，每一个家都有一家长为统治的首脑。他对家中男性后裔的权力是最高的，几乎是绝对的，并且是永久的。子孙即使在成年以后也不能获得自主权。

父字据《说文》："矩也，家长率教者，从又举杖"，字的本身即含有统治和权力的意义，并不仅止于指示亲子的生育关系。子孙违犯父的意志，不遵约束，父亲自可行使威权加以惩责。社会上承认父亲的这种权力，从法律的观点来看，则可说他的权力是法律所给予的。《吕氏春秋》说："家无怒笞则竖子婴儿之有过也立见"①，《颜氏家训》亦云："笞怒废于家，则竖子之过立见，刑罚不中，则民无所措手足，治家之宽猛，亦犹国焉。"② 我们应注意父亲对于子孙的笞责实际上并不只限于竖子婴儿的，子孙成年以后依然不能坚持自己的意志，否则仍不能避免这种处罚。典型的孝子，舜和曾子受杖的传说③，在人心上，尤其读书人，有长久的影响。梁朝的大司马王僧辩的母亲治家极严，僧辩已四十余，已为三千人将，母少不如意，犹棰挞之④。典型的孝子受父母的扑责不但不当逃避，并且应当受之怡然，虽挞之流血，亦"不敢疾怨"，仍得颜色婉愉，"起敬起孝"⑤。

扑责子孙有时难免殴伤致死的情事，法律上究竟容许不容许父母杀死子孙呢？这是很值得注意的一个问题。罗马时代父的生杀权（Jus vitae

① 《吕氏春秋·荡兵篇》。
② 《颜氏家训》一，《治家》。
③ 见《孔子家语》。
④ 《颜氏家训》一，《教子》。
⑤ 《礼记·内则》。

necisque）在中国是不是有相同的情形呢？宋司马华费遂子多僚与貙相恶，谗貙于宋公，公使人告司马，司马曰，"吾有谗子而弗能杀"，乃与公谋逐华貙①，似乎那时的父亲是有生杀权的。那时是宗法时代，正是父权学说形成的时代，——或也是父权最盛的时代，同时也发现父亲的生杀权，其巧合不是偶然的。

秦二世矫始皇赐蒙恬及扶苏死，扶苏说："父而赐予死，尚安敢请否？"②君之于臣，父之于子，都是有生杀权的，到了后来则只适用于君臣而不适用于父子间了。法律制度发展到生杀权完全操纵在国家机构及国君手里，自不再容许任何一个人民能随意杀人，父亲对儿子，也不能例外。他只能扑责儿子，断不能杀死他，否则便要受国法的制裁了。《白虎通》云："父煞其子死，当诛何？以为天地之性人为贵，人皆天所生也，托父母气而生耳。王者以养长而教之，故父不得专也。《春秋传》曰：'晋侯煞世子申生'。"直称君者甚之也③。可见汉人的概念，父已无权杀子。北魏律，祖父母忿怒以兵刃杀子孙者处五岁刑，殴杀者处四岁刑，若心有爱憎而故杀者各加一等④。唐、宋律不问理由如何，杀死子孙皆处徒罪，子孙违犯教令而杀之，也只能较故杀罪减一等，——殴杀徒一年，刃杀徒两年。若子孙并未违教令而杀之，便是故杀了⑤。而且所谓违犯教令也是指"可从而违"的正命⑥。在正命之下可从而故违，子孙才受违反教令的处治，否则子孙不成立违犯教令罪而祖父母父母擅加杀害遍不能委为违犯教令，须负故杀的责任⑦。

元、明、清的法律较唐律宽容的多，父母并非绝对杀不得子孙，除了故杀并无违犯之子孙外，子孙有殴骂不孝的行为，被父母杀死，是可以免

---

① 《左传》昭公二一年。
② 《史记》八七，《李斯列传》。
③ 《白虎通德论》。
④ 《魏书》一一一，《刑罚志》。
⑤ 《唐律疏议》二二，《斗讼》二，"殴詈祖父母父母"。《宋刑统》二二，《斗讼律》，"夫妻妾媵相殴并杀"。
⑥ 《唐律疏议》二四，《斗讼》四，"子孙违犯教令"原注。故《疏议》云："祖父母有所教令，于事合宜，即须奉以周旋，子孙不得违犯……若教令违法，行即有愆……不合有罪。"
⑦ 同上，"殴詈祖父母父母"，《疏议》云："若子孙违犯教令，谓有教令，不限事之大小可从而故违者；而祖父母即殴杀之者徒一年半，以刃杀者徒二年。故杀者各加一等，谓非违犯教令而故杀者。"

罪的①。即使非理死也得无罪。

> 王起长子王潮栋恨弟王潮相不肯借钱，持刀赶砍。王起将王潮栋拉回，缚其两手，向其斥骂，王潮栋回骂。王起气忿莫遏，将王潮栋活埋。吉林将军照子孙违犯教令，父母非理殴杀律拟罪。刑部以子骂父，系罪犯应死之人，与故杀并未违犯教令之子不同，亦与非理殴杀违犯教令之子有间，依律勿论②。

子孙违犯教令，祖父母有权加以扑责，而无心致死，亦非不可能，所以依法决罚邂逅致死是无罪的，非理殴杀有罪，罪亦甚轻。明、清时的法律皆止杖一百③。《清现行刑律》处十等罚，罚银十五两④。处罚较唐律为轻。

非理殴杀自然，指扑责以外残忍的虐待的杀害。例如勒毙活埋一类的事情，至于违犯教令则含义极抽象含混，像赌博奸盗一类的行为，父加训责，不从，自然包括在内。

> 张二小子年十一，时常在外偷窃，其父张勇屡诲不改，起意杀死，将二小子用麻绳勒毙，照子孙违犯教令，父母非理殴杀律拟罪⑤。

但有时同样的罪名，出入很大，例如同样是偷窃，如果目为惯窃匪徒，则罪又重于违犯教令，虽非理殴杀，父亦无罪。

> 李增财因子李枝荣屡次行窃，央同外人帮忙，将李枝荣捆住，用

---

① 《元史》一〇五，《刑法志》三，"杀伤"；《明律例》（本书所用系《明会典》本）十，《刑律》二，《斗殴》，"殴祖父母父母"；《清律例》二八，《刑律》，《斗殴》下，"殴祖父母父母"。明清律皆云若违犯教令而依法决罚邂逅致死者勿论，元律则云："诸父有故殴其子女邂逅致死者免罪。"
② 《刑案汇览》44：1a－2a。
③ 《元史·刑法志》，"杀伤"；《明律例》，"殴祖父母父母"；《清律例》，"殴祖父母父母"。
④ 《现行刑律》，《斗殴》下，"殴祖父母父母"。
⑤ 《刑案汇览》44：3a－4b。

铁斧背连殴，致伤两肋。李枝荣喊嚷滚转。李增财随即将李枝荣两脚筋割断，身死。刑部以李增财因子屡次行窃，致使割断脚筋身死，与非理殴杀不同，从宽免议①。

又如子女犯奸，如声明淫荡无耻，玷辱祖宗，将其杀死，亦得免议。有三件案子，两人勒死犯奸之女，一人砍死犯奸之女，均免议②。

> 陈十子令其子陈存根同往地内和粪，陈存根托故不往，训骂之后，无奈同往，至地仍不工作，怒形于色，陈十子嚷骂，陈存根哭泣不止，陈十子忿激，顿起杀机，用带将其勒毙。晋抚以系有心故杀，依父故杀子律杖六十徒一年。刑部驳以陈存根不听教令，实属违犯，应依子违犯教令而父非理殴杀律杖一百。

像这种案件，若不是非理殴杀，便可不论了。法律上所注意的不再是否违犯教令而在是否非理毙杀，这是客观的问题，前者则是主观的，只要父亲说儿子违犯教令，法司是不会要求提出原因的，亦不须法司加以认定。有的殴死违犯教令之子的案件，咨文上根本不曾说明原因，只有因子违犯教令将子殴死的字样③。

子孙不肖，法律除了承认父母的惩戒权可以由父母自行责罚外，法律还给予父母以送惩权，请求地方政府代为执行。我们已经说过生杀权的被剥夺是父权的一种减缩，那么，家庭惩罚权移交于政府请求法官审判执行，如亨利·梅因所提示我们的罗马帝政时代晚期的情形，自也是父权的一种缩减。送惩的方式通常不外两种。父母可以子孙违犯法令为理由送请惩戒。

唐、宋的处分是徒二年④，明、清时代则杖一百⑤。违犯教令的范围，

---

① 《续增刑案汇览》44：2a−3b。
② 《刑案汇览》44：2a−3a。
③ 《刑案汇览》44a。
④ 《唐律疏议》二四，《斗讼》四，"子孙违犯教令"；《宋刑统》二四，《斗讼律》，"告周亲以下"。《宋史·刑法志》载真宗时，民家子有与人斗者，其父呼之不止，颠踬死，法官处笞罪。上曰："呼不止，违犯教令，当徒二年，何谓笞也？"
⑤ 《明律例》一〇，《刑律》二，《诉讼》，"子孙违犯教令"；《清律例》三〇，《刑律》，《诉讼》，"子孙违犯教令"。

上面已经说过，是很宽泛的，只要父母提出控诉，法司无不照准。尤其是明、清的法律处分定得很轻。

除了违犯教令外，父母也可以不孝的罪名呈控子孙请求代为惩治。不孝的罪名显然较违反教令为重，所以法律上的惩处亦较后者为重。法律对于不孝的内容在名例（总则）上原已一一例举，包括告言诅骂祖父母父母，祖父母父母在别籍异财，供养有缺，居父母丧自身嫁娶，作乐释服从吉，闻丧匿不举哀，及诈称祖父母父母死等项①，如何治罪在条文（分则）上也有明确的规定，受理时是不会感到困难的。但并不是说不在列举范围以内的子女对父母的不逊，便不算不孝，而父母便不能告他。法理上和事实上父母同样地可以告诉，只要告子孙不孝，法司是不会拒不受理的。

而且还有一点可注意的是父母如果以不孝的罪名呈控，请求将子女处死，政府也是不会拒绝的，虽然不孝罪的处分除告言诅骂处死外，其余等项罪不至死。这里我们可以看出法律对于父权的倾向，父亲对子女的生杀权在法律制度发展到某种程度时，虽被法律机构撤销，但很明显地，仍保留的也只是这一点，对于父母生杀的意志却并未否认，只是要求代为执行而已。我们或可信此即古时父亲生杀权之遗迹。

刘宋的法律，父母告子不孝者皆许之②。唐时李杰为河南尹，有寡妇告子不孝，其子不能自理，但云："得罪于母，死所甘分。"杰察其状，非不孝子，对寡妇说："汝寡居惟有一子，今告之，罪致死，得无悔乎？"寡妇道："子无赖，不顺母，宁复悔乎？"杰曰："审如此，可买棺木来。"③ 此寡妇但云："子无赖，不顺母。"子即处死，可见父母欲杀皆许之，原无需罪至死，亦无须提出确证。

但我们应注意并不是所有时代的法律对于被控不孝的人都处以死刑。宋代即有例如此。真德秀知泉州，有母告子不孝。审问得实，杖脊于市，髡发居役④。

---

① 唐、元、明、清律，《名例》，"十恶"，不孝条。
② 《宋书》六四，《何承天传》云："母告子不孝，欲杀者许之。"注云，"谓违犯教令，敬恭有亏，父母欲杀皆许之。"按宋时法律，子不孝父母原为弃市（《宋书》八一，《顾觊之传》引律）。
③ 张鷟《朝野佥载》卷上。
④ 真德秀《西山政训》。

　　清代的法律与父母以呈送发遣的权利，只要子孙不服教诲且有触犯情节便可依例请求。忤逆不孝的子孙因父母的呈送，常由内地发配到云、贵、两广①，这一类的犯人向例是不准援赦的（长赦所不原），除非遇到特旨恩赦即时释回，若恩诏只系减等发落，则减徒之后找亲老留养例，枷号一个月释放②。照例军流人犯减等者，皆递减为杖一百徒三年，满徒之日方准释回。呈送发遣之案办理不同系体贴犯亲迫不及待之意。父母呈送出于一时气忿，及子孙远戍，又心存不忍，时时系念，舐犊情深，所以许其呈请释回，又恐近于儿戏，所以只能在制定情形下办理，不能随意请求。立法原意原系曲体祖父母父母之心，并非为曾犯忤逆之子孙，意存宽宥。所以有时犯人发遣未久，遇恩旨查询，而犯亲气忿未平，不愿领回，年久月深，又想儿子回家，呈请释放。虽与例不符，但为体念亲心，仍准解交原籍，照例减徒折枷释放③。有时父母因为儿子众多，一子触犯，即行呈送，后来余子死亡，无人侍养，又呈请释放，也能邀准，虽然与遇赦才能呈请的定例是不符的。道光时广西有林某因长子窃银花用，被父斥骂，出言顶撞，呈送发遣贵州，长子去后，次子病亡，三子病废，林某年逾七旬，茕茕无依，呈请释放。刑部以虽例无明文，然"其父残年待毙，望子不归，既非所以顺衰老之情，亦不足以教人之孝"，准予枷责释回④。

　　释放回家原是因父母无人侍奉，体念亲心，所以子孙释回后必须合于在家侍奉的条件，如赦回后，再有触犯，又经父母呈送，便加重治罪，发往新疆给官兵为奴了⑤。如果侍养的对象已经不存在，同样地，他也就无须释放回家了⑥。除非该犯原案实系偶有触犯，并非怙恶屡放，又有闻丧

----

① 参看《刑案汇览》Ⅰ：64a 各案。
② 《清律例》四，《名律例》上"常赦所不原"嘉庆六年续纂，十一年，十五年，十九年四次修改，二十五年改旧例。
③ 《刑案汇览》Ⅰ：69b - 71a，其说帖中查议之文有云："……并无赦后再行查询之例，惟查王法本乎人情，而送子发遣之案，遇赦得准向犯亲查询则为子者之应否回归，又明予犯亲以权，使得自为专主，是施法外之仁，即寓委屈教孝之意……该氏惟念骨肉，愿子回归，如仍令羁留配所，该犯不得遂鸟兽之私，若谓孽由自作，而犯亲侍养无人，桑榆暮景，反无以自慰，揆之天理人情，似未为允协。该犯系曾经遇赦查询之犯，似可推广皇仁，准其释回……此后如有似此案情，均可照此办理。"
④ 《刑案汇览》1：72a - 74b。
⑤ 《清律例》"常赦所不原"。
⑥ 按乾隆六十年旧例原定忤逆发遣之人父母已故，便准释回。嘉庆十三年纂例以父母已故，便谓不致再有忤逆情事，即准释回，殊非情理，况该犯等于亲在时既敢于违犯失其欢心，又安望其有依恋之诚耶？此一条着即删去，仍遵例不赦（同上条例）。

哀痛情状、经督抚将军咨部核准奏请的手续①。有的人被父母呈送监禁后，闻父母身故，自忧失去释放的机会而竟在狱自尽②。

我们从呈送发遣的事例上可以很清楚地看出来祖父母父母对于子孙身体自由的决定权力。他们不但可以行使亲权，并且可以藉法律的力量，永远剥夺其自由，放逐于边远，子孙被排斥于家族团体之外，同时也就被排斥于广大的社会之外——包括边境以外的全部中国，不能立足于社会。这可以说明子孙永远是属于父祖的，永远是与家庭不能分的，这在具有近代意识，以为脱离家庭可以自由在社会上获得自己生活的见解，是大相径庭。

更重要的，我们从中也可看出父母在这方面的绝对决定权，剥夺自由与否的决定，执行一部分以后，免除其罪刑与否，全取决于他们的意志，法律只为他们定一范围及具体的办法，并代为执行而已，不啻为受委托的决定机构。从形式上看，判决的是法司，从实质上来看，决定的还是向法司委托的父母，法律上早已承认他们的亲权。他们褫夺子孙的自由的合法权力，严格言之，实不自请求发遣之时始；同样地，他们免除原刑的权力亦不自请求释放之时始。

从清代遗留下来的案牍中，我们可以看出父母呈送触犯之案多系情节较轻者，大抵系因不服管束或出言顶撞一类情事。有一人因平日懒惰游荡不听母训，被呈送发遣③。有一人酗酒滋事，屡训不悛，由直隶发配广西④。有时则为供养有缺，有一人自家逃走，二年不回，不顾其父养赡，经呈送极边烟瘴充军⑤。许多则起因于偷窃财物，有一人偷卖伊父膳穀，被父查知，出言触犯，由四川发配广东⑥。有一人因性好游荡浪费，图窃父银使用⑦，又一人因赌博输钱，欲当母衣服偿欠⑧。有时再度呈送发遣也并非了不得的大恶，有一人嗜酒游荡，经父呈送发遣，在配思亲情切逃

---

① 《清律例》，"常赦所不原"，嘉庆十九年续纂道光二十五年修改例。参看《刑案汇览》
　　Ⅰ：76b–77a，77a–78a，78a–79b，80a–81b，82ab，83ab。
② 同上，75b。
③ 《刑案汇览》44：55b。
④ 同上，Ⅰ：82a。
⑤ 同上，44：54a。
⑥ 同上，Ⅰ：73b。
⑦ 同上，Ⅰ：72b。
⑧ 同上，44：55a。

回被获，适逢恩诏查询，犯亲情愿领回，枷责释放，嗣后该人又在外饮酒醉，其父气忿，复呈送发遣，依例枷号两月，仍发极边充军，永不准释回①。可以说都是属于违犯教令一类的。很清楚地若是有干犯殴詈的重大罪名，早已罪犯死刑，岂止发遣？条例上说得明白："凡呈告触犯之案，除子孙实犯殴詈，罪于重辟，及仅止违犯教令者，仍各依律例分别处理外，其有祖父母父母呈首子孙恳求发遣，及屡违犯触犯者，即将被呈之子孙实发烟瘴地方充军。"② 故道光谕旨中有云："子于父母如有干犯重情，早经依律治罪，其偶违教令，经父母一时之怒送官监禁者，情节本属稍差。"③

于此我们不应忽略一重要点，子孙违犯教令或供养有缺，依照本律不过杖一百，可是犯了同样的过失，被父母呈送便发遣边地，终身不得自由了。这事说明了处分的伸缩自由完全操纵在父母的手里。像刑部《说帖》所说的："子孙一有触犯经祖父母父母呈送者，如恳求发遣，即应照实际之例拟军；如不欲发遣，止应照违犯之律拟杖。"④ 法律机构代父母执行惩戒权，处刑的轻重完全是遵父母的意志的，这和刘宋时代父母告子不孝，欲杀者皆许之，是同一道理。

呈控子孙忤逆不孝，司法机构是不会拒不受理的，同时，也不要求呈控人提供证据。法律上明文规定"父母控子，即照所控办理，不必审讯"。⑤ "天下无不是的父母"，父母对子女的管教惩戒权本是绝对的，伦理告诉我们，子当"有顺无违"，这不是"是非"的问题，而是"伦常"的问题。在父母责骂时而和父母分辨讲理，甚至顶撞不服，在孝的伦理之下，实是不可想象的事。父母将儿子告到官里，官府怀疑到父母所陈述的理由是否充足，或是追问子女究竟是否忤逆不孝，也是不可想象的事。如果法官追问谁是谁非，便等于承认父母的不是，而否认父母的绝对性了。

"是非"，毋宁说是系于身份的。我错了，因为我是他的儿女。他的话和行为是相对的，因为他是我的父亲。

---

① 《刑案汇览》Ⅰ：83ab。

② 《清律例》三〇，《刑律》，《诉讼》"子孙违犯教令"，嘉庆十五年修改例。

③ 《刑案汇览》Ⅰ：15b。

④ 同上 44：56b。

⑤ 《清律例》二八，《刑律》，《斗殴》下，"殴祖父母父母"，乾隆四十二年例。

其次，让我们来讨论财产权。

《礼记》曾屡次提到父母在不有私财的话①，禁止子孙私有财产在礼法上可以说是一贯的要求。法律上为了防止子孙私自动用及处分家财，于是立下了明确的规定。历代法律对于同居卑幼不得家长的许可而私自擅用家财，皆有刑事处分，按照所动用的价值而决定身体刑的轻重，少则笞一十二十，多则杖至一百②。

子孙既不得私擅用财，自更不得以家中财物私自典卖，法律上对于此种行为的效力是不予以承认的。《宋杂令》家长在，子孙弟侄等概不得以奴婢六畜田宅及其他财物私自出卖或质举，便是家长离家在三百里以内并非隔阂者，同居卑幼亦受同样拘束，只有在特殊情况之下（家在化外及阻隔兵戈），才能请求州县给与文牒以凭交易，违者物即还主，财没不追③。元代有类似的规定，田宅的典当须有尊长书押才有契约上的效力④。

父母在而别立户籍，分异财产，不仅有亏侍养之道，且大伤慈亲之心，较私擅用财的罪更大，所以法律上列为不孝罪名之一⑤，而处分亦较私擅用财为重。唐、宋时处徒刑三年⑥。明、清则改为杖刑一百⑦。祖父母父母死后子孙虽无此种限制，但丧服未满仍不得别籍异财，否则也不能逃避法律制裁⑧。立法的原意是恶其有忘亲之心，同时我们可以证明父祖对于财产的所有权及支配权在父祖死时才消灭，子孙在他未死以前，即使

---

① 《典礼》上云：父母在"不有私财"。《坊记》亦云："父母在不敢有其身，不敢私其财。"又《内则》云："子妇无私货，无私蓄，无私器，不敢私假，不敢私与。"

② 唐、宋律私辄用财者十匹笞十，十匹加一等，罪止杖一百（《唐律疏议》一二，《户婚》上，"卑幼四辄用财"；《宋刑统》一二，《户婚律》，"卑幼私用财"）。明、清律二十贯笞二十，每二十贯加一等，罪亦止杖一百（《明律例》四，《户律》一，《户役》，"卑幼私擅用财"；《清律例》八，《户律》，《户役》，"卑幼私擅用财"）。

③ 见《宋刑统》一三，《户婚律》，"典当指当论竞物业"。

④ 《元史》一〇三，《刑法志》，"户婚"。

⑤ 唐、宋、元、明、清律，《名例》，"十恶"，不孝。

⑥ 《唐律疏议》一二，《户婚》上，"子孙不得别籍"，《宋刑统》一二，《户婚律》，"父母在及居丧别籍异财"。

⑦ 《明律例》四，《户律》一，《户役》，"别籍异财"；《清律例》八，《户律》，《户役》，"别籍异财"。

⑧ 唐、宋处徒刑一年（《唐律疏议》一二，《户婚》上，"居父母丧生子"；《宋刑统》，"父母在及居丧别籍异财"）。明、清律杖八十（《明律例》，"别籍异财"；《清律例》，"别籍异财"）。

已成年，已结婚，或已生有子女，同时已有职业，已经获得公民的政治上的权利，他依然不能保有私人的财产或是别立一新的户籍。

法律对于父权在这方面的支持以及对家族团体经济基础的维持，其力量是不可忽视的。再进一步来看，则我们可以发现不但家财是属于父或家长的，便是他的子孙也被认为是财产。严格来说，父亲实是子女之所有者，他可以将他们典质或出卖于人。几千年来许多子女都这样成为人家的奴婢，永远失去独立的人格，子女对自己的人格是无法自主或保护的，法律除少数例外，也不曾否认父母在这方面的权利①。

另一方面的父权对于子女婚姻状况的决定。父母的意志为子女婚姻成立或撤销的主要的决定条件，他以自己的意志为子授室，为女许配，又可以命令他的子孙与媳妇离婚，子女个人的意志是不在考虑之列的。社会法律皆承认他的主婚权，以社会法律的制裁作有力的支持。子女的反抗是无效的。（详情留在婚姻一章内再讨论）

从以上的分析中我们可以得一结论，父或家长为一家之主，他的意思即命令，全家人口皆在其绝对的统治之下。司马光云："凡诸卑幼事无大小，必咨秉于家长。（安有父母在上而其下敢恣行不顾者乎？虽非父母，当时为家长，亦当咨秉而行之，则号令出于一人，家始而得治矣。）"② 所说的便是这种情形。

在离去这个题目以前，我们对于父权似应加以明确的解释，以免发生混淆概念。在上文中，我们常父母并言，社会、法律要求子孙对他们同样的孝顺，违犯教令及其他侵犯行为对父母是同样的处分，并无轩轾。但我们应该注意，严格说来，只能说是父权而不能说是母权。这有两点意义：第一，母权是得之于父的，是因父之妻的身份而得的，"不为伋也妻是不为白也母"③ 的情形。可以说母权不是永久的，其延续性是决定于父之意志的。第二，母权不是最高的，也不是绝对的。我们晓得妻是从夫的，在治家上居于辅从的地位，以父母来说，母亦居于辅从的地位。在父母双方

---

① 汉高帝尝颁诏令，民得卖子（《汉书》二四，《食货志》）。旋又诏民以饥饿自卖为奴婢得免为庶人（《汉书·高帝纪》）。《严助传》云："民得卖爵赘子以接衣食"，淳如注曰："淮南俗卖子与人作奴婢曰赘子，三年不赎，遂为奴婢"（《汉书》六四，《严助传》）。风俗法律对于父母出卖子女权利的承认，汉时已然。

② 司马光《书仪》卷四，《居家杂仪》。

③ 《礼记·檀弓》。

的一直不相冲突时，他们的命令是一个，原不必分别父权母权——自法理言之，母既是从父的，根本便不应有冲突。但事实上当母权与父权冲突时，则夫权越于妻权，父权越于母权，子女应服从父亲的最高的绝对的命令。许多家庭中母亲往往溺爱儿子，不加管束，父亲说打便打，母亲虽然心痛，也无从阻拦。又如为子择媳，儿子固不能违背母亲的意志，但父亲有最后的决定权。所以古人说"家无二隆"①，"母亲而不尊"明白承认家中只有一个最高主权，犹之国家亦无二隆，即以丧服而论也可以看出父尊而母卑，很久的一个时期，父在只为母服期丧，开元时经过一场激辩，才改为齐衰三年，一直到明代才一律斩衰三年。

而且，严格来说，父权是指家长权，只有男人才能够获得此权，祖母、母亲实不包括在内。我们应该注意父权的行使者不一定是祖父或父亲，有时是祖父的兄弟，父亲的兄弟，有时是同辈的兄长。谁是家长谁便是父权的行使者，所有全家的卑幼都在他的统治之下。即使祖父、父亲是一家之长，他死后也不能由祖母或者母亲来继承，她反而居于从子的地位，如果儿子还未成年，名义上也须由亲等最近的旁系男性尊亲负教养监护之责，代行父权。最明显的是关于主婚权。

以上是父权在家中的行使。族既是家的综合体，族居的大家族自更需一人来统治全族的人口，此即我们所谓族长。便是不族居的团体，族只代表一种亲属关系时，族长仍是需要的，一则是许多属于家族的事务，须他处理，例如族祭、祖墓、族产管理一类事务，再则每一个家虽已有家长负统治之责，但家际之间必有一共同的法律，以最高主权，来调整家际之间的社会关系，尤其是在有冲突时。没有族长，家际之间的凝固完整，以及家际之间的社会秩序是无法维持的。族长权在族内的行使可说是父权的延伸。

在远古的时代——周——我们看见宗法的组织。这种组织是"同姓从宗合族属"的一种结合，由大小宗分别来统率。大宗一系是由承继别子（始封之组）的（大宗宗子）所组成的②，全族的共同组织，全族的男性后裔，都包括在此宗体以内③，为全族所共宗④，可以说是最综合的、

---

① 《荀子》九，《致士篇》云："君者国之隆也，父者家之隆也，隆一而治，二而乱"。
② 《礼记·大传》云："别子为祖，继别为宗，继祢者为小宗。"
③ 故《仪礼·丧服传》云："大宗者尊之统也，大宗者收族者也。"
④ 故《白虎通德论》云："宗其为始祖后者百世之所宗也。"（卷三下，《宗族》）

最永久的。其余嫡子及庶子则分别组成无数小宗，有继祢的（父宗）①，有继祖的（祖宗），有继曾祖的（曾祖宗），有继高祖的（高祖宗），分别统其同父的群弟，同祖之弟，同曾祖之弟，同高祖之弟。最后则所有小宗皆统于大宗，成为"大宗能率小宗，小宗能率群弟"② 的情形。

大宗是百世不迁的，同时亦是百世不易其宗的③，凡是始祖的后裔都包括在此宗体以内，皆以大宗宗子为宗主，所以大宗的体系是综合的，也是最永久的。若小宗则是以高祖为始，五世则迁的。祖迁于上则宗易于下。祖迁于上影响祭礼的变动，宗易于下则影响宗体及统率关系的变动，所以小宗的范围不仅是较小的，且是随时变动的，不是永久的。

宗者主也，宗的本身即是一种统率，宗子权即统率之权，所以汉儒说："宗，尊也，为先祖主也，宗人之所尊也"④，又因为宗道以兄统弟，故宗道亦即兄道⑤。孔子常说，人以事其父兄，周人每孝弟并论，此即宗道的意识，与后世所谓弟道不同。

宗子权中最主要的是祭祀权。在宗法系统中不是所有的子孙都有祭祀权的，只有宗子才能祭其父祖⑥。继别者祭别，继祢者祭祢，继祖者祭祖，继曾祖者祭曾祖，继高祖者祭高祖，各有所继，各有所祭，其余非所当继者皆不得祭。这些不祭的大小宗宗子之弟在祀时便分别敬待宗子，同父的兄弟共侍父宗宗子祭父，堂兄弟共侍祖宗宗子祭祖，再从兄弟共侍曾祖宗子祭曾祖。族兄弟共侍高祖宗子祭高祖，大宗宗子祭始祖一系时则群宗皆来敬侍。故《白虎通》云："宗将有事，族皆侍。"⑦ 贺循云："若宗

---

① 故《白虎通德论》云："宗其为曾祖后者为曾祖宗，宗其为祖后者为祖宗，宗其为父后者为父宗。父宗以上至高祖皆为小宗。……小宗有四，大宗有一，凡有五宗，人之亲所以备矣。"

② 《白虎通德论》。

③ 《礼记·大传》云，"有百世不迁之宗，有五世则迁之宗。百世不迁者，别子之后也。宗其继别子之所自出者，百世不迁也。宗其继高祖者，五世则迁者也。"《白虎通德论》衍释之云："宗其为始祖后者为大宗，此百世之所宗也。宗其为高祖后者五世而迁者也，高祖迁于上，则宗易于下。"

④ 《白虎通德论·宗族》。

⑤ 毛奇龄云："宗之道兄道也"。吾人或可说无兄弟相宗之法即等于无宗。

⑥ 李塨对此点解释的最清晰明白。他说："祭礼通俗谱曰：'祭必以子'，子必有兄弟，周制兄弟严嫡庶，而嫡庶又严长次，惟长嫡可以主祭，次嫡与庶皆名支子皆不得主祭。盖封建之世，天子诸侯卿大夫惟长嫡得袭位，次嫡不得袭，故古之重嫡即重贵也。"

⑦ 《白虎通德论》。《尚书大传》宗人作宗室，《诗》毛传则作宗子。

子时祭则宗内男女毕会。"① 大小宗宗子实为大小宗的主祭者。

第二，宗子负有全族财产权。《白虎通》云："大宗能率小宗，小宗能率群弟，通其有无，所以统理族人者也"②，便是此意。宗法组织之下，昆弟虽"异居而同财，有余则归之宗，不足则资之宗"③。

此外，族中有大事皆当咨告宗子，故贺循云："奉宗加于常礼，平居即每事咨告，凡告宗之例，宗内祭祀、嫁女、娶妻、死亡、子生、行来、改易名字皆告。"④

以族人之婚姻而言，所以必告者不仅系大事必告，亦不仅要求宗子普率宗党以赴役⑤，最主要的还是因为主婚权。所以《仪礼》说："宗子无父，母命之，亲皆殁，己躬命之，支子则称其宗，［宗子］之弟则称其兄［宗子］。"⑥ 又女子许嫁之后，祖庙未毁，教于公宫，毁则教于宗室⑦，宗室即宗子之家。

生子必告，告则宗子书于宗籍⑧。

宗子亦似有生杀权。楚归知䓨于晋，楚王问何以为报。对曰："以君之灵，累臣得归骨于晋，寡君之以为戮，死且不朽。若从君之惠而免之，以赐君之外臣首［知䓨父］，首其请于寡君而以戮于宗，亦死且不朽。若不获命，而使嗣宗职……"⑨ 戮于宗即宗子有生杀权之谓。

宗子在宗族中之地位既如此高崇，所以宗子宗妇于礼最尊，贺循所谓"奉宗加于常礼"是。《礼记》云：嫡子庶子只事宗子宗妇，虽富贵不敢以富贵入宗子之家，虽众车从，舍于外以寡约入，子弟犹归器，衣服丧衾车马则必献其上而后敢用其次也⑩。宗子之尊可以想见。

宗法原是封建贵族的亲属组织，封建制度破坏以后，宗法组织亦随而瓦解。封建时代爵位封邑的继承皆只限于一人，所以分别大小宗，独重长

---

① 贺循《贺氏丧服谱》（《通典》七三引）。

② 《白虎通德论》。

③ 《仪礼·丧服》。

④ 《贺氏丧服谱》。

⑤ 《贺氏丧服谱》云："若宗内有吉凶之事，宗子亦普率其党以赴役之。"

⑥ 《仪礼·士婚礼》。

⑦ 《仪礼·士婚礼》；《礼记·昏义》。

⑧ 《贺氏丧服谱》。

⑨ 《左传》成公三年。

⑩ 《礼记·内则》。

嫡，封建既废，官无世禄，此种分别自非必要，所以宗法组织亦成为历史上的遗迹。后代虽好以长房当大宗，次房以下当小宗，实似是而非，后世并无百世不迁永远一系相承的支系，房断不可与宗混为一谈。

而且严格言之，宗道兄道也，宗法的中心组织在于以兄统弟，后世根本没有这种意识，也没有这种组织。兄长断没有统弟的权力，每一房的统治者是父而不是兄。

宗法组织消失以后，起而代之的为家长或族长，家长若小宗宗子，为一家或一支派之主，族长则若大宗宗子为全族之主。（但有时家长族长之分并不严格，广义的用法，族长亦可称为家长。从历史上的用语来看，似乎族长一名称是较后起的、较通俗的。陆九韶兄弟累世同居，史称家长，不曰族长。江州陈氏、婺州郑氏的家谱家规中，亦概称家长。）一般习惯，族长是公推的，多半择辈尊年长德行足以服众者任之，整个的族事都由他处理。

在宗族的团体中，全族的收入和各项消费都须缜密地计划、经营和支配，经济方面的功能是非常繁重的。金溪陆氏累世义居，推一人最长者为家长（实即族长），岁迁子弟分任家事，田畴、租税、出纳、厨爨、宾客，各有主者①。浦江郑氏家长（族长）之下分设主记、新旧掌管、羞服长、掌膳、知宾等名目，由子弟分任其职②。

族不一定是同居的共同生活体，许多时候每一个家是各自分居的，在这种情形之下，每一单位家务的处理仍由每一单位家长自行负责，族长是不干预的，他所过问的是关乎家际之间的公务，例如族田、族祠、族学的管理，族田收益的分配等。

族长皆负有宗教功能，为族祭的主祭人，陆九龄兄弟家每晨由家长率众子弟拜谒先祠③。一般的家虽不每日叩祠，岁时祭祀的主祭人仍为族长④。一般习惯，家祠私祭，只有家内人口参加，岁时的族祭则于族祠举行，由族长主祭，全族的人皆参加。

---

① 《宋史》四三四，《儒林》四，《陆九韶传》。
② 郑文融、铉、涛等订《郑氏规范》（《学海类编》本）。
③ 《宋史·陆九韶传》。
④ 浦江郑氏塑望岁时皆由家长（族长）主祭。（见《郑氏规范》，《义门郑氏家仪》，《通礼第一》，——《续金华丛书》。）李塨《学礼》曰："公祠主祭实若族长，择行辈年齿高于一族，族众共推者为之，于是为祭主……祭时亦如家祠之祭，立阖族长支嫡长于族长后，灌毕，揖长支嫡长主初献礼，不敢忘始祖嫡长也。"（卷四，《主祭》）

除祭祀而外，族长最重要的任务是处断族内纠纷。家内纠纷，自可由家长处断，族内家际间的纠纷则非家长所能解决。族长实等于族的执法者及仲裁者，族长在这方面的权威实是至高的，族内的纠纷往往经他一言而决，其效力不下于法官。有的权力甚至为法律所承认。例如族中立嗣的问题，常引起严重纠纷，有时涉讼不清，法官难以判断，断亦不服。只有族长及合族公议才能解决这种纠纷，往往一言而决，争端立息。法律上看清这一点，所以明白规定，"妇人夫亡，无子守志者合承夫分，须凭族长择昭穆相当之人继嗣"①。又如独自承继两房应取具合族甘结。因争继酿成人命者，争产谋继及扶同争继之房分，均不准其继嗣，应听阖族另行公议承立。所谓阖族公议者实有族长主持。

招婿养老本应仍立同宗应继者一人承奉宗祀，但未及立继而死，自不得不由族长于同宗中择一人立继，法律上明文规定"从族长依例议立"。

对于违犯族规及不服仲裁的族人，族长是有惩罚权的。许多宗族中都有法律，有时是成文的。《郑氏规范》为最著称的一例。有些家族虽没有条规，但总有些传统的禁忌，凡足以破败门风，玷辱祖宗的行为都是族所不容的。往往触犯刑律的人同时也就是触犯族禁者，国法与家法有时是相合的。

族长实无异于奉行宗族法律（家法）的法官，为族法的执行者。他可以根据自己的意志判断曲直，酌定处罚（族中若没有规定处罚的条款，自只得采取自由裁定的方式），他的话在族中即命令即法律，他可以使令赔偿损害，以及服礼道歉之类：

> 王荣万因堂弟王贵万将坍败公众厅堂修整居住，令出租钱不允，将王贵万钱抢走。王贵万投族，将王荣万寻获，处令还钱。
>
> 饶念八兄病故，寡妇曹氏情愿守志。饶念八欲将曹氏嫁卖，且说恐曹氏破败门风，免得丢脸。曹氏投明族众，处令饶念八服礼②。
>
> 刘彩文素行不端，为母刘陈氏逐出另居。刘彩文偷窃族人刘章耕牛一只，为事主所悉。将刘彩文拉投族众。族长刘宾以做贼有犯族

---

① 《清律例》八，《户律》，《户役》，"立嫡子违法"条。
② 《刑案汇览》7：78a。

禁，倡言罚银八十两，置酒谢族，免其送官究治①。

更重的罪则加以身体刑，或开除族籍。家长族长之有身体惩罚权，在中国家族史上是极重要的，陆九龄、九韶兄弟家家法极严峻，子弟有过，家长责而训之，不改则挞之，终不改，度不可容，则言之官府，屏之远方②。婺州郑文嗣、文融兄弟家庭内凛然如公府，家人稍有过，虽颁笞之③。族居时代，人口众多，关系极为复杂，极易引起冲突，若无家法，自难维持秩序。否则郑氏断不能十世同居，达二百数十年久。

有时族长甚至下令将犯过的族人处死。

刘彩文经族长刘宾断令罚银谢族后，即将刘彩文交刘公允领交刘陈氏收管。彩文回家，欲卖陈氏膳田备酒。陈氏不允，彩文嚷闹，将陈氏推倒。次日，刘宾、刘章、刘大嘴（刘章之子）、刘公允等赴刘陈氏家催索罚银。陈氏声述昨天情事，求帮同送官究治。刘宾云："做贼不孝，不如埋死，以免族人后累。"陈氏不允。刘宾说："如不埋死，定将卖膳田办酒示罚。"刘宾即令刘大嘴去除吊狗细练将刘彩文练住，拉牵前走。彩文不肯走，刘宾又令刘彩文之大功服兄刘文登在后帮推。陈氏携带稻草唤彩文之弟刘相刘牙同行，刘相中途逃走。刘牙爱哭求饶，刘宾不允，令刘文登挖坑，陈氏将稻草铺垫坑内。刘宾随令刘大嘴将练解放，同刘大嘴将刘彩文推落下坑，刘文登与刘陈氏推土掩埋④。

徐公举与织女徐昭英通奸，经徐昭英之母、叔捉获捆缚，投明族长徐添荣送官究治。徐公举在途求释，不允，遂说，送官族长亦无颜面，徐添荣以其败坏门户，忿激之下，喝令徐添寿将徐公举推溺毙命⑤。

族长的生杀权固不是法律所承认的，前案刘宾病故不议，后案徐添荣

---

① 《驳案新编》10：1a。
② 《宋史》四三四，《陆九龄传》。
③ 《元史》一九七，《孝友传·郑文嗣传》。其详细家规，某过该罚，某过该笞，皆载《郑氏规范》中。
④ 《驳案新编》10：1a－7b。
⑤ 《刑案汇览》27：14b－20a。

照擅杀律科断。但我们应注意其传统的威权，族人肯服从他的命令，加以执行，便表示承认他的生杀权，并不曾有所怀疑。这类事在穷乡僻壤不知曾发生过多少次，若有记录，其数量定可惊人。

于此我们可见家长族长在维持家族秩序及家族司法上所处的重要地位以及国法与家法的关系。在社会和法律都承认家长或族长这种权力的时代，家族实被认为政治、法律之基本单位，以家长或族长为每一单位之主权，而对国家负责。我们可以说家族是最初级的司法机构，家族团体以内的纠纷及冲突应先由族长仲裁，不能调解处理，才由国家司法机构处理。这样可省去司法官吏许多麻烦，并且结果也较调和，俗话说清官难断家务事是有其社会根据的。有许多纠纷根本是可以调解的，或是家法便可以处治的，原用不着涉讼，更有些家庭过犯根本是法律所不过问的，只能由家族自行处理。家长族长除了生杀权以外，实具有最高的裁决权与惩罚权。

反过来看，法律既承认家长、族长为家族的主权，而予以法律上的种种权力，自亦希望每一单位的主权能为其单位团体的每一分子对法律负责，对国家负责。此等责任或为对国家的一种严格的义务。

在公元前二世纪时，我们便看见中国法律上对家长所要求的这种责任，当时的占租律便是以家长为负责的对象，占租不实者有罪。脱漏户口，自来的法律都要求家长负责。唐、宋律脱户者家长徒三年，无课役者减二等，明、清律，一户全不附籍，有赋役者家长杖一百，无赋役者杖百十，将他人隐蔽在户不报及相冒合户附籍者同样有罪。晋时举家逃亡，家长处斩。户籍租税等事本系家长职权，故由家长独负其责。

有些事虽然应由个人负责，但所有家族内人口都居于家长或族长权之下，应随时督察，所以也应由家长负责。而且有过失之本人反不负法律上的责任。例如服舍违式，明、清俱罪坐家长，清律并规定，族长系官罚俸三个月。又如居丧之家休斋设醮，而男女混杂，饮酒食肉者，亦罪坐家长，杖八十。

从家法与国法，家族秩序与社会秩序的连系中，我们可以说家族实为政治、法律的单位，政治、法律组织只是这些单位的组合而已。这是家族本位政治法律的理论的基础，也是齐家治国一套理论的基础，每一家族能维持其单位内之秩序而对国家负责，整个社会的秩序自可维持。

（责任编辑：谢蕊芬）

家庭与性别评论（第 7 辑）

第 224～237 页

© SSAP，2016

婚姻与家庭：宗法制度下的婚姻与家族[*]

陶希圣

一　宗法及其理论

　　商族没有父系父权父治及长子继承与族外通婚的氏族制度。这种制度是周族的。当周征服黄河流域并蔓延长江的时代，中国的各地种族也不是全行宗法的。即在周族，宗法组织也未必有汉儒以降所传习的宗法理论之整密。以某种世纪现象为依据而铺陈的理论，与该现象自身是要分别看待的。现在我们论宗法的成立及其理论。

　　甘肃及其西与北，是一水草区。在汉代以前，这里是游牧的处所。陕西丘陵却是"号称陆海，九州膏腴"①。周族的传说，是从西方迁徙陕西的故事："后稷封斄，公刘处豳，大王徙岐，文王作酆，武王治镐。"② 而后稷却是农神。周族是以农业为主要生产的氏族了。然而从《诗经》里关于公刘及太王的故事来说，的然好像周族是武装贵族统治农民的阶级组织。③

　　在约公元前 11 世纪时，铜器已经使用为农具与刀兵。关于农具，《诗·周颂》说："庤乃钱镈。"《传》云："钱，铫也。镈，耨也。"《说文》也说："钱，铫也。"字已从金，足征周代农器用金属制造。关于铜

---

　　* 　选自陶希圣《婚姻与家族》，1934，商务印书馆。

　　① 　《汉书》卷 28 下地理志。

　　② 　同上。

　　③ 　拙著《中国社会与中国革命》（上海新生命书局出版）第一章已指出此事。

制刀兵，武王有用轻吕斩纣之传说。依夏德《中国古代史》考证，轻吕或湛卢是土耳基族剑名。① 又《左传》云："天生五材，谁能去兵？"五材谓金木水火土。是似有兵以来即用金矣。故兵有金之义。古人没称兵革，《周书》大明武解正称金革是也。金当为铜。铜与革古皆以为戎器之用也。②

农具由石器进为铜器，则农耕即由副次生产进为主要生产。"故《豳诗》言农桑衣食之本甚备。"兵器由石器进为铜器，则战斗即由普通活动进为专门技术。"迺裹糇粮，于橐于囊，干戈戚扬，弓矢斯张"的武装贵族就是一由于农耕有剩余生产，二由于战斗成专门技术而存在的。武装贵族或许是从甘肃西与北水草区域游牧部落来的，但其存在的前提却是铜制农具和兵器。

由商到周，是由石器到铜器的转变时期。经济因此由游牧及烧田转变为锄耕农业。社会组织由此转变为封建制度。亲属制度当然也追随转变。亲属制度怎样转变呢？初用铜器的农业，一方面需要集合劳动，他方面需要分散劳动。在开垦的时候，集合劳动是必要的。在耕种的时候，又以分散劳动为必要。要耕种的时候，有分工也有合作，如协助施肥，锄草，及收获，这又是分散劳动中的集合劳动。因此耕地于共同开垦之后，分配于各个农家。此各个农家更有"守望相助"的团结。于是家族渐从氏族之中分化起来。在分化的初期，我们看见有力的氏族组织，同时又看见萌芽的家族制度。③

农耕即代替畜牧而为主要生产，于是畜牧而僭取从前掌握于女子的农耕。女子的地位遂又降落于附从之境。一个农夫为耕作而有榨取妇女及儿童劳动的必要。因此而家长支配家属的家族制度，渐次萌于氏族组织之中。农家随所属的"氏族"分隶于贵族统治。每个农民氏族有族长统帅，以听贵族的命令。族长的职务大约是协助田吏——畯——收夺农家的剩余生产——贡，及剩余劳动——助。农民氏族叫称宗，其中的分支叫分族。所以《左传》载周初分割农户的传说如下：④

---

① 德人（Hirth）所著，有日译本。
② 石雅附录。
③ 《汉书》卷28下，指《诗经》豳风关于农桑诸什。
④ 定公四年，苌弘所说。

昔武王克商，成王定之，选建明德，以蕃屏周。故周公相王室，以尹天下，于周为睦。分鲁公以殷民六族：条氏、徐氏、萧氏、索氏、长勺氏、尾勺氏。使帅其宗氏，辑其分族，将其丑类，以法则周公，用即命于周。是使之职事于鲁，以昭周公之明德；分之土田陪敦，卜史，备物典策，官司彝器；因商奄之民，命以伯禽，而封于少皞之虚。分康叔以殷民七族：陶氏、施氏、繁氏、锜氏、樊氏、饥氏、终葵氏；封畛土略，自武父以南，及圃田之北竟；取于有阎之土，以共王职；取于相土之东都，以会王之东蒐。聃季授土，陶叔授民，命以《康诰》，而封于殷虚。皆启以商政，疆以周索。分唐叔以怀姓九宗职官五正，命以《唐诰》，而封于夏虚，启以夏政，疆以戎索。

这是瓜分农户与耕地的传说。农户是以宗氏或宗族而瓜分的。

统治农民的贵族，则有宗法以组织血族。这种组织法，演变为汉儒以降的宗法理论。现在把这个理论分别说述如下：

（一）别子与其子孙

《礼记》大传：

> 别子为祖。继别为宗。继祢者为小宗。有百世不迁之宗，有五世则迁之宗。百世不迁者，别子之后也。宗其继高祖者，五世则迁也。

这是宗的组织法。什么是别子？别子就是公子。① 诸侯的长子是世子，将来继位诸侯。次子以下无论支子或庶子，都是公子。别于嫡长，所以就叫做别子。别子分受庄园，为卿大夫。他就成了一个"氏族与农民"的统治氏族的始祖，这叫做"别子为祖"。别子的嫡长子孙，世世继承卿大夫的身份与庄园，叫做大宗。大宗宗子永远祭祀别子，别子的主位永远宗庙里受祭祀，这是"百世不迁"的第一义。同一始祖的分族永远奉大宗宗子为族长而受他的庄园的扶助，这是"百世不迁"的第二义。大宗宗子既承继始祖的身分和庄园，他的诸弟呢？诸弟如果自受封土，列为卿大夫，便成了领地统治者氏族的始祖。如果宗子的诸弟没有特

---

① 毛奇龄《大小宗通译》。

别受封，则分受耕地而为耕战的自由地主——士。他由此成这块耕地的地主家族的祢。他的长子继承他"士"的身分与耕地。这一系统叫做小宗，小宗宗子收养同此一祢的分支。小宗分支的家族崇奉着小宗宗子。分支的范围止于五世。五世以外，便自立小宗。同一分支的宗人只祭到高祖为止。高祖以上的祖在祭祀范围以外。这便是"五世则迁"。小宗可以有四个，大宗只有一个。别子即庄园初建的始祖之嫡长系是大宗。祢之嫡长系对于同高祖之族兄弟为高祖宗；对于同曾祖之再从兄弟为曾祖宗；对于同祖之堂兄弟为祖宗；对于同父之兄弟为父宗。小宗四与大宗一，叫称"五宗"。

（二）公子与其诸弟

一个诸侯如有几个支子庶子，那要建立几个大宗呢？《礼》大传说：

> 有小宗而无大宗者，有大宗而无小宗，有无宗而亦莫之宗者，公子是也。公子有宗道，公子之公为其士大夫之庶者，宗其士大夫之适者，公子之宗道也。

这段话的解释有三 （a）吕与叔与毛奇龄主张一君的支庶，只有一宗。如果公子中有嫡有庶，则嫡为大宗，庶为小宗。这就是"有大宗亦有小宗"。如果皆庶而无嫡，就"有小宗而无大宗"。如果有嫡而无庶，就是"有大宗而无小宗"。如果只有庶子一人，就是"无宗而亦莫之宗"。但是全体皆嫡，则降众嫡使宗最长的一人。全体皆庶，则升最长的一人为大宗。所以一君之子只有一个大宗。（b）万斯大主张凡公子之为大夫者为大宗。凡为士庶人者皆为小宗。（c）郑康成、孔颖达、吕伯恭、陈用之主张诸公子皆为大宗。我在民国十六年一月编《亲属法大纲》一书的时候，主张第一说。① 现在觉得这不是抽象问题，要看庄园授予的情形而定。有领地的公子是要成立大宗的，这一点以万斯大（《宗法论》）所说为是。但诸大宗之间，嫡子的地位优于庶子，长者的大宗优于幼者。鲁桓公三个公子都有领地而各为大宗，但季氏的地位高于庆父。郑穆公七个公

---

① 《亲属法大纲》32 页，此书由商务印书馆出版，现将停版改编新著。

子都有领地而各为大宗，但权力最大者还数子皮。① 则第一说的精神未始不贯注其间了。

（三） 宗法图

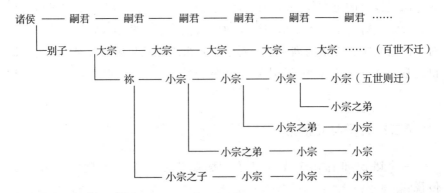

（四） 宗的职能

由上述，可知宗法理论是就贵族的宗族组织来发挥的。《礼》所谓宗法是周代贵族组织法。宗法的财产基础自然不是氏族的共有财产，而是卿大夫的世禄庄园。原始社会的氏族以公有土地及公有财产为基础。卿大夫的禄田却是农家所耕种，贵族所享用的封建财产。

大宗的庄园是嫡长相承的。庄园对于宗人负"收族"的义务。小宗的耕地应当是小宗宗人所共有了。清代程瑶田氏（《宗法小记》）主张小宗同财。其根据是《仪礼》丧服传所说：

> 昆弟之义无分，然而有分者，辟子之私也。子不私其父，则不成为子。故有东宫、有西宫、有南宫、有北宫：异居，而同财——有余则归之宗，不足则资之宗。

宗是谁？程瑶田氏虽释为小宗宗子，去古较近的《郑注》却以为："宗者，伯叔父典宗事者也。"《郑注》意谓大功以上的亲属同财，小功以下仍不同财。所以这句话不容易做小功同财的根据。综之，世禄的禄田已不可与原始的共有产同视。庄园为大宗嫡长系所传承，耕地也是小宗嫡

---

① 《大小宗通译》。

长系统所承继。与宗子同居宗亲范围之大小，不易悬揣。《郑注》是依后汉时代一家同居止于大功亲以上的现实情形来推论的。

大宗宗子是卿大夫，小宗宗子是士。卿大夫是领地的统治者。他对于领地上的农奴有生杀统辖及审判的威权。士对于所属奴隶也有生杀的权力。在氏族组织内部，宗子对于宗人也有统治的权力，① 其尊严表现于主祭及宴饮的时候。这时候，宗人都应当侍立，并依辈分的尊卑定坐次。② 宗子差不多是一宗的祭司，也正如祭司一样，有教导宗人的权能，③ 和为族人主婚的职务。④

由于上述，我们已可看出周族的宗法是父系父权父治的氏族组织。所应注意的，是这种制度是贵族身分的宗族制度，不是原始的氏族社会制度。

二　宗法下之婚姻妇女及父子

（一）婚姻的目的与形式

在宗法制度之下，婚姻是两族的事，不是两人的事。这个前提是直贯到现代中国社会还是有效的。《礼·昏义》说得最明白："婚姻者以合二姓之好。"明瞭了这个前提之后，我们便可以论中国的婚姻制度。

婚姻是两族的事。男所属的族为什么要取异族的女子来做本族之一员呢？第一个目的是在收夺女子的劳动力。贵族之妻虽不必提供物质劳动，但家事是妻的职责。所以《易》家人卦象曰："无攸遂，在中馈。"

第二个目的是在生子。我们要知道，由婚礼结合的妻所生子是嫡子。在长子继承制度之下，嫡子的出生是多大的事件！《礼·郊特牲》曰：

---

① 参见梅因《古代法》第八章，印度村落共同体常由一族最长房最长子管理。如他年纪太轻，以年长族人监护。

② 《尚书·大传》："宗将有事，族人者皆侍，终日。"《礼记·文王世子》："族食，世降一等。"又《祭统》："昭与昭齿，穆与穆齿。"《孔疏》："各自相旅，尊者在前，卑者在后。"

③ 《礼记·昏义》："是以古者妇人先嫁三月，祖庙未毁，教於公宫，祖庙既毁，教於宗室教以妇德，妇言，妇容，妇功。"

④ 《仪礼·昏记》云："宗子无父母命之；亲者没，己命之；支子则称其宗，弟则称其兄。"

"玄冕齐戒，鬼神阴阳也。将以为社稷主，为先祖后，而可以不致敬乎?"
所以婚姻的目的有如《礼·昏义》所说："上以事宗庙，下以继后世。"①

第三个目的是在防制男女的交接。有了婚姻制度以后，就把婚外性交
认为不法。而学者则反此，他们认为婚姻制度是所以防淫的。《礼·坊
记》说："夫礼，坊民所淫，章民之别，使民无嫌，以为民纪者也。故男
女无媒不交，无币不相见，恐男女之无别也。以此坊民，民犹有自献
其身。"②

婚姻之目的如此，反之，男女本人的爱欲及共同生活不是宗法婚姻的
目的。因之，婚姻的订立及成立，不待男女本人的同意。婚姻是由支配男
女的族长或家长主持的。婚姻既是两族的事而由支配男女的族长或家长主
持，所以家长或族长可以将女子出卖，也可以将女子赠送。孔子以女及侄
赠送南容和公冶长，便是后者的实例。

婚姻一面是两族的事，一面究关涉男女本人。宗法制度重视前者而轻
视后者。所以婚礼，可以分成两种仪节：第一种是婚姻成立的形式即关涉
两族的仪节；第二是婚姻成立的事实，即关涉两人的仪节。前者具备，始
算完全的婚姻。后者具备，不过男女本人的事体。

论中国礼书所记婚姻仪节者，有三种解释。

第一种解释，以为婚礼是掠夺买卖婚的遗留。梁启超先生主张掠夺婚
说。他引《易·爻辞》："乘马班如，泣血涟如，匪寇婚媾。"他说："寇
与婚媾，截然二事，何至相混? 得毋古代婚媾所取之手段与寇无大异也?
故闻马蹄蹴踏，有女啜泣，谓是遇寇。细审乃知其为婚媾也。"③ 刘师培
先生主张古代婚礼有掠夺及买卖两种性质。一："亲迎必以昏者，则古代
劫掠妇女，必乘妇家之不备，故必以昏时。后世沿用其法，故以昏礼为
名。"这是掠夺婚的证据。二："俪皮之礼，即买卖妇女之俗也。后世婚
姻行纳采、纳吉、问名、纳征、请期、亲迎六礼。纳采纳吉皆奠雁，而纳
征则用玄纁束帛，所以沿买卖妇女之俗也。"这是买卖婚约的证据。④

第二种解释，以为古代婚礼不是买卖婚。柳诒征先生主张这一说。他

---

① 参看 Starcke: Primitive Family, p. 260。他说婚姻的目的，在原始半原始种族是生家子和
生嫡子。

② 原始半原始种族的婚姻，有因结婚而禁止婚外性交者，有不然者。

③ 陈东原《中国妇女生活史》，23 页引梁启超《中国文化史》社会组织篇第二章语。

④ 刘师培《中国历史教科书》。

说："古者相见必以执赞，或执羔，或执雁。国家聘使则以玉帛。皆所以表示敬礼，不得谓之买卖也。婚姻之道，男下女，女从男。故男子以其所有赠遗于女氏。游猎之民所有者惟兽皮，爰以此为赠品。后世相沿，则委禽焉，非恶俗也。"①

第三种解释以为宗法制度下之婚姻是两族或两家的契约。在民国十六年以前，我编《亲属法大纲》时，采用此说。我的说法是：

> 纳征所以证约也。契约观念未能充分发达之古代，约成生效，必自当事人一造有所履行之时。当事人一造有所履行，则相对人即负履行反对给付之责。当事人一造委禽焉，则相对人即负给付其女子之责矣。买卖固为契约，契约不限于买卖，斯婚约亦不得即认为买卖。纳征所以证婚约之成立而已，玄纁束帛非身价也。②

纳征的确是与买卖同性质的契约仪式。罗马民事婚取买卖方式，可作旁证。罗马的买卖仪式是以证人五人到场，持衡者以衡量铜授予卖主，卖主以手触铜，再由买主和卖主各出一定之言辞，则买卖（mancipatio）就成立了。同样的方式，适用于债权契约，自债务人手触铜衡之后，就负给付之义务。物权契约的方式适用于债权契约（nexum），这是婚礼中纳征的适当的旁证了。所以我觉得以法律学言，第三说是正确的。以民族学言，第一说为妥当。玄纁束帛并不是身价，乃是定钱。

婚礼的性质既明，再论婚礼的目的。

第一种是定婚的节目。纳采、纳吉、问名、纳征是定婚的节目。订约之征为雁。成约之征用币。证约之人为宾。宾大约是媒妁。

第二种是成婚的节目。请期之后，新妇入门以后，走"阼阶"。阼阶是隆重的祭祖仪节的设备。走阼阶是表示新妇共承宗庙的意义。舅姑如存，合卺的次日见舅姑。舅姑如没，等到宗族每三月庙祭的季节，新妇随宗人庙见。见舅姑的礼叫做盥馈。庙见之礼叫做奠菜。见舅姑或庙见，是表示新妇加入宗系而为附属宗系之一成分。新妇依盥馈或奠菜而成妇。

---

① 柳诒征《中国文化史讲义》（油印本，东南大学印）。
② 拙著《亲属法大纲》第196页。

第三种是成妻的节目。同牢合卺之，礼是表示男女的结合的。其夕，御与媵施席，皆有枕北止。这是新妇成妻的节目。但是施席正是在寝。正寝是祭祢祭祖的重地。所以黄以周先生《礼书通故》否认男女于是夕施行媾合。

成妇重于成妻。倘若成妻之后，却没有成妇，换句话说，倘若新妇已与新郎结合，却没有见舅姑或庙见，这新妇便不能算是夫族的一员。所以《礼记·曾子问》说：

> 曾子问曰："女未庙见而死，则如之何？"
>
> 孔子曰："不迁于祖，不附于皇姑；婿不杖不菲不次；归葬于女氏之党：示未成妇也。"

（二）现于丧服之妻女地位

婚姻是两族的事，即如前述。先由"女氏之党"的方面来观察女子的地位。这种观察，最确实是观察女子的丧服制度。丧服有服与期的两方面，我们只看丧期。

斩衰三年是对至亲加隆的丧服。本来，最重的丧期是一年即所谓"期"。《礼·三年问》说：

> 至亲以期断。是何也？曰：天地则已易矣，四时则已变矣，其在天地之中者莫不更始，焉以是象之也。然则三年何也？曰：加隆焉尔也；焉使倍之，故再期也。

这加隆的丧期，唐明以降渐渐应用多了。在古代（至少汉儒所保持的学说）加隆的丧期是很少用的。首先是臣对于君。卿大夫士对于诸侯的丧用斩衰三年，对于天王却止用繐衰。这是为什么？"君至尊也。"[1] 其次是子对于父。"在室"即未嫁而在家，或已嫁而大归（即离婚回母家）之女对于父亦同。为什么？"父至尊也"。

"适人"即出嫁，是女子加入夫宗的行为。加入夫宗，她便须脱离父

---

[1] 《仪礼·丧服传》。

宗。所以"嫁女之家，三夜不熄烛，思相离也"。① 她既脱离父宗，又加入夫宗；她既要脱离父权，又改隶夫权，她的亲属关系当然发生了一大变化。她一方面降父服为一年。为什么？"妇女不二斩也"。为什么是不二斩？其对于夫是服斩衰三年。"为夫斩则不为父斩"，叫做不二斩。为什么为夫斩？夫，至尊也。丧服有三斩：为君斩，为父斩，为夫斩。这乃是所谓三纲的张本，哪三纲？君为臣纲，父为子纲，夫为妻纲。臣绝对服从君，子绝对服从父，妇绝对服从夫。

出嫁女降三年的父服为一年。降一年的兄弟服和兄弟之子服为九月（大功）。降一年的伯叔父母服为九月。"女氏之党"对于女子的丧服也是同样的。在室的姑姊妹侄死，服一年。② 她们出嫁以后，丧服递降。为出嫁姊妹女大功九月。为出嫁的兄弟之女小功三月。③

妻为夫族服，为夫斩衰三年。其余从夫降一等。④ 夫为妻党服则从妻降三等。夫族为来归之妇（即宗人之妻）之服很有一说的价值。《礼·大传》说：

　　其夫属乎父道者，妻皆母道也。其夫属乎子道者，妻皆妇道也。谓弟之妻妇者，是嫂亦可谓之母乎？

这是说妻没有独立的地位。她的夫是父辈，她就有母之名。她的夫是子辈，她就有妇之名，《礼·大传》：

　　同姓从宗合族属，异姓主名治际会：名著而男女有别。

异性是指来归之妇即妻。妻的地位是以"名"来定的。夫族对妻之服因此叫做"名服"。其夫是父辈，则以母之名而服以其夫之服。其夫是子辈，则以妇之名而降其夫之服一等。夫对于妻，服一年。夫族对妻之服既是名服，则不能称呼名义的妇，便没有服。这是当然的。中国古来有一

----

① 《礼记·曾子问》。
② 程瑶田《仪礼·丧服足征记》九。
③ 吴家宾《丧服·会通说》列有表。
④ 杨信齐《仪礼图》妻为夫党服图。据胡培翚《仪礼正义》本刻本。

种名讳的禁律。名讳（teknonymy）① 最严是对于兄弟之妻。"叔嫂不相授受"、"叔嫂不通问"。所以兄对弟之妻，弟对兄之妻，在礼是没有名的，换句话说，他与她没有机会可治。所以兄对弟之妻及弟对兄之妻，"活不见面，死无丧服！"所以《礼》说如果称弟之妻为妇，那末，弟称嫂为母了，这可以吗？既无名，所以无服。

从上所述，可见妻族的地位，不是独立的一员乃是夫的附从体。《礼》美其名，说："夫妇一体也。"② 实则是消灭妻的人格。

还有一点必须说明的，便是母的地位。在商族，母妣有特祭的地位，是很优崇的。周族不然。母位降低了。母妣既没有特祭，又没有独立的名分。母之所以为母，是因她为"父也妻"。生母以"至亲"③ 之故，应当有隆重的礼节。然而一则父在"屈"为一年的丧服。父死，母应当"伸"了，但期虽三年，而服却不用斩衰。她只是至亲，她不是至尊。并且对母之服，是从父引申而来的——"资于事父以事母则爱同"。④ 二则继母与生母并没有差别。继母是父之妻，便是"子也母"，她的丧服"与因（即亲）母同"。⑤

子对母之服重父意。如继母之党即继母之父母兄弟姊妹死，继母如存，则从继母行丧服。继母已死，子对她的父母兄弟姊妹便不服。这完全是从服中之徒从。什么叫徒从？"所从亡则已"。至于亲母则母虽死，子仍服她的父母兄弟姊妹。这叫做"属从"。什么是属从？"所从亡，服。"这似乎很有道理。但是子对父之父母兄弟姊妹服一年。对母之父母兄弟姊妹只服三月（缌）。姑且不论。假如父死母嫁，子为嫁母一年，减了一期。子为嫁母之党虽仍服三月但为出母之党无服。出母即被父离婚之母与嫁母之不同，就在出母是父绝过她的，嫁母没有与父绝。与父绝之母本人虽仍不能不视为母，她的父母兄弟姊妹便算不得外亲了。所以《仪礼·丧服传》说："出妻之子为母期，则为外祖父母无服。"反之，"嫁母，父不命出。何得同出母乎"——《杜佑通典》引吴商语。

① Lowie：Primitive Society，p.170.
② 《仪礼·丧服传》。
③ 同上。
④ 《礼大传》。
⑤ 《仪礼·丧服传》。

　　还有庶子为嫡母（即妾之子为妻）本没有母子关系，却因嫡母为父也妻，所以也和嫡子一样着丧服。戴德《丧服变除篇》说："父死为君母"三年。反之，嫡子为庶母（父妾生子者，没有生子者不算！）缌衰三月！因为她没有父妻的名义！又有所谓慈母者。她是父妾受父命抚养子的。子为之服如母服。为什么？"贵父命也。"① 如果父妾抚养自己，但没有"父命"，那只有小功五月！

　　这样看来，母完全没有独立的地位，她不过父之妻罢了。

（三）母子与父子

　　宗法制度之下，母之所以为母，是因其为父也妻，既如上述。所以母子关系是以父为权衡。父之妻对于父之子是母，父之子对于父之妻是子。至于母之夫，那虽有父名，却不受父的待遇。父死后，母再嫁的夫，他死了，每前夫之子不着丧服。如果前夫之子没有亲近的宗人（大功亲），后夫也没有亲密的宗人，后夫抚养此子，为之立宗庙，筑宫室，然后此子为继父着齐衰不杖期（一年）。条件是很复杂的。② 如果先曾同居，后来这些条件消失了，或是异居了，则服齐衰三月。③ 有这些条件来看，子对继父之所以着丧服，是因为继父为他"筑宫室，岁时使之祀焉。"而不是因为抚养的恩义，尤不因为他有父之名。换句话说，因为继父能为前妻之夫"继绝世"，所以前夫之子为之着齐衰。

　　由此我们知道古代的亲属关系完全抱拥于宗族关系之中。宗族关系及宗庙关系是亲属关系确定的权衡。我们更要指出来的，不独母子关系是宗庙关系，连父子关系也是一个宗庙关系。

　　如果父是长子，有承继便是宗庙即禄田的地位，则他的长子在他死后便是他所承继的宗庙和世禄的继承人。如果他的长子在他死以前死了，他为此长子着斩衰三年之服。他的妻亦同。《仪礼·丧服斩衰章》：

　　　　父为长子。《传》曰：何以三年也？正体于上，又乃将所传重

---

① 同上。
② 夫死，妻稚，子幼，子无大功之亲；与之适人，而所适者亦无大功之亲；所适者以其货财为之筑宫室，岁时使之祀焉。妻不敢与焉。若是，则继父之道也。——《仪礼·丧服传》。
③ 《仪礼·丧服传》。

也。庶子不为长子三年，不继祖也。

吴家宾《丧服会通说》解释的好：

> 长子，继先人之世者也。小祥大祥宗与宗妇皆有事焉。父母不同
> 为之三年，得乎?《传》曰：庶子不为长子斩。岂徒庶子而已，凡无
> 世禄者则无是服也。故斩之服，为宗庙服也。

"妇女有从人之义，无专用之道。"她从谁呢? 由丧服上可以看得出。
她在室为父斩。她出嫁为夫斩。她又为长子斩。她是"在家从父，出嫁
从夫，夫死从子"的。这叫做三从之义。

至于父子关系那便不同。父虽为子斩，子却为他斩。是子从他，他不
从子。父与子是宗庙的传承关系，所以相与为斩衰之服。没有宗庙的，便
没有此服：庶子不为他的长子斩，长子也不为他的庶子斩。

父子的宗庙关系不独表现于丧服，并表现于子出生时。宗法制度下父
子关系绝不以生理关系为权衡。麦兰里西的母系氏族固然否认父子的生理
关系，[1] 宗法制度也不以生理关系为决定父子关系的基因。凡子无论嫡
庶，出生以后还得以正式的礼节见父，这叫做见子礼。见子礼中，关于嫡
子者，含有宗庙传承的意义现在把见子礼分列于下：[2]

1. 见嫡子礼

三月之末，择日，剪发为鬌，男角女羁，否则男左女右。是日
也，妻以子见父。贵人则为衣服，由命士以下皆漱浣。男女凤与，
沐浴，衣服。具视朔食。夫入门，升自阼阶，立于阼，西厢妻抱子出
自房，当楣立，东面姆先相曰："母某敢用时日祇见孺子。"夫对曰：
"钦有帅。"父执子之右手，咳而名之。妻对曰："记有成。"遂左还
授师……妻遂适寝……夫入食如养礼。

2. 见庶子礼

子生三月之末，漱浣凤齐，见于内寝。礼之如始，入室。君已

---

① Malinovsky: The Father in Primitive Psychology 说之甚详。
② 《礼·内则》。

食，彻焉，使之特馂。遂入御。

　　我们要知道升降阼阶是有宗庙的意义的。婚礼中有夫降至阼阶，新妇随降的节目，表示她承奉宗庙。见嫡子礼中也有父升自阼阶，从阼阶上咳而名子的节目，表示命子加入宗系。至于庶子不能承宗，父便在内寝相见。由此我们可以推定：在宗法制度之下夫妇父子关系都是宗统宗庙的关系。

（责任编辑：谢蕊芬）

第六编
从法学的角度研究家庭

家庭与性别评论（第 7 辑）

第 241～246 页

© SSAP，2016

论新亲属法草案采取个人制之当否[*]

郁　嶷^{**}

　　亲属法之编纂，考诸各国立法例，有采家属制者，有采个人制者。吾国历次旧亲属法草案，均根据社会固有之习惯，采取家属制，而有家制之规定。及去岁国民政府法制局纂拟新亲属法草案，则斟酌世界之潮流，采取个人制，而无家制之规定。自新草公表后，中外学者，对于此点，颇多非议，如北大教授黄右昌既以专唱高调，不合党义相尝。（原文题为《对于国府法制局亲属继承两草案的批评和希望》，曾载北平《新晨报》及《新民法》）而日人中岛玉吉博士亦云："家族制度为中国有史以来数千年之古法，社会组织及国民道德，胥基于此，一旦废除，辄滋凝义。"（原文由胡君长清译载本刊二八九期）不佞近在北平朝阳大学讲授亲属法，曾以新草采取个人制之当否为题，征集举生答案。总其结果，赞成者固居多数，反对者亦不乏人。暑假得暇，爰就此题，申以鄙见，期与海内明达一商榷焉。

---

　*　选自郁嶷《亲属法要论》，北平：朝阳大学出版部，1934。

**　郁嶷（1890～?），又名祖述，号愤圆，湖南津市人。17 岁考入天津北洋法政专门学校（后改名为：北洋法政学堂），成为该校首届学生，并结识了同期入校的李大钊。郁嶷曾经创刊《言治》，参与编辑《晨钟报》《宪法公言》等，并以缜密审慎的法学家笔调撰写了大量的论文和评论。1928 年，郁嶷出任国民政府法制局编审，参与《亲属法》起草工作，并担任国民政府《新亲属法草案说明书》的主要撰稿人。此后，郁嶷致力于法学教育和研究，笔耕不辍，出版了《郁嶷论文集》（1930 年）、《政治学》（1931 年）、《继承法概要》（1931 年）、《亲属法要论》（1932 年）、《比较宪法讲义》（1933 年）等多部著述，从部门法到法学理论、从国内到国外、从古代到近代，皆有涉及。法学之外，他涉足过人口问题、货币财政问题、殖民政策、政治理论学、横跨经济、政治、社会等学科，兼收并蓄、厚积薄发、视野开阔、论道新颖。

不佞尝谓立法家所当致谨者有二：（1）须内审国情，（2）须外察大势。盖法律为社会之反映，凡一国之礼俗习惯，足以表彰其民众之美德者，宜设法维系之，以图光扬固有之精神。倘舍己以耘人，必踰淮而为枳。然国于今日，势难孤立，异邦良制，足资取法者，亦应择善而从，期以立法手段，促国家之进步。若徒囿故步，千载一辙，则刻舟求剑，庸有当乎？历次旧草，均采家属制，可谓能内审国情矣。然世界大势，罔知顺应，古调独弹，遗害安穷。新草虽采个人制，而于吾国家属制度固有之优点，亦会为相当之容纳，颇能择长弃短，调剂适中。兹将新草采个人制未可非议之点，就三方面观察之。

（一）自两制利弊上观之

家属制与个人制之利弊，学者之主张虽纷，然就肤见所及，则如下举。

（甲）家属制之利有二。

（1）得互助之益。家属制之特点，有家长以主持家政，提挈纲领，指导于上。而辟从子弟，协力合作，拱卫于下。指臂相联，脉络贯通，内外雍睦，门楣浸盛，社会基祉，于焉巩固。管子所谐少相居，长相游，祭祀相福，死丧相恤，祸福相忧，居处相乐，行作相和，哭泣相哀者，盖其情谊，感孚之有素，则其团结互助自弥笃也。

（2）有天伦之乐。一家之内，以夫妇亲子及兄弟姊妹为其构成分子。或异性相爱，誓偕白首，或血统连属，休戚与共，或同气一本，情殷手足。朝夕聚处，精神感召，心意畅适，非言可喻。昔朱琦为姚湘坡作北堂侍膳图记曰："天下之至乐，无有逾此者矣"，又曰："犹记琦少时，侍先大夫饭，有馈蒸豚者，琦方自塾归，先大夫谓琦。曰：汝今日书熟乎？以啖汝，回顾吾弟牵衣立母旁，先大母年八十，扶杖相视而笑。"其状人生骨肉欢然聚处，极天伦之乐事也，情景如绘。吾人居今读之，犹低徊感慕，不能自已，矧身当其境者乎？

（乙）家属制之弊有三。

（1）经济上之弊。家族财产，彼此共同，影响经济，颇为重大。自消极言之，足以减少生产力。自积极言之，足以增加消费力。盖故家巨族，席丰履厚，生产者寡，用之者疾，转瞬中落，比比皆然。试例证之，子弟成年，本可自食其力，乃以父兄所入丰饶，庇荫卵翼，生计无虞，遂自侪于纨绔阔少之列，游手好闲，不执一业，此其减少生产者一。又或年未衰老，事业功勋，尚可努力，乃以子弟显达，甘旨之奉，恣所求取，遂自居封翁，夸耀乡里，优游坐食，颓其天年，此其减少生产者二。抑有言者，人性自私，贤哲不免，专有之物，慎取啬用，倍加保爱，倘属公共，则漠不关心，任情挥霍，易流侈靡。夫家族财产，既为维持家属者共同生活之资，非任何一人所专有，则浮支浪费，何所顾惜，其足以增加消费力也，彰彰然矣。

（2）政治上之弊。政治附丽于国家，有健全之国家，始有完美之政治。然在家属制之下，个人为家之直接构成分子，而对于国之关系，乃属间接。故爱家之心，厚于爱国，一家兴衰，痛痒切肤，努力维让，务振家声。至国有急难，则视同秦越，恝然安之。颜氏家训曰："孝子忘国而安家。"家事纷心，不遑其他，国政丛脞，缘以益甚。试览吾国前乘，国势险危，政治腐败，而人民醄嬉积薪，罔知顾惜，谓非家属制之作梗也耶。

（3）社会上之弊。家为社会之中坚，各家之秩序井然，则社会之安谧可保。若使骨肉寇仇，变起萧墙，斯社会无宁岁矣。然在家属制之下，禁止分家，奖励同居，故家之分子复杂，情感维系，极非易易。即以吾国之简单家庭观之，其包含分子，已有亲子、夫妇、兄弟、姊妹、婆媳、姑嫂、妯娌等。若稍加扩充，如三世同居、五世同居，其分子之复杂，尤难名状。坐是姑妇勃谿，室人交谪，怨氛弥漫，社会以紊矣。昔张公艺九世同居，时论美之，或问何以相安，张公艺答曰：惟能忍耳。故今世张氏子孙，金书百忍堂以自矜异。夫既云忍矣，则其不能无争端也可知，特力行退让，幸免于乱耳。然茹痛含忿，相忍为家，即在贤哲，已觉难堪，矧属庸愚，安能忍与终古乎？星火燎原，蚁穴溃堤，抑之也深，则其暴发也烈，影响社会，非细故矣。

（甲）个人制之利有三。

（1）经济上之利。个人独立，空绝依傍衣食压迫，冻馁堪虞，非奋其才力，从事职业，不足以图存。而岁俸所入，无论丰啬，皆几经劬劳而得之，非倍加撙节，不足以善后。故一国之生产可增，而消费能得其当焉。昔商鞅之谋强秦也，下令国中，凡二男以上不分异者，倍其赋。家富子壮则出分，家贫子壮则出赘，使其民众，僇力本业，秦用富庶，此盖深知个人制经济上之利，而毅然行之，功效立着，其智勇远在欧美政治家之上矣。

（2）政治上之利。希哲亚里士多德曰：人类为政治的动物，议论国政，本其天性，往者因家族之中阻，致其天性之汩没。自家属制废，个人制兴，个人与国家直接关系密切，爱护自笃。庶政张弛，视乎民意，奸猾之辈，罔能操纵，平潮发展，有轨可循，国势蒸腾，不难立期矣。

（3）社会上之利。个人制之国家，法律上虽无家制之规定，然人民聚处，实际上固亦不能无家焉。惟其分子，不过夫妇亲子等耳。情感本甚融洽，组织又极简单，秩序整饬，鼠雀不争，社会平和，交受其利矣。

（乙）个人制之弊有二。

（1）缺互助之益。大抵个人制之国家，多为经济发达之社会，子女成年，各自分飞，从事工商，海角天涯，不相闻问，其无由互助也，自不待言。即同处一隅，而因生计之压迫，惟权利之角逐，父子不相顾，兄弟不相恤，人欲横流，但图其私，天性凉薄，良增浩叹。试观欧美人，其子女为父母服务，亦须计较工资，盖其权利义务之划分甚严，不因亲疏而有所假借也。

（2）无天伦之乐。个人制之国，奖励分居，同堂共爨，非所愿闻，兄弟姊妹，视等路人，虽夫妇亲子之关系，不能间离，而实际上尚有所谓家焉，情谊感孚，颇慰孤独。然近来受经济压迫，男女各从事社会工作，致夫妇之关系渐疏。而子女养育，亦不暇顾及，儿童公育问题，应运以生，致亲子之关系日薄。益以独身主义及离婚之盛有，而实际上之家，遂有不能维持之势。流弊所极，使人重物轻人，悉为物质之奴隶，奔走营谋，供其牺牲，而天伦乐趣，索然尽矣。此览泰西今日社会之状况者，所为不胜其隐忧也。

夫制度无绝对之美，类瑕瑜而见，何去何从，端在立法者，择长弃短，权衡轻重，因时制宜耳。个人制与家属制，如前所举，虽各有其利弊。然比较论断，究以个人制为利余于弊。新草之毅然采取个人制，实亦两利相权取其重，两害相权取其轻，出于无可奈何耳，谓其未尽善美则可，谓其不及旧草则不可也。

（二）自吾国情上观

夫法制为应付社会环境而生，有如何之社会，斯生如之法制。故立定法者于本邦社会之组织，国家之情形，未可忽略。彼反对新草者，辄以家属制为中夏数千年立国之基础，今弃而不顾，有违国情，其持论固未尝不当也。然细考之，国情非历久不变者，旧草脱稿于清季，其采取家属制，诚可谓适合当时之国情矣。然二十年来，门户大开，世界潮流，滔滔输入，鼓荡振撼，为时虽暂，而其变动之剧烈，有非历史上数百千年之递嬗所能比拟者。自政治观之，昔之政尚简略，以不扰民为天职者，今则积极兴作，以福利及民为要图矣。昔之聚族而处，深居简出，以不谈国事为良民者，今则游行朝市，张脉偾兴，侈论时政矣。此政治之变动，致国家思想之发达，而家制渐圮者一。自经济上观之，昔之薄田数项，子孙世守，安土重迁，家人团聚者，今则离乡背井，渐趋都会，改业工商，骨肉分飞矣。此经济之变动，致工商之勃兴而家制渐圮者二。此等变动，今已肇端，自斯以往，进行必烈。而吾国昔日之家属制，无法维系，盖可断言。征之西乘，彼罗马人亦以家制立国，后因政治经济之嬗化，家制废绝，遂进于今日欧美各邦之个人制。以彼例此，正负相类。新草审酌现在之国情，盱衡将来之趋势，采取个人制，以资应付，良有由也。

（三）新草内容上观之

新草虽采取个人制，然细绎其内容并非绝对。即于家属制之弊害，固尽力排除，而于家属制之利益，亦相当容纳。观其总说明第三原则，声明立法主旨，在奖励亲属互助而生其依赖性云云，足以证之。兹更举数条，分述如下。

（1）家产共同。子女于成年后，对父母财产有贡献时，该项财产视为共有财产，由父母管理使用之。（新草五四条一项）未曾分居之亲属，于成年后，对维持共同生活之财产有贡献时，该项财产视为共有财产，由年辈最高者管理使用之。但该亲属间别有协议者，从其协议。（新草五六条一项）

（2）扶养义务。兄弟姊妹间，以未成年而无生活能力者为限，得请求扶养。（新草六一条）子妇于其夫死亡后，与翁姑同居者，互负扶养之义务。（新草六二条二项）

（3）立嗣制度。无子女者，得以遗嘱立嗣子，无遗嘱时，他人不得代立嗣子。（新草四八条一项）

以下三端均系新草斟酌吾国习惯，于相当范围内，容纳家属制之处。盖在个人制之下，子女成年，财产独立，各自管理，其他亲属，更勿待论，所谓特有财产者是也。新草则设家产共有之规定，且由父母尊长管理使用之。扶养义务之范围，英德两国，仅限于直系血族间，如法国之认岳父岳母与女婿间亦有扶养义务，乃为特例。其他诸国，虽范围广狭各有不同，而不认兄弟姊妹间之扶养义务，则皆出一辙。盖其以个人主义立国，不得不然也。新草则不仅兄弟姊妹间，互负扶养义务，且扩充范围而及翁姑子妇间。凡此立法，皆系兼采吾国向来家属制亲属互助之美风，以救个人制之偏失也。至立嗣制度，原为宗法遗迹，而家属制赖以不废者也。新草既以个人制立法，本不应加以规定。惟国人习性，最重嗣续，年届垂暮，顾盼无后继者，惴惴然不胜其殷忧，而择定嗣子，以弥其缺恨焉。苟举而革之，则一棺附身，血食以斩，广蓄资财，将焉用之，失望之余，必从欲败度，流于侈糜。故新草酌采旧制，以重国俗，并加以不得代立之限制，籍杜纷争。此等法例，为欧美各国采取个人制者之所无，而新草容纳家属制之明证也。学者不察，辄以不采家属制为新草病，殆于其内容未加深考耳。

昔柳子厚作封建论，谓封建非圣人意也，势也。不佞亦谓新草之采取个人制，实时势有以致然。曩余少时，蛰伏乡里，父母健存，兄弟无故，戚尚团聚，欢然无间。及长游学四方，情势大更，迄今二十余年，久客他乡，欲归不得，祖宗邱墓，毋能扫祭。骨肉分处，鲜能存问，追维前状，恍如隔世，欲复旧观，讵可得乎？然苟非挽近物质之挴逼，交通之进步潜移默化，决不至此。以余所经，则知家属制之在今日，实难维系，立法者沉机观变，因势利导，而建应乎潮流之新制，固未可囿故见而非之也。

（责任编辑：隋嘉滨）

家庭与性别评论（第 7 辑）

第 247~262 页

© SSAP，2016

再论夫妻财产制

——由史的研究批评新亲属法[*]

吴学义[**]

一　婚姻法之史的研究

立法院发表民法亲属编先决点后，吾人虽远居海外，亦曾草"夫妻财产制之立法问题"一文（刊载本刊第七卷第四二——四四期·十九年七月廿七日——八月十日），主张定分别财产制为法定制。又鉴于当时国内倡联合财产制（又名共同管理制）之说甚盛，并料及其"他日竟成事实，亦未可知"，故最末表示："吾人采分别财产制为法定财产制之主张，如不见容于中政会，而决定采用共同管理制或共有财产制时，则退一步言，盼能不拘泥于该两制度之内容，而加以变更，即管理财产之权，不可仅操之于夫，而须由夫妻共同为之——使妻与夫有同等之财产管理权，实

---

[*]　选自吴学义《再论夫妻财产制：由史的研究批评新亲属法》，《法律评论》第 8 卷第 16 号，1931。

[**]　吴学义（1902~1966），日本京都帝国大学（后改名为：京都大学）硕士。曾在六所大学任法学教授，1946 年赴东京担任远东国际军事法庭中国检察官顾问。在民国时期发表了众多论著，如《民事法论丛》（第一辑，南京法律评论社，1931 年）、《法学纲要》（上海中华书局，1935 年）、《战时民事立法》（重庆商务印书馆，1944 年）、《民事诉讼法要论》（上海中正书局，1945 年）、《事情变更原则与货币价值之变动》（上海商务印书馆，1946 年）以及《形成权论》（1921 年）、《再审期限》（1925 年）等数十篇法学论文。

现真正且名副其实之共同管理制，以维护妻之人格与权利！"未几，中央政治会让法律组对于民法亲属编应行先决各点之审查意见书，竟不出吾人所预料，主张："法定制定为联合财产制"。嗣经中央政治会议第二三六次会议找审查意见通过，唯对约定制修正为："约定制除左列三种外，得规定他种制度"。

立法院据此原则，起草条文，于民法亲属编，第一千零四条至第一千零四十八条规定第四节夫妻财产制。内分第一款通则，第二款法定财产制，第三款约定财产制，第一目共同财产制，第二目同一财产制，第三目分别财产制。此种立法，系模仿瑞士民法而为规定，瑞士民法第一编人格法，第二编亲属法，第一章婚姻法，第六节夫妻财产制，第一款通则，第二款财产联合制，第三款财产共通制（共同财产制），第四款财产分别制，第五款夫妻财产制登记簿。我新民法亲属编之夫妻财产制，除未规定夫妻财产制登记簿（依一千零八条第二项，夫妻财产制契约之登记，另以法律定之），及款目略有变动外，不但其排列次序与瑞士民法相同，若一考其内容，则两者尤为酷似。用特将瑞士民法关于夫妻财产制部分，译载本刊资料栏，以便读者之比较参考。

瑞士民法夫妻财产制之规定，自第一百七十八条至第二百五十一条，都七十四条。经我新民法删并结果，则归纳得四十五条。方诸德国民法占二百零一条，法国民法占一百九十五条，重款累项，复杂难用者，自有简明易行之长。而瑞士民法立法技术之优秀，尤为世所推重，与瑞士债务法，堪称近代法典之双璧。我国立法事业，尚在草创，师承先进，采为蓝本，自无不可。然一国法制，与社会经济有重大关系，而亲属继承法为身分法，尤须顾虑民族历史之背景，与环境时代之变迁。彼瑞士民法，制定于一九〇七年十二月十日，施行于一九一二年一月一日，迄今已历二十余年。其时夫权家长权之余威独存，故虽以提高妻之地位，予以行使私权之完全自由，为民法要纲之一，然束缚限制之规定，积习相沿，未能尽除，如采联合财产制为法定夫妻财产制，即其一端（瑞士民法第一七八条）。因之妻行使私权，仍不能"完全"自由。

良以各国立法，类皆有其特别之历史与背景。一八〇三年制定公布，一八〇四年施行之法国民法，虽为大革命之产儿，然关于妻之地位，则完全容纳中古之习惯，甚至将"夫当保护其妻，妻则从顺其夫"之语句，形诸法文（法民第二一三条）。与自由、平等、博爱之革命标语，殊不吻合，是盖由起草者之拿破仑一世，厉行军国的专制主义，压迫方在萌芽期之妇人解放运动，谓："予妻自由，有背法国旧俗"，必欲使妇女株守中世的家庭组织。嗣经一八八年大修正婚姻法之结果，妻之地位，始渐增高。

德国民法，于一八九六年公布，一九〇〇年施行。其时正当保守党及中央党等保守的政党掌握政权，而中央党则为旧教徒之机关，又恃在国会获占多数，遂主张婚姻规定，应宗教会主义。① 幸经与编之反对，自由主义者（如 V. Stumm 氏）在国会之力争，暨起草委员之进步的思想与努力的结果，始克脱出复古之重围与涤除历史派之余臭，制成比较进步之法典。然强敌之前，难免负伤，折衷调和之末，乃不得不屈服、迁就。于是完全平等之婚姻法，遂不能如期实现，而夫妻财产制，亦采共同管理制为法定制焉。

---

① 西洋各国之婚姻立法，凡分罗马主义与教会主义。（A）罗马主义之基本思想，以婚姻有绝对的性的自由（Absolute Sexualfreiheit）。故婚姻障害之范围与种类，其甚狭少；缔结方法，亦较简单，只须当时人间意思表示之合致已足，无烦官厅或教会之协力，而视婚姻为契约（Congensus）——所谓契约婚姻制度。因之，解消婚姻，亦只须双方之合意——采用协议离婚制。若云婚姻之效果，则夫妻异姓氏，别财产，各负债务之责任，身分既不同一，亦不必同居一处。盖其夫妻间，完全立于二人格之对立关系也。（B）教会主义，则与罗马主义适成相反。根本上即视婚姻为罪恶，故设广泛之婚姻障害规定，以妨其成立。归结方法，必须经过宗教仪式，而以为公的行为。关于解消婚姻，除防止再婚外，并绝对禁止离婚，谓为反对神意——所谓神意婚，其后虽稍形缓和，然仍只许裁判离婚，不承认协议离婚。至于婚姻之效果，则姓氏、身分、财产、住居，皆属同一，构成名实相符之夫妻一体，世称其为一人格之二面。西洋各国之婚姻法，因宗教与历史关系，久受教会法"（Canon Law），又有评作'寺院法'者"之支配。中经政教分离，虽会乘机改革婚姻法，见若干之进步——如法、德、瑞诸国民法亲属编制规定。然实质上则迄今犹不能脱宗教之桎梏，彼德瑞诸国之婚姻法，不过对极端保守，不合时势之教会主义，加以修正之结果而已。其能完全与基督教脱离关系，抛弃教会主义之婚姻观念与指导精神，确定婚姻为男女二人格之绝对平等对立关系者，厥唯一九二七年一月一日施行之苏俄婚姻法。（该法原名为"关于婚姻，亲属及监护之法律"。最初颁布于一九一七年十二月十九日，此次为第三度之修正，全文共计一百四十三条。）自苏俄婚姻法以降，现代新兴各国之婚姻法——如暹罗、土耳其、匈牙利，诸国民法于婚姻之规定，已抛弃教会主义之精神，而采用罗马主义为立法之基本原则。此后教会主义，将被完全推翻，而以罗马之自由婚姻主义，为婚姻立法发展之目标与理想。于是，自第一世纪为原始时代，第十世纪中叶至第十二三世纪为全盛时代之教会主义，十六世纪以来，逐渐衰微，降至今日，已就灭亡。二千年间之婚姻立法，不外为罗马主义与教会主义之斗争过程，故旷观古来婚姻法制发展史，兴衰遗迹，可一言以蔽之曰："为罗马与教会两主义之斗争"。

二 夫妻财产制之史的研究

前节既述一般婚姻法之略史，兹请进而论夫妻财产制之沿革。一七九四年施行之普鲁士（Preuss）州法，明定"夫为婚姻团体之首长"，采一般共有制为法定夫妻财产制。法国民法在拿破仑压迫之下，亦采动产共有制为法定财产制。英国普通法在十九世纪中叶以前，除衣服宝石外，妻于婚姻前、婚姻后，所取得之动产、有价证券，乃至由劳动而获之工资，均归夫妇所有、处分。夫妻间虽得缔结财产契约，然设定特有财产，则限于二百磅以上之金额。其结果，无产阶级之妻，殆失利用财产契约之机会，而不得不俯首于法定统一财产制之下，受夫之宰割。迄一八七○年，自由党首领 Gladstone（1809～1898）氏，乃于下院提出婚姻财产法案（Married Woman's Property Act）明定分别财产制为法定制，并主张："在妇人从事劳动逐渐增多之今日，其所得之工资，应归彼本人所有。"一般保守党议员，大肆反对，谓："予妻于财产上之独立，不但违反基督教之教义，且不合英国之醇风美俗，有妨家庭之统一"。以辩论家演说家著名之 Gladstone 氏，乃答之曰："欲持榨取妻之工资，以保持家庭之统一，殊足引为英国男子之耻辱。"因之法案遂得通过，同年即见诸施行。当时大陆各国，犹酣于中世之迷梦，闻此法律，甚为惊奇，至誉为"关于妻之地位之新时代立法晓钟"。（美国法制与英国同属一系，多数之州，均采分别财产制为法定制）

德瑞诸国民法采取共同管理制为法定财产之经过，亦有可得而言者。当中古时代，索逊东部，为共同管理制之发源地，欧洲各国，多受其影响。其后曾一度衰微，施行区域，大形缩小。迄十六世纪，则仅瑞士之山僻市镇，如 Sachsen 之一部及 Holstein，犹奉行之。盖其时正当共有财产制盛行，流风所及，共同管理制乃不得不退避三舍。

十八世纪末叶以后，共同管理制，又告复活。盖承中古夫妻财产制之放纵乱杂的立法，久苦法令滋章，莫所适从。于是舍弃地方主义而采法典主义，以统一立法之呼声，甚嚣尘上。又适当宗教改革，启蒙运动之后，教会主义余威犹存之时，共有财产制，既成过去，分别财产制，又尚无尝试之勇气，折衷权冲，介于两者间之共同管理制，遂获入选，各国采用之者，比比皆然。一七九四年之普鲁士州法，一八三四年八月十五日

Sachsen = Gotha 之婚姻令，一八三七年五月八日 Sachsen = Altburg 之婚姻令，一八六三年之索逊民法，均采共同管理制为法定制。

德国民法制定之时，全国人口中约二千万，已奉行共同管理制。重要都市如柏林，Hamburg，Rostock 及 Prenssen 之 Schlesien 县 Sachsen，Lubeck，Oldenburg，① 全部，Pomnern Brandenburg，Schleswig = Hollstein，Ilanover 等县之大部分，均生活于共同管理制之下。狃于积习，拘于环境，遂迁就事实，才共同管理制为法定制焉。

日本在维新以前，系继受我国隋唐律。其"令集解"，有"夫妇同财"之语。据法制史家之研究，谓"夫妇同财"云者，为妻之财产，被并吞于夫，而成"一财"。故日本古代之夫妻间财产关系（身分亦然），亦为夫权万能主义。维新以后，模仿大陆法制，于民法亲族编三章第三节规定夫妇财产制，采共同管理制为法定财产制，（日本民法第八〇一条）。其时德瑞民法，尚未颁布②，致乏"取法手中"之机会，大都抄袭九十年前之法国民法。故夫妻财产制之规定，甚为简陋陈腐。虽舍弃法国民法制动产及所得共有制而采共同管理制为法定制，然不设法定留保（特有财产）制之规定，则与一九〇七年大修正婚姻法以前之法国民法妻之留保财产亦属夫管理者相同。其结果，妻之专用品，劳动报酬，均归夫管理——收益。是不但实际上不易管理，且亦不近人情。一九二九年发表之亲属法改正要纲第十四则，毅然"废止夫对于妻之财产管理权"，诚属得当，该国之学者法官，亦甚表赞成。③④

我国民法夫妻财产制之立法经过，已于本刊第七卷四二期述之。即自前清末年至此次之新民法亲属编，乃历五次。第一次至第三次草案，均采共同管理制为法定财产制，条文亦甚简略，（第一次之亲属法草案，仅于第三章婚姻，第三节婚姻之效力下规定五条），无裨实用。且其时女子尚无财产继承权及完全行为能力，故实际上亦不感需要。民国十七年冬国民

---

① Lubeck 市一八六二年十一月一日之法律，Oldenburg 一八七三年四月二十日之婚姻令。
② 日本民法亲族继承两编，公布于一八九八年，德国新民法公布于一九八六年，瑞士民法公布于一九〇七年。
③ 本刊第七卷四二期拙稿一概说参照。
④ 中岛王吉博士"评亲族继承法改正要纲"（法学论丛第廿一卷二号），栗生武夫博士于"婚姻立法二主义之抗争"，大阪地方法院庭长和田于一在大阪朝日新闻一九三〇年十一月尾连载之"夫妇间之财产的斗争"，穗积重达博士之"民法改正纲要解说"第十四则（法学协会杂志第四十六卷五号）参照。

政府法制局之第四次亲属法草案，与承认女子财产继承权，废弃家族制度，同时毅然采用分别财产制为法定财产制。虽因仓卒脱稿，于立法技术，尚欠完善。然主义新颖，要不失为进步的立法。十九年冬立法院制定之新民法亲属编，遵照中央政治会议决定之立法原则，犹留恋于国民革命前之旧制，复定共同管理制为法定财产制，并采范于瑞士民法，以厘定条文焉。

三　夫妻财产制之进展

关于夫妻财产制之分类、内容及一般的理论，已详本刊第七卷第四二期至四四期之拙稿。兹特就我新民法亲属编所采为法定制之共同管理制为中心，而溯其进展之迹。

考夫妻财产制，原始于统一财产制（Gutereinheit），古昔罗马严格婚姻主义及英国普通法时代采用之。此制度妻之带入财产所有权，除保留者外，均"统一"于夫，故又名"并吞财产制"。

其后，由统一财产制，而一般共有制，而特别共有制。迄中古时代，已进展为共同管理制（前节第二段参照）。共同管理制之名，乃 Sctroder 氏所命 Eoth 氏和之，原文为 Verwaltungs-gemeinschaft。嗣 Heusler 氏，攻击之曰：名为共同管理，而其内容，则管理权操夫一人之手，并非真正之夫妻共同管理。为求名实相符起见，晚近之 H. Mitteis 氏，乃改称曰"收益管理制"（Nutzverwaltung）所以示夫"收益管理"妻之财产之义也。瑞士民法第二编婚姻法第六节夫妻财产制，第二款之标题，名曰联合财产制，（Guterverbindung），我新民法亲属编从之。（但仅于立法原则明定采用联合财产制，并未若瑞士民法形诸法文，德国民法与新民法同）。

共同管理制，既以占有、使用、收益、管理①而不移转妻之所有权于夫为特色，则欲知此制度之如何进展，于用益、管理权之变迁，殊有注目之价值。所谓用益管理权，不外为用益管理权之客体及其内容。是项夫权，与时代之进化，同生变动而影响于各国之立法。据法制史所昭示，其

---

① Siber 氏管理行为（Verwaltungshardlung）下定义云："管理行为，谓保存，增加一定他人财产，或为使其副此目的之事实上及法律上行为也"。然兼以用益为内容之管理权，其范围不若是之狭小，氏之定义，只足语管理权之一部。（Siber, Das Verwaltungsr. An fremd, Vermogen in B C B. Dogmi. 67, 81 ff. ）

演变之过程，不出下之原则，即：用益管理权之客体——对象，逐渐缩减；而其内容之限制，则日益扩张。因之此种夫之"特权"之内容，渐趋薄弱，而就衰微。

缩减用益管理权客体之方法，为设定妻之留保财产（Vorbehaltsgut）——新民法亲属编名为"特有财产"。设定特有财产之方法有二：一曰法定特有财产，亦名法定保留，即于亲属法夫妻财产制中，以明文规定某某极重财产为妻之特有财产；二曰任意特有财产，又名任意留保，即夫妻间得以契约订定一定之财产为特有财产。法定特有财产制，因亲属法为身分法之一种，有强行法（与债务法等财产法之为任意法者相反）性质，其效力颇强。任意特有财产制，委诸私人间自由缔结兼特有财产契约，是与普通夫妻财产契约同，事实上行之者甚少。即使妻欲为之，亦格于有不信任夫之嫌疑及碍于感情，不易成功，非经登记，不得对抗第三人（新民法第一千〇八条），甚乏实际的效果。除在中古法定特有财产制度尚未发达时，特为保护妻之财产之唯一直接手段外，至近世法定特有财产制度盛行时代，不但已失却制度之作用，且恐有被夫妻间串通利用，假装为妻之特有财产，以诈害夫之债权人之虞，故各国民法，多规定为须与普通夫妻财产契约，同履行一定方式，及登记、公示，以完成近代立法极端保护债权人之使命。然过度限制之结果，任意特有财产制，徒成名存实废之具文而已。

设定特有财产制之方法，既由中古之"任意"特有财产制，演进而成近代之法定特有财产制；他方，法定特有财产之范围，复逐渐扩大，其结果，用益管理权之客体，日形缩减。在中古时代，除妻之专用品外[1]，妻之劳动报酬，营业收入，特有财产制代价[2]，均归夫妇用益管理。迨至近代，则自一八七〇年英国之婚姻财产法施行以来（前节首段参照），普鲁士州法，索逊民法，Oldenburg 法，及法、德、瑞士、瑞典、土耳其我新民法等大陆诸国民法，已均承认上举数种为妻之法定特有财产[3]。

---

[1] 妻之专用品云者，谓特定之妻，供其个人专用（Personlicher Gebrauch）之动产也。其要件为：（a）限于动产，故不含土地房屋、工厂、店铺等；（b）专用；（c）特定之妻所专用。

[2] 最近欧洲之学说判例，并扩大妻之财产自由之范围，谓：劳动报酬（Arbeitserwerb）云者，含筋肉劳动与智能劳动之报酬；营业收入云者，含营业本身（Erwerbsgeschaft），纯益（Reinertrag）及为营业使用之财产（Geschäftsvermogen）；特有财产制代价（Surogation）云者，包含处分特有财产而得之代价，损害赔偿清洒权及保险金请求权。

[3] 日本现行民法，未规定法定特有财产，仿佛欧洲十八世纪末叶之共同管理制。然按诸世纪，则夫亦未能一一管理，等于实际上之一部承认（前第四段参照）。

与缩减夫之用益管理权同时进行者，为其内容之限制。此种管理权，如注 7 所述，与一般之管理行为不同，其内容甚为广泛，包含（1）使用，（2）收益，（3）占有，（4）处分（内分动产与不动产之处分，而动产中，又有消费物与非消费物之分），（5）代理及（6）诉讼代理。中古时代之夫之管理权，于行使之程度，漫无限制，虽损害妻之财产，亦不负赔偿之责。除处分不动产须妻之同意外，其余之处分，代理行为，均不待妻之同意，夫得独断为之。迄索逊民法，Oldenburg 之婚姻令，始加入限制使用之规定，十九世纪之学说，并将物权编用益权之限制规定，准用于夫之管理权，以禁止夫为过度之使用，收益。以前妻完全不受占有之保护者，改为夫立于直接占有之地位，而妻立于间接占有之地位。动产、债权之处分，均须妻之同意①。无论普通代理与诉讼代理，皆须待妻之授权，注意义务，亦由普通程度，加重至与管理自己物件同一，或善良管理之注意，如违反时，须负赔偿损害之责。以上种种之变迁，为 Lubeck 法，索逊民法，Oldenburg 婚姻令，普鲁士州法以来，乃至近代之德瑞等大陆法系诸国所公认者②。至若英美法，则早已实行一刀两断的分别财产制，自无须此骑墙式之微温主义的立法也。

设定特有财产制制度，虽不过为共同管理制下之补救办法，不足语夫妻之完全平等、独立。然观其发展之倾向，由任意特有财产制，而法定特有财产制；于法定特有财产制，又从而扩张范围，以缩减夫之管理权之客

---

① 在中古时代，动产中之消费物所有权，移转于夫。初期之立法，如索逊民法，普鲁士州之金钱等消费物，为夫所有。其理由，谓消费物如不移转所有，则不能使用，处分须以所有权为前提也。然果如其说，则其他之动产不动产，亦何以不须转移所有权，岂非互相矛盾乎？且如瑞士民法（第二〇一条三项），将现代最重要生活资料之"现金，其他代替物，或依种类而定之无记名证券，转移于夫之所有权内"；虽下文规定："妻对其价，有补偿请求权"，然此种过度信夫薄妻及时候为"补偿请求权"，常无实益，且有害夫妻感情之立法，得毋太危险乎？德国民法，以为处分虽常须有所有权，然无因处分而赋予所有权之重要，故对夫不与消费物之所有权，只予以处分权，于一三七六条规定："夫处分妻之金钱或其他消费物，无须妻之同意"，揆其实质有所有权无异常。

② 考德国之共同管理制度，原为中古农民之夫妻财产制，其时妻之原有财产（Eingebrachtes Gut）（日译为"特参财产"，以别于"留保财产"——特有财产），系由土地构成，原有财产之孳息，不过为谷物、燃料之类。适足供家庭生活之资料，故以此等消费物，转移于夫所有，亦无妨碍。至若近代立法，以金钱代替物及有价证券等消费物，归夫所有，则与谷物燃料，不可同论，此吾人所以觉其为冒险也（新民法第一〇一七条三项参照）。

体，限制管理权之内容，加重其行使之责任及注意之义务。冀使夫之管理权之对象日趋狭小，其本质益形薄弱，以达完全废除共同管理制之目的，亦足为更前一步，迈进于分别财产制之域，而作实行夫妻完全平等独立之先驱。盖德瑞法系等采共同管理制为法定夫妻财产制时，因历史与环境关系（第二节参照），既无罗马法自由婚姻时代及英国一八七〇年之婚姻财产法，由严格婚姻，普通法下之统一财产制，一跃而为极端的分别财产制之勇气；又未甘冒保守之嫌，乃于共同管理制之下，兼特有财产制之规定，以资调剂，而谋苟延共同管理制——夫对妻之财产管理权——之残喘。此项推论，并非纯出臆断，只须一查特有财产与时代进化成正比例之已往陈迹，即可证吾言之不谬。

良以人类进化之历史，必经一定之过程；规范人类社会生活之法律，亦不易脱此原则。彼罗马、英国婚姻财产制之飞跃的进步，乃少数之例外耳。故共同管理制，虽不能实现夫妻完全平等、独立之理想，满足女权运动家之欲望，然其内部的发展——特有财产权制度之设立、扩张，亦足相对地解除妻于财产权上之束缚，而为准备采用分别财产制度前之过渡办法。讵知彼时采用共同管理制，即无若今日之视分别财产制。盖任何制度，本无绝对的优劣，不过有时地之适合。不合于时间空间之维度，是为过去之陈物。共同管理制之在现代社会，亦适构成其为夫妻财产未发达史之一过程而已。

四　夫妻财产制之立法趋势

回溯夫妻财产制之发达史，自上古之统一财产制，经中古之共有财产制，至近代之共同管理制，凡分三大阶段。创制立法，虽属因时制宜，然其递嬗之径路，恒朝一定之方向而渐进。以上既考察其历史之变迁，兹请进而推测将来立法之趋势。

统一、共有、共管诸夫妻财产制，于程度上难有严宽之差别，然其本质，则均为压迫、榨取妇女及其财产之手段，夫权、家长权之遗毒。统一财产制，世界各国，已无采为法定制者。共有财产制，亦渐就衰微，并由一般共有制趋于特别共有制（即不过一部共有，比纯粹之共同管理制，尤为缓和）。十九世纪末叶以来，惟共同管理制与分别财产制，互相角逐，以争雄长。

共同管理制之不彻底及其内部之分化（特有财产制之扩大），已于前述。而各国之采此制为法定制之立法，又多渊源于德瑞民法。不知德瑞民法，自有其历史与背景。（二节二三四段参照）德国民法制定未久，妇女解放运动家，即集矢于共同管理制，攻击其为："不脱夫并吞妻之财产之旧思想，使妻成受夫榨取之女奴隶。"该国法界，有见于此，除用判例、解释等方法，力谋救济外（如扩大特有财产之意义，即为共同管理制之延命汤），并与一九二十年九月之第三次德国法曹大会（Der 33. Deutsche Juristentag）提出"夫妻财产制，应如何修正"之议题，Kipp Wie ruszowski，Marie，Mank 诸氏，咸攻击共同管理制，几使有体无完肤之慨云。①

二十世纪以来新制定各国民法或修正案，除初期之瑞士民法，及其子法之我新民法，暨国民革命前之第一次至第三次民律草案外，如一九二六年四月四日公布，同年十月四日施行之土耳其民法，虽日人穗积重远博士，讥瑞士之民法之译本，然其夫妻财产制，则大反于母法之瑞士民法，毅然采分别财产制为法定制②。又一九二八年之匈牙利民法草案，及一九二八年十二月二十八日发表之日本亲属继承法改正要纲，均采分别财产制为法定制。其他如一九二零年六月十一日颁布，翌年一月一日施行之瑞典婚姻法，特创"婚权财产制"，"除与婚权有关系之特定限制外，仍各别享有其财产，其结果，实骎骎乎有分别财产之意味"③。苏俄亲属法，虽属于所得共有制，然婚姻前夫妻之财产，则为各自之别产，是又为分别财产制。且所得共有之本旨，不过以供共同生活之费用，不能即断为所得共有制。纵欲以之列入所得共有制，亦非单纯之所得共有，应称为："婚姻前之财产，采分别制；婚姻中之所得则采所得共有制，是为混合制"。立法院发表之民法亲属编先决各点审查意见书第六点夫妻财产制之说明④，及王宠惠博士之"婚姻财产制"论文，均将苏俄之法定财产制列入所得共有制内⑤，似不无误解。兹特将苏俄亲属法之法文（仅设第十条规定夫

---

① Vgl. Juristische Wochenschrift，Bd. 226 – 237，Heft 23.
② 土耳其民法第一七〇条："夫妻间，不依夫妻财产契约采用法定之其他财产制，或无应适用之特别财产制时，适用别产制"。（瑞士民法一七八条参照）穗积重远博士评语，见法协会杂志四十四卷十一号。
③ 见中国法学杂志第一卷一号，十九年九月出版。
④ 见中国法学杂志第一卷一号，十九年九月出版。
⑤ 见中国法学杂志第一卷一号，十九年九月出版。

妻财产制），译载于下。（本刊第八卷十一号资料栏参照）

第十条　结婚前属于配偶者双方之财产，仍为其所有财产。注意！并未规定由夫妻管理收益！与共有、共管制不同！其在婚姻继续中所得之财产，认为双方之共有财产。关于共有之程度发生争议时，由法院判决之。

日本亲属法改正要纲，废止现行民法之共同管理制，将采分别财产制为法定制，已选经述及①。唯尚有堪注意者，即同要纲第十四则，以"妻之无能力及夫妻财产制"，共置一则，一方"适当扩张妻之能力"（同则二款），同时废止共同管理制，代以相当之规定（同则三款一款），即认撤废妻之能力之限制与夫妻财产制问题有连带关系。既承认妻有完全行为能力，斯应赋予财产管理权，赋予财产管理权之方法，为剥夺夫对妻之财产管理权，而废止从来之共同管理制，采用分别财产制。

其次，与夫妻财产制有密切关系，而重要程度，犹过于行为能力问题者，为日本继承法改正要纲亦与我国最近之立法走向同一趋势，承认女子之财产继承权是也。同要纲第六则遗产继承之范围及应继分标题下，有如下之决定。

一、遗产继承，配偶者，与直系卑属，立于同一顺位；其应继分，与在家之嫡出直系卑属相同。
二、不在家直系卑属之应继分，为在家者之半。
三、遗产继承人中，加入兄弟姊妹；其继承顺位，次于直系尊属。

依此改正之结果，女子（配偶，姊妹，及直系卑属，尊属中之女子）亦有财产继承权，已非复若现行民法家族制度、家长继承制度（日名家督相继，即英国长子继承之一种）下之女子，悉为无产阶级（日人嫁女，除衣服木箱等女子用品外，甚少设定嫁资者，故云），于是其行为能力，财产管理权，亦有扩张之必要，俾能为财产上之活动。亲属

① 本刊七卷四二期七页拙稿参照。

法改正要纲第十四则及继承法改正要纲第六则，即应此要求而为决定，并谋互相保持联络，以贯彻新时代民法男女完全平等独立之精神者也。

通览各国夫妻财产制变迁之过程，可得次之结论。以时代言：十九世纪以前，为由财的共同，夫妻一体，渐进于夫妻平等，乃至达到妻之财产的完全自由，独立为理想的目标尚未成功时代；二十世纪以来，则为实现此理想目标之时代。盖统一、共有、共管诸制，虽有程度之分，然其本质，则皆为压迫、剥夺女子财产权的自由、平等之工具，故只能认为夫妻财产制发展之阶段，而不足实现独立、自由之理想。二十世纪以后，则一洗从前萎靡不振之积习，有更进一步，决然采分别财产制，确立完全平等自由之倾向。以地域及法系言：则英美法系进步之迅速，远胜于大陆法系。而英国一八七零年之婚姻财产法，由普通法之统一财产制一跃而为分别财产制之勇气，尤予各国莫大之刺激，谓非其国民程度之高与自由党之进步的思想，曷克臻此！

虽然，夫妻财产制发达之先后次序，固有空间与时间之差别，而其演进之趋势，则有一定之轨道可寻，要无不同。现代思潮，婚姻法之进步，岁月有日新月异之感，夫妻财产制，为婚姻法之最要部分，自不能脱此进化之原则。吾人考察夫妻财产制进化之趋势，确信将来之最后目标，决为分别财产制。现虽有若干国家，因一时未及修改法律，暂仍旧制，然如上所举二十世纪以后之诸国新立法例则大半已实行采用或倾向分别财产制。夫妻完全平等、自由、独立之理想，行将依各国立法以实现、证明，并示夫妻财产制之立法趋势，而构成新时代之婚姻法焉！

五　新亲属法之批评

关于夫妻财产制立法原则之批评及其应取之方针，吾人已在本刊第七卷四四期一陈愚见，兹再就最近发表之新民法亲属编，略如论评。

（一）立法院遵照中央政治会议决定之立法原则，虽于亲属编之夫妻财产制，定为法定制及约定制两种；并先任夫妻间以契约订立夫妻财产制，其未以契约订立者，始以法定财产制为其夫妻财产制。（第一零零五条）法文之形式上，俨以约定制为原则，法定制为例外。然考其实际，则限制之规定，即紧随其后。如夫妻财产契约之订立、变更或废止，应以书面为之（第一千零八条）——履行一定之方式①；非经登记，不得对抗第三人（第一千零九条）——一方株守十九世纪立法保护债权人之原则，他方即为加重夫妻财产契约之限制。故无论此重重桎梏之下，不易适合其方式、程序，发生法律之效力；即撤废其限制，简易其手续，而内按吾国之历史、社会、习惯，及人民法律常识之低陋，法律训练之缺如，他国以往之成绩②，事实上恐甚少订立财产契约者。若将来吾国社会情形，无特别急速之变动，则准斯趋势，契约财产制将成具文，于是夫妻财产制之大部分，悉受法定之支配。法文之表面，规定契约制为原则，法定为补充的例外者，实际上则正成相反，例外之法定制，将代契约制而为原则的适用。于是法定财产制之规定，即可视为夫妻财产制之代表，法定制度之去取及良否，直接为夫妻财产制之生命，间接影响于婚姻法——亲属法——之优劣，则法定财产制在现代私法地位之重要，从可知矣！

（二）法定财产制，既如是重要，而由其内容之差异，复可为种种之分类。除统一财产制，已成历史之陈迹，无采用为法定制者外，今日尚余存分布于世界各国者，为共有（内分全部共有及一部共有），共管（联合），分别三种。其意义得失及分布国别，已见本刊七卷四二——四四期，本篇则专论其进展之经过及趋势。我亲属编为继承法之一种，于立法主义，并无历史的宗教的轩轾，只知择善而从。彼德瑞民法采共同管理制为法定制者，乃由于时代与环境的关系。我国今日之情形，与之迥异，有如本刊七卷四四期第三页所论列。瑞民子法之土耳其民法，尚知特于夫妻财产制一反母法，采分别制为法定制，他如二十世纪以来之匈民，日本亲属法改正要纲，瑞典婚姻法……莫不循此趋势，同登分别财产制之域。我新亲属法制定在后，又无历史的背景，何竟知而不行，株守不变？此诚不免保守的立法之讥，且合于中山先生演说词中对于造铁路之譬喻：宁舍新

---

① 新民法第一五三条一项，规定普通之契约，只需当事人意思表示之一致，无论其为明示默示，即为成立。

② 日本司法部为修订亲属法，调查民法施行以来之夫妻财产契约登记件数，以作夫妻财产制立法之参考，其统计如下。（西洋各国之登记者，亦不多讲）明治三一年，一六（件）；明治三二年，一三；明治三三年，六；明治三四年，一一；明治三五年，一二；明治三六年，一九；明治三七年，一零；明治三八年，七；明治三九年，五；明治四十年，三；明治四一年，九；明治四二年，九；明治四三年，七；明治四四年，一零；明治四五大正元年，四；大正二年，五；大正二年，九；大正二年，八；大正二年，九；大正二年，一一；大正二年，四，共计：一八七件。

式之广轨，而用旧式之狭轨者矣。

（三）与夫妻财产制有连带关系者，有女子能力、女子财产继承权、家制、共同生活诸问题。关于前两点，已于本刊第七卷四四期二页论之，兹只就其余两点，稍申鄙见。立法院发表之亲属编应先决各点第六有："家制如须规定，应如何规定"之标题，吾人虽预料将认家制之存在，但未知其如何规定。嗣读中政会议决之亲属编立法原则第九点家制本位问题，始悉决定为："以家人之共同生活为本位，置重于家长之义务；二，家长不论性别"。既"不应以家长权为本位"（第九点之说明），则家制与夫妻财产制之关系，已大半解除；依同点二项之说明，为"兼顾社会生理及世界趋势，并明定家长不论性别"，于是女子亦得为家长，则夫权家长权遗物之共同管理制，亦可以休矣！若云为"便于维持共同生活"（第六点说明），则吾人主张之分别财产制，其家庭费用，固由夫妻共同负担（第七卷四三期五页），于扶养之义，允可相当，共同生活，亦得维持。又致虑采取分别财产制之结果者谓："盖夫妻间于财产上不发生何种关系，由是尔为尔我为我，情谊将因之薄弱"（前引王宠惠博士论文，第三十页）姑无论事实上恐适与之相反（界限分明，减少争端），苟让一步，是认其说，则吾人窃欲假一八七〇年英国自由党首领 Glabstone 氏驳保守党反对婚姻财产法案之言，适用于六十年后之今日曰："欲恃搾取妻之财产，以维持共同生活，或增厚夫妻之情谊，殊足引为现代中国男子之耻辱"！（第二节首段参照）①

（四）再一瞥新亲属法采共同管理制为法定制之条文，则母法之瑞士民法第二〇五条二款"妻无论何时，得请求设定担保"，及第一八二条一款二项："审判官因妻之声请，于下列情形，应宣告财产分离：……二，夫对于属于其管理妻之财产，不供所请求之担保时"……保护妻之规定，则新民法第一〇一〇条并未列入；反之瑞士民法所独有，夫妻均保留法定特有财产。保护夫之规定（他国只限于妻有之）（瑞士民法第一九一条），

---

① 日本亲属法改正要纲第十四则，决定扩张妻之能力，同时废止共同管理制，采用分别财产制为法定制，故与继承法改正要纲第六则，承认女子财产继承权，互相呼应、联络、调和。为平衡的发展，至于家制，则日本亲属法改正要纲，亦未决定废除。若云维持共同生活及夫妻情谊，则日本亲属继承法改正要纲，固以保持适合"日本古来之淳风美俗"，为最重要之目标，（法学协会杂志第四十六卷二号一页穗积重远之民法改正要纲解说参照），然他方决定废止共同管理制采用分别财产制为法定制，迄未闻反对之声，可见以上二点，均无妨于采用分别财产制，且亦不足为共同管理制之护符也。

则新民法第一〇一三条依样不遗，此虽属细微，然亦足征妻之财产权之未被充分注意也。

第一〇一七——一九条，为新民法共同管理制之主要规定。"妻于婚姻时所有之财产，及婚姻关系存续中因继承或其他无偿取得之财产……均由夫管理，……并有使用收益之权"，因之，"由此等财产所生之孳息，其所有权归于夫"。此规定中，最令人难忘者，为几经努力奋斗而得之女子财产继承权，恐将如鸬鹚之喙鱼，徒为渔翁作嫁。而有淹没继承编特点之虞，（女子继承权，为该编七特点之第三）又亲属编之特点第二，参照本刊八卷十一期十六页。中政会审查意见书第六点之说明，谓："瑞士之联合财产制，既便于维持共同生活［此项已详本节（三）］，复足以保护双方权利，折中得当，于我国情形，亦称适合，故拟采之定为通常法定制"，前引王宠惠博士之论文第三十二页："从维持夫妻间经济合作，及保障妻之独立起见，似无有逾于联合财产制者矣"，窃以为征诸制度之精神与法文之规定，"保护双方"，"经济合作……独立"，均属表面文章，不能充饥之画饼而已。

（五）总之，吾人内察我国之社会情形，既无德瑞之历史的宗教的背景，外览世界之立法趋势，又倾向于"确立、扩张妻之财产权"①，仍欲一贯直前，坚持从来之主张："指定分别财产制为法定财产制"。盖远征古代之罗马，近观六十年前之英国，既可一跃而等分别财产制之域，我国文化程度虽不如英国，然方诸同属老大古国之罗马，当无多让，故承第三次民法草案采共同管理制之后，循序渐进，"兼顾社会心理及世界趋势"，采分别财产制为法定制，不必多设特有财产等微温的规定，当无急进冒险之嫌?!

虽然，夫妻间之共同生活，非纯粹之法律所可得而充分规定者，法律之规定，不过备万一发生争议时之规矩准绳耳。如新亲属法之规定，则女子自始即已立于不利之地位，纵能中途请求宣告改用分别财产制，（一〇一〇条）然事后补救，不但多无实益，且勤辄涉讼，徒伤情谊。［本节（三）参照］此吾人明知分别财产制将成绝望之余，特退一步主张妻与夫

---

① 属稿至此，适见一九三〇年十二月二十八日之大阪朝日新闻第二版于"顺应时势，大改正婚姻法"之标题下，报告民法改正委员会慎重审议中之亲属继承编，已将脱稿，其最重要之改正，有"确立扩张妻之财产权"一项，兹特将原文译出，附载本列。

有同等之财产管理权，实现真正且名副其实之共同管理制之所以也。（本稿第一节首段参照）

　　良以各国采用某种制度时，往往参以别种制度，为一混合制者，既有恒有，如瑞民，南美诸国，即其实例（原说明第六点及王宠惠博士论文参照）；瑞典婚姻法，又能独创婚权财产制，则迁就虑"亲如夫妻，于共同过生活之中，而无财产相互之关系，恐非吾国普通心理对于婚姻之所乐闻"（王博士论文第三十一页）之说，稍事变通，舍一极端的个人主义之表见（本刊七卷四四卷四页注二），分别财产制之形式的表见，趋重实质，承认妻与夫有同等之财产管理权，似亦未始非折中之一法。兹新亲属法业已公布，定期施行，今后补救，调和之责，端赖进步的解释、判例及学说。至吾人对此时代错误，缺乏深远的立法眼光，矛盾、不平衡[①]之保守的立法，则始终不能赞成也。

（责任编辑：隋嘉滨）

---

① 国民政府成立以来，我国女子于政治上之发展，一日千里；而法律上之财产管理权，则犹拘束于联合财产制之下，未能脱离夫权之支配。近观，东邻日本，则适成相反，民法改正要纲，虽决定确立扩张妻之财产权；而女子之参政权，则迄今犹仅预备赋予市町村自治体之公民权（选举、被选举权），女子参政团体，希望扩张至府县议会，观最近该国政府及贵族院之空气，尚难办到，至若国会之选举被选举权，更无论矣。（本刊八卷十期二页参照）观此，可得次之比较的结语，即：女子之政治的解放，中国先于日本；财产的独立，则日本胜于中国。——不同方向的不平衡发展。

家庭与性别评论（第 7 辑）

第 263～270 页

© SSAP，2016

民国亲属法草案

（1928 年国民政府法制局）

第一章　通则

第一条　本法称亲属者如下：

一、四亲等内之血亲；

二、配偶；

三、三亲等内之姻亲。

第二条　亲属有血统关系者，为血亲。

第三条　称姻亲者，谓下列各亲属：

一、血亲之配偶；

二、配偶之血亲及其血亲之配偶。

第四条　凡血亲为己身所从出或从己身所出者，为直系亲，其与己身出于同源之父母、祖父母或外祖父母者，为旁系血亲。

第五条　血亲亲等之计算，直系亲己身上下数，以一世为一等亲，旁系亲从己身数至同源之父母、祖父母或外祖父母，再从所指之亲属，数至同源之父母、祖父母或外祖父母，其世数相同者，以一方之世数定之，世数不同者，从其多者定之。

第六条　姻亲亲等之计算如下：

一、第三条第一款之姻亲、从其配偶之亲等；

二、第三条第二款之姻亲、从其配偶之亲等。

第七条　本法以后二十岁为成年。

第二章　婚姻

第八条　　男未满十八岁、女未满十六岁者，不得订结婚约。

第九条　　未成年之男女订结婚约，须得父或母之同意，父母死亡或不能表示意思时，须得监护人之同意。违反前项规定之婚约，其当事人或有同意权人得撤销之。

第十条　　婚约不得强迫履行。

第十一条　男女当事人得因正当理由解除婚约。

第十二条　当事人因婚姻无效、解除或被撤销，而受物质或精神上之损害者，得要求对造赔偿之，但对造并无过失者，不在此限。

第十三条　男未满十八岁，女未满十六岁者不得结婚。

第十四条　结婚须有相当公开之形式及二名以上之证人。

第十五条　第一条第一款之血亲不得结婚，但与下列各款内辈分相同之血亲结婚者，不在此限。

一、母之旁系卑亲属；

二、祖母之旁系卑亲属；

三、曾祖母之旁系卑亲属。

姻亲辈分不相同者，不得结婚。

前项规定于姻亲关系消灭后亦适用之。

第十六条　结婚由男女当事人自行决定，但男未满二十五岁、女未满二十岁者，须得父或母之同意，父母死亡或不能表示意思时，须得监护人之同意。

前项有同意权人无正当理由而不同意者，男女当事人得请求亲属会议决定之。

第十七条　男女有配偶者，不得重婚。

第十八条　妻自婚姻关系消灭后，非逾六个月不得再结婚，但于六个月内已分娩者，不在此限。

第十九条　结婚缺乏结婚之意思，或违反第十四条第十五条或第十七条之规定者无效。

第二十条　结婚违反第十三条之规定者，当事人或其父母监护人得请求撤销，但以当事人未达该条所定年龄为限。

第二十一条　结婚未得第十六条所定有同意权人得自知悉其事实之日起，于六个月内，请求撤销，但结婚已逾一年或已经其追认者不在此限。

第二十二条　前二条之请求撤销权，于结婚后已经怀孕生有子女时消灭。

第二十三条　结婚违反第十八条之规定者，夫或前夫或其直系亲属得请求撤销。

第二十四条　因被胁迫或诈欺而结婚者，得于脱离胁迫或知悉欺诈后六个月内，请求撤销。其血亲尊亲属，以不违反受害当事人之意思为限，准用前项规定。

第二十五条　当事人因结婚无效或被撤销而受有物质或精神上之损害者，得要求对造赔偿之，但对造并无过失者，不在此限。

第二十六条　夫妻两愿离婚者得自行离婚，但非有证人证书不生效力。前项之离婚，其当事人未满二十一岁者，须得其父或母之同意，父母死亡或不能表达意思时，须得监护人或直系尊亲属之同意。

第二十七条　夫妻之一方，有下列情事之一者，其对造得向法庭请求离婚：

一、重婚；

二、犯奸；

三、不堪同居者之虐待；

四、恶意之遗弃；

五、不堪同居之恶疾；

六、重大不治之精神病；

七、外出已满三年而生死不明；

八、被处三年以上徒刑。

第二十八条　对于前条第一款至第四款及第八款之情事，其受害当事人于事前同意，或事后宥恕，或知悉后已逾二年者，不得请求离婚。

第二十九条　夫或妻请求离婚时，其有过失之一方，须赔偿对造物质及精神上之损害。

第三章　夫妻关系

第三十条　　夫妻互负同居之义务，但有正当理由不能同居者，不在
　　　　　　此限。

第三十一条　夫负担家庭生活费用，但夫妻间别有协议者，从其
　　　　　　协议。

第三十二条　夫妻惟于日常家务互为代理人。
　　　　　　前项代理权，其一方于他方滥用时，得限制之，但不能
　　　　　　对抗善意第三人。

第三十三条　夫妻间得自由定结契约。
　　　　　　前项之契约，其当事人于婚姻关系存续中各得撤销，但
　　　　　　不能对抗善意第三人。

第三十四条　夫或妻于结婚前及结婚后所得之财产，为其特有财产。

第三十五条　夫妻一方对他方之特有财产所为无权之处分无效，但不
　　　　　　能对抗善意第三人。

第三十六条　夫妇得因单方行为，或双方契约，或三人赠予，设置共
　　　　　　有财产。

第三十七条　夫妻共有财产，由双方共同管理；有争议时，由亲属会
　　　　　　议决定之。

第三十八条　夫妻共有财产，因第三人赠予而设置者，于婚姻关系存
　　　　　　续中，不得分拆；但别有协议者，不在此限。

第三十九条　因日常家务而生之债务外，夫妻对于其债务，各自负责。

第四章　父母与子女之关系

第四十条　　称嫡子者，谓由婚姻而生之子女。

第四十一条　称私生子者，谓无婚姻关系所生之子女。

第四十二条　就是否嫡子或私生子之父为何人有争议者，得请求法院
　　　　　　判定之。
　　　　　　前项诉讼自知有出生之事实之日起逾一年者，不得提
　　　　　　起；出生后已逾五年者亦同。

第四十三条　私生子与生父母之关系，依左列各款定之：

一、经生父认知者，视其为嫡子，由法院判令认知者亦同；

二、无论生母有无认知，视为其嫡子；

三、出生后生父与生母结婚者，视为双方之嫡子。

第四十四条　私生子或其生母，对于生父之认知，得否认之。

第四十五条　收养他人之子女为子女时，其收养者成为养父或养母，被收养者称为养子。养子视为嫡子。

第四十六条　男女年满四十岁者，得依下列之规定，择立养子：

一、被收养者之年龄至少须少十岁；

二、与被收养者有亲属关系时，须辈分尊卑相当；

三、有配偶时，须得其同意；

四、被收养者未成年时，须有其父或母之同意，父母死亡或不能表达意思时，须得监护人之同意。

第四十七条　养子关系得依两造当事人之协议解除之，不能协议时，各得请求法院判定之。

第四十八条　无子女者得以遗嘱立嗣子，无遗嘱时，他人不得代立嗣子。

第四十六条各款之规定，于前项嗣子之设立准用之。

第四十九条　嗣子视为所嗣人之嫡子。

第五十条　　父母对于未成年之子女有保护及教养之权利义务。

第五十一条　父母得于保护及教养之必要范围内，惩戒其子女。

第五十二条　父母违反前两条之规定者，其切近之尊亲属或亲属会议得纠正之。

第五十三条　子女以自己名义所得之财产，子女未成年前，前项特有财产由父母管理，但父母不得为自己之利益使用收益或处分之。

第五十四条　子女于成年后，对父母财产有贡献时，该项财产视为共有财产，由父母管理及使用之。父母对前项之共有财产所为不当之处分，该子女得请求撤销，但不得对抗善意第三人。

第五十五条　前条之共有财产，父母或子女得请求分析，其分析方法，依双方协议定之，不能协议者，以贡献之多寡为准，由亲属会议决定之。

第五十六条　未曾分居之亲属，于成年后对维持共同生活之财产有贡献时，该项财产视为共有财产，由年辈最高者管理及使用之，但该亲属间别有协议者从其协议。

对于前项共有财产行使管理及使用权之亲属所为不当之处分，其他同居亲属得请求撤销，但不能对抗善意第三人。

第五十七条　第五十五条之规定，于前条之共有财产准用之。

第五十八条　对未成年子女之权利义务，除有特别规定外，由父母共同行使或负担之，父母不能共同行使或负担之，不能协议时，各得请求法院判定之。

前项权利义务之行使或负担，养父养母先于生父生母。

第五十九条　前条之规定，于父母离婚准用之。

第五章　扶养

第六十条　直系卑亲属，依其经济能力，对直系尊亲属负扶养之义务，直系尊亲属对未成年之直系卑亲属亦同。

第六十一条　兄弟姐妹间，以未成年而无生活能力者为限，得请求扶养。

第六十二条　夫妻依其经济能力，互负扶养之义务。

子妇于其夫死亡后与翁姑同居者互负扶养之义务。

第六十三条　负扶养义务者有数人时，依下列次序履行义务：

一、直系卑亲属；

二、配偶；

三、直系尊亲属；

四、兄弟姐妹；

五、翁姑或子妇。

同系直系尊亲属或直系尊亲属者，以亲等近者为先。

负扶养义务有数人而其亲等同一时，应各依其经济能力分担义务。

第六十四条　受扶养权力者有数人时，负扶养义务者依左列次序扶
　　　　　　养之：

一、直系卑亲属；

二、配偶；

三、直系尊亲属；

四、兄弟姐妹；

五、翁姑或子妇。

前条第二项规定，与前项情形准用之。

受扶养权利者有数人而其亲等同一时，依其需要之状
况斟酌扶养之。

第六十五条　扶养之方法由当事人以协议定之，不能协议时，得有亲
　　　　　　属会议决定之。

前项扶养方法当事人得因其情事之变更，要求变更。

第六十六条　因负担扶养而不能维持自己生活者，免除其义务。

第六章　监护人

第六十七条　未成年人无父母，或其父母不能行使或担负第五十条之
　　　　　　权利义务者，应置监护人，其已成年之浪费人或有精神
　　　　　　病人亦同。

第六十八条　父母对其未成年之子女，得因特定事项，于一定期限
　　　　　　内，委托他人行使监护之职务。

第六十九条　父母死亡有遗嘱指定监护人时，以遗嘱指定之监护人行
　　　　　　使监护之职务。

无前项监护人时，以其亲等最近之直系尊亲属充监护
人，其同一亲等内有数人者，以同居者为先，同居者有
数人或均不同居时，以其协议定之，不能协议者，由亲
属会议决定之。

第七十条　　无前条规定之监护人时，由亲属会议选定监护人。

第七十一条　凡行为能力完全之人，无论是否亲属，不分性别，皆得
　　　　　　为监护人。

第七十二条　监护人于保护增进被监护人利益之范围内，行使父母对

子女之权利义务，但由父母暂时委托者，其职务以委托者为限。

第七十三条　监护人因故意或重大过失而失职，或行为不正而不堪行使监护之职务时，得由亲属会议纠正或撤退之。

亲属会议撤退监护人时，应从速选定继任监护人。

第七十四条　监护人于其利益与被监护人冲突时所为之行为，得由亲属会议撤销之，但不能对抗善意第三人。

第七十五条　无亲属会议行使前两条之职务时，得由利害关系人或检察官请求法院行使之。

第七十六条　监护人于接受监护职务后，非有正当理由，不得辞职。

第七十七条　监护人因故意或过失强被监护人受损害时，对被监护人负其责任。

第七章　亲属会议

第七十八条　亲属会议行使本法及其他法令规定之各项职务。

第七十九条　亲属会义由当事人监护人、利害关系人或法院召集之。

第八十条　　亲属会议之会员，由前条之召集者，就下列亲属中选定之：

一、当事人之尊亲属；

二、当事人之同辈亲属。

前项选定之顺序，以亲等近者为先。

第八十一条　亲属会议之会员，以三人至七人为限。

第八十二条　亲属会议之会员，于所议之事，有关系自己利害者，不得加入议决。

（责任编辑：隋嘉滨）

家庭与性别评论（第7辑）

第271～281页

© SSAP，2016

亲属法草案之说明

（国民政府法制局拟）

（甲）总说明

案亲属法之所规范者，为亲属关系之所由成立及因此项亲属关系而生之各种权利义务。原则上概属强制规定，不许人民以意为从违。其直接关系于个人终生之休戚，间接关系于国家社会之隆替者至为巨大。迥非他种民事法规所得而比伦。以故此项法典之编订自不容漠视国情民俗而惟剿袭之是务，尤不容囿于旧习，拘于成例，而忘以立法手段促进社会改善之任务。吾党以推翻旧有不良制度，实现三民主义化之社会为己任，际兹全国统一训政开始时期，此类重要民事法规，允宜早日颁行，以新人民之耳目，而利便党纲之实行。本草案之编订，期应党国上项急切之需要，主张不敢稍涉偏矫，惟求其切合社会上现实之要求。一面复不为传统因袭之观念所束缚，以期不背伦理学、社会学及其他各种科学所指示之原理。其贯注全部之大原则，约有三种，分陈有下。

一、承认男女平等。重男轻女之习惯，由来已久，当然反映于法律，而男女间之差别待遇，遂成牢不可破之局势。以故妇女解放，凤成各国之共通问题，有经立法者、政治家，暨女权运动者数十年间之努力奋斗而仍未能达到最终之目的者。在彼号称先进之文明国家，而法律上男女地位之不平等犹多在所不免。如离婚条件宽于男而严于女，子女行使亲权，父应优先于母，于一定限度内仍承认夫权之存在等等皆是也。本草案则无论就何事项，苟在合理的范围以内，无不承认男女地位之平等。实已将上述种种历史上之陈迹，于学理上无存在价值者一扫而空。

二、增进种族健康。本草案之另一原则，在增进种族健康。兹举例言之，早婚足以弱种，而我国习惯则漫无限制。本草案因明定结婚之最低年龄以防其弊。近亲相婚，遗传上易生恶果，我国向例则不禁中表通婚。本草案因明定女系方面之血亲，在三亲等内者亦不得通婚。凡此皆单纯的或根本的以增进种族健康为目的。彰然甚著。此外本草案中各项规定，与种族健康有关者，尚不一而足。如对于私生子问题，严定父母之教养责任，对于离婚问题，"明认不堪同居之恶疾"，与"重大不治之精神病"，均足构成离婚条件之类，皆是。

三、奖励亲属互助而去其依赖性。亲属法之编纂，有采家族主义者，如我国历次之亲属法草案是。有采个人主义者，如欧洲众多国家之民法是。吾国旧制，数世同居，分子复杂，易启竞争之端，经济共同，尤长依赖之性，弊害彰著，无待赘论。本案对于亲属扶养关系，仅认直系亲属及兄弟姊妹间，有互相要求扶养之权利，且直系卑亲属之得要求扶养，以尚未成年为限。而子女以自己名义所得之财产，则认为特有财产。除去依赖长上之恶习，奖励独立自主之精神。惟未曾分居之成年亲属，对于维持家族共同生活之财产，有所贡献者，本案则承认其对于该项财产取得共有权，以保障其利益，而奖励亲属互助之美风，此外更设置亲属会议，为调和亲属间感情，解决其纠纷之机关，以分担国家审判之责任，盖为适应我国现实国情起见，势亦不得不尔也。

尤有言者，欧美法制，向分大陆英美两派。大陆诸国，承罗马之绪余，有成文之法典，凡庶政张弛，人事洪纤，皆条分缕析，网罗靡遗，昭布简册，厘然可考。虽整齐划一，足壮观瞻，而社会演进，变动不居，固定法条，难与相副，削足适履，夫既不可，刻舟求剑，又岂有当？英美两邦，则黜文崇习，习俗相沿，群焉率由，潜移默化，与世递嬗。虽散见旁出，颇涉芜杂，而法院援引，著为判例。解释补充，常切实用。两派垂制，瑕瑜互见，未易轩轾。然欧陆法家，近怵世变，名主兼采英制，广予法院自由裁量之权，以适时用。高瞻远瞩，不囿故躅，良足风动。本案分通则、婚姻、夫妻关系、父母与子女之关系、扶养、监护人、亲属会议七章，共八十二条，凡大纲巨目有恒久性质者，则悉加厘订，而事涉琐屑，因时变动者，则解释补充，待之法院，不为旁制。故章目条文，均尚简明，不取繁碎，以期兼采大陆英美两派之长，拆衷损益，而利推行，此等方式，并非杜撰，最近苏俄瑞士等国民法，即其先例，而其主旨，并期民众之共喻。至本案造词立句，力求通俗，亦无非欲使此项法律，成为民众之法律，而不徒为律师审判官之法律已也。

（乙）分章说明

第一　亲属之分类及范围

旧有历次亲属法草案，均拘泥于吾国历来的男系宗法主义之下，依据旧律、丧服图，将亲属分为宗亲、夫妻、外亲及妻亲四类。国民政府新颁之刑法，成立过于匆促，亦遂仍而未改。宗亲者，同一祖先所出之男系血统亲属也，如父子祖孙兄弟姊妹之类是。其由女系血统而连续之亲属，则曰外亲，如外祖父母、姑之子孙及女之子孙之类是，在此种法制之下，父之父母及母之父母，与己之血统关系，虽属相同，而法律上则显分畛域，以父之父母为宗亲，以母之父母为外亲，推而至于伯叔之子孙，及姑之子孙、兄弟之子孙，及姊妹之子孙、子之子孙及女之子孙，与己之血统关系，亦无稍异。而法律上，则以伯叔兄弟及子之子孙为宗亲，以姑姊妹及女之子孙为外亲，凡斯种种，均为吾国男系的宗法主义之结果，亦即违反男女平等原则之一个重要事实，缘外亲宗亲，范间既有广狭（宗亲之范围，在旧律及新刑法中，俱较大于外亲，即宗亲以四亲等为范围，外亲则以三亲等为范围）。权利义务，尤有差别也，至夫妻互为配偶，原亦无可轩轾，乃从前亲属法草案，规定妻于夫之宗亲外亲，其亲属关系，均与夫同，而夫于妻之本生亲属，仅生妻亲关系，其范围但以二亲等为限，其不平等，尤为显著。本案为尊重本党男女平等之原则起见，不采历来亲属分类之法，而以血统及婚姻两项事实为标准，分亲属为血亲、偶配、姻亲三类，凡有血统关系之亲属，统称血亲，无复宗亲外亲之区别，而血亲之配偶，以及配偶之血亲，及其血亲之配偶，均得为亲，无复宗亲妻亲之区别。此种立法，初非创举，德、日诸国民法，亦属如是，至亲属范围，血亲出于天然，关系较切，范间至为扩大，故以四亲等为限，姻亲由于人为，关系较疏，范围不妨略小，故以三亲等为限。

第二　婚姻

婚姻为家庭托始，关系个人幸福，固甚巨大，影响社会公益，亦非新鲜。吾国旧制，个人束缚特甚，男女间之不平等亦著，本案关于婚姻，以自由平等为原则，仅于保护公共利益及个人福利之必要范围以内，酌设相当限制。兹将其内容分三项说明于下：

一、婚约之订结及解除。本案以订结婚约，为单网契约关系，以男女本人双方合意、自由缔结为原则。旧律婚书或聘财之要式行为，及父母之代为定婚之大权，均为本案所不采，但男女订婚年龄，若无限制，则鬌龄黄发，智虑未周，轻于许诺，贻患堪虞。故本案对于订婚之自由，加以年龄限制，至婚约目的，在结婚之实现，故订婚年龄，与结婚年龄之最低限制，应归一致，庶便男女订婚后，即可随时结婚。

未成年人之辨别力，尚不完全，其所为法律行为，按诸民法通则，应加限制，以资保证。订结婚约，亦法律行为之一，而衡其情形，尤为重大，自须审慎。故本案对于未成年男女所订之婚约，须经其父母或监议人之同意，俾能考虑周密，免贻后悔。

婚约既经成立，男女方自应恪守，若小龃龉，任意翻悔，固属不合。然解除条件、限制太严，亦多流弊，盖婚姻为男女终身大事，若情感决裂，难期白首，与其强令隐忍而致结婚后夫妻反目，实不如事前救济，使其易于断绝之为愈也。故本案关于婚约之解除原因，只规定正当理由，为概括的限制，不设列举条款，以使法院有酌量之自由。

二、结婚之要件男女婚媾，关系于当事人之利害者甚切，决非他人所能越俎代谋。故本案废弃旧律主婚之制，结婚由男女本人自行决定，以实现结婚自由之原则。但早婚之弊，危及种族，各文明国立法例，均定有最低限度之结婚年龄，以维社会利益。本案仿之，并审酌国情，定男十八岁、女十六岁为法定最低结婚年龄。男女既达此项年龄，法律上苟直许其结婚，则血气方盛，驱于感情，易涉轻率，始谋不臧，后患无穷；故为保护青年男女之将来幸福，促其慎重起见，于其在一定年龄之下，应使与其利害关系最切近之人，参加考虑，方为妥善。在实际上，女子之身体与智识，发育较早，故本案规定男未满二十五岁，女未满二十一岁者，须得父母或监护人之同意，以期周妥。旧律关于姑婚之形式，虽无明文规定，而习惯上之体节，则极隆重。文明各国立法例，亦以结婚须经过宗教仪式，或行政程序。虽繁简隆杀，纷然不一，而以结婚为一种要式行为，关系于当事人身份之变更，应具备一定之形式，期社会之周知，则无二致，法良意美，足资循率。惟本案不采严格的仪式主义，但为区别正式配偶与无婚姻关系之结合，而设最低限度之形式，即仅须有公开之形式，及二名以上之证婚人而已。

结婚问题中最复杂之点，为亲属禁婚。血亲通婚，遗害子嗣，人类经验，觉察最早。各民族各国家之习惯及法律，虽限制之范围，广狭特殊，然莫不兢兢致谨，悬为厉禁。近世生理学医学发达，亦以血亲通婚，易遗传劣点于子嗣。但血统关系若较疏远，则其影响亦即至微，甚或毫无恶影响之可言。我国向禁同姓结婚，嗣改为同宗不得为婚，即不论支派之远近，籍贯之同异，互为婚姻，皆干禁例。范围过广，徒增纷扰，无裨益实际。且所谓同宗，只限于男系，而女系不在其内，故姑舅两姨之子女，彼此通婚，习惯法律，俱所不禁。然就血统之远近而言，姑亲舅及亲姨之子女，与亲伯叔之子女，均属同等之血亲，特以中国习惯及法律，向来重视男统，轻视女系，遂致对一方极端限制，而他方则极放任，不惟立法轻重失宜，抑且显违科学上劣点遗传之公例。本案力矫此失，关于男系血亲，依旧有五世亲书之说，规定在四亲等内者，不得结婚其在五世以外者，则法所不禁。关于女系血亲，对于姑表及两姨方面之兄弟姊妹间通婚，予以禁止，藉挽弊俗。而母之旁系俾亲属，在三亲等外而辈分相同者、祖母及曾祖母之旁系卑亲属之辈分相同者，均规定可以结婚，期于不背科学原理之中，仍寓维持习惯之意。

姻亲间禁婚，完全根据习惯。揆诸科学原理，绝无禁止必要。我国旧法律，妻对夫之宗亲视同己之宗亲，故妻与夫之宗亲，无论辈分尊卑，绝对不得结婚。但夫与妻之姊妹，则向例不禁通婚，即夫娶妻之姑母或侄女者，习俗虽不谓然，而法律并不禁止。此种男女不平等之旧制，衡诸学理，亟应铲除。本案关于姻亲禁婚，不取严格，仅规定姻亲辈分不相同者，不得结婚，而夫妻间所受之待遇，均属同等，不存歧视，以重女权。

三、离婚之原因。旧亲属法草案，根据清律，分离婚为两愿离婚及呈诉离婚两种。两愿离婚，以夫妻双方之合意行之，法律不问其离婚原因如何，亦须经法院判决之程序。本案尊重当事人之合意，避免法院之干涉，亦认两愿离婚为有效。惟为促当事人之慎重，及使其关系之确定，加以证人及证书之限制。抑有进者，当事人合意离婚之自由，虽应尊重，然使青年气盛，偶因细故，辄相背异，则事后追悔，嗟何及焉。故夫或妻年未满二十一岁者，两愿离婚，须得其父母之同意，藉便考虑，而免贻误。

呈诉离婚者，夫妻一方要求离婚，而他方不表同意，因而诉情法院判决者也。其离婚原因，各国法例，类为列举规定；旧亲属法草案仿之，而所列原因，对妻独苛。大案根据男女平等原则，所定离婚原因，于夫妻双方同样适用，而以夫或妻对于他方之过失行为及使婚姻目的不能贯达或难于贯达之事项，为构成离婚之原因。兹分述如下：

（1）重婚。并偶匹敌，吾国旧律，悬为厉禁，即新刑法第二百五十四条，亦明定重婚之罪，盖一夫一妻，为文明各国之通例不容或违也。

（2）犯奸。吾国旧律，列犯奸为"七出"条件之一。然男子犯奸，其妻初不得据为离婚之理由。旧亲属法草案，妻与人通奸者，夫得呈诉离婚，而夫与人通奸，则非被处刑后，妻无呈诉之权。凡斯规定，显违男女平等之义，不容因袭。盖夫妻齐体，应互负贞操之义务，在伦理上既属无可否认，即列国立法实例，近亦群趋此鹄，吾党尊重女权，何可后人，故本案但以犯奸为呈诉离婚之原因，对于夫妻，不设差别。

（3）不堪同居之虐待。殴打固属虐待，其他如抑勒通奸，卖妻为娼，对人诬称其妻与人通奸等重大耻辱，亦均可认为虐待，惟须至不堪同居之程度，始构成离婚原因。至其程度之认定，则权在法院，无待赘论。

（4）恶意之遗弃。夫或妻拒绝履行法定之扶养义务，谓之遗弃，但须含有恶意，始构成离婚原因。

（5）不堪同居之恶疾。夫妻一造，染有花柳病，及其他恶疾，不仅妨害婚姻之目的，抑且危及对造及其子女之健康。其病症若至不堪同居之程度，亦应构成离婚之原因。

（6）重大不治之精神病。精神病可以使婚姻关系不能继续，并足以遗传子嗣，为种族为个人，均应使精神病人断绝性交之机会。但精神病在现时科学上，并无确定之标准，一时的或部分的丧失常态，为普通恒有之病象，若浸无限制，亦非所宜。故应以重大不治，为此项离婚原因之限度。

（7）外出已满三年而生死不明。夫妻一造，长期远离，揆诸婚姻之义，已属不合，矧复音尘断绝，视同路人，则情谊久泯，势难责一方以独守，法许离异，自系当然。

（8）被处三年以上之徒刑。陷罹刑网，声名玷污，既难匹偶，而囚蛰图圄，期限过久，在男子有室家无主之忧，在女子有生计艰匮之虞。强令坐待，情非所堪。法许离异，实所以惩恶行而保良善也。若夫妻情感素笃，甘守寂寞，不为呈诉，自听其便。

四、纳妾问题。纳妾之制，不独违反社会正谊，抑实危害家庭和平；衡以现代思潮及本党党义，应予废除，盖无疑义。故本案不设容忍妾制之明文，以免一般社会妄疑此制之可以久存或暂存。惟以明文禁止纳妾，似亦宜俟诸单行法令，而不能仅仅假手于亲属法；缘废妾之律，为贯达其目的起见，势不能不设置诸种关于纳妾之刑事制裁及行政处分故也。至于既存之妾及其子女，于废妾之单行法令未颁行以前，究居如何地位，则拟由法院斟酌社会情形，为之解释，以补律文暂时之阙。

第三　夫妻关系

吾国夙重家制，而一家之主体，厥惟男女；女子不过附庸，仰人鼻息，听命而已。积习相沿，牢不可破，而夫妻关系之不平等，尤属显然。本案既废除家制，而于夫妻关系之规定，不分主从，即一面力谋夫妻生活之安全，他面兼顾个人地位之独立。兹就其要点，分述如下：

一、共同生活。婚姻成立，共同生活，于焉发轫，而同居实为共同生活之要件。必男女双方，联袂接席，彼此合作，始能达婚姻之目的。故本案规定，夫妻互负同居之义务。但因学、经商等正常理由，远适遐方，不能同居者，不在此限。护养子女，及料理家务，就社会普通情形而言，多为妻方偏劳之任务；亦即其对婚姻共同生活重要之供献。故本案权衡轻重，关于维持家庭生活费用，以由夫负担为原则，藉资补偿而求夫妻间真正平等之实现。

夫妻为维持共向生活之必要与便利，须互为代理人。但为保护彼此之独立，其相互之代理权，亦须有确定之范围。故本案以日常家务，为其代理权之限度，至日常家务以外之法律行为，各有单独动作之自由，即无当然代理之权限。倘一方于他方越权滥用时，自可不受拘束。

二、契约关系。各国法例，对于夫妻间缔结契约，有加以限制者。本案则认夫妻间有缔约之自由，但于婚姻关系存续中，许一方得以单独撤销，以免受爱情威力驱迫之弊。

三、财产关系。本案为奖励个人经济之独立起见，规定夫妻各得享有特有财产。特有财产，各自管理，不相侵害。此种规定，与妇女经济地位之增进，相关盖亦甚切。

第四　父母与子女之关系

旧律及习惯于父母与子女之关系，概以父母之权利为根本，当宗法盛行时代，原属当然。近世个人主义思想发达，此等偏重亲权之制，遂难存立。本案则承认父母应履行保护子女之义务。其要点如下：

一、女与子之地位平等。旧律根据宗法，注重男统。凡法律上所称之子，不含女性，谬俗相沿，变本加厉，年届垂暮，有女而无男者，辄引为巨戚。必别立嗣子，以承宗祧。舍己耘人，大悖情理。本案按照男女平等之义，凡妻所生之子或女，皆称嫡子。杜绝歧视，俾跻于平。

二、私生子之保护。私生子之地位，为其父母之不德行为所造成，而其本质实无愆尤。法律习惯，恒加贱视，初非合理。本案既承认婚姻制度，为尊重妻之地位，及维持家庭之安全，于有婚姻关系与无婚姻关系所生之子女，固应区别，而私生子之名称，未便即废。但多与以受父认知之机会。经认知后，即取得嫡子之身分，以提高其地位，亦保障人权与增进种族健康之道也。

三、子之地位。旧律所承认拟制之子，有两种，一曰嗣子，一曰义子，或称养子。嗣子限于同姓，以继承宗祧为主，故严异姓乱宗之防。养子但为所后之亲喜悦者不问同姓与否，皆可相为依倚，以娱慰老景为归，故广开择立之途。然亲姊妹之子，与亲弟兄之子，姓氏虽异，血统则同，苟立为嗣，并不乱宗。近世满人，多冠汉姓，姓氏虽同，血统则异，倘立为嗣，抑岂合之。故旧律立嗣，必限同姓，不第为宗法之遗制，应加废除，即揆之实际，亦难适用。且嗣子非己之所自出，与养子之收自他人者，其性质实属相同。强加区别，殊觉无谓。故本案于凡生前收养他人之子以为己子者，其被养之人，不问男女，及是否同姓，概称为养子，并可取得嫡子身分，以昭划一，而免争执。

四、立嗣之限制。我国旧制，立嗣目的，厥在承宗，而遗产继承，则另为一事。然实际上，宗祧继承人，亦即遗产继承人。争继实即争产。故家产丰，一旦身死，亲族争继，变起萧墙，骨肉寇仇，纠纷莫解，甚至虫流出尸，殡葬未遑。夫宗祧继承，为宗法遗制，应加废除，而遗产继承，不可无人，故本案一面不设宗祧继承之条，一面规定无子女者得以遗嘱立嗣子，俾承遗产，若无遗嘱，是其人不注意于此也，他人何可假死者之名义，自图私利。故本案对立嗣加以他人不得代立之限制，以期减少亲属间不情之纷争。

五、同居亲属之财产关系。本案原则上，承认父母与子女之财产，彼此独立，而规定子女之特有财产，在其未成年以前，由父母管理，惟不许任意处分。但我国实际上，父母子女，多共同工作，而家务则由父母管理，以维持共同生活。因此种工作所得之财产，实具共有财产之性质，父母对之，虽有管理及使用之权，然仅以达共同生活之目的为限度，类无完全处分之自由。本案斟酌此种社会状态，于特有财产外，复规定父母子女间之共有财产。此项财产，按旧律及习惯，非经父母之允许，不得分析，而受实惠者，仅为兄弟、姊妹无与焉，其究为谁之供献，亦概不置问，实非公平之道。本案关于此项财产，准许子女有同等自由提议分析之权，并由亲属会议酌量供献之多寡，为析之标准。至子女外，如有未曾分居之亲属，于其成年后，对维持共同生活之财产有供献者，其相互间之财产关系，亦适用此项其有财产之办法，并为便利计，规定于本章内，不另设专章。

第五　扶养义务之范围

旧律关于亲属间扶养之义务及范围，均无明文规定，但在收养孤老条例，载有凡鳏寡孤独及笃废之人，贫穷无亲属依倚，不能自存者，由所在官司收养。在旧社会状况之下，聚族而居，休戚与共，亲属彼此扶养，自系常然，无待法律规定。观旧律文义，其言无亲属者，反面即系有亲属时，其亲属须负扶养之义务。即社会习惯，亦以亲属互相扶养为应尔。民国以来，法院判例，将习惯上扶养义务之范围缩小，而以同居亲族为限，各国立法例，关于扶养义务，多限于配偶及直系血亲，其扩充至于兄弟姊妹及直系姻亲者，则为例外，夫此等义务，为法定义务，有强行之力，与博施广济，救困扶危，属于道德上之义务者不同，法律只能强人所可能，不强其所难能。故亲属扶养义务之范围，抚从宽规定，以昭半允。本案奖进个人生活之独立，限制亲属依赖之旧习，对于亲属扶养之义务，一以彼此休戚和关及生活共同之程度最亲切者为准，故其范围但限于直系亲属、配偶，及亲兄弟姊妹，以贯彻本案立法之精神。

第六 监护制度

欧美社会，对于能力不完全之人，保护极为周至，而法律上亦各设监护制度，扶植幼弱，俾免意外。我国旧律，关于老幼孤寡之收养，虽有明文规定，而用意仅在慈善。社会上虽有托孤之习惯，而范围多限于亲属。且权利义务，亦不分明，易生弊端。民国以来，法院判例，曾折衷中西法律，而承认监护制度，惜其散见旁出，无系统之可寻。历次亲属法草案，关于此点，采纳西制，又嫌太过。本案根据吾国习惯，参考西制，并斟酌社会现状，而设立监护制度。

各国法律，均假定父母与子女彼此间之利害休戚，最为关切，故父母对子女，无论其成年与否，于其行为能力不完全时，均有保护之权义，自无设监护人之必要。惟父母不能行使此项权义或亡故时，即须置监护人以承其乏，俾尽保护之责任。故监护人之地位，即父母之地位，其少异之点，仅在其保护范围之广狭，即监护人之任务，限于保护被监护人之身体财产，而无向被监护人要求任何利益之权利，亦无以自己财产养育被监护人之义务。因之，关于监护人之资格，不必严格，凡行为能力完全之人，皆可充当。

各国监护制度，于监护人外，多另设监督监护人一职，以监护人为执行事务而设，苟别无监督监护人从旁监察，则被监护人之身体财产，恐难安全。本案亦对监护人，有监察之必要，惟不设监督监护人，以其权归之亲属会议，易个人的监察，为团体的监察，期减流弊。

第七 亲属会议制度

欧洲大陆诸国法制，皆有亲属会议之规定，而其组织，颇为详密，凡监护及其他法令规定应会议之事件，均以之为议决机关。我国旧律，向无此制，但习惯上家庭纷纠，常邀集同族及亲戚中之尊长，会议处理。民国以来，法院判例，亦承认亲属会议制度。盖在国家司法机关，对于亲属法上之众多事项，尚难——干预以前，亲属会议制之容认，实有许多便利。本案参考外国法制，斟酌吾国历来习惯，及司法行政之现状，亦认亲属会议应当设立。惟其任务应以本案及其他法令所规定者为限，以免亲属滥行干涉及袖手旁观之弊。有权召集亲属会议之人，均经划定范围，当事人及利害关系人，因利害所在，监护人及法院，因职责所在，均许其有召集权，其余之人，则不许过问。至会议之组织，会员由近亲尊辈及平辈中选出，选定会员之权，以有召集亲属会议之权者为限。如近亲人数众多，以亲等近者为先，因亲等愈近，关心愉切，能审核利害，尽其排难解纷之责也。会员太多，易涉推诿，少亦不成为会，故设最多及最少之限度。亲属会之目的，在求公允之解决，若会员本身对于所议之事，有利害关系，自不能许其参加议决。亲属会议一章，只规定上述数点，以期简易，而便实行。

（责任编辑：佟英磊）

家庭与性别评论（第7辑）

第 282～289 页

© SSAP，2016

民法亲属编先决各点审查意见书

兹系中央政治曾议法律组对于民法亲属编应行先决各点之审查意见书，业经中央政治会议第二三六次会议正式通过，兹特揭载于此，以供参考（编者）。

第一点　亲属分类

亲属应分为配偶、血亲、婚姻三类。

（说明）我国仍律分宗亲、外亲、妻亲三类，系渊源于宗法制度，揆诸现在情形，有根本改革之必要，盖亲属之发生，或基于血统或基于婚姻，故亲属之分类应定为配偶、血亲、姻亲三类，而于血亲、姻亲更分直系、旁系，如此分类不独出于自然且与世界法制相合。

第二点　夫妻及子女间之姓氏

一　以妻冠夫姓、夫入赘妻家时冠妻姓为原则，但得设例外之规定。

二　子女从母姓。

三　赘婿之子女从母姓，但得设例外之规定。

（说明）本问题可假定为下列六项办法，而研究其短长。

（一）夫妻均以协定之姓（夫姓妻姓或第三姓）为姓，子女亦从之。

（二）夫妻各用本姓，子女并用父母之姓。

（三）夫妻各用本姓，子从父姓女从母姓。

（四）妻从夫姓，子女从父姓。

（五）夫从妻姓，子女从母姓。

（六）妻冠夫姓，子女从父姓。

第一、第二、第三，三项与男女平等之旨相符，此其长也。然用第一项办法，夫妻既有择姓之自由，而子女结婚亦复有此自由，则其结果恐有代易其姓之弊，则姓之所以为姓者仅矣，此其短也。如用第二项办法，在子女并用两姓原无不可，然子女之子女即有二以上之字为姓，每递下一世即增其字数，世无穷而姓之字数增多亦无穷，扞路难行，此其短也。如用第三项办法，则兄弟姊妹间各异其姓，未免奇异，此其短也。第四项办法，妻不存本姓专以夫姓，似有所偏。第五项办法之偏亦相等，均不足取。第六项办法，妻得保存本姓，而夫亦不致易姓，在实际上似较为易行，至子女之姓因另无完善之办法，故拟仍从父姓。惟此系就妻嫁入夫家时而言，若夫入赘妻家时则夫冠妻姓，所生子女亦从母姓，略示男女平等之意，故拟一并定为原则。至应否另设例外（例如夫妻另有协定），可由负责起草条文者从长讨论。总之，不问题欲求男女完全平等，殊无圆满办法，已如上述而界女平等。既难圆满，其余如经济平等、政权平等及私权平等，不可徒骛虚名。若关于姓氏必使铢两。悉称殊属难能，惟当于可能范围内，企合于平等之旨而已。

第三点　亲属之范围

亲属不规定范围而规定亲属之定义及亲等之计算方法。

（说明）人类发生亲属之关系有血亲姻亲之别，而血亲姻亲之范围原难确定。以血亲言，由父母而祖推而上之，由子女而孙推而下之，既由血统相联络，虽辈数辽远，谓之非亲属不可得也，直系如此，旁系亦然。以姻亲言，其无确定之范围，犹如血亲，然则法律所以定亲属范围者，乃因亲属相互间有时发生一种法律关系，在事实上不可漫无限制，故规定之以资适用耳。然而各种法律关系其情形各有不同，即规定之范围亦应随之而异，则虽强为概括之规定，而遇有特种法律关系，例如民事上之亲属禁止结婚、亲属间之扶养义务及继承权利，刑事上之亲属加重及亲属关系等类，仍以分别规定其范围为合于实用。故亲属之范围无庸为概括之规定，惟亲属之分类既改用血亲姻亲之名称，则其定义如何，自非以明文定之不易明了，且血亲姻亲关于特种法律关系，既须分别以其亲疏为据，则关于亲疏自须以亲等计之，故应规定亲疏之定义及亲等之计算方法。

又按计算亲等之方法，分罗马法与寺院法两种。罗马法之计算方法，直系亲从己身上下数以一辈为一亲等，旁系亲从己身上数至同源之人，由同源之人下数至所指之亲属，以其总辈数为亲等之数。寺院法之计算方法，直系亲与罗马法同，旁系亲则否，盖从己身数至同源之人，再从所指之亲属数至同源之人，其辈数相同者以一方之辈数定之，辈数不同者从其多者定之，此与罗马法相异之点也。世界各国用罗马法者居多，罗马法之计算，依血统之远近定亲等之多寡，合于情理。寺院法源于欧西宗教遗规，其计算亲等不尽依亲疏之比例，如两系辈数不同，从其多者定亲等之多寡，则辈数较少之系往往不分尊卑同一亲等，于理不合，试为图以明之。

```
寺院法：同源之人（三），甲（三）丙（二），乙（三）丁（一），己身
罗马法：同源之人（三），甲（四）丙（二），乙（五）丁（一），己身
```

依上图，己身与甲或乙之亲等，如以寺院法计算，均以辈数较多之一系定之，即从己身至同源之人为之亲等，因之己身与甲及乙同为三亲等，如以罗马法计算，则己身与同源之人为三亲等，与甲为四亲等，与乙为五亲等。两相比较多自以依罗马法之计算为合理。

我国从前所以采用寺院法者，以其与昔日之宗亲服制图相对勘，凡五等服以内之宗亲，可以寺院法四亲等包举之，而无遗故。自前清民律草案以迄，最近各种草案均以寺院法计算亲等，今亲属之分类既从根本上改革，分为血亲与姻亲两大别，已与所谓服制图者不生关系，自应择善而从改用罗马法。

第四点　成婚年龄

成婚年龄男十八岁女十六岁。

（说明）各国所定成婚年龄以气候风俗之异颇不一致，故男子最高有至二十一岁者，最低有十四岁者；女子最高有至十八岁者，最低有十二岁者。而男子成婚年岁略高于女子则为大多数国之通例，惟奥国定为男女一律十四岁。最近苏俄民法亦有男女一律十八岁始许为婚姻注册之规定，似符平

等之义。然男女身体之发育有迟早之别，乃出于生理之自然，无取乎人力强剂之平。兹折衷各国制度规定，男十八岁女十六岁为成婚年龄于我国国情亦尚适宜，惟此规定者为女成婚年龄之最低限度，即不达此最低限度者，应绝对禁止其成婚。至于男女自主之年龄，不在本问题范围内，故从略。

第五点　亲属结婚之限制

与下列亲属不得结婚。

一　直系血亲及直系姻亲。

二　旁系血亲及系姻亲之辈分不相同者，但旁系血亲在七亲等以外，旁系姻亲在五亲等以外者，不在此限。

三　旁系血亲之辈分相同，而在六亲等以内者，但表兄弟姊妹不在此限。

（说明）直系血亲之禁止结婚，中外一律。即直系姻亲，虽有例外（苏俄及美国数州），而以禁止者为多。至旁系血亲与旁系姻亲，各国禁止范围不一，较我国甚为姻小。按我国旧律，凡属宗亲皆在禁止之列，几无范围之可言。而对于外亲妻亲，则较宗亲为狭悬殊已甚。今斟酌损益，中外法制之间，对于我国向不禁止者仍不禁止，例如原则第三款，但书书表兄弟姊妹是也。对于我国禁止过广者，缩小其范围，例如原则第二款，血亲及旁系姻亲辈分不相同者，从前不问远近，均禁止之。兹拟加以但书之限制，盖取解放之意也。至关于血亲结婚之限制，于非婚生之子女及其子孙亦适用之。又关于姻亲结婚之限制，于姻亲关系消灭后亦适用之，均为多数国立法例之所同。此外基于其他原因而应禁止通婚者，尚不止一端，其中有虽非亲属而略相彷佛者，则（一）为养亲及其所养子女之关系，（二）为监护人与被监护人之关系，似应略仿外国立法例规定，在关系存在期间，或监护人责任终了前，不得结婚。凡此诸端，皆属于详细条文，故不列入原则。

第六点　夫妻财产制

（一）夫妻财产制应定为法定制及约定制两种。

（二）法定制定为联合财产制。

（三）约定制定为下列三种：一、共同财产制，二、统一财产制，三、分别财产制。

（四）夫妻得以契约于约定制中，选择其一为其夫妻财产制。

（五）夫妻未以契约订立夫妻财产制者，当然适用联合财产制。

（六）适用约定制（除分别财产制外）或法定制后遇有特定情形，当然依法院之宣告改用分别财产制。

（七）适用约定制后，在婚姻存续期内，夫妻得以契约改用他种约定制，但须加以适当之条件。

（说明）各国民法关于夫妻财产制度规定，綦详标准殊不一致。我国旧律向无此种规定，配偶之间亦未有订立财产契约者。近年以来人民之法律思想逐渐发达，自当顺应潮流，确定数种制度，许其约定，择用其一。其无约定者，则适用法定制。按各国民法关于夫妻财产制之规定，皆因其本国情形而异，种类不一，利弊互见，且有条文复杂适用困难者，兹就所有权、管理权、处分权、用益权及负责关系各观念，将夫妻财产制大别为下列五种。

一　统一财产制，

二　共同财产制，

三　联合财产制，

四　奁产制，

五　分别财产制。

各制之内容可就其特质略述于左。

（一）统一财产制。双方财产均集中于夫之一方，妻所带入财产之所有权均移转于夫，而妻祇有请求返还权。（各国现行法制，惟瑞士民法第一九九条以此为约定制）

（二）共同财产制。此制之特质为设定一种夫妻之共有财产，于共有财产外各许独有财产，夫对于共有财产有管理权及处分权（关于处分权有数例外），于共同财产关系终了时，双方或其继承人得将共同财产分析至共有财产，范围大小不同，故此制可细别为下列三种。

甲　一般共同财产制（以此为法定制者，如挪威、芬兰、荷兰、葡萄牙等），

乙　动产及所得共同制（以此为法定制者，如法国、比国等），

丙　所得共同制（以此为法定制者，如苏俄、西班牙、南美洲数国

及美国数州等）。

（三）联合财产制。妻之财产，除保留者外，集中于夫之一方，而无夫妻共有之财产。盖各别保存其原有之财产，特均归夫一方管理耳。夫对于妻所带入之财产有用益权及在特定范围内有处分权，此其特质也。（以此为法定制者，如法国、瑞士，兼以所得共同制包涵于中，详见瑞士民法第一九四条，日本及美国数州等。）

（四）奁产制。妻之财产，为担任家用起见，特指定一部分或奁产由夫管理，与妻之余产虽截然分离，然其所有权仍属于妻（但有例外），夫对于奁产之全部或一部分不得转移及抵押。（据调查所得，尚无以此为法定制者。）

（五）分别财产制，夫妻对于本人之财产个别享有所有权、管理权及用益权，而家用原则上由夫妻平均担负之。（以此为法定制者，如粤国、捷克、匈牙利，兼以所得共有制至极于中，罗马尼亚、意大利、希腊、土耳其、英国及美国数州等。）

以上各夫妻财产制仅系就其大端而言，实则各国采用某种制度时，往往参以别的制度，如瑞士民法所规定之，"联合财产制"实包括所得共有制，于中采其要点如下。

（一）结婚时及婚姻存续期内双方所得财产均为"婚产"，妻保留者不在此限。

（二）关于婚产在结婚时属于妻者，及婚姻存续期内，妻所继承或受赠之财产，皆为妻之带入产，仍保存其所有权。夫对于自己带入产及婚产中不属于妻之部分，均为所有人。

（三）妻之收益所得及其带入产之天然果实于分离时，均属于夫，但关于妻保留产者不在此限。

（四）婚产由夫管理，其管理费由夫负担，妻于可代表双方范围内有管理权。

（五）夫对于妻之带入产，享用益权，并负用益权人之责任。

（六）夫除管理外，非得妻之同意，不得处分妻之带入产，但已归夫有者不在此列。

（七）妻对于婚产在可代表双方范围内，得处分之。

观于上列七点，明瑞士之联合财产制，既便于维持共同生活，复足以保护双方权利，折衷得当于我国情形，亦称适合。故拟采之，定为通常法定制。遇有特定情形，例如一方破产时当然改行分别财产制（参看瑞士民法第一八二条），又夫妻中一人因置务被强制执行而不能清债时，法院得因他一人之声请宣告改行分别财产制（参看同法第一八三条），故以分别财产制为非常法定制，亦采用瑞士等国之成规也。

约定制拟以下列三种为限。

一　共同财产制；

二　统一财产制；

三　分别财产制。

约定财产制所以限于法定种类者，盖恐配偶关系其自由订立的标准，则人各异其制而第三人与之交易，殊感困难，社会上亦觉不便也。关于夫妻财产制，于定后于婚姻存续期内，是否许其契约改用他种制度，亦一重的牵连之问题，似应加以规定。考诸各国，有禁止者（例如比国、西班牙、巴西及南美洲数国、法国、意大利、日本、荷兰等），有允许者（例如德国、奥国、捷克、瑞典、丹麦等），有折衷其间为有条件之允许（例如瑞士、土耳其、挪威、英国）。今拟采用折衷办法许双方另订契约而加以相当条件，例如，（一）须经法院之许可，（二）不得害及第三人之权利，均可稍资限制条件之多寡及其内容如何，应于起草条文时酌为规定，庶免发生流弊。

第七点　妾之问题

妾之问题无庸规定。

（说明）妾之制度亟应废止，虽事实上尚有存在者，而法律上不容承认其存在，其地位如何无庸以法典及单行法特为规定，至其子女之地位，例如遗产继承问题及亲属结婚限制问题，顾等凡非婚生子女均与婚生子女同，已于各该问题分别规定，因无须另行解决也。

第八点　家制应否规定

家制应设专章规定之。

（说明）个人主义与家庭主义在今日孰得孰失，固尚有研究之余地，而我国家庭制度为数千年来社会组织之基础，一旦欲根本推翻之，恐窒碍难行或影响社会太甚。事实上似以保留此种组织为宜，在法律上自应承认家制之存在，并应设专章详定之。

第九点　家制本位问题

一　家制之规定应以共同生活为本位，置重于家之义务。

二　家长不论性别。

（说明）承认家制存在之目的，原为维持家庭共同生活起见，故应以家人共同生活为本位，而不应以家长权为本位。瑞士与巴尔干诸国所规定之家制，足供参考。我国习惯注重家长之权利，而漠视其义务，又惟男子有为家长之资格，而女子则无之。殊与现在情形不合，故于维持家制之中，置重于家长之义务，并明定家长不论性别，代际社会心理及世界趋势两能兼顾。

亲属立法原则关于夫妻财产制栏内第三项，经中央政治会议第二三六次会议修正为"约定制除左列三种外，得规定他种制度"，余均照审查意见通过合并声明。（编者又志）

（责任编辑：佟英磊）

家庭与性别评论（第 7 辑）

第 290~314 页

© SSAP，2016

亲属法与新社会

——陶希圣的亲属法研究及其社会史基础[*]

白中林

一　引言：无处安放的“家”

在中国百年来的社会转型中，家庭及亲属结构中的社会关系，始终是社会改造中的焦点之一，处于政治、文化变革的旋涡之中。五四运动以来的反传统潮流，似乎是要努力革除传统礼俗社会中的“家本位”所确立的“亲亲”“尊尊”等政治、伦理乃至人心的秩序，对社会进行全方位的改造：去除封建制中的宗法关系（王国维，1979），去除家产制中的经济关系，去除法律中的儒家化因素（瞿同祖，2004），去除纲常制度中的服从关系等，从而使家庭不再作为社会政治构成的枢纽，不再作为信仰和伦理关系的神圣基础，而仅在形式上成为一种最基本的社会单位。家从神圣到失落的过程是急促而复杂的，20 世纪以来中国的“家”先后经历了三次大的冲击：20 世纪初指向家庭制度的批判，1949~1976 年指向家庭情感的政治运动，近 30 年指向家庭责任的经济理性的入侵（孟宪范，2008）。这个过程体现到法律层面，则是清末民初时期的亲属法之争、1950 年《婚

---

[*]　本文发表于《社会学研究》2014 年第 6 期。本文在写作过程中得到了北京大学社会学系诸位师友的指导和帮助；同时感谢匿名审稿人中肯和翔实的修改意见。文责自负。

姻法》和 1980 年《婚姻法》及其系列司法解释之争。而围绕婚姻法司法解释的争论，^① 不过是百年来现代中国社会变迁中的一个小小的缩影。说它是变迁中的争论，是因为这场变迁远没有结束，争论亦不会休止。中国的现代转型是因势而变、顺时而变的，这意味着，仅靠守持传统拯救不了现实的困境，仅作为尾随者进入世界历史，也成就不了我们的未来。

波兰尼曾指出，现代社会存在一个双向运动过程，即市场的不断扩张及其所遭遇的反向运动。反向运动的目的在于保护社会，把市场的扩张限制在一定范围内（波兰尼，2007：140）。家庭，应该成为这一反向运动中一种重要的社会保护力量。不过，在当下中国，由于婚姻更多地诉诸财产自由和感情自由的原则，家庭非但不易产生社会保护作用，其空间反而会进一步遭到侵蚀。如此一来，传统共同体的评价作用和亲属关系的约制作用将悄然消失，家庭代际关系也将出现失衡的危险。因为个人权利的过分膨胀，不仅压迫了夫妻之间的小家庭，而且连带地挤压了父母之家（杨善华，2011；贺雪峰，2006；阎云翔，2006）。显然父母一代以家庭责任为中心的伦理观与当前小夫妻以个人权利为中心的自我主义是不同的，这就造成了中国社会长久存在的反馈模式之畸变：既未获得西方接力模式之便利，也没有保留传统反馈模式之温良（费孝通，1983）。在仅以个人权利为中心的家庭生活中，既培养不出有道德感的公民，也培养不出有担当的现代人。这种状态并非单纯的婚姻法规定及其司法解释所能造就，而有其现代社会变迁中的深刻根源。

对大多数中国人的基本生活经验而言，"家"仍然是最基本的归宿。那么，我们不禁要问，家庭在现代社会中究竟要发挥什么样的作用？家庭在个人权利与国家权力之间如何取舍方能得中？倘若我们回到历史现场，将会发现，20 世纪 20 年代末的亲属法之争，已经把我们面临的问题尖锐而深刻地呈现。返回历史需要一个入口，而陶希圣可谓是社会史和学术史上的节点（Dirlik，1976，1978）。首先，从学科角度来讲，陶希圣是亲属法的集大成者。陶希圣在大学期间跟民国最早一代的亲属法学者黄佑昌诸人从学，且以其对历史法学和社会法学的理解，独辟蹊径地对清末民初的

---

① 近年来围绕《最高人民法院关于适用〈中华人民共和国婚姻法〉若干问题的解释（三）》及其征求意见稿，从民众到学者意见纷纭、莫衷一是。甚至有学者担心，该司法解释可能使中国之婚姻丧失基本理念，"开启了三千年未有之变局"（吴飞，2011；赵晓力，2011）。

亲属法做了体系性的总结，盖为民国亲属法颁布以前对亲属法最具深度的研究（陶希圣，1928b，1933）。其次，陶希圣站在了中国社会变迁的关键环节上。因为要通过亲属法来改造中国社会，必然需要追寻其社会基础。这不仅需要对中国社会当前的性质有准确的把握，而且要对中国社会发展史有透彻的理解。陶希圣在写出《亲属法大纲》之后，着眼法律变革的同时也投入对中国社会性质和中国社会史的研究。他的社会史研究提供的理论基础是直接面对现代问题的（陶希圣，1929a，1929b，1929c，1931a，1931b，1934，2009b）。最后，陶希圣也是真正进入国民政府法律实践过程中的司法指导者。与那些纯粹做立法研究或者规范研究的学者不同，陶希圣的亲属法论著不仅为立法当局所重视，而且他曾经参与到南京国民政府司法官的培训过程中（陶希圣，2009a：115），去实践他所提倡的亲属法的良善执行。从这个角度讲，陶希圣的亲属法研究在社会意义、政治意义上都具有很厚重的思想史意蕴。

二　从礼法之争到亲属法之争

经由陶希圣返回百年前的亲属法变革现场，并非径直介入中国第一部亲属法诞生前的争论中去。这里，我们要澄清两个问题：一是亲属法的变革方向之争是接续什么争论而来的；二是在清末以来进行的新法制和新社会①建设中，陶希圣缘何选择亲属法作为突破口。

何为亲属法？对于西方现代社会而言，亲属法（Familienrecht, droit de famile, law of domestic relation）不过是关涉一般私人间身份生活的法律，甚至康德视之为与财产的契约相仿的要物契约或诺成契约（史尚宽，2000：99）。但是，在中国亲属法可以说一直发挥着支配性的作用：就传统宗法家族所承载的实质亲属法来讲，它不仅规定了亲属之间的身份关系，更拱卫着传统社会的纲常秩序，从天子以至庶人皆被涵括在宗法的社会结构中（王国维，1979；陶希圣，1928b）；另一方面，从现代亲属法

---

① 本文所说的新法制，是指清末变法以来开始构建的以权利科学为指向、以宪法为核心的现代政制秩序，这种新法制秩序迥异于传统中国社会礼法合一的伦常礼律秩序或所谓"律令体系"。新社会，则指百年来中国面对西方现代性的挑战，如何协调与传统的关系，铺展出一套新的人世生活状态，从晚清、民国迄于今，所谓社会转型皆是通往新社会的探索。

的形成过程以及亲属法所处理的亲属关系构造来看，其所体现的传统伦常秩序与权利秩序之间激烈而复杂的碰撞，也昭示着亲属法的实质不仅是亲属之间的身份和财产关系问题，更关涉现代中国人伦秩序和政制的重新奠基问题。

（一）礼法之争：亲属法变革的前奏

在时间轴上看，从清末变法到民国六法体系的形成，历时近 30 载。中国第一部正式实施的亲属法，最终以《中华民国民法·亲属》的形式生成（陈惠馨，2006：274~284；谢振民，2000：773~801）。显然，亲属法之争并非凭空而起的，从其涉及的实质性内容来看，亲属法之争接续的是清末新政中的礼法之争。1901 年清政府发布变法谕旨，虽然这意味着中华法系的全面解体，但并非等于一个新法系的诞生。因为 1907 年和 1909 年的上谕都限制了变法的范围。此时，新法理与旧礼教的冲突主要体现在三个领域：一是立宪领域的君权与民权之争，二是刑法领域的狭义礼法之争，三是民法领域的模范列强与固守国粹之争。三方面所争者都在于一个问题，即礼法合一抑或礼法分立的问题。立宪方面，虽然在晚清颁行的宪法性文件中，以首列君权至上，明君为臣纲之义，旧礼教凌驾于新法理之上，但是在迅即而来的革命之后，已经不再存有什么大的争议了，民主共和为新法理的贯彻奠定了基础。这样，立宪活动的重心就落在了权力的制度性分配上（严泉，2007：120~159）。而在刑律修订中，变法的冲突表现得最为明显和尖锐，凡五要点：（1）干名犯义问题；（2）存留养亲问题；（3）无夫奸及亲属相奸问题；（4）子孙违反教令问题；（5）卑幼的防卫权问题（潘念之，1992：228~237）。

这五个问题都涉及家庭亲属之间的关系问题。如果按照法理派的平等人格逻辑贯彻下来，传统律例中认为是礼教之罪的这五个方面基本上都要做无罪化处理。因此，这样的变革自然会引起礼教派的强烈反弹。在这次争论中，作为折中，新刑法最后以附《暂行章程》五条而行之，中国法律的家族主义特征大体得到保留（瞿同祖，2004：10~105）。民国肇始，《大清新刑律》除了与国体抵触的各条无效外，便以中华民国《暂行新刑律》的名义施行了。由此，在礼法之争中的那些关键条文似乎都寂然隐去，宣告法理派获胜。此间，只有袁世凯欲以礼教诏令天下，在 1914 年公布了类似于《暂行章程》的《补充条例》，但也仅昙花一现即被反正。

而在随后的 1918 年二次刑法草案、1928 年旧刑法以及 1935 年新刑法中，礼法之争的问题都没有再起波澜（王伯琦，2005：30）。

回到刑法与亲属法的关系看待礼法之争，则会发现在民初的近 20 年里中国法是在一种体系矛盾、逻辑混乱的状态中运行的。尽管在这一阶段，审判官们付出了艰辛的努力，但直到民国二十年《中华民国民法·亲属》施行，才结束了这种分裂状态，初步达成了体系上的一致性。在这 20 年礼法之争的日常生活战场上，依靠司法者的实践理性、立法者的智慧和法学者的睿智，重新定位了个人、家庭和国家之间的关系。不过，在经过南京国民政府初次草案的激进变更之后，对于承载礼教伦常的家制废除与否的问题仍旧引起了巨大的争论。可以说，亲属法领域中的礼法问题，至此才真正成为一个焦点问题，即亲属法变革走到了三岔路口：改良、复古抑或立新。

（二）作为突破口的亲属法

在礼法之争到亲属法变革之争的大背景下，为何陶希圣选择亲属法作为新法制和新社会建设的突破口？为何亲属法能够成为实施社会改造和确立现代中国的制度基础？为何不选择刑法或宪法作为新法制的突破口？这些重要问题，所涉及的不仅仅是单项法律的制定和实施问题，而是现代中国法律变迁的实质性法理问题。[①]

辛亥革命之后，虽然刑律上的礼法之争由于国体的变更而不再作为改制的焦点，但是礼法之争中凸显的宗法伦理问题并没有消失。亲属法作为礼法之争的避难所，成了新法制的"阿喀琉斯之踵"。只要宗法式亲属法不做根本的变革，在此制度和习俗环境中培养出的人，就必然认同士大夫阶级的观念生活，也会不断产生士大夫阶级意识。同时，陶希圣认为这个突破口并不在宪法，而在亲属法，因为让一个家父长制家庭中培养起来的家庭成员去做立宪国中的合格公民是无法想象的。立宪的前提必然是要打破家父长制的家庭，构造以彼此人格之互相尊重为内容的家，只有这样的家才能造就"人之所以为人"的合格公民。

可见，陶希圣之所以选择亲属法作为突破口，是因为他对已有近 30

---

① 显然，这里所讲的突破口并不是说立法时间上的先后，而是讲新法制逻辑构造上的先后。

年的新法制建设及其立法史抱有一种批评态度，而且他对当时流行的立宪救国热潮也保持着非常冷静的反思。纵观新法制的建设，陶希圣的判断是，此前的立法史所呈现的可供采择途径的只有两个：一是继受资本主义国家的所有权法律；二是沿袭适合于宗法封建社会的法律。而南京国民政府的立法虽然一定程度上摆脱了这两个分立的途径，却终究没有做到为新社会提供逻辑一致的法律基础。

三　公民、家庭与国家：亲属法变革的第三条道路

在中国现代法律变迁中，既然陶希圣给予亲属法如此重要的地位，那么必须追问：在什么意义上亲属法具有如此重要的地位？亲属法有着怎样的观念基础和思想传承？在亲属法的诸种选项中，陶希圣又是如何选择其变革路径的？

（一）严复的探索

陶希圣在其亲属法变革方案开篇（陶希圣，1928b），便引用了夏曾佑为严译《社会通诠》所作之序。

> 考我国宗法社会，自黄帝至今，中可分为二期，秦以前为一期，秦以后为一期，前者粗，后者精，而为之钤键者，厥为孔子。孔子以前之宗法社会，沿自古昔，至孔子时，已与时势不相适。故当时环玮之士各思以其道移之。显学如林，而孔墨为上首。墨子尊贤贵义，节葬兼爱，皆革宗法社会之劲者。然与习俗太戾而不行。孔子之说遂侵淫而成国教。孔子之术，其在于君权，而径则由于宗法。盖藉宗法以定君权，而非借君权以维宗法。然终以君权之藉径于此也，故君权存而宗法亦随之而存，斯托始之不可不慎矣。（夏曾佑，1981：vii）

显然，陶希圣引夏曾佑为同好，与陶本人提出的中国社会两大阶段论是相呼应的。其实，这也暗示了一条内在的思想线索：陶希圣选择亲属法作为切入点，并非起始于其亲历的五四运动之洗礼，因为早在 20 世纪初，严复就已在普遍历史的意义上对中国社会之改造有了初步的设想，这也对陶希圣的思想发展产生了巨大的影响。

正是严译甄克思的《社会通诠》第一次让国人视野中有了普遍历史的分期，而不再停留于儒家五德终始和公羊三世说的范畴，这也肇起了20 世纪 30 年代社会史论战时中国社会分期的第一个高潮。严复的创造性在于把原来不在甄克思视野中的中国和其他亚洲地区纳入这个社会发展阶段的框架里，使之成为普遍的人类社会进化史，并在序言和按语中提出了独特的解释：中国乃"宗法之社会渐入于军国者，综而核之，宗法居其七，而军国居其三"（甄克思，1981：16）。在这个前提下，严复改造了甄克思主权国家的概念，把中国大一统的天下国家概念亦纳入其中。此外，严复把"tribe/clan"等译为民族，把"individual"译为与大人相对立的小己，在这个重国家、重小己、轻民族的格局中，视民族为建设军国社会必须消灭的宗法时代的过时之物，国家则是通过打破宗法性、民族间的障碍而建立的统一体。由此，要建立近代军国社会，必须打掉中间的民族这一障碍，使国家与小己直接发生联系（王宪明，2005：130～135）。

陶希圣显然受到了严译《社会通诠》的影响，无论在其自传，还是在其亲属法变革方案的引言中，皆可印证。尽管在五四运动前后，《社会通诠》仍有相当的影响（高一涵，1915；吴虞，1917），但是其三个关键词的翻译所指涉的内涵都逐渐改弦更张，例如对国家概念的理解，开始注入马克思主义的阶级意涵，对"tribe/clan"的翻译也逐渐改为氏族或宗族，"individual"也更多地开始指法律上带有独立人格意味的个人。并且，严复所开创的国家、民族、小己三者关系的重构，在陶希圣那里已经不再限于借助西方历史的论证，而是通过现代社会科学的概念，对中国社会史进行重新解读，并在新法制的建设中付诸实践的努力。

（二）变法格局中的亲属法

如果说严复的群学重构是一种思想上的先见，那么变法者的反应则显得颇为迟钝。因为与重构"state、tribe、individual"这三者的格局联系最紧密的两部法律，即宪法与亲属法都迟迟没有出台。亲属法的变革在清政府覆灭前夕才起步，晚清的变法者始终没有意识到亲属法将在社会转型中发挥怎样的功能，反而把亲属法视为新法制变革不能触动的一块禁脔，其结局可想而知。

如何既能使亲属法与社会快速变化的节奏相适应，又能保证亲属法在新法制中与诸法协调？这个问题直到国民政府即将实现中国形式之统一时，才见端倪。南京国民政府宣告成立后便很快设立法制局，着手进行法律修订工作，首先面临修订的即是亲属法。法制局制定的亲属法草案贯彻了三大原则：承认男女平等、增进种族健康、奖励亲属互助而去其依赖性（谢振民，2000：750）。法制局草案完成后即引起了激烈的争议。如果说晚清亲属法草案遭到强烈反对是因其因袭礼制、经义而不理会民间"活法"和社会的最新发展，那么国民政府法制局草案引起争议则在于过于先进，虽切合党纲党义和社会最新发展之要求，但未顾及广大农村中的习惯，尤其是家制的取消，无异于是对中国社会的釜底抽薪。因而国民政府立法院成立后，便在法制局草案的基础上重新拟定亲属法，并由中央政治会议核定了亲属法立法原则九点。在胡汉民的主导下，立法院所倡议的亲属法立法原则和法制局的立法原则大体上是一脉相承的，都是在承认新文化运动以来的男女平等之精神、在三民主义立法总原则下进行的（胡汉民，1978：785）。把三民主义作为一切建国工作的最高原则，就确定了无论是亲属立法还是立宪都有一个基本的精神，与此同时，在三民主义的框架下讲社会本位（李文军，2010），又可以在一定程度上缓解激进的男女平等之立法设计，给予传统中国的家制以新的位置。具体的立法工作则由傅秉常、史尚宽诸人负责，赶在1930年底完成公布，于1931年5月5日实施。亲属法这部基本民事法，在南京国民政府那里着手最早，却出台最晚。立法院的亲属法比之法制局草案增加了许多内容，虽然借助社会本位的立法取向，再次引入家制等内容，但法制局草案的基本精神还是贯彻下来了，即通过法律贯彻三民主义、改造社会。

总体来看，南京国民政府的立法基于党国合一的体制，迅速把握住了变动社会中亲属立法的本质，并结合大理院司法实践的经验，经两次反复，最终制定出了我国第一部现代意义上的亲属法。通过亲属法可推进新生活、树立新民风，然而新生活和新民风毕竟不是一纸亲属法所能够建立起来的，一旦政府官员不能守护新的法律，社会经济状况也没有达成法律实施要求的条件，那么没有享受到法律规定权利的民众所抛弃的，就不仅仅是精心打造的民法典了，可能会连政府一起给丢弃掉（张生，2004：275）。即使在社会大致趋于稳定的状况下，如果法学家意识不到亲属法所承担的社会和政治功能，而仅仅视之为私法的一个部门，新法制的建设也必将陷入诸法分离的格局。

（三）陶希圣的洞察

在严复开辟的重构 "state、tribe、individual" 之格局的启发下，以及在南京国民政府通过法律变革社会的氛围中，陶希圣同样也选择了亲属法作为突破口，来推动现代法律体系的变革。但是，陶希圣急于解决的并不是当下的亲属法问题，而是它经由何而来及在当下受着什么样的限制等问题。无疑，这与他所具有的历史法学、马克思主义史学等诸多复杂的思想背景有关。

在《亲属法大纲》中，陶希圣将古代社会以宗法为纲领的亲属法视为官僚法，且 "此官僚法，实以宗法为纲领，除迫于非宗法之习惯之要求而设变例以外，其系统乃颠扑不可破。故由此系统所流布之法规，自不能一一衡量之"（陶希圣，1928b：4）。此处所论亲属法的宗法纲领，指的就是贯彻宗法精神的家制、婚姻等实质亲属法的内容。陶希圣对古代宗法理论与宗法实际的考察，可归纳为六方面的内容：其一，父系亲属制度；其二，宗祧制度下的嫡庶之别；其三，父治的家长权；其四，宗法精神的婚姻；其五，同居共财的家产制（家产制与家长权互为表里）；其六，族长权力的支配（陶希圣，1929a，1934）。

陶希圣认为，汉代以后宗法理论以及由此引出的礼经礼说，作为士大夫观念体系的基点，已经扩展为历朝历代在公私层面的基本准则。公的方面，以《唐律》及《开元礼》为主导；私的方面，董仲舒的 "经义决狱" 则成为后世朝臣之仪表和法律运用的根本原则。由此看来，经之于律，大体是一种自然法之于实在法的关系。《朱子家礼》又是宋以后历朝礼典的准绳，《大清礼》和《大清律》也是一脉相承的。民国成立后，北京政府予以采用的亲属法，即以《大清律》删修之后的 "现行律民事有效部分" 为法源。在陶希圣看来，这种以宗法为纲领的亲属法，实为宗法制度解体以来维系中国社会礼法秩序的 "阿喀琉斯之踵"（陶希圣，2009b：356～374）。要建立新法制，摧毁传统的礼法体系，就必须打破以宗法为纲领的亲属法。

陶希圣指出，面对世变之急的处境，亲属法变革有三条进路：第一条进路是整理旧法，即根据法制变革的形式要求，制定以宗法理论为纲领的亲属法。这直接表现为复古精神，晚清民律草案中的亲属编，即属于此一进路的立法。此进路之立法，更多反映的是宗法理论家的意思。陶希圣显然不赞同第一条进路，因为恢复宗法便是恢复君权与官僚独裁的政府，而且社会的实际生活早已不是宗法理论适用的环境了。第二条进路是改良旧法。正因为广大的中国乡村地区大体上实行的是男系宗族群居制和男系家族同居制，所以原则上还是要采用宗法理论作为立法宗旨的。但由于都市趋向于资本主义式的自由婚和小家庭，所以在婚制和家制部分要略加改革。民国北京政府的亲属立法走的就是第二条改良之路，但陶希圣认为，这种小修小补式的改良是无法撼动其宗法根基的。第三条进路是破毁旧法，即根据农工商民众的要求，制定生存权体系的亲属法（陶希圣，1929a：210）。

陶希圣认为，前两条变革道路是行不通的，只有走第三条道路才可能真正摆脱宗法势力。南京国民政府的两次亲属法的法律案，在陶希圣看来，第一次法制局的亲属法草案走的是第三条破毁旧法的进路；① 第二次立法院出台的亲属法，比之法制局的草案有所倒退，包容了不少宗法的遗迹，但整体来看也是力图走第三条破毁旧法的道路。② 陶希圣选择的也是这条道路，而且更坚决、更彻底。

在陶希圣看来，探寻亲属法的本质需要以社会史的考察为基础，而社会史的考察并不是对西方普遍历史结论的直接适用，而是在比较中西差异的基础上，寻找可能的共同走向。西方的历史无法代替中国的独特性，但是西方的解放历程可以给我们带来某种启发。既然现代国家，无论是军国社会还是立宪国，都是建立在"state"与"individual"直接发生关联的基础上，那么对于中国的现代路径而言，首要问题就是如何产生"individual"的问题。如果"individual"只是小己，无论三权分立设计得如何完美，国体选择得如何恰当，现代国家都无法获得具有独立人格的合格公民基础，因而在新法制中确立以生存权体系为基石的亲属法，以培养具有独立人格之个体，就成为重中之重的任务（陶希圣，1928b：2）。

具体来讲，破旧立新要从六个环节行之：第一，打破男系制度，即父系亲属制度；第二，打破宗祧制度；第三，打破父治制度；第四，打破身

---

① 法制局的草案分为通则、婚姻、夫妻关系、父母与子女之关系、扶养、监护人和亲属会议，共7章82条，极其简洁。

② 国民政府出台的正式亲属法，比之法制局草案少了一章，但是条文数多了一倍有余，增加了家制和夫妻子女姓氏问题的规定，在个人本位与家庭本位之争中，依托着社会本位的立法原则，容留了经过改造的家制。

份家产制；第五，打破宗法对婚姻的一切支配；第六，打破族长制度
（陶希圣，1929a：218~235）。如果说前述五个方面的亲属法变革目的在
于形塑具有独立人格的个体和具有平等精神的契约制自由婚姻，那么对第
六个方面的亲属法变革，陶希圣则着力于打掉国家与个人之间的中间环
节，尤其是带宗法色彩的家族势力，由此形成一种国家、个人、家庭之间
的新关系。

　　陶希圣清楚地认识到，一纸亲属法并不能摧毁宗法势力，要使生存权
体系的亲属法真正得以落实，必须配合以农村经济制度，尤其是土地制度
的改革，同时需要革命的立法权者积极改造士大夫这个顽固的阶层，破掉
实施生存权体系亲属法的障碍。但是陶希圣在提及革命的法律必须有革命
的立法权者始能成立时，又抱着无限的憧憬与恐惧（陶希圣，1929a：
239）。

四　亲属法变革的社会基础

　　陶希圣之所以对其亲属法变革方案充满憧憬与恐惧，恰恰说明了
变革本身面临复杂和剧烈的社会情境。而要理解这种变革的彻底性，必
须充分理解以宗法为基础的亲属法的基本构造和运作原理。在此，亲属法
下的亲属制度、婚姻制度和家制不仅是社会组织的一个断面，而且其各自
本身就是一种社会组织，指示着一般社会组织的性质（陶希圣，1935：
32）。

（一）宗法式亲属法的社会起源

　　讨论宗法式亲属法的基本构造，亦需要明确它的起源问题。在陶希圣
着手研究之前，最新的观点是王国维在《殷周制度论》里提出的解释。
王国维以新的历史材料和研究方法为工具，对殷周制度的异同做出了一种
新经学意义的解释，认为周制的确立赋予中国历史以精神底色。王国维在
论述中突出了立子立嫡制、庙数之制、同姓不婚制三方面的意义，周代以
此纲纪天下，合天子诸侯卿大夫士庶民以成一道德之团体（王国维，
1979）。这里，王国维论证的前提是，把夏商二代的文化等同视之，然后
突显周代改制的革命意义。陶希圣自然不否认周制相对商制的变革之大，
但他的切入点颇为不同。他认为商制是二本主义，周制则是一本主义，此

为两者的根本区别。所谓一本者，其解释为"天之生物也，使之一本"
(《孟子·滕文公上》)。由此，在陶希圣这里，成为周制核心的就是父系
(patrilineal)、父权 (father-right)、父治 (patriarchal) 的一本主义，而同
姓不婚和长子继承制在一本主义的观察视角下则成了次要的现象。

在王国维笔下是立子立嫡制派生了宗法及丧服之制；在陶希圣这里则
由"父系"派生了丧服和同姓不婚制，"父权"派生了父死子继和立子立
嫡制。可以说，陶希圣用社会史之光去除了经学的迷雾，他将一本主义宗
法制度的确立视为一个渐进的过程，并且把周族放到整体的氏族社会中来
考察其位置。如此，则可以理解西周宗法推行时，鲁国的一生一及①、楚
国的少子继承、宋国的兄终弟及和族内婚、齐国的长女不嫁、燕地的以妻
待客等制度性的习俗，都是和宗周宗法制度并行的 (陶希圣，1934：
31~32)。若以历史的眼光观之，陶希圣一方面肯定了殷周制度变革的意
义，但另一方面降低了这种变革意义的效度。所以，他认为所谓传统中国
的精神特质在殷周之际并没有全面树立起来。这种宗法制度只是在宗周的
领地内，被追认成为封建贵族的组织原则，但在其他诸多封建领地内并没
有成为封建贵族有效遵从的制度。真正赋予传统中国以精神特质的时期，
在陶希圣看来恰恰是在宗法制度和封建制度崩溃过程中出现的，即周秦之
变，其完成则在西汉中期。这个过程，正是宗法式亲属法奠基的阶段。

周秦之变在历史议论中，向来侧重的是由封建转为郡县的演变效
果。但陶希圣认为，更为关键的是士大夫阶级的形成。尽管发端于春
秋的儒家学说之理想是贵族政治，但是由于知识已经从贵族传播至士
人平民，受商业资本和土地私有的双重冲击，宗法制度和封建制度逐渐
解体，贵族阶级被士大夫阶级所替代，贵族政治也逐渐转变为官僚政治。
此时，士大夫阶级主要由贵族中的下士和庶人中的优秀者所组成。正是士
大夫阶级的出现，使宗法制度在崩溃的同时保留了宗法观念，氏族结构的
瓦解迎来的却是父系的家长家族制之建立 (陶希圣，1931b：97~98)。
由士大夫阶级主导的官僚政治代替了由宗法封建观念主导的贵族政治，士
大夫阶级作为观念生活阶级，在上与王室、战斗集团相联系，在下则抑制
生产的庶民。

---

① 此处所言是陶希圣对早期鲁国君主继承制度的总结性引用，以强调鲁国并非始终贯彻父
死子继的制度，而是父死子继与兄终弟及两种继承方式交替存在了很长一段时期。

从表面上看，王国维所侧重的殷周之变时宗法的经学起源，与陶希圣所侧重的周秦之变时宗法式亲属法的社会起源，其区别仅在于中国的精神气质确立于何时：王国维认为起点在周公，落实在宗周贵族身上；陶希圣认为起点在孔子，落实在战国以降的士大夫阶级身上。但实质上，王国维与陶希圣的不同解读，呈现截然相反的两种精神气象：王国维对周制的解读，得出其制度，"实皆为道德而设。而制度与典礼之专及士大夫以上者，亦未始不为民而设焉"（王国维，1979：200～222）。陶希圣则认为，由于士大夫阶级的形成，中国在秦汉以后已经由封建制度时期进入官僚政治时期，政治力量由贵族阶级转移到士大夫阶级，此后中国一治一乱，都是由这个阶级的内讧所引起的，以这个阶级为背景的官僚政治也表现出极大的弊害（陶希圣，1929a：35）。从王、陶二氏不同的解读来看，同样面对中国社会的溃败，二者选择的道路是不同的，王国维希望的是返本开新，陶希圣希望的则是破旧创新。①

在陶希圣这里，可以看出宗法式亲属法的核心在于亲属制、婚姻制和家制三个核心环节对宗法精神的贯彻。宗法精神即父系的、父权的、父治的精神（陶希圣，1934：3）。也正是宗法式亲属法，奠定了中国传统社会结构的观念基础。

（二）宗法式亲属法的社会效果

陶希圣认为，宗法式亲属法是借助于士大夫的身份力量，演变成为后世礼律规范和舆论准绳的形态。这个过程是通过士大夫阶级在政治支配结构中所占有的地位来实现的。最初由孔子及其门人整理的宗法理论，已经与实际的生活不相干了，但由于知识向庶民的扩散，逐渐形成了一个观念生活阶级，产生了极大的社会作用。这里的关键在于扩散知识的类型和内容是什么：中国传统教育的一个特色就是学统治术，即治术教育（陶希圣，1931a：307）。所以，在封建贵族被破坏之后，士人阶级作为观念生活阶级必然迅速掌握治权，成为统治阶级。在前引夏曾佑的序文中，同样可以看到儒家与宗法观念的这种密切关系，即儒学是通过术的形式来进入

---

① 当返本开新无望，要彻底破旧而丧失中国之为中国的精神气质时，王国维内心面临的必然是文化和天下沦丧的绝望。而陶希圣基于其社会史分析，得出的破旧创新的道路是相对和平的社会变革之路，而非积极的阶级斗争式的社会革命，那么他虽然是国民党当局的反对者，最终也必然会倾向于与国民党合作。

传统君主的统治结构和实际运行中去的，这就是所谓借宗法来定君权。君权的巩固与宗法存在千丝万缕的联系。因此可以说，儒家没能阻止宗法制度的崩溃，反而促成了宗法观念的盛行（岳庆平，1990：110）。

　　然而，这种以士大夫阶级为担纲者的宗法式亲属法，又会造就什么样的人格呢？在以本宗九族五服图为核心的诸丧服图中，可以看到隐含宗法式亲属法规范下的各种人的形象。根据理想的宗法理论划分，从男女有别开始，一个完整的人必然无法逃避从为人子到为人夫到为人父，或者从为人女到为人妻到为人母的过程。平铺来看，宗法式亲属法下人所呈现的几种形象也大体为这六种。虽然在宗法理论上，礼之发端在于区别男女的夫妇之礼，然人生之始则自为人子或为人女。①

1. 为人子

　　从本宗九族五服图来看，为人子者所处的关系序列，以纵向的父子关系和横向的兄弟关系为经纬，其中以纵向的父子关系为核心。作为子的行为准则首要是孝，突出显示了子对于父的从属地位。这体现的就是宗法的亲亲原则，但是在孔子之前的宗法制度中，孝道的设计则具有很浓的尊尊色彩。这一点可以从《孝经·圣治章》引述孔子语观之，而且在宗法制度时期，诸侯、大夫和士人行孝的标准也是不同的。然则，至春秋战国以降，宗法大家族解体为家父长制的家庭，孝的内涵就由尊尊兼亲亲变为以亲亲为主，孝的重心从家庙之祖转向了最亲密的父。横向长子与众子之间的关系，则以友或者悌来调节，② 即早期与"孝"相对的，是"友"而非"悌"，但后来"友"逐渐发生了转义，演变为社会中异姓朋友相交的准则（王利华，2003）。但整体来看，无论是宗法制度时期，还是士大夫阶级形成后推行宗法理论时期，"友"或"悌"的地位都没有"孝"重要。这一点与中国传统社会中，悌道从属于

---

① 在传统中国社会中，调整不同身份之人的行为准则分别有五伦说（即父子有亲，君臣有义，夫妇有别，长幼有序，朋友有信，见《孟子·滕文公上》）、六纪说（即诸父有善，诸舅有义，族人有序，昆弟有亲，师长有尊，朋友有旧，见《白虎通疏证》，参见陈立，1994）和十义说（即父慈、子孝、兄良、弟悌、夫义、妇听、长惠、幼顺、君仁、臣忠，十者谓之人义，见《礼记·礼运》）。对各说之间的详细差异本文不拟辨析，其道大同小异，但对具体角色的定位以十义说较为详细。不过本文更在意的是亲属制中的不同角色在律法上的意义。

② 在宗法制度时期，嫡长子的地位极其重要，然而在古代中国的宗法理论及其实践中，嫡长子已经不再具有关键地位，重要的是众子。

孝道、兄弟关系从属于父子关系、同僚关系从属于君臣关系是一致的。最重要的是这种孝体现在律法中，完全把子对父的从属地位法律化了（瞿同祖，2004：16~18）。

2. 为人夫

为人夫是从为人子发展出来的另一种关系，即进入夫妇之礼当中。为人夫是相对于妻而言的，在宗法上对夫的要求是夫义。表面上看，夫义是对妻的敬，但这种敬对夫而言并非基于夫妻关系本身的义务，而是"亲之主也，敢不敬与"（《礼记·哀公问》）。敬是从属于夫族而生发的一种义务，在夫妻关系中，仍然是以夫为主。从丧服的角度观察，可以发现，夫为妻亲之服是降等的，即比之妻服的亲等要降三等，男女之别，在此一目了然。相应地夫在身份和财产方面对妻有主导权，法律上夫的地位如尊长、妻的地位如卑幼（瞿同祖，2004：124）。虽然为人夫比之为人子的"权利"范围要大一些，但是并不意味着夫具备了独立人格。首先在夫不为家长的情况下，夫的人格要受到家长的限制，而且就娶妻成为夫的过程而言，几乎看不到夫的意志，如同上文分析，整个起作用的是双方的家族。所以，如果说为人夫意味着一定程度人格的显现，那么这种显现也是有限的，即在律法上是从属于家长或家的地位。

3. 为人父

为人父是从为人子开始的终点。在关系序列上只是一种纵向的关系，这种关系不单纯是一种父子关系，而是以父为代表的父祖系列的纵向关系。如同孝在周秦之际有所变化一样，为人父的地位也存在相应的变化：在宗法制度阶段，侧重的是父以上——祖的序列，到战国以降的中国古代社会时期才正式确立父的地位。① 这一点与秦汉时期家庭形态的变化也密切相关。虽然宗法理论上对父行为准则的要求是慈，但从丧服和父的本义看更多强调的是父至高无上的地位，子为之斩衰，即父在家内拥有最高权力。可以说，家长在经济、法律、宗教三个方面掌握权力（瞿同祖，2004：15~37）。虽然从为人子到为人父，一个人的权力在家内达到极致，但仍然不能说父具有独立的人格，这是与罗马法上的家长权不同的。因为在中国传统社会的礼法中，家长所具有的不过是对家政的管理权而不

---

① 此处并不是否认为人父在宗法制度中的地位之重要性，只是借此说明后来的阶段父权不再像宗法制度下那样受宗子和祖辈的制约。

是绝对所有权，这一点从诸子析产时家长权力受到的限制也可以看出。而在家庭成员犯罪时，家长和其他家庭成员则可能会受到株连。依照对家之宗法构造的考察，可以看出中国传统社会中的家长是以家族契约为基础的父的人格对妻以及子的人格的吸收，此间，所谓父的人格并不是父独立的人格，只是以父的身份作为家长来代表家族这个共同体。所以，即使为人父也不具备独立人格，按现代法学的术语来喻，即父作为家长仅仅是作为家的团体之"法人代表"而已。

4. 妇人——为人女、为人妻、为人母

在父系、父治、父权的宗法一本之亲属法下，妇人一直处于从属地位，从历代丧服图皆可看出。为人女时，其人格为父所吸收；为人妻时其人格为夫所吸收（滋贺秀三，2003：109）；为人母时其人格仍然为作为父的夫所吸收。有所不同的是，在为人妻时可以获得一些基于夫权的代理权，而为人母时因为父的关系则可以代理父权的部分，但这些都不是独立性的，这从宗法式亲属法下妇人的人格依附情形足以见之。

对宗法一本亲属法下处于不同关系的人而言，不仅妇人没有独立人格，即使男子从为人子最终到为人父，也没有独立人格。到处所见的仅是家父长所代表的家。在家与国的关系中，家作为一个独立的单元也显得尤为重要。这也与士大夫阶级作为支配阶级的政治结构相适应，士大夫作为家长率其家、率其族而构成一个治理意义上的天下国家。士大夫作为身份阶级而存在，受其统领的家或族中之人，亦无不受限于家内和家外的秩序身份。

在社会经济方面，这种宗法身份的限制作用更为明显。在陶希圣看来，在宏观上，士大夫阶级特质所铸造的政治结构，对自由资本主义的产生存在莫大的阻碍；而在微观上，宗法身份所形成的对人之束缚，亦无法提供自由资本主义所需要的劳动者精神（陶希圣，1929a：214~215）。

五　社会的再造与亲属法

（一）　社会革新的动力

借助士大夫阶级的政治支配地位及其社会经济条件，宗法式亲属法持续地表征着传统中国的精神特质，但是，从这种精神特质作为一种普遍性的诉求之始，直到上升为统一国家之礼律的时代，其都并没有得到彻底的贯彻。这是因为，一直以来有两个因素不可避免地与儒家的宗法理论发生冲突：其一是在观念层面的先秦诸家学说，例如墨家之二本秩序、法家之齐物秩序；[①] 其二是在"活法"[②] 层面的风俗，例如春秋战国之际周宋楚秦不同制，隋唐时鲜卑风俗犹能变更礼法，清代宗法式亲属法在实践上依然受到满族习俗的冲击。[③] 然而，更严重的冲击，并不是基于民族习俗本身产生的，而是基于社会经济条件产生的。自近世社会以来，妇女在经济生产中的地位有所提升，相应地民间亦出现女子拥有财产和女子承继财产的情况，甚至律法上也有所承认（柳立言，2008）。而于宗法式亲属法上的反映，则很大程度上体现在明代丧服制度的变动。虽然这些变动并没有在根本上摧毁宗法一本之原则，却表明了在宗法式亲属法的压制下存在不同的改制力量。

对晚清为什么要改制变法这个问题，综观学界的各种回答，大体以废除领事裁判权为直接理由，而以传统社会经济结构的转型为根本原因（黄源盛，2007：46~86）。然而，陶希圣却通过社会史的考察，把晚清变法改制的根源追溯到士大夫阶级的特质及其失败上。这种失败不仅

---

① 墨家和法家对儒家的冲击，基本上被儒家化解掉了，尤其在汉武帝之后，儒家思想经过对先秦诸子学说的融合吸收，如对阴阳家和法家的吸收，在思想领域占据了主导地位。先秦时期对儒家思想冲击最大的墨家学说反而销声匿迹了，按照陶希圣的分析思路，与儒家相比，墨家是一种生产性的教育，其依托的群体不是观念生活阶级的士大夫（在宽泛的意义上，士大夫阶级产生之初，所谓知识阶级皆可以纳入这个阶级，但是严格来说，陶希圣的士大夫阶级是指宗法理论担纲者的那个知识阶级），而是手工业等生产性阶级。士大夫取得支配地位的官僚国家对社会经济条件采取从属和管制性措施，使手工业阶级受到了严格的限制，墨家不是观念生活阶级，离开了与其生产阶级的紧密联系后自然失去了支撑性的力量，而败亡了。中古社会，佛教曾经对儒家思想构成了严重的挑战，但是这种挑战并没有波及社会组织的伦理构造方面，所以中古社会虽然是佛教最为盛行的时候，但也是法律儒家化最为关键和颇有进度的时期，至近世社会儒家思想反而转化和吸收了佛教的冲击，构造出了更为严密和全面的宗法理论体系（这个体系的特征是在礼治的基础上又提供了一套心性秩序）。中古社会以降，中国思想领域的变化可参见陈寅恪的《冯友兰中国哲学史下册审查报告》一文（陈寅恪，2009）。
② 此书所言的"活法"是陶希圣借用当时西欧学者埃利希的法社会学中的概念，这也是其熔铸历史法学和社会法学，对中国法律进行的社会史研究之体现（埃利希，2009）。
③ 春秋战国之际，周宋楚秦不同制，此点陶希圣在《亲属法大纲》和《婚姻与家族》诸论著中屡次提及。隋唐时鲜卑风俗犹能变更礼法，这一点鲜明地体现在唐时期丧服制度中母系亲地位的提升方面。清代宗法一本之亲属法在实践层面所受到的满族习俗的冲击，尤其体现在士大夫阶级家庭方面，例如，陶希圣在《潮流与点滴》中回忆他在官宦之家的出身，其母受到满族妇道的影响极大（陶希圣，2009a）。

是士大夫阶级的特质所导致的晚清在政治和经济上面临的困局，更与士大夫担纲的宗法式亲属法所形塑的非独立性的人格有关。士大夫阶级支配的官僚政治无法产生民主政治，与士大夫阶级的社会经济条件相配合的商人资本，也阻碍着自由资本主义的产生（陶希圣，1929a）。由此，虽然士大夫的官僚政权在晚清遭遇西方资本主义国家时弊端尽显，但士大夫阶级在这种失败中，又蜕变出新士大夫阶级，使中国社会的格局变得更加复杂。

在这种情势下，陶希圣认识到，如果仅从中国内在的发展来讲，始终无法走出士大夫阶级支配的社会构造，即使西方资本主义力量的侵入也不能自动改变中国社会的内在构造，只不过是增加了新的和更高层次的剥削链条而已。不过，外国资本势力的入侵，却带来了某种革命的可能。因为自此中国社会被纳入世界历史的进程中，在士大夫提供的观念形态之外，有了更加强有力的思想形态与之竞争。这种新的思想因素首先体现为新力量的出现，即在传统的士农工商之外有了资产阶级、新式工人以及从士大夫阶级中分化出来的现代知识分子（陶希圣，1934）。正是在这些新力量的基础上，中国社会的转变才有了新的希望。新社会的形成不是自然出现的，而要靠革命立法者的努力才能实现。

（二）中国与世界历史

既然要改制，必然是革去建立在宗法一本主义基础上的旧礼法秩序的命，而建立新法制的秩序。革命前期的法律，在陶希圣看来是统治阶级所加于被统治者的负担，所谓统治阶级就是士大夫阶级，而被统治阶级则是农工商各阶级。两千年的政治支配结构为士大夫阶级所把持，这种礼法秩序也一直笼罩在农工商各阶级头上。当陶希圣诉诸民众中与礼法相悖的"活法"时，他实际上要传达的就是作为"活法"的俗对礼的斗争。但是，这种斗争尽管给宗法势力造成了很大的冲击，然而并没有根本打败宗法势力。所以，打破旧礼法秩序、确立新法制的理想还需要诉诸社会进化和法律进化。

在社会史视野中，法律的进化必然和社会的进化相联系。在社会的进化方面，陶希圣的中国社会史研究一再强调的是中国社会的独特性，即使中国也可以划分为古代社会、中古社会和近世社会，但与西方的古代、中世、近世的精神意涵是不同的。这说明，我们不能从对西方社会的历史考察中得出适应中国社会史的规则。然而，中国近世社会末期西方资本主义势力的入侵，已经打破了中国社会独特的发展历史，把中国纳入世界历史的进程中。如果说中国社会的独特性在于中西没有共同的过去，那么纳入同一世界历史进程之后，中西社会的未来便具备了形成相似的一般规则之条件。这是从对西方法律进化史的考察中得出的对中国新法制建设具有意义的重要前提。

之所以这样说，是因为陶希圣做出了这样的判断：西方资本主义势力的法律思想是随帝国主义的侵略同时俱来。尽管这种侵入导致中国都市工商业的畸形发展，但依然可视作一种进步：资本主义的法律现象在中国社会中渐渐产生了。这个进步，是在与中国传统法律相对比的基础上得出的。陶希圣认为，以宗法式亲属法为基础的礼法系统，从根本上是阻碍私法发展的（私法则是促进社会经济发达的关键要素），人与人之间的水平关系始终难以扩大到更广泛的范围（陶希圣，1928a）。这里所谓水平关系，就是人与人之间的独立而平等的关系。资本主义的法律现象之产生，恰恰是水平关系产生和扩大的表征，因而这些法律现象的产生，不仅是中国社会被纳入世界历史的一个说明，而且是新法制可以与西方法律进化的趋势相接洽的一个明证（陶希圣，1929d）。不过，陶希圣坚决反对一些法学者因此便心安理得地接受西洋法律思想。陶希圣认为，用一纸法令及法律草案将西洋的所有权整个抄来是不足取的，如果移植的法律与社会实际生活不相吻合，也不过是一纸空文，更谈不上推动中国社会的进化。

（三）亲属法的立法政策与立法技术

既然是在世界法律进化史中来考察新法制，那么，新法制首先否定的就是本土礼法体系的继受，肯定的则是横向参考的立法。但是，从一种社会形态走向另一种社会形态的改制立法不是一件容易的事情，尤其是当一种新的制度要重新塑造一个民族的心灵形态时。通常而言，立法是法律学家，即专家的事业。在此，对法律学家而言，尤其是成熟的民法典，如已广布施行的拿破仑法典和德国民法典，皆足以借鉴。在陶希圣所处的时代，就有土耳其革命后全抄瑞士民法的例子。但陶希圣认为，这对于革命时期的中国实不足为训。在他看来，当时立法上存在一个两难的困境，即立法政策与立法技术的关系问题。陶希圣对法律专家的定位是历史法学式的，在历史法学的视野中，法律专家是作为立法技术家而存在的（陶希圣，1928a）。但是仅靠法律专家的素养，立法技术家不可能完成革命时期的立法事业。因为革命时期的立法，首要考虑的是立法政策，在立法政策的指引下才有立法技术发挥的余地。在立法政策的考量中，各个制度和各个法学者的学说及各国立法先例的比较选择，反倒处于一个次要的位置，真正重要的是新法制要将我们导向一种什么样的社会。因此，在革命立法时期，只有立法技术家兼为立法政策家，中国的立法事业才能完成。

在对西方民法典的比较考察中，陶希圣指出："法国民法典是无意识的搜罗过去法令及习惯而厘定的法典。德国民法典及瑞士民法典却是有意识的订立。然而无论立法者对于法典的精神是有意识或无意识，法典的精神总是一贯的。"（陶希圣，1928a）法国民法典的基本精神是个人主义，德、瑞两国民法在日耳曼法系影响下则倾向于社会连带主义。陶希圣认为，这三部法典具有同一个中心：以"财产"为中心，皆为"所有权法典"。就法典的根本主义来说，中国的立法事业在立法政策方面已然凸显出与西方法典的差异。因为当时中国的革命主义是三民主义，不是个人主义，也不是社会连带主义。相应地，在通往民生社会或共产主义社会的道路上，中国的法典，尤其是民法典，应该从生存权出发来确立。而且，由此奠定的社会制度不应是以赚钱为目的的资本制度，而应是以养民为目的的民生制度，这与一切剥夺方法是不相容的。

（四）新社会建设中亲属法之落实

在新法制和新社会建设过程中，可以说成也亲属法，败也亲属法。败也亲属法的危险，就是必须要防止新法制体系堕入西方法治以"财产"为中心的窠臼。因为在建设新社会过程中，必然要引进西方法律进化史中的契约精神，以打破中国传统社会身份制的桎梏，但是契约制的引入又非常有可能把法律的精神引向以财产私有制为中心的自由主义。这种担心，陶希圣在讨论立法技术时便已流露出来。

> 家族婚姻制度在宗法势力之下，饱含着身分制的精神。家长与家属的身分关系依凭于家产制度而倍见其弊害之多。人自儿童以至于成年以来，养育在对外私有，对内共有的狭隘自私的家庭，心目中有家庭没有社会。儿童的家族的保护，又纯为两亲及家长的利益而不是为

儿童及社会的利益。婚姻制度的宗法的支配实矫揉男女的性生活，尤其牺牲妇女的精神生活和物质利益。在这种情形之下，依事物自然的发达，当以个人财产制代家庭共有制，而使契约制侵入婚姻制度，使趋向于自由婚。但与个人私有制并存的自由婚是不是适合于民生社会的理想？（陶希圣，1928a）

陶希圣认为解决这个问题的关键，在于立法政策上中国的新社会应该以"生存权"为中心，建设生存权体系的法治。那么，何谓生存权？

在法律进化史中，生存权首先是作为一个宪法概念被提出来的，但陶希圣讲的生存权首先是一个社会史的概念。这与陶希圣对中国传统社会的观察有关，即士大夫阶级的统治术教育，完全属于非生产性的，易从政治制度上促使叠床架屋的官僚系统和"报销主义"（陶希圣，1931a：277）盛行，[①] 由此在社会经济层面使商人资本屡屡陷入与土地资本相循环的怪圈，进而导致生产事业的沦落。因而，陶希圣的社会变革方案之关键处，即如何解决基于剥削的观念生活阶层所主导的官僚支配系统。陶希圣始终关切的是生产者和生产的事业，尽管他欣赏行政机关向人民代表负责的近代欧洲政制，但仍然不赞同中国走西方近代社会之路（陶希圣，1931a：281）。这是因为，中国新兴的资产阶级仍然沾染有士大夫阶级的习性，倘若新法制以财产为中心，中国的社会经济生产虽然能够进一步丰富，但是整个政治支配结构仍然不会发生变化，人与人之间的关系仍然是依附性的。因此，陶希圣基于压制非生产性的考量，提出新法制的建设要以生产阶级的生存权为中心，而不是以财产为中心。

为了在新社会建设中实现生存权体系的亲属法，陶希圣在以下三个方面进行了重构。

首先，在亲属制度方面，陶希圣主张破除宗法制亲属法内外和男女之别（陶希圣，1929a：218～220）。这就要求确立双系平等和自然亲等的原则，自然亲等意味着抹除了等级世系亲等中的等级性。同时，陶希圣并

---

① 这是陶希圣对中国传统官僚行政特征的一个总结，他认为官僚行政之间的公文关系是属员对上官负责的关系，上官对属员所呈送的公文加以认可，则呈送此公文的属员关于此公文所载事件，便可以免责。这就是"报销"。官僚的注意和努力，大抵在于公文责任的免除，此即为"报销主义"。

没有因此在亲等计算中引入罗马法计算法，而是保留了去除等级性的世系计算法。这暗示出陶希圣提倡的生存权体系之立法倾向，是团体意涵的共同生活而不是个人本位的契约制组合。

其次，在婚姻制度方面，需要将契约制纳入婚姻制度，使婚姻趋向自由婚（陶希圣，1929a：233～235）。这种契约不是两个家族的契约，而是具有独立人格的两个人的契约。基于此，关于结婚和离婚的障碍之设定，必然也要出于符合此独立人格的自由婚。结婚的障碍，除生物学和社会利益的考量之外，应不再存在任何宗法限制。此时的婚姻所重者，在于两个独立平等男女的感情，不在于家族的利益。有感情始能营造共同的精神生活，而离婚的唯一原因也应在于共同精神生活的破裂。但这种离婚标准并不意味着婚姻陷于随意和混乱。因为无论是基于对方为精神病者的原因而离婚，或是基于其他共同精神生活破裂的原因而离婚，生活能力较强一方都将对另一方负有扶养责任。此规定，也是民生社会尚未发达之前生存权保障下移的一种立法技术。

最后，在家制方面，陶希圣主张不立有形家制，而采用无形之家的设计（陶希圣，1929a：227～228）：有夫妇即有家。那么，在这个家中夫妻、父子、兄弟不同关系该如何定位呢？首先在身份方面，立血缘与法律拟制关系的平等。不仅要破除嗣子与养子的差别，而且要比原来传统亲属法秩序下众子均分的格局前进一步，达到血缘与法律拟制关系的平等，保障非血缘父子关系中继承人的生存权。其次，家长权向亲权转化。陶希圣倾向于采纳为子女利益而存在的日耳曼法中的亲权制度，国家在这里扮演的是监督者的角色，一旦亲权侵害了子女的生存权，那么国家权力就会以保护者的面目出现。在亲权的享有方面，父母享有平等的亲权，这也是对亲属制度中双系平等的延续。

既然把家长权转化为亲权，那么原来的族权几乎没有存在余地。因此，陶希圣反对亲属法中设置亲属会，因为那无异于族权的再生。对此，陶希圣的替代措施是把亲属会的职权移至法院，实现监护的公法化（陶希圣，1929a：231～232）。这意味着，儿童生存权的保障亦采取国家化的策略。另外的问题是关于财产的，既然在身份方面家长权已经转化为亲权，且不立有形家制，那么是否还需要共有产呢？陶希圣认为，不立家制主要是为了打破宗法的身份主义，但在生存权的立法政策下，亦不应鼓励以个人主义进行权利斗争，而是要树立以共同生活为本位的小家庭。为此，必须要设定共有产，共有产的前提是基于契约精神的夫妻双方财产的共有，而不是个人财产的联合制。陶希圣指出，这是一个过渡时期的问题，因为最终在民生社会发达期，成人皆为社会生产一分子，儿童的生存权便可在社会的保护之下了。这样，在宗法构造的家制中父子、夫妻、兄弟之间一体而不平等的身份关系，在生存权体系的构造下，既达到了平等的状态，又有彼此之间的独立人格存在的空间，从而才有慈祥恺悌的家内秩序。

六　余论

针对20世纪初期中国过渡社会的问题，陶希圣在其社会史研究的基础上构建了以亲属法为核心的现代社会科学解决方案，可谓是一种难得的思想探索。然而，理论的逻辑毕竟不能取代现实的逻辑，当革命政党从彻底的亲属法变革方案中后退，立宪国官僚系统士大夫化，而没有不党者的公民力量来阻止时，表面的宪法框架将无法解决严峻的社会问题，最终三民主义的革命政党还是失去了历史的机遇，历史的命运落到了共产主义的革命政党身上，中国走向了另一条通往理想社会的道路。

世易时移，今天我们经由陶希圣回到清末民初的变法改制现场，并不是要重拾陶希圣的变革方案。此一努力的目的在于，一方面揭示由陶希圣奠定的法律社会史的研究路径，另一方面指出亲属法（婚姻法）之于当下社会转型的意义。陶希圣通过亲属法变革方案，勾勒出新社会下个人、家庭和国家的关系，为现代国家打下坚实的个体基础。但是，未来社会将如何演进，又将以何面目呈现？陶希圣并未明言，他提出的只是社会过渡期的方案。

当下我们并没有走出社会过渡期，在一个甲子之后，虽然家庭、个人与国家的关系经历了更为繁复的杂糅与分离，但没有找到各自的准确定位。如果说在陶希圣的时代，我们主要面临的是如何从家庭中解放个人、塑造合格公民的问题，那么今天则面临如何处理任性的个人与失去明确定位的家庭关系的问题。虽然我们经历了彻底的亲属法变革，把亲属法简化成了婚姻法，所处理的也更多是家庭财产问题，但是，家内的人伦秩序以及家与国的关系并没有得到妥当的安置。在社会经济条件不断变化的情况下，婚姻法的任何风吹草动都在挑动着我们敏感而无助的神经，都影响着我们文明的命运。

参考文献

《孟子注疏》，1999，载《十三经注疏》，整理委员会整理，北京大学出版社。

《礼记正义》，1999，载《十三经注疏》，整理委员会整理，北京大学出版社。

《孝经注疏》，1999，载《十三经注疏》，整理委员会整理，北京大学出版社。

埃利希，2009，《法社会学原理》，舒国滢译，中国大百科全书出版社。

波兰尼，2007，《大转型：我们时代的政治与经济起源》，冯钢、刘阳译，浙江人民出版社。

陈惠馨，2006，《传统个人、家庭、婚姻与国家》，（台北）五南图书出版股份有限公司。

陈寅恪，2009，《陈寅恪集·金明馆丛稿二编》，生活·读书·新知三联书店。

费孝通，1983，《家庭结构变动中的老年赡养问题》，《北京大学学报》（哲学社会科学版）第 3 期。

贺雪峰，2006，《中国农村社会转型及其困境》，《东岳论丛》第 2 期。

胡汉民，1978，《三民主义之立法精义与立法方针》，载《胡汉民先生文集》，（台北）中央文物供应社。

高一涵，1915，《共和国家与青年之自觉》，《青年杂志》第 1 卷第 1 号。

黄源盛，2007，《法律继受与近代中国法》，（台北）元照出版有限公司。

李文军，2010，《社会本位：理想还是现实？——对民国时期社会本位立法的再评价》，《华东政法大学学报》第 1 期。

柳立言，2008，《宋代的家庭与法律》，上海古籍出版社。

孟宪范，2008，《家庭：百年来的三次冲击及我们的选择》，《清华大学学报》（哲学社会科学版）第 3 期。

潘念之主编，1992，《中国近代法律思想史》，上海社会科学出版社。

瞿同祖，2004，《中国法律与中国社会》，载《瞿同祖法学论著集》，中国政法大学出版社。

陶希圣，1928a，《立法政策与立法技术》，《新生命》第 1 卷第 10 号。

——，1928b，《亲属法大纲》，商务印书馆。

——，1929a，《中国社会之史的分析》，新生命书局。

——，1929b，《中国封建社会史》，南强书局。

——，1929c，《中国社会与中国革命》，新生命书局。

——，1929d，《法律学之基础知识》，新生命书局。

——，1931a，《中国社会现象拾零》，新生命书局。

——，1931b，《辩士与游侠》，商务印书馆。

——，1933，《民法亲属论》，会文堂新记书局。

——，1934，《婚姻与家族》，商务印书馆。

——，1935，《十一至十四世纪的各种婚姻制度》，《食货半月刊》第 1 卷第 12 期。

——，2009a，《潮流与点滴》，中国大百科全书出版社。

——，2009b，《中国政治思想史》，中国大百科全书出版社。

史尚宽，2000，《亲属法》，中国政法大学出版社。

王伯琦，2005，《近代法律思潮与中国固有文化》，清华大学出版社。

王国维，1979，《殷周制度论》，《西周政教制度研究》，（台北）中华文化复兴月
　　刊社。

王利华，2003，《周秦社会变迁与中国家庭伦理体系的建立》，《中国家庭史论集》，
　　南开大学出版社。

王宪明，2005，《语言、翻译与政治：严复译〈社会通诠〉的研究》，北京大学出
　　版社。

吴飞，2011，《当代中国婚姻的价值缺位》，《文化纵横》第 2 期。

吴虞，1917，《家族主义为专制主义之根据论》，《新青年》第 2 卷第 6 号。

谢振民，2000，《中华民国立法史》，中国政法大学出版社。

夏曾佑，1981，《〈社会通诠〉序》，载《社会通诠》，严复译，商务印书馆。

严泉，2007，《失败的遗产：中华首届国会制宪（1913～1923）》，广西师范大学出
　　版社。

阎云翔，2006，《私人生活的变革：一个中国村庄里的爱情、家庭与亲密关系（1949～
　　1999）》，上海书店出版社。

杨善华，2011，《中国当代城市家庭变迁与家庭凝聚力》，《北京大学学报》（哲学社
　　会科学版）第 3 期。

岳庆平，1990，《中国的家与国》，吉林文史出版社。

张生，2004，《中国近代民法法典化研究》，中国政法大学出版社。

赵晓力，2011，《中国家庭资本主义化的号角》，《文化纵横》第 2 期。

甄克思，1981，《社会通诠》，严复译，商务印书馆。

滋贺秀三，2003，《中国家族法原理》，张建国、李力译，法律出版社。

Dirlik, Arif, 1976, "T'ao His-sheng: The Social Limits of Change." In Charlotte Furth
　　(ed.), *The Limits of Change*. Cambridge, Mass.: Harvard University Press.

——, 1978, *Revolution and History*: *The Origins of Marxist Historiography in China*, *1919 - ,
　　1937*. California: University of California Press.

（责任编辑：佟英磊）

后　记

　　终于编辑好最后一篇文章，完成了这辑《家庭与性别评论》的编辑工作。掩卷静坐，心中不由对民国那个群星璀璨的年代悠然神往，康有为、孙本文、潘光旦、陶孟和、李景汉、林耀华、费孝通、许烺光、陶希圣、瞿同祖、郁嶷、吴学义……一个个大家的名字滑过眼前。这些才华横溢的大家，遇上那个社会急剧转型的年代，开始了一项项具有开创性的研究，写就了一篇篇我们现在读来依然富有深意的论文。

　　"家国同构"是许多学者对传统社会中家庭和国家关系的描述。这不仅意味着家庭和国家有着类似的结构，都是建立在血亲－宗法关系的基础上，还意味着家庭是国家和社会的基石。因此，在百年变革之始的那个年代，家庭成为社会改造的首要目标，目的是"使家庭不再作为社会政治构成的枢纽，不再作为信仰和伦理关系的神圣基础，而仅在形式上成为一种最基本的社会单位"。传统家庭对社会发展的阻碍成为批判的靶子，所以有了康有为对未来家庭的"去家庭"设想。

　　随着留学欧美的社会学家和人类学家学成归国，家庭也成为他们主要的研究对象。孙本文和潘光旦从社会问题的角度剖析家庭，试图提出家庭改革的意见和方案；陶孟和和李景汉运用社会调查的方法，讨论了社会大变革时期城市和乡村家庭的生计该如何得以维持；林耀华、费孝通、许烺光等人类学家，则运用人类学的深描方法，描述了中国家庭的变迁，分析了中国家庭/家族制度。毕业于国内名校的瞿同祖和陶希圣则站在社会史的角度，深刻探讨了中国传统的家庭/家族，论述了中国的宗法制度。而郁嶷、吴学义等法学家，则希望通过修订亲属法来改造中国社会，重塑民国时期个人、家庭和国家的关系。

　　百年轮回，重新仔细阅读这些大家的研究，就会发现我们现在关心的家庭议题，曾经都是他们的研究主题。中国的社会又处于一个急剧变动的时代，中国的家庭现在依然徘徊在传统和现代之间，如何塑造当代社会个人、家庭和国家的关系也依然是我们关注的主题。这也是家庭与性别研究室 2015 年组织民国家庭研究研讨会的初衷，是这一辑《家庭与性别评论》以民国家庭研究为主题的始因。

看看近 30 年资本主义对中国婚姻家庭的侵蚀，以及 2010 年之后围绕《最高人民法院关于适用〈中华人民共和国婚姻法〉若干问题的解释（三）》及其征求意见稿的纷争，回想 20 世纪 20 年代末关于亲属法修订的讨论，对现代中国的婚姻家庭我们似乎可以有更为清晰的认识。为了帮助读者更加清晰地理解民国时期的家庭研究，我们选择了现代学者对这些研究的再研究。

本辑《家庭与性别评论》的主题是民国家庭研究，除了赵立玮、吕文浩、王斯福和白中林的几篇文章，所收录的都是民国时期出版的文章。在编辑出版中，我们采取遵从原文的原则，因此可能会存在以下几个问题：（1）行文中涉及的数字基本上是中文数字且用法与现在略有不同。（2）民国时词汇的一些用法可能不同于现代汉语，比如民国时可能会用"智识分子"，而现在用"知识分子"，民国时可能用"身分"，而现在多用"身份"，再如有关"的/地/得""做/作"的用法可能与现在有很大出入，等等。（3）标点符号的使用有些也可能不同于现在的用法，比如现在用顿号的地方，民国时可能都用逗号等。（4）关于数据，有一些原文就不准确甚至有明显错误之处，由于我们现在已无法核实，所以我们只是保持原样，并未做修改。

整本集刊的完成，首先要遥谢民国时那些大家的精彩研究和论著，还要感谢赵立玮、吕文浩和白中林几位现代作者的鼎力支持，谢谢开放时代杂志社同意我们选登王斯福的文章，也要感谢 2015 年参加我们研究室主办的民国家庭研究讨论会的何蓉、闻翔、杨清媚、渠敬东等给我们选文的建议。

马春华

图书在版编目（CIP）数据

家庭与性别评论. 第 7 辑 / 马春华主编. −− 北京：
社会科学文献出版社，2016.12
ISBN 978 − 7 − 5097 − 9987 − 1

Ⅰ.①家…　Ⅱ.①马…　Ⅲ.①家庭社会学 − 研究
Ⅳ.①C913.11

中国版本图书馆 CIP 数据核字（2016）第 272329 号

家庭与性别评论（第 7 辑）

主　　编 / 马春华

出 版 人 / 谢寿光
项目统筹 / 童根兴　佟英磊
责任编辑 / 佟英磊 等

出　　版 / 社会科学文献出版社·社会学编辑部（010）59367159
　　　　　　地址：北京市北三环中路甲 29 号院华龙大厦　邮编：100029
　　　　　　网址：www. ssap. com. cn
发　　行 / 市场营销中心（010）59367081　59367018
印　　装 / 北京季蜂印刷有限公司

规　　格 / 开 本：787mm × 1092mm　1/16
　　　　　　印 张：20.75　字 数：336 千字
版　　次 / 2016 年 12 月第 1 版　2016 年 12 月第 1 次印刷
书　　号 / ISBN 978 − 7 − 5097 − 9987 − 1
定　　价 / 78.00 元